日本中世農村史の研究

日本中世農村史の研究

大 山 喬 平 著

岩 波 書 店

目　次

第二部　中世村落

第三部　身分制

目次

序説

Ⅰ　日本中世農村史研究の課題

はじめに

日本における中世農村史という一個の研究領域がもつ独自の性格、その固有の意味と内容について、一般にはまだ十分な了解が成立していないと思う。それに近い研究領域としてすでに中世村落史、中世社会経済史、中世荘園史、中世封建制史、中世領主制史、中世農業(技術)史、中世灌漑史、中世土地制度史等々が存在し、また存在しうる。だが日本中世農村史の研究にはそれらの諸研究とはことなる独自の対象領域と意味がありうると思う。そのことを考えるさいに、第二次大戦後の中世史研究に多大の影響を与え、かつその出発点をなした石母田正氏の『中世的世界の形成』を思いおこさざるをえない(1)。清水三男氏の『日本中世の村落』(2)における中世農村史把握への批判をこめて執筆された石母田氏のこの著作には、後に述べるように大きな欠陥があるが、同時にそこに日本中世農村史確立への高度な可能性がはらまれていたと考えるからである。石母田氏が描いた伊賀国名張郡における東大寺と郡司源俊方一族との執拗な抗争は「古代的原理に貫かれた一箇の南都的世界」を名張の地に樹立しようとする東大寺と、それを拒否しようとする「農村的中世的精神の体現者としての在地の大小武士団」との闘いの歴史であった(3)。都市的支配に対する農村の闘いこそが石母田氏のこの著述をつらぬく大きな主題をなしている。私は以下右の著述における石母田氏の学問の方法と問題点を検討しながら、中世農村史研究の現在の課題を追ってみたいと思う。

戦後中世史研究の出発点であった石母田氏の学問の方法を検討しようとするさい、すでに早く、一九四九年におこなわれた鈴木良一氏と石母田氏の論争を思いおこす必要がある。鈴木氏の批判は「敗戦後の歴史学における一傾向」[4]に、そして石母田氏の反論は「封建制成立の特質について」[5]で展開されている。そこにおける鈴木氏の石母田説批判は次の二点に要約される。

(1)古代社会から封建社会への歴史の転換にあたっての、歴史の原動力としての人民の意義の過小評価、領主＝武士階級の役割の過大評価がある。

(2)領主＝武士階級と隷属農民との対立矛盾を無視ないし軽視している。

これに対して、石母田氏は、古代から中世へと転換する全歴史過程の基礎をなす原動力は直接生産者の奴隷から農奴への成長と進化以外にないことは明らかで、『中世的世界の形成』はそのことを述べたものである(第一点)、また土地所有を基礎とする領主と農民の対立矛盾(＝領主制に固有な基本的矛盾)を前面に出し、武士階級の構造と運動、その精神的所産、族的団結、軍事的組織、家族および相続の形態、封建的ヒエラルヒー、封建的法意識、中世の道理の観念等の中世社会のすべて根本的なものを、この対立矛盾から導き出している(第二点)とまっこうから反論を加えている。

このようにして石母田氏が述べる中世社会成立史についての氏の方法的特長は究極のところ次の二点に収斂されている。

(1)奴隷から農奴への直接生産者の成長を基軸にして、封建制(中世)成立史を理解すること。

(2)古代(奴隷制)から封建制への転換期をになう政治的主体、ないしはこの転換期の国家権力の問題を解決すべき階級的主体は地主＝領主階級であって、直接生産者は右の任務をにないえないこと。

つまり(1)は古代(奴隷制)から封建制への転換の原動力となった直接生産者(人民大衆)の役割に関するもので、経済的基礎過程の評価であり、⑵は古代（奴隷制）を克服する政治主体に関するもので政治過程における評価である。石母田氏は古代―中世の直接生産者＝大衆を古代―中世移行期の原動力＝深部の力ではあるが、みずから政治の表面にあらわれ、古代を克服する歴史の主体になりえない存在として把握するのである。

鈴木氏の批判は右の第二点に焦点が合わされており、ここに最大の問題があった。石母田氏は古代―封建社会、封建制―近代市民社会、資本制社会―社会主義という各段階の社会構成の変革期にはそれぞれの独自的形態があり、これを究明することが歴史学の固有の任務でなければならぬとして、鈴木氏の批判がかかる歴史学に固有の任務に対する無理解から来るものであると述べている。今にして思えば、鈴木氏への右のような石母田氏の反批判は見事なものであって、それはおそらく一九四〇年代末の古代・中世史研究一般の理論水準をはるかにぬきんでていたといってよかろう。鈴木氏が石母田批判を途中で放棄したのも無理からぬものが存したように思われる。

だが、その後の中世史研究がこだわりつづけて来たのが、まさに右の点にかかわっている。鎌倉時代後期の悪党の評価をめぐるいわゆる悪党論争[6]、あるいは戸田芳実・河音能平氏の一連の仕事[7]、さらに黒田俊雄氏の権門体制論と中世の非「領主制」的展開の理論などが、これである[8]。本書におさめられた私のささやかな日本中世農村史のための仕事も大きくいえばまたその系列に属するといわなければならない。

一　封建制論の問題点

ここでは石母田氏の農村史把握の前提であり結果でもある氏の封建制形成にかんする方法を第一に基礎的な経済過程、すなわち生産様式論上の問題として考察し、次にそれを基礎として構築されている石母田領主制理論の政治史における方法上の特長を検討することにしたい。両者は相互に密接な関係にあることはいうまでもない。

1　生産様式論

古代から中世への移行を論ずる場合の石母田理論の根本的な特徴はまず第一に、生産様式上の問題として、それがどんなに長期にわたるものであったとしても、直接生産者が奴隷から農奴へと直接に、媒介なしに、形態変換(成長)をとげると理解する点にある。氏は次のようにいう。

(1) 拙稿(『中世的世界の形成』)において第一に人民の力が無視或いは軽視されているであろうか。古代から中世に転換する長期の全歴史過程の基礎にあるもの、その原動力はなんであろうか。それは根本的には直接生産者の奴隷から農奴への成長と進化以外になかったと考える。この過程は地味な幾世紀にわたる過程であるが、これを唯一の原動力としてのみ奈良時代、平安時代、鎌倉時代の全歴史が大きく動いたのである。(9)

(2) 古代から封建制への転換の基礎をなす奴隷制から農奴制への成長は、具体的には何を意味するのであろうか。いうまでもなく奴隷が土地の占有者として独立の(相対的に)経営者となることであるが、このことは土地の占有者=農奴に対する土地の所有者=領主が成立することであり、両者は同一の過程である。領主制或いは地主制のみが、この段階において奴隷階級が解放されるただ一つの歴史的形態であり、血路であって、それを否定することは歴史の客観性を否定することになることはいうまでもなく、マルクス主義歴史学の任務は、その必然性を生産力との関係において明らかにすることにある。(10)

(3) 古代家族的秩序における寄口、家人、奴婢等の隷属形態から中世の所従、下人、作人等のコロナート制的或いは農奴制的隷属形態への成長過程、それと対応し、むしろ同一の過程の反面にすぎないところの古代家族的支配形態から封建的地主的支配形態への推移――これこそがこの時代を規定する運動法則である。(11)右にみるように、石母田氏にあっては、古代から中世への直接生産者の成長・進化は奴隷から農奴への形態変換として把握されている(この場合、注意すべきことは、両者の中間的形態以外のありうべき諸形態への配慮がほとんど存しないという事実である)。

石母田理論の第二の、そしてもっとも重要な特色は、右の文章に明瞭に語られているように、直接生産者が土地への結びつきを強めて、奴隷から農奴に成長する過程が、領主制(地主制)が形成される過程と、文字通り「同一の過程」であると認識されている点にある。石母田氏はこの「同一の過程」にわざわざ傍点を付している。つまり、ここにこそ石母田説の力点のおきどころがあるのである。

このような石母田説に対して鈴木氏の理解はきわだった相異を示していた。すなわち鈴木氏は、古代から中世への農民の闘争を一切の奴隷制的また封建的支配に対するものであると規定しながら、この時期の農民闘争の最終目標を「自由な農民的土地所有」においたのである。(12)石母田氏はこの鈴木氏の見解を、歴史の発展段階を無視する非科学的理解としてしりぞけたのであるが、私はここでは鈴木氏の理解にも正しい側面があったと判断するものである。

直接生産者の奴隷から農奴への直接の形態変換(成長)の理論、さらに、この形態変換(成長)がそのまま領主制の形成へと導くとする同一過程の理論というように特色づけられる石母田説には簡単な論理の落し穴があると思う。つまり石母田説では古代社会のあらゆる抑圧と束縛の体系からの解放をもとめる多様な直接生産者のさまざまの運動が、奴隷から農奴への成長の過程に一元化して把握されることになり、古代―中世移行過程の多面的な政治的・階級的対抗関係がそのものとして把握されない結果になっているのである。鈴木氏に従って、私も古代から中世への移行過程における農民闘争、ないし直接生産者の成長過程が指向していたものを、小経営生産様式の拡大・強化の方向であったと考えるものであり、それが最終的には「自由な農民的土地所有」を指向していたと判断するものである。これを石母田氏のように農奴制という特定の隷属形態への転換(成長)を最初から内在的に指向する運動だとするのは悪しき客観主義であり、同一過程論のきわだった欠陥がここに存すると思う[13]。

しかしながら同時にまた石母田氏がいうように、小経営確立への指向はそのままただちに歴史的に具体化されるものではない。それは外的な諸力との格闘を通じてのみ自己を実現していくのであって、「かれらは、ただちに自由な農民的土地所有者になり得ず、班田農民の階級分化による地主制のなかに組織され、地主制を媒介とすることによってのみ律令制或いは古代国家の強大な組織を徐々にではあるが否定することができた」とする氏の指摘も後述するような欠陥に目をつぶるとすればまた真実である[14]。

それではこの面での鈴木・石母田論争をどのように位置づければよいであろうか。私は石母田理論はその一面における正しさにもかかわらず、古代から中世への移行過程に内在する小経営の確立・拡大への直接生産者の強烈な指向性をそのものとして把握する可能性をとざし、そこに内包される多様な歴史の局面を直接生産者の農奴への成長と進化という単系の系列発展におきかえてしまっていると考える。

すなわち、たとえ奴隷が農奴へ転化(成長)する場合を想定したとしても、直接生産者が奴隷の境遇から脱却する過程と、これが新たな封建的隷属のもとへ組み込まれていく過程とは論理的にはまったく相いれない二つの過程だと考えなければならない。つまり前者は一切の古代的束縛を打破しつつ、小経営を拡大・強化しようとする奴隷の解放の過程として、後者は確立しつつある小経営に対する新たな抑圧体系の成立、その結果としての直接生産者の封建的束縛への包摂、すなわち農奴化としてあらわれる。鈴木氏が指摘したのは前者であり、石母田氏は両過程の区別をみない同一過程論に立って前者を否定したのである。石母田氏以後の領主制理論が領主(=武士)対農民の矛盾対立をあるがままに把握しえない石母田領主制論への批判として、その学説史的展開をとげて来たのは右の点にかかわっているといわなければならない。(15)

右のように考えると、中世の直接のはじまりは、右の第二の過程、すなわち第一の奴隷状態からの直接生産者の解放に真向から対立し、これを否定する第二の過程とともに開始されるといわなければならない。その出発点には古代社会内部に存在する多様な小経営が存している。直接生産者が農奴化されるということはこれら小経営が新しい隷属、領主制のもとの封建的隷属へと緊縛されていく過程を意味するのであって、それは奴隷解放の否定として、古代の否定の否定として現れるのである。ここにこそ奴隷から農奴への直接生産者の直接の形態変換(成長)と領主支配の成立とを同一の過程として把握する石母田理論との決定的な差が存在する。石母田理論によるかぎり、奴隷から農奴への真直ぐな成長過程としかみえなかったものが、実はまったくことなった二つの過程の相克、ながい矛盾の道程にほかならなかったことがわかるであろう。(16)鈴木氏の批判はこの点にかかわっていたのである。

右のように古代—中世移行過程における直接生産者の成長を二重の過程として把握するという方法はさしあたって次の二つの視角とかかわりをもつものである。それは第一に封建領主制成立の歴史的起点が古代社会の内部に実現される小経営生産に存するという事実の認定であり、第二に、中世社会成立過程における直接生産者の共同組織＝中世村落の評価にかかわってくる問題である。現在の私はこれを歴史的な事実に即して説明する準備をかいているので、説得力を欠くとは思うが、考え方の筋道だけを記して、今後の研究に備えたいと思う。(17)

まず第二の中世村落の評価からはじめたい。石母田理論にあってはこれが領主制(地主制)の背景におしやられていたのはさきに引用したとおりであるが、中世成立期の実態をふまえるならば、氏のような評価はとることができないであろう。中世村落はどのように複雑で多様な形態をとろうとも封建制支配のもとにある日本中世の農民諸階層によって実現された小経営生産様式の政治・経済過程における表現形態として位置づけられなければならない。換言するならば、中世村落とは日本にあっては中世における直接生産者の経済的実現を媒介するのみか、その政治的結集の形式としてあらわれ、また中世農民諸階層の政治的力量の最終的な表現形態であったというのが私の判断である。それは古代から中世への転換の過程で直接生産者の側から提起される小経営確立への長期にわたる闘争の集約として歴史的に形成されたものである。つまり封建制形成をめぐる直接生産者の成長は日本においては何よりもまず中世村落という特定の形態に集約されたのであって、石母田氏がいうように直接そのままのかたちで領主制(地主制)という政治形態へ集約されていくわけではない。ここが石母田氏の同一過程の理論との分岐点である。(16)

石母田氏が中世村落の重要な意味をみとめようとしないのは氏が古代から中世への転換過程における直接生産者の役割につき「直接生産者が政治権力を掌握する客観的条件が存在せず、それを支配し所有する地主階級がこの転換期の政治的(国家権力の問題を解決すべき階級的)主体として登場するところに、この転換期が他の社会構成の変革期と区別さるべき主要な特質がある」(19)と述べて、直接生産者をいっさい政治的主体にいれず、これを政治過程から放逐してしまったことに起因している。この場合石母田氏のいう政治的主体の意味は政治権力の直接的掌握、国家権力の問題を直接解決する政治的階級的主体のことだが、そのような意味でなら封建制形成過程における直接生産者が政治的主体たりえないのはもちろん明らかである。しかしながら石母田氏のようにいえば政治とは支配階級の独占物としてしか現れないのであって、このような理解は現実的ではない。いうまでもなく政治過程というものは政治的階級的な諸潮流の対抗の場なのであるから、当然、被支配階級も政治にかかわるのであって、彼らが直接的には政治権力を掌握しなくても、その段階の政治的対抗の一翼として、政治自体の基本的な構造(身分制・政治機構等々)決定への参加があるのであって、その対抗関係こそが政治だとみなければならない。

以上みたことからわかるとおり中世村落は古代から中世への転換の基礎をなす第一の過程、直接生産者の成長を体現し、古代的束縛を打破して小経営の基盤を確保・強化しようとする農民層の動向を直接的に集約する歴史的形態として出現してくるとみるべきである。しかし現実の歴史過程の進行はより複雑であって右のことは中世村落形成の一面にすぎない。

すなわちここに第二の過程がはじまるのであって、中世村落の成立を示す根本的な変化は右にみたごとき村落形成のうごき(第一の過程)に胚胎する一つの変化であるとみなければならない。すなわち現実の歴史過程にあって古代―中世移行期における村落内部の小経営はただちに平等の原理にもとづく農民王国を実現しえたわけではなく、小経営の展開する延長線上にそれを否定するものとして小さな領主制(地主制)を胚胎せざるをえないのであり、そしてこの領主制(地主制)の形成こそが小経営の村落にはじめて中世的な形質を刻印するとみなければならないのである。そこには、封建的な社会構成の主軸をなす農奴主経営が必然的に形成されてくるのである。

すなわち中世村落成立のメルクマールはそこにおける小さな領主制(私はそれを村落領主として定式化した。実体としては石母田氏が「領主制或は地主制」という場合の地主制に相当する)の胚胎であり、成長である。中世村落はその生誕の過程において小経営生産に対立するところの小さな領主制(村落領主)を内包し、はぐくんでいるのである。中世村落はこのような意味において一方では小経営生産様式の形成過程を、他方ではそれと対立する要因としての領主制(村落領主)をともに不可分のかたちで包括しつつ、二重の関係において成立・展開をとげるのである。[20]中世村落が一方において農民諸階層の領主支配に対する抵抗の砦としてあらわれ、他方またたえず領主制の権力機構の末端として組織されるのは以上述べたごとき中世村落の固有の性格の表現にほかならない。かくして中世村落の形成のうちに封建制形成のもっとも基礎的な過程が進行する。それは中世社会の縮図としての領主―農民関係の萌芽をすべて包括しており、ここを基軸にして封建制形成の全体の歴史過程が展開するのである。このように、中世村落は中世における小経営生産様式の政治参加の形式をなすとともに、それ自身が小さな領主制(村落領主)を内包し、その母胎として存在している。中世村落が領主制とならぶ封建社会分析の基礎範疇だというのはかかる両者の相互関係から与えられる結論にほかならない。

以上のように、石母田氏の領主制理論にあっては領主制ないし地主制は古代から中世への直接生産者の成長をそのまま(矛盾なく)体現する歴史的主体として把握され、私をふくめての石母田氏以後の領主制論(私の場合では小さな領主＝村落領主)では小経営生産様式の成長を前提としながらも、それへの政治的抑圧の体系としてこれが把握されることになる。ところで中世村落の重要な一側面を右に述べたように小経営生産の確立をめざす直接生産者の成長を最終的に集約する歴史的形態であるという場合、私は中国史をいろどっている後漢末の黄巾の乱から元末の白蓮教徒による紅巾の乱などの系譜につらなる大規模な農民叛乱の底流を想起せざるをえない。その意味で、戸田芳実・義江彰夫・黒田日出男氏らが注目している天慶の志多良神から永長の大田楽へと連なる中世形成期の宗教的ファナティシズムにおける民衆運動の組織形態・民衆のイデオロギー形態が、日本においても都市民衆をふくみながら、一般の中世村落の形成をはるかにこえた広域的なひろがりの萌芽をもっていたことが明らかであって、こうした側面に注意することも、中世農村史の重要な一環をなすにちがいない(21)。右に述べたような日本の中世村落ないし領主制の政治史上の位置づけが、救済への願望をひめた激情的な民衆叛乱の日本における全般的な欠除によって表面化している事実をも無視しえないであろう(22)。

次に第一の点であるが、これは封建制形成の論理的起点にあるものとして、何故に奴隷ではなくして、小経営をおくかという問題である。私の判断では中世の農奴は奴隷の解放、すなわち奴隷がみずからの奴隷状態を否定する運動のうちに直接形成されてくるのではなく、小経営確立への指向性を内包し、それにつきうごかされ、原始的な社会構成以来の伝統に従って奴隷状態をみずから拒否ないし揚棄しつつある多様な形態の直接生産者に対する、権力の側からの新たな反批判の結果として形成されるのであるということになる。

古代社会の内部において、奴隷制的生産様式への批判勢力として存在するのは、さまざまの形態(程度と規模と歴史的由来)において自己を実現しつつある小経営の存在にほかならない。[23] 古代社会内部のこの批判勢力に対する反批判こそが農奴制形成への論理的な意味での過程なのである。中世農奴制形成の論理的な起点(同時に歴史的起点)は、こうして古代社会内部における奴隷制の批判勢力、すなわちさまざまの段階と形態において自己を実現しつつある小経営生産にこそ求められねばならないのである。古代社会内部における小経営はそれ自体が多様な隷属諸形態のもとにあるとはいえ、論理上は奴隷制的生産様式の対極に位置し、奴隷制の批判者として存在したが、農奴制はこの小経営の自由な進展を抑圧することによって形成せしめられたからである。

ところで、石母田氏はすでに以上の事実に気づいている。すなわち氏は後に、日本の古代の特色を述べながら、

自由民が奴隷制によってまだ労働から駆逐されないばかりか、一般的には自由民の圧倒的多数が奴隷とともに生産的労働に従事していたのであって、このために奴隷制によって解体され、頽廃されない地盤が広汎に存在し、日本古代が出口のない袋小路におちいる危険を避け、封建制への転化を準備しえたのである。[24]

と記す。石母田氏は右の自由民を日本古代の家父長制的奴隷制だと評価しており、単純な意味での「自由民」ではないのであるが、氏が抽象規定についてはともかく、現実の農民について語るとき、その本質的契機を「自由民」として抽出せざるをえなかったことに注目されよう。石母田氏が指摘するように農奴制成立の前提となり、封建制への転化を準備しえたものは奴隷制によって解体され、頽廃されない地盤の広汎な存在であり、古代社会の奴隷制的な展開

をはばみ、これに抵抗するところの生産的労働に従事する自由民にほかならぬのである。(25) ただ、石母田氏にあっては右の指摘が全体の論理の中に生かされていない。石母田氏の領主制理論は右のような氏自身の反省を生かしえないような硬直した構造になっているというのが私の判断である。

ところで、石母田氏が右の「自由民」を家父長的奴隷制だと位置づけたについては、当時の社会における生産力水準についての独自な判断が存在したにちがいないと考える。この点に関し、最近高橋昌明氏が、石母田氏やさらに石母田説に対する体系的批判の上に構築されている安良城盛昭氏における生産力概念の理論的把握の方法がともに、労働過程全体のなかから、生産用具(鍬・鋤などの道具)と労働力(農民の存在形態、安良城氏の場合それは事実上、農民の家族形態のことである)だけをとり出して考察するもので、この方法では労働対象(土地・作物の品種改良・用畜)ならびに右にあげた以外の労働手段(土地の肥沃度、水や肥料の状態、すなわち生産の脈管系統)などが無視されていると指摘している。(26) 高橋氏の説くところは、日本中世における耕地改良の進行(乾田化)、二毛作の普及、生産用具や品種の改良などを統一的に把握しながら、石母田氏や安良城氏にみられる生産力把握についての観念的理解を正そうとするもので、私たちにとって真剣な検討に値する内容をもっている。生産力の理論的把握にかんして中世史研究は高橋氏の右の意欲的な考察を積極的に生かす必要があると思う。

石母田氏の領主制理論は右に述べたような欠陥をもっていたが、同じような欠陥をつきながら、本稿で述べるような観点をとらず、領主制理論の全面的否定へと論をすすめたのが黒田俊雄氏である。以下、簡単に黒田説の検討をこころみておきたい。

黒田氏の学説は氏自身によって、日本中世における非「領主制」的展開の理論として定式化されているがその特徴は次の諸点にある。(27)

(1) 古代専制国家の崩壊期における生産力の中心的な担い手は田堵層・農民的名主層(農民の自立経営)の系列であり、石母田氏のように「領主制が生産力を発展せしめる唯一の必然的形態である」と考えるのは誤りである。

(2) 在地領主の領主制は封建社会形成期の生産様式の一つではあるが、このほかに荘園領主制も存在し、日本では後者の方が封建的生産様式の基本的形態となり、前者は論理的には後者の派生形態である。

黒田説には《生産力の担い手＝田堵・名主層(農民の自立経営)→荘園領主制の形成》という一連の組合せがあり、これが日本中世の非「領主制」的展開といわれているものの内容をなしている。その間の脈絡をもっとも明瞭に示すものとして、黒田氏の次の文章をあげておきたい(28)。

非「領主制」的展開のばあいは、在地領主制が領主の家父長制的大経営を起点としその発展として成立してきたのと異なり、農民層の個別小経営の自立を原動力として展開している。

黒田説が個別小経営の自立を原動力とする非「領主制」的展開＝荘園領主制と、領主の家父長制的大経営を起点とする領主制展開との両者の対比によって成立せしめられていることが明らかであろう。私は右の黒田氏の領主制論批判が石母田領主制論への批判としてならあるいは妥当するかもしれないと考えるものであるが、それは石母田氏にもっとも典型的に現れた欠陥であって、すでに述べたごとく在地領主制成立の歴史的起点を中世村落内部に胚胎する小さな領主制(村落領主制)との連関において把握する私への批判としては成立しえないと考えるものである。戸田氏や河音氏への批判としても同様である。しかし、それらのことよりも、黒田説が生産力発展の担手としての個別小経営(小経営生産様式)の展開を基軸(原動力)にして、それへの適合体系として荘園領主制を、しからざるものとして在地領主制を位置づける仕方に私は疑問をもたざるをえない。小経営生産様式の展開を基礎的条件としながら、それへの抑圧体系としてまず村落内部の小さな領主制(村落領主)が形成され、これをそれぞれの形式で組織することによってはじめて在地領主制・荘園領主制がともに形成されてくることはいうまでもないことだからである。

このようにして小経営生産の展開に対する二つの抑圧体系として現出する在地領主制と荘園領主制の(両者の区別を私は軽視するつもりはないが)基底にある小さな領主制(村落領主制)が中世史の全局面をつらぬいていることだけは確認しておきたいと思う。ここにこそ領主制理論の真髄があると考えるからである。具体的な論証なしに抽象論を重ねるのはこのあたりで終りにしたいが、私は領主制のもっとも自然生的なコースがいわゆる在地領主制の側にあり、さまざまの歴史的規定性をうけたその特殊な形態として荘園領主制が位置づけられるであろうと考えている。日本の中世にとって荘園制(荘園領主制)が占めた規定的役割はいうまでもなく大きい。歴史学の任務が特殊的な形態の把握を最終目的とする以上、解決すべき高度な理論問題が荘園領主制の側にあることを同時に忘れてはならないであろう。その点で、黒田氏の提言の意義は否定しようもなく大きいのであるが、ここで私は、黒田氏の提言が領主制理論の根柢的批判としては的はずれであるといわざるをえないのである。石母田氏の『中世的世界の形成』を支えていた日本の領主制の先進的な役割りへの高い評価は、後述するようにそのままの形でこれを容認することは出来ないが、一一世紀以降の開墾の時代を先導し、新しい時代精神を形成せしめた彼らの客観的役割りについては、これを冷静に評価することもまた必要であろう。黒田氏の領主制理論批判はイデオロギー批判にかたむきすぎはしないか。私はそのことをひそかに恐れている。(29)

2　歴 史 理 論

古代社会から中世社会への転換過程における直接生産者の直接の形態変換(成長)理論の政治史における表現はこれを英雄時代構想を基軸とする歴史理解とでもいうことができる。(30)『中世的世界の形成』における石母田氏の政治史理解には、この英雄時代構想がつねに全体の判断のかくされた規準として構想されている。

この英雄時代構想は『古代貴族の英雄時代』によって、日本古代史の分野で積極的に展開され、いわゆる英雄時代論争をまきおこしたことは周知の事実であるが、石母田氏の英雄時代構想による歴史理解はたんに古代社会の形成期において構想されたのみならず、それは『中世的世界の形成』をはじめとする石母田氏の中世史全体をつらぬく歴史理解にも一貫してつらぬかれている(31)。

(イ)　鎌倉武士の評価

かつて私は『中世的世界の形成』における石母田氏の学問を批判して「頽廃せる古代を克服する主体としての鎌倉武士に対する氏の過度の心情的傾倒が、草深い中世農村への讃歌とともに氏の歴史把握の方法の細部にまで濃い影をおとしている」と述べたことがある(32)。それは石母田氏の方法に対する感覚的な反撥を多くでない素朴な感想のごときものにすぎなかったのであるが、私はそこにふくまれている問題を学問の方法の問題として解決したいと考えている。たしかに氏の鎌倉武士への過度の心情的傾倒は決して偶然におきたものではない。それは歴史学における厳密な意味での方法の問題である。さきの文章を書いた当時の私は氏への批判をそのような問題として展開するだけの準備を欠いていた。つぎに、この点を多少とも考えてみたいと思う。

ところで、英雄時代構想による中世史理解とはいかなるものであろうか。『中世的世界の形成』において、石母田氏は平家物語を中世的な国民文学であるとして積極的に評価しつつ、この場合の「国民」という用語の使用について次のように述べている(33)。

中世を国民的とすることは勿論異論が伴うであろう。かかる表現は武士＝領主内部の矛盾がまだ十分展開せず、それは封建制へ向って急速に成長しつつあった段階、したがって古代的なものと中世的なものとの対立関係が時代を特質づけている段階において、もっとも妥当するものである。それは古代的専制的体制に対立する広い諸階層を代表する意味において国民的なのである。……中世的世界というのも源平争乱から鎌倉時代の中期以前の時代を主として念頭においているのであって、この時代は中世史において特殊な時代精神をもっていたと思われる。今それを中世史全体において如何に特質づけてよいかは解らないが、ただ中世紀の英雄時代として、もっとも生命の躍動していた時代であったことを感じているのみである。

この文章に、中世史の英雄時代構想による理解の典型が最も明瞭に語られている。すなわち中世の成立期として、その特定の段階を構成する「中世紀の英雄時代」はその特質として第一に、武士＝領主内部の矛盾の未展開を条件とし、第二に古代的なものと、中世的なものとの対立が主要な段階（領主・農民の対立は副次的）として規定される。石母田説ではこの段階、すなわち源平争乱から鎌倉時代の中期以前の段階こそが「中世紀の英雄時代」として、真の意味での「中世的世界」なのであり、それは中世史において「特殊な時代精神」をもち「生命の躍動する時代」をなすのである。石母田氏がどれほど真剣に、これら国民とか世界とか、はたまた時代精神とかを把握するために格闘したかを私たちは正当に理解しなければならないと思う。石母田氏が追いもとめたのは『古代貴族の英雄時代』であり『中世的世界の形成』であったことを忘れてはならない。つまり石母田氏自身が語るようにこれらへーゲル的観念による石母田史学の基本的骨格の形成史を戦後になって、そこから出発した中世史研究はやや深刻にうけとめなければならないのではなかろうか。この点の理解なしに石母田史学の成立を語ることはおそらく不可能であろう。(34)

石母田氏はどうして鎌倉武士を中世紀の国民的英雄として描出したのであろうか。氏にとってあるいはそれは明快に中世紀の英雄時代であったわけではないのかもしれない。しかしそのような副次的な諸条件はさしあたり問題ではない。そうではなくて、中世形成期を理解するためのもっとも本質的な規準となるものがその英雄時代構想であり、武士＝領主の英雄像であることがここでの問題なのである。これらの構想の基礎に奴隷から農奴への直接生産者の成長を基軸とする移行過程の理解＝形態変換の理論が存在していることは明らかである。鎌倉武士あるいは保元・平治の乱以来の源平争乱に参加した大小武士団はすべてこれら直接生産者の奴隷から農奴への成長を体して戦い、国民的規模における広い諸階層を代表しつつ古代的専制的体制を打倒していったではないか、と。このような中世史の理解が英雄時代構想による歴史理解である。そこには、封建領主制がその成立の当初から、古代社会内部で展開しつつある小経営生産への抑圧体系として成立してきたという私達がとっている観点との完全な背理が存在する。(35)

封建制形成史の英雄時代構想による理解はその方法上、古代—中世移行過程における領主・農民の関係、とくにその対立と抗争の歴史をそのものとして把握しえない構造をもっている。その端的なあらわれが、封建制の成立を古代に対する中世の闘争、中世的世界による古代の克服の過程として把握する方法上の特質となる。むろん歴史の進行は古代から中世への歴史的発展としてもたらされるのであって、中世が古代を克服していくこと自体は疑うことができない。しかし「古代的支配者対農民の関係から中世的支配者対農民のそれへうつることがあくまで問題の重点であり、要するに支配階級対農民の関係対立が重点であるべきだろう(36)」とする鈴木良一氏に対し、石母田氏が次のように反論するとき、氏の把握は果して正しいであろうか。(37)

中世の形成は古代の没落である。没落の過程が同時に形成の過程でなければならぬ。中世は古代に対して対立的否定的でありながら、古代以外のところから生れることは出来ない。両者のかかる歴史的な同一性と対立性は中世の成立を古代の自己批判の展開として理解するとき、もっとも具体的かつ包括的に把握しうると考えられる。律令体制内の班田農民及び板蝿杣内の寺奴が、その歴史的発展と階級分化によって、中世的武士団＝領主制をつ

> くりだす基盤となり、律令制及び東大寺を否定する力として現れるということは、古代自体が自らを否定する過程すなわち自己批判の進行に外ならない。中世武士団＝領主制はその自己批判の主体をなす階級であり、古代の政治的否定は武士団によって果された。それは古代の自己批判の完成であり、古代の中世への転化である。かくの如く、中世の形成を古代自体の自己運動として明確に意識的に把握することは、古代から中世への多面的な歴史をその全体性と相互関連において理解するための方法的前提をなすものと考える。

私などは氏の多彩な弁舌に悩まされるのであるが、ここでは、中世の形成が古代自体の自己運動、古代が自らを否定する自己批判の過程として把握されていることが明らかである。古代の班田農民や板蝿杣内の寺奴はその歴史的発展において中世武士団＝領主制形成のまさに基盤としてのみ存し、中世武士団＝領主制はその基盤の上に立って、古代の自己批判を完成する主体としてあらわれるのである。ここに直接生産者が奴隷から農奴へ直接、かつ媒介なしの形態変換(成長)をとげるとする形態変換理論の歴史過程版が存することはいうまでもない。それは中世の生誕を古代の直接の、かつ媒介なしの克服として把握する特質をもっている。古代と中世の対立抗争の局面における本質的契機を古代自体の二つの陣営へのするどい分裂と、中世自体の内部における両陣営への分裂との併存と対立の諸局面において把握すべきであるとした鈴木氏の提言にこそ、かえって古代から中世への多面的な歴史をその全体性と相互関連において理解するための方法的前提があったとしなければならないであろう[38]。

(ロ) 悪党の評価

石母田氏は弘安年間以来の黒田庄悪党に鎌倉・南北朝期の在地武士団の孤立と頽廃を読みとり、この悪党問題に内在する時代の矛盾とその展開の追求を『中世的世界の形成』の第四章「黒田悪党」で示された。悪党とは孤立と頽廃の現象であるのか、それとも革命的な勢力であるのか。いわゆる悪党論争はこの石母田氏の評価をめぐって、南北朝内乱期の歴史的意義にかんして以後の中世史研究の重要な課題となって現在にいたっている。(39)

黒田庄の悪党が庄内の民屋を追捕し、作稲を苅取り、謀書をかまえて土民を悩まし、往代曩祖の墓を発くなど、放火殺害、山賊追剝の罪科をおかしたことにつき、石母田氏は彼等の倫理的な頽廃と庄民全体から切離された行動の孤立性をするどく追求して『中世的世界の形成』の終章をかざっている。いまここでは悪党そのものの分析を全体として問題にするわけでないから、くわしくは立ちいらないが、石母田氏にみえる右のような悪党評価は氏の全体構想の必然的な一環であり、他と切りはなして論ずることのできない石母田史学そのものの本質的な部分を表現している。石母田氏の悪党把握はまさに中世の成立過程を英雄時代構想で綴ったことのうらがえしであり、氏の悪党とは英雄のうらがえしにほかならぬのである。この英雄と悪党の、あるいは英雄の時代とそれにつづく悪党の時代の対比にみられる石母田史学における中世史の全体構想の一貫した方法こそが問題であるといわねばならぬ。

悪党が村落民全体の生活を代表するような健全な地侍であり、かかる立場から寺家に対捍するとすれば、それは小規模でも土一揆的形態をとる筈であり、何等道徳的頽廃の傾向は発生する筈はない。彼等が庄民や村落から遊離していたが故にかかる頽廃的傾向が必然になるのである。……それ(悪党の行動)が如何に在地民の利害と共通したものをもっていてもその頽廃と孤立は健康な農民の心を決して把えることは出来ない。……本来、黒田庄の在地武士団の子孫であったこれらの地侍は何故庄民を組織する代りにそれから孤立して山賊・追剝的な一面をもつようになり、同じ黒田庄の百姓の家屋に放火し無意味な殺人を行い、墓を発くような行動に出るに至ったのであろうか。……一人の人間が頽廃する現象はその人間が結ばれている世界の頽廃の表現であるから、本来農村社会で最も道徳的に健康なるべき武士の頽廃は深い根拠なくして起りうるものではない。(40)

右にみられるように、石母田氏の悪党とは、没落せる英雄以外の何物でもない。それは「本来、農村社会で最も道徳的に健康なるべき武士」の頽廃現象であり、「村落民全体の生活を代表」しえなくなった英雄の子孫たちの物語りである。村落民を代表することができ、これを組織しえたものこそかつての英雄であり、庄民から孤立して、道徳的な頽廃のうちに没し去ったのが悪党である。このようにしてみれば、石母田氏が悪党の行動に孤立と頽廃を読みとったのは、決して偶然ではなく、氏の中世史における英雄時代構想が必然的にもたらした一個の評価だったことが明らかであろう。石母田氏の悪党評価には、鎌倉武士への強すぎる期待とちょうどうらがえしの関係にたつ絶望がこめられている。それらはともに直接生産者大衆の領主的支配への対立的契機を正確にとらえ、その歴史的役割を正当に評価するための方法をかいた石母田史学の錯倒した観念の表現であったといいえよう。

悪党と関連して重要な位置を与えられているのが、石母田氏の地域的封建制の形成である。なぜならば石母田氏における悪党の位置づけは地域的封建制形成の失敗者、その主体となることに失敗して、古代とともに没落する歴史的存在としてあらわれるからである。悪党の抗争はそれ自身が東大寺と古代世界の頽廃の一側面をなすものであり、その固有の頽廃性と孤立性の故に彼等は東大寺に代るべき新しい体制を樹立しえず、東大寺と共に没落すべき性質をもっていた。石母田氏はこのような悪党の時代を真に克服しうるものとして地域的封建制の形成を位置づけたのである。鎌倉末から室町時代にかけて、地侍自身による下からの一国的連繋が成立していく。それこそが律令的な国々の統一の否定としての新しい一国的統一すなわち地域的封建制の成立であり、地侍の集団すなわち郷村を全体として組織しうるごとき守護領の形成なのである。それらの現象に石母田氏は次のような魅惑的な表現を与えている。

在地の地侍が広汎に躍動した時代(41)

国内各地の地侍が一斉に生気を帯びて動き出した一種の動乱時代(42)

それは、庄園内に普遍的に発生して来た地侍が庄園領主に対捍しながら、相互に結合しはじめた時代であった[43]。石母田氏はこれを新たなる英雄時代の到来だとはいっていない。しかしながら、それは中世紀における英雄時代の復活以外の何物でもないではないか。悪党の頽廃を克服して、郷村を代表しつつ国内各地の地侍が一せいに躍動しはじめる時代の到来である。彼等こそが地域的な封建制を形成する歴史的役割をになう主体として新しい英雄でなくて何であろうか。

私は石母田氏の欠陥を拡大してみせすぎたかもしれぬ。しかしながら、石母田氏の封建制成立史には、氏の明言はなくとも一貫して英雄時代構想が存在していることを指摘したかったのである。悪党とは封建制形成過程における英雄時代構造の破綻現象であり、したがってこれはより新しい英雄＝地侍の広汎な復活によって地域的封建制として克服されねばならないのである。

石母田氏が『中世的世界の形成』の終章を黒田悪党の敗北の歴史で閉じたことは中世成立過程のもつ特有の困難をこれによって徹底的にあばき出したことを意味する。中世は悪党の克服なしに成立しない。中世を形成すべき在地武士団の内部に胚胎する頽廃と孤立、これはまさに運動内部に胚胎した古代＝頽廃であった。それは生まれいづる中世にとっての最大のそして最後の難関をなしていた。

私は石母田氏自身が戦後歴史学の出発にさいして、すでに早く過去の遺産だと言明していたかつての石母田史学の欠陥にこだわりすぎたかもしれない[44]。しかしながらそれがどのような意味で過去のものであるのか、そのことはかならずしも自明のことがらではないのである。石母田史学の自己批判への道はすでに中世の在家農民について述べた氏の文章のなかにはっきりと予見されている。そのことを確認して先へ進みたいと思う。

在家農民はその出発点から田地をふくむ小規模経営として独立のウクラードを形成したとみることが正しいので

> はないかとおもう。この点で、私をふくめて、中世領主制の成立と構造を分析するとき、一つの方法上の欠陥があったとおもう。それは古代の家父長制的古代家族において、その所有する奴隷が農奴に進化する過程、いいかえれば古代家族の奴婢・家人が、典型的には土地を保有する中世の下人＝所従的なものに転化する過程を、封建的領主制の基本にすえてきた。それは基本的には今でも正しいとおもう。しかし、その転化過程を、生産力の発展を基礎とする古代家父長制的家族の自己運動的なものとしてとらえるならば、それはどのような条件のもとで、
> 　中世領主制が成立するかという全体の歴史的条件を軽視する結果とならざるを得ない。(45)

在家農民の評価をめぐって、ここには二つのことが語られている。それは第一にこれまでの方法、すなわち私の表現でいえば直接生産者の形態変換理論の基本的な正しさの再確認であるとともに、第二に、全体の歴史的条件を軽視しないために、在家農民がその出発点から小規模経営として独立のウクラードとして存在したことの確認である。ここにみられる新しい理論構成への方向は石母田氏によってさらに発展せしめられている。すなわち石母田氏は『中世的世界の形成』第三章第二節における日本と中国の中世史の対比において、氏の理解が「アジアの停滞性」に関する当時の理論に影響されて、中国社会の停滞性を説明しようとしていたことの自己批判として、次のような重要な指摘をおこなっている。

> 旧稿において日本の封建制成立の過程を論ずるさいに、それとの対比において中国における古代国家の純粋な封建制による否定が見られなかった事情を分析し、それを領主制の矛盾が共同体的遺制によって覆われていた事情にその根拠を求めた。……共同体をこのように階級対立にとって外的要素としてとらえ、そこに問題解決の根拠を発見しようとする伝統的な考え方の誤りについては自己批判したところであるが、問題はそれだけでなく、領主制の比較によって両民族の全体的な歴史の進行と達成を比較しようとしたことにある。現実の中国の中世には

いちじるしく古代的奴隷制的構造の遺制をつよくもつ領主制のほかに一方の系列においては、共同体的組織とともに、古代奴隷制的構造および均田制の系統につながる広汎な良民的自営的な農民層の存在がみられ、他方には、直接生産者および地主＝豪民層の手に集積された剰余生産物の交換によって急速に成長する商業＝都市的関係の発達が顕著である。古代的なウクラド、中世的なウクラド、それから都市的＝商人的というかぎりでの、いわゆる「近世的」要素というような複雑なウクラドのからみ合いが中世の中国社会の全体を形成しているのであって、中世の政治的上部構造および階級闘争の中国的特質を具体的に把握するためには、これら多くのウクラドのそれぞれの分析の上に立たねばならない(46)。

石母田氏はここに中国史についてであるが封建制把握の原則について、三つの点に留意すべきことを明確に指摘している。すなわち第一の点は、共同体を階級対立にとっての外的要素としてとらえる誤りについてである。共同体(中世村落)の位置づけは本書の大きなテーマであり、かつ中国中世史研究における谷川道雄・重田徳両氏の論争ともかかわる点であるがここではふれないでおきたい(47)。ここでより重要な点は氏が第二に、領主制のたんなる対比によって日本と中国の全体的な歴史の進行と達成を比較してはならないこと、また第三に中世の政治的上部構造や階級闘争の中国的特質の具体的把握のためには中国社会を構成する多様なウクラードのそれぞれの分析の上に立つことの必要性を指摘した点である。多様なウクラードの複雑なからみ合いが中世の中国社会の全体を形成しているという観点は、むろん中国中世史に固有の性格ではありえない。すでに一九四九年におこなわれていた石母田氏のこの指摘を私たちは日本の中世史の分析において具体化しようと努力して来た。この点にこそ戦後における私たちの研究上の出発点があったといっても過言ではない。これらの具体的経過についてはくわしく述べないが、すでに永原慶二、戸田芳実、河音能平、島田次郎氏などが研究史的な整理と問題点の指摘をおこなっているとおりである(48)。

二　中世農村史研究の意義

最初に述べたように石母田氏の『中世的世界の形成』には日本中世農村史確立への高度な可能性がふくまれていたと考える。しかしながら戦時下というあらゆる意味において現在とはくらべものにならない苛酷な研究諸条件のもとにあって、石母田氏の当時の学問には中世成立期の領主・農民関係のありのままの姿を冷静に徹底的に追究するという視角があいまいなままに放置されている。石母田氏の全体の構図の見事さとは別に、氏の『中世的世界の形成』を特色づけているものとして歴史事象に対するやや煩雑にすぎる思弁的把握があるが、これも中世農村の現実把握に的確さをかく、石母田氏をふくめての当時の研究水準のあいまいさとうらはらの関係にあったと私には思えてならない。次に石母田氏における農村史把握の展開をおいながら、問題をさぐってみたい。

『中世的世界の形成』における石母田氏の農村史把握は日本古代の村落における戸の優越と村落そのものの法的主体としての未完成の認識から出発している。日本の古代ではインド・中国と対比して、村落の果すべき機能が戸によって果されることが多く(戸を単位とする開墾、土地売買の郷戸主による承認、村落民による先買権の欠除等々)、日本の古代の村落には村落固有のものとしての区劃された共有地が存在せず、「標結ひ」の慣行にみるごとく入会地の村落民による自由な使用用益はあったものの、こうした村落の入会地は外部からの侵攻に対する有効な防衛の手だてをかいており、そのために入会地における村落民の自由な開墾(百姓治田の成立)が進行しているという。かかる入会地分割者としての田堵・名主・刀祢らの百姓治田を基礎とする小農民階級の村落からの独立化の過程がすすみ、村落結合の主体が一般村落民から田堵・名主・刀祢に移行したため、入会地への大土地所有の侵攻に対する村落の反抗は入会地そのものの擁護としてではなく、もっぱら百姓治田の擁護として表面化し、百姓治田の形成が大土地所有の入会地囲込みの形態を制約していたと認定されている[49]。

そこには古代における村落そのものの法的主体としての欠格性、あるいは村落をささえる共有地の欠除が想定され、それに対応する関係として戸の優越性、入会地における百姓治田の自由なる進行(田堵・名主・刀祢の成長)、ならびに大土地所有の自由なる入会地囲込み、そして両者の対抗関係という平安時代農村史の構図が描かれている。

しかしながらこの百姓治田(田堵・名主・刀祢)の形成を基礎とする村落の位置づけは、名張郡に源俊方のごとき武士団が成立する段階に入ると微妙な変化をみせはじめる。「村民自体が自らの結合によって村落の権利を防衛しようとすることは、すでにこの地方に対する大土地所有の侵攻時代において終りを告げていた[50]」「俊方の時代において、……作人及び小名主からなる村民自身(簗瀬保住人)は、主として支配層内部の政治的な問題であるかかる事件(簗瀬村の所領=村落をめぐる源俊方と東大寺の争い)に重要な関心をもつ筈はなかった[51]」「俊方がこの地方の政治過程に入り得たのは彼がかかる名主的階層から分離し、したがって村落の外部に立つ官人及び領主になったからである」「名主は単に村落の構成員たるに過ぎず、……それ自身政治的意義をもちえなかった[52]」(傍点筆者)等々。ここでは氏の政治という用語の使い方に注意して欲しい。つまり、平安時代の大土地所有の侵攻時代以降においては、名主とその村落は政治的対抗の能力を喪失し、彼等は政治の世界から離脱したというのが石母田氏の理解である。氏にとって俊方以降の時代にあって政治とは支配階級の内部にのみ存するのである。『中世的世界の形成』が執筆された時代に比して現在の中世成立期の農村に関する研究水準には格段の進歩がみられる。一一、一二世紀の田堵・住人等が国衙からの臨時雑役・国使入部に抵抗し、荘園領主に年貢減免をせまり、在地領主支配に抵抗して闘う存在であったことは多くの研究によってすでに疑う余地のない明白な事実に転化している[53]。当時の石母田氏にあっては中世成立期の領主

＝武士団と農民の関係についてのかなりあいまいな理解が全体の歴史把握を誤まらせていたことがあきらかである。しかしながら、たとえ、一般的な研究の条件あるいはその水準の制約があったにしても、右にみる石母田氏の政治に対する理解はかなり特異なものであったことを指摘しないわけにはいかないであろう。政治とは何故に支配階級によって独占されるものなのであろうか。権力を争い、そのことによって国家の問題を解決する主体として現れるものだけにしか政治過程が存在しないとどうして判断したのであろうか。氏による中世農民に対する政治的無能力宣言に、私たちは戦時下においていっさいの政治行為を圧殺されていた古代・中世史家の屈折した意識の投影を感じざるをえない。中世の農民は多くの知識人たちがそうであったごとく政治的には無能力であったが、しかし歴史を深部で支えていたのであると……。しかしこれは現実をリアルに見ることが出来なかった知識人の錯覚である。そして、この錯覚の上に中世紀の英雄時代構想が成立している。中世農民はすでに政治過程から放逐され、政治上の能力を喪失しているのだから、在地領主＝英雄との対立は政治の世界に入って来ない。石母田氏の歴史把握がときとして思弁的に流れるのは中世農村の現実的展開への肉迫に乏しいからである。私が氏の都市と農村との対抗のテーマをうけつぎながら日本中世農村史の研究を目指すのは、石母田氏における領主制把握の観念的理解を正し、これを農村史の現実に基礎づけられたものにしたいからにほかならない。石母田氏の学問は中世史の分野では領主制理論だといわれる。もちろんそのことに誤りはないのであるが、石母田領主制理論の特質は観念的・空想的な側面をともなうとはいえ、氏の農村史把握の独自の成果とわかちがたく結びついており、その成果からの一つの抽出＝見取り図であることを忘れてはならないと思う。領主制研究はもともと農村史研究の一環なのである。

　このような観点からして、以下、中世農村史研究の諸課題について二、三述べておこう。中世農村史の主要なテーマの一つは、日本の諸地域で遂行された人間の自然に対する闘い、すなわち自然改造の過程を具体的にあとづけることにあると思う。石母田氏は日本の河川と平野の地理的条件に言及し、ここでは毛細管的な河川を中心とする矮小な小平野がそれぞれ独立的な地理的単位をなすと述べて、かかる形態の農村社会においては、灌漑用水の問題のために巨大な中央集権国家が必要とされる理由は存在しないと指摘している。とくに平安時代以降の農村社会にあっては用水問題の解決は国ないし郡の範囲内で十分解決されうる程度の矮小な地域の課題であったことを指摘し、都市的荘園領主による用水統制を地域の領主制確立への阻害要件として位置づけている。(54)

石母田氏が早く指摘しているような諸関係を事実の問題として具体的にあとづけていくことが必要である。石母田氏が矮小な地域の課題だとした小平野の開拓、そこにおける灌漑用水路の造成と堤防工事、耕地の造成は一一—一二世紀以来の日本農村社会における開発領主層の登場といかにかかわっていたのか。田堵や名主の農業経営とどのような関係が存在したのか。戦後の中世史研究が追求して来た右のような諸課題をさらに意識的に深めていかねばならない。本書所収の各論文が摘出して来た中世村落における勧農の問題、あるいは名主層から階層的に排除されていた散田作人層の広汎な存在など、右の諸点にかかわるものとして、中世農村史の現実的展開を追うさいに避けて通ることのできない諸問題をなすと考える。

人間と自然との闘いのいま一つの側面は、年ごとの農耕生産のくりかえし、中世農業における生産諸過程の具体的究明である。このことは右に述べた勧農の権力的編成(散田・種子農料の下行・斗代決定)などともかかわり、戸田芳実氏の「かたあらし」の研究(55)や河音能平氏の平安時代における二毛作の普及を示す仕事(56)などによって具体化されて来ている。さらに最近では木村茂光氏の畠作生産の分析や荒木敏夫氏の平安時代における農事慣行の究明も意図されているが、このような具体的な研究のつみ重ねが中世農村史の内容を豊富にし、領主制研究の将来を展望さすことになるであろう。(57)それとともに網野善彦氏を中心に明らかにされつつある非農業民の実態究明も中世農村史研究のなかに

積極的に位置づけていかねばならないと考える。(58)

次に意図したいことは、農村社会をめぐる富の所有諸形態をめぐる研究である。戸田芳実氏の富豪層研究が指摘した一〇世紀農村の富の存在形態、動産所有と私出挙を梃子とする富豪層経営の急速な拡大は中世農村史の生きた諸連関を提供するものであったが、開発領主の時代の到来以降の実態はまだまだ不明確である。(59)山僧や日吉神人あるいは熊野先達らの都市的高利貸資本に究極的に結びついていく中世農村の出挙活動の研究はなかでも重要な仕事であるにちがいなく、また農村における高利貸資本の研究ももっとすすめられねばならないであろう。(60)

以上のごとき諸分野の研究を通じて、人間活動の諸形式、すなわち、家族、共同体、領主制、領主連合、国衙や荘園制、そこにおける階級的・政治的葛藤などが究明されることになるだろう。

右にあげた中世農村史研究の諸分野だけからみても、本書にもられた私の仕事はかなり一方的で、ささやかなものである。また長い間に執筆された各論文は右のような研究課題を最初から明瞭に意識して執筆されたものでもない。中世農村史の研究が中世の社会経済史・中世荘園史・中世村落史・中世領主制史・中世農業史・中世灌漑史等々とことなった独自の領域を主張しうるとすれば、これらの諸研究がいずれも中世農村史の現実展開の全体から抽出されたそれぞれの局面をなすという点に求められるであろう。現実の一定度の抽象化をまぬがれえない性質をもつこれらの諸研究領域とことなる性格を農村史研究はもたねばならないと考える。中世農村史は中世農村の全体としての現実的展開を主題とするものである。(61)したがってこれが直ちに中世史と同義でないことはもちろんであるが、同時にまたそれは中世における都市と農村の対立という主テーマを農村の側から照射するという意味で、全体史への接近を可能にするものだと考える。最初に石母田氏の『中世的世界の形成』に中世農村史の生きた可能性がふくまれていると述べた理由は右の事実とかかわっている。石母田氏にあっては、それはまだ可能性の段階であった。戦後の中世史研究はさまざまの欠陥をもっていたことも事実ながら、右に述べたような中世農村史研究の進展への豊かな地盤を着実につみあげて来たと考えるものである。

（1）石母田正『中世的世界の形成』（伊藤書店、一九四六年）、のちに関連論文を加えて東京大学出版会から再刊された。同書からの引用はすべて後者によっている。
（2）清水三男『日本中世の村落』（日本評論社、一九四二年、のち同著作集二巻、一九七四年、校倉書房）
（3）石母田正『中世的世界の形成』（前掲）一三二頁
（4）鈴木良一「敗戦後の歴史学における一傾向―藤間・石母田氏のしごとについて―」（『思想』二九五号、一九四九年）
（5）石母田正「封建制成立の特質について」（一九四九年、石母田『中世的世界の形成』前掲、所収）
（6）網野善彦「悪党の評価をめぐって―日本中世研究史の一断面―」（『歴史学研究』三六二号、一九七〇年）が鎌倉―南北朝期を特質づける悪党問題について研究史的な整理と興味深い問題点の指摘をおこなっている。
（7）戸田芳実「平安時代社会経済史の課題」（『歴史学研究』二三四号、一九五九年、のち同『日本領主制成立史の研究』岩波書店、一九六七年、所収）、河音能平「農奴制についてのおぼえがき」（『日本史研究』四七・四九号、一九六〇年）、同「前近代の人民闘争」（『歴史評論』二一九号、一九六八年、両論文とものち、同『中世封建制成立史論』東京大学出版会、一九七一年、所収）などにそれぞれの立場からの中世史把握の方法的検討がおこなわれている。
（8）黒田俊雄「中世の国家と天皇」（岩波講座『日本歴史』中世2、一九六三年、のち同『日本中世の国家と宗教』岩波書店、一九七五年、所収）、同『荘園制社会』（体系日本歴史2、日本評論社、一九六七年）、なお黒田氏の歴史学を理解する上で、同『現実のなかの歴史学』（東京大学出版会、一九七七年）が興味深い。
（9）石母田正「封建制成立の特質について」（前掲）四四七―四四八頁
（10）同右、四五〇頁
（11）同右、四五三―四五四頁
（12）鈴木良一「敗戦後の歴史学における一傾向」（前掲）四六頁

(13)　鈴木氏と同様な観点を示すものとして、戸田芳実氏は「この農民階級(=律令制下の一般勤労農民)が自己の小経営発達のための生産力的および社会的諸条件を獲得しようとする行動こそ、彼等が中世封建社会の農奴および封建的隷属農民へと発展する土台となるのである」(「中世封建制の成立過程」同『日本領主制成立史の研究』、前掲、四頁)と述べており、また原秀三郎氏は「第二次的所有(=奴隷制・農奴制)においては、……この闘争の目標は、小経営生産様式の実現におかれることになる」(「階級社会の形成についての理論的諸問題」『歴史評論』二三一号、一九六九年、三六頁)と記している。

(14)　石母田正「封建制成立の特質について」(前掲)四五〇頁

(15)　「農民階級が古代専制国家の支配からみずからを解放してゆく過程は、同時に新しい私的な封建的隷属関係を形成する過程である。」(戸田芳実「中世封建制の成立過程」前掲、四頁)

(16)　マルクスは資本の史的創生記を、奴隷・農奴の賃労働者への直接的転化、したがって単なる形態変換としてではなく、直接的生産者の収奪、すなわち自分の労働にもとづく私的所有の解消として把握している。(『資本論』第一部二四章七節「資本制的蓄積の歴史的傾向」)歴史の段階をことにするとはいえ古代―中世移行過程における農奴制の史的創生記についてもマルクスの右の把握は示唆的である。

(17)　河音能平氏はこの点に関し、封建的社会構成の民族(Volk)的特質を決定するものとして(1)農奴制ウクラードの歴史的性格、(2)農奴主階級の支配共同組織(政治的編成)の具体的形態の二つをあげる。日本の班田農民は、アジア的専制国家体制にまで拡大された共同体の成員たることを権力的に強制されていたが、それは同時に、(1)家父長的私的経営の基地=「園宅地」における私的土地所有権の保持、(2)田地(口分田・剰田等)に対する法的所有権の欠除によって性格規定される。いっぽう、八世紀以来の富豪層は原始共同体的社会構成の最終的破壊者であるとともに封建的社会構成の創出者として位置づけられるが、これを具体的には園宅地所有を基礎にして私出挙と営田とを有機的に統一する家父長的大農業経営者層であったとしている。またこの富豪層は一〇世紀以降、不安定な小経営農民を恒常的な人格的隷属下におくようになり、農奴主階級としての本質を明確化するという。以上のような前提的理解の上に立つて河音氏は封建的国家機構の具体的形態の決定に参加した階級として農奴主階級、貴族階級、ならびにその下にある下人・所従(農奴階級)をのぞく一般小経営農民階級(百姓)の三者をあげ、最後のものを原始的社会構成の解体の中から成長してきた小農民階級(安定した小経営)であったとし、かかる小経営農民の農奴主階級に対する反農奴化闘争を位置づけている。(同「日本封建国家の成立をめぐる二つの階級」『日本史研究』六〇・六二号、一九六二年、のち同『中世封建制成立史論』前掲、所収、一九—二四頁)なお注(20)(24)を参照。

(18) 中世成立期の村(中世村落)を石母田氏は次のように把握する。すなわち、穀倉院領播磨国小犬丸保の溜池が土民・百姓によって構築維持されていた事実、すなわち溜池が共同体によって管理され、かつ百姓の経営がこの溜池に依存する状態、つまり百姓経営の自立性が共同体によってつよく制約される側面を強調する。つまり灌漑施設が個々の農民経営内部で完結しえないという自明の事実が、村民の非独立性を示す事実として提示される。石母田氏はこの非独立性を灌漑施設を所有する領主に対する村民の、そして共同体的機能を掌握する名主・本在家層に対する脇在家・名子・被官・外来農民・賤民的間人の隷属性の問題だとするのである。(同「封建制成立の二三の問題」『古代末期政治史序説』上、未来社、一九五六年、二九四—二九六頁)灌漑施設の権力的編成が支配隷属の梃子としてはたらきうることは氏の指摘する通りであるが、これが共同体によって掌握された場合には農民の自立的性格の基盤に転化することを見落してはならない。石母田氏が描く自立的農民像は個別経営内部における用水利用の完結を求めるもので、このような農民自立は近代主義的発想であって現実的ではなく、またゲマインデをしてフーフェの経済的実現を媒介する契機として位置づける後述の高橋幸八郎氏の理論的把握の正確さにはるかにおよばない。

(19) 石母田正「封建制成立の特質について」(前掲)四五七頁、もっとも石母田氏自身もその後、政治史研究について「特定の時代における諸階級の全体的な相互関係、とくに国家権力の面に集中される諸階級の運動を歴史的に研究する」ことだと述べ、「やすらい花」をうたって狂乱する京都とその周辺の民衆意識を把握するために、「雑芸」に注目している。(同「政治史の対象について」『思想』三九五号、一九五七年)

(20) 河音能平氏は封建社会における「村落共同体」の性格について、かつてはこれに(1)地域的な統一をもつ生産共同組織である、(2)農奴制の克服過程に形成される、(3)封建的土地所有に対決する農奴制を克服した小経営生産様式の政治的共同組織(防衛組織)である、(4)中世文化の基盤として「民族」の母体の一つをなす、といった諸規定を与えていたが(同「農奴制についてのおぼえがき」一九六〇年、前掲、六九頁、注18)、後に在地領主制の形成過程そのものが上層農民(小農奴主あるいは安定的小経営農民)による地域村落(中世村落)の形成をもたらしたとし、これが(1)上層農民の特定権門寺社にたいする奉仕者集団(神人・寄人・供御人集団)として権門寺社に組織されることによって成立したこと、(2)上層農民層の奉仕者集団としての地域的結集は同時に尨大な中堅・下層の農民大衆の村落秩序からの疎外と排除をともなった点を指摘し、封建制成立期の反農奴化闘争の存在とそれへの拠点としての村落の形成を展望している(同「中世社会成立期の農民問題」『日本史研究』七一号、一九六四年、一八頁以下、のち同『中世封建制成立史論』前掲、所収)。私は神人・寄人・供御人集団の前提として、名主層の村落形成を位置づける必要があると考えるが、地域的まとまりをもつ中世村落は農奴制の克服をまたずに封建制の形成過程に成立をみたとする氏の新しい見解に賛成したい。

(21) 戸田芳実「荘園体制確立期の宗教的民衆運動—永長大田楽について—」(『歴史学研究』三七八号、一九七一年)、義江彰夫「中世移行期における支配イデオロギーと人民闘争」(歴史学研究別冊特集『歴史における国家権力と人民闘争』一九七〇年度歴史学研究会大会報告)、黒田日出男「中世成立期の民衆意識と荘園体制」(歴史学研究別冊特集『世界史認識と人民闘争史研究の課題』一九七一年度歴史学研究会大会報告)など。また河音能平「やすらい祭の成立」(『日本史研究』一三七・一三八号、一九七三・七四年)

(22) この点が黒田俊雄氏が力説する日本中世の社寺勢力の存在形式、あるいは非「領主制」的展開の理解と深くかかわる問題である。

(23) 戸田芳実氏は小経営生産様式の概念について、これが単婚家族的経営に限定されるものでないことをマルクスの『資本論』第一部二四章七節が(1)生産者による生産手段の私有を基礎とし、(2)奴隷制・農奴制その他の従属諸関係の内部にも実存し、(3)生産者が自らの労働条件の自由な私有者としてあらわれる場合に最高の形態を示し、(4)土地その他の生産手段の分散を内蔵すること、などによって性格づけたこと、さらにレーニンの「食糧税について」、栗原百寿『農業問題入門』などを引用して説明している。(「平安時代社会経済史の課題」前掲、三九三頁)。なお河音能平「前近代の人民闘争」(前掲)三〇三—三〇九頁をも参照。

(24)　石母田正「二・三の理論的問題について」(同『古代末期政治史序説』下、未来社、一九五六年、所収)五四五頁、なおこの指摘が注(17)で述べたごとき河音能平氏の八世紀以降の農村史把握に生かされていることに注意されたい。

(25)　戸田芳実氏は農奴制形成の歴史的前提として家父長制大経営(小経営生産様式＝単一家族的小経営ならびに領主経営の両者から区別される中間的経営)をおき、これを「奴隷制および農奴制(ウクラード)の歴史的・論理的な原型であり起点である」とする。この家父長制大経営の日本における形態は名田経営・田堵経営であるが、この両者は農奴主経営として、後の領主経営への起点として位置づけられている(同「平安時代社会経済史の課題」前掲、三九六―三九七頁)。この場合戸田氏の家父長制大経営(＝田堵・名主経営・農奴主経営・中間的経営)自体が、一般農民との歴史的対抗関係を内包していたことはもちろんであり、これが古代社会内部で成長する小経営生産様式の展開を否定的に媒介するものであったことはいうまでもない。なお河音能平氏の同様の見解については前掲注(17)でふれた。

また永原慶二氏は領主＝農奴関係形成の起点として、過渡的経営体の概念を導入することによって、班田農民→農奴という直接の転形を否定し、班田農民→農民的名主・在家＝過渡的経営体→農奴という直接生産者の形態転化(成長)の図式的理解を提示している(同「農奴制形成史の若干の論点」『歴史学研究』二四二号、一九六〇年、のち同『日本封建制成立過程の研究』岩波書店、一九六一年、所収、二九三―三〇六頁、とくに三〇三頁)。永原氏の過渡的経営体は戸田氏の中間的経営としての家父長制大経営と実体的には重なりあう部分が多いと考えられるが、かかる過渡的経営体の歴史的形成・展開を古代律令制国家の史的変化をひきおこす全体制的な諸条件との相互連関のもとで把握する方法が必要である。河音能平氏は永原氏の場合、農奴制形成の史的矛盾が過渡的経営体の内部におかれるため、封建制形成と律令国家の体制矛盾との関連が把握されにくいと指摘している(同「現代における日本封建制研究の課題と方法」『歴史学研究』二六四号、一九六二年、三〇頁)。

(26)　高橋昌明「日本中世農業生産力水準再評価の一視点」(『新しい歴史学のために』一四八号、一九七七年)

(27)　黒田俊雄『荘園制社会』(前掲)二四五―二四七頁

(28)　同右、二四七頁。なお黒田氏が在地領主制の起点におく家父長制的大経営は領主の経営だと理解されているが、戸田氏が農奴制経営の起点におく家父長制大経営(＝農奴主経営)は中間的経営として位置づけられている。家父長制(的)大経営の理解における両者の差は無視しがたいものがある。注(25)参照。

(29) 黒田俊雄「戦後中世史研究の思想と方法」(同『日本中世封建制論』東京大学出版会、一九七四年、三四八—三五二頁)は戦後の領主制理論について、それが提起された当時のゆたかな思想的役割を忘れ、たんなる「段階規定」論のための形式的範疇に矮小化していると批判する。黒田氏が批判するような欠陥が一部に生じていたことも事実であって、その点の克服が重要なことはいうまでもない。

(30) 以下に述べる事実については河音能平「前近代の人民闘争」(前掲、三一〇—三一六頁)がすでに問題点を指摘している。

(31) 石母田正「古代貴族の英雄時代—古事記の一考察—」(『論集史学』三省堂、一九四八年)、なお日本古代史におけるこの論争については佐伯有清「英雄時代論争」(『講座日本文学の争点』一、上代編、明治書院、一九六九年)に手ぎわのよい紹介と問題点の指摘がある。

(32) 本書一八五頁

(33) 石母田正『中世的世界の形成』(前掲)二五〇頁

(34) 石母田正氏はこの点に関し「この『時代ならびに国民的状態』は、内容的にはいかなるものであるかを考察しなければ叙事詩の本質をもとめることはできないであろう。叙事詩の構造において不可分の契機となっているこの時代、世界、社会をヘーゲルは『世界の一般的状態』der allgemeine Weltzustand と総括し、ホメーロスの叙事詩において個性的な行動と性格の前提となる一般的な世界状態を古い伝統にしたがって『英雄時代』と規定する。……もちろん英雄時代を経験したのはひとり古代のみではない。中世封建制も近代資本制もそれぞれの英雄時代をもち、社会主義社会もその英雄時代を経験しつつある」と述べる(同「古代貴族の英雄時代」前掲、一〇—一一頁)。時代・国民・世界・時代精神等々が何よりもまず全体包括的な言葉であること、第二にそれ故に一種の超越的な価値を付与され、同時に内部の異端を拒否する構造になっていることに注意。

(35) 河音能平氏は「ひとたび政治的支配機構としての国家が成立して以後におけるすべての新興搾取階級は……自らの英雄時代をもつことは出来ない。農奴主階級は広汎な小経営農民との公然たる政治的対立の中で……封建国家を形成する以外に道はなかったのである」と述べる。(「前近代の人民闘争」、前掲、一七頁)

(36)　鈴木良一「敗戦後の歴史学における一傾向」(前掲)四五頁、氏は別のところで「古代から中世への変革は武士と没落貴族によってなしとげられたというわけである。おそるべき弁証法の形式的適用である」(同上、四四頁)と石母田氏を批判する。

(37)　石母田正『中世的世界の形成』(前掲)二三四頁

(38)　ここで述べたことは日本社会のアジア的性格の持続的構造(中世社会における都市貴族＝荘園制支配の克服しがたい障壁、地域的封建制の未成熟、近世幕藩体制の中央集中的な政治構造と兵農分離の社会、あるいは摂津型農業の挫折と寄生地主制の展開、維新変革すらもが解きがたかった近代日本社会の持続的構造等)の継承についての一種あいまいな理解に石母田氏を導びいている。石母田氏は古代が中世に与えた歴史的規定性の問題を次のように説明する。「古代社会から封建社会への転換の過程は、諸民族の歴史によってそれぞれ多様な形態をとって行われた。……その場合封建制が成立してくる形態の多様性は具体的にはさまざまの条件によるのであるが、根本的には封建制成立の前提条件をなすところの古代社会、その政治的＝階級的諸関係の特殊性に制約されるのである。日本の場合においては、一般に律令制国家といわれる特殊な形態の古代専制国家が支配しており、封建制はその内部においてそれとの対立によってのみ自己を確立しえたということのなかに、西欧諸国の封建制成立過程とはおのずからことなった形態の歴史過程をとらざるを得ない理由があった」(同「封建制成立の特質について」前掲、四四五頁)。つまり、石母田氏にあっては、古代専制国家のアジア的特質を克服すべき主体が明白に特定されていないのである。中世の特殊性を規定する歴史的前提として古代の政治的＝階級的諸関係の特殊性が存することは石母田氏の指摘どおりであるが、その政治的＝階級的諸関係の特殊性自体が古代内部の階級闘争の展開に規定されていることはいうまでもない。すなわち、古代専制国家のアジア的特質はそれ自体がつぎにくる中世社会の特質を直接に規定するわけではない。それはもっぱら古代農民の側から提起される古代の階級闘争の帰趨すなわち古代政治過程の全体としての帰結に依存するのであって、直接的には古代社会の直接生産者＝農民の動向にこそ規定されているとみるべきものである。石母田領主制理論は右の連関を正確に把握しにくい構成をとっているのである。

(39)　網野善彦「悪党の評価をめぐって」(前掲)

(40)　石母田正『中世的世界の形成』(前掲)二七〇頁

(41) 同右、二八九頁
(42) 同右、二八六頁
(43) 同右、二八四頁
(44) 石母田氏は『中世的世界の形成』の「跋」において「本書はあらゆる意味で戦争時代のものである」と述べ、戦争後の新しい仕事への決意を語っている。
(45) 石母田正「領主制の区分と構造について」(同『古代末期政治史序説』上、前掲)二五七―二五八頁
(46) 石母田正「封建制成立の特質について」(前掲)四六二―四六三頁
(47) 谷川道雄「中国社会と封建制」(同『中国中世社会と共同体』国書刊行会、一九七六年)、重田徳「中国封建制論の批判的検討」(『歴史科学』三三号、一九七〇年、のち同『清代社会経済史研究』岩波書店、一九七五年、所収)
(48) 永原慶二「農奴制形成史の若干の論点」(前掲)、同「時代区分論」(岩波講座『日本歴史』別巻1 一九六三年)、戸田芳実「平安時代社会経済史の課題」(前掲)、同「中世成立期の所有と経営について」(『日本史研究』四七号、一九六〇年、のちに同『日本領主制成立史の研究』前掲、所収)、河音能平「農奴制についてのおぼえがき」(前掲)、同「前近代の人民闘争」(前掲)、島田次郎編『日本中世村落史の研究』(吉川弘文館、一九六六年)など。
(49) 石母田正『中世的世界の形成』(前掲)七―一五頁
(50) 同右、一一二頁
(51) 同右、一一二頁
(52) 同右、一一三頁
(53) 具体的な業績については入間田宣夫「平安時代の村落と民衆運動」(岩波講座『日本歴史』古代4、一九七六年、一四〇―一四四頁)などに最近までの成果がまとめられている。
(54) 石母田正『中世的世界の形成』(前掲)一九六頁
(55) 戸田芳実「中世初期農業の一特質」(京都大学文学部読史会創立五十年記念『国史論集』一九五九年、のち同『日本領主制

成立史の研究』前掲、所収）

(56)　河音能平「二毛作の起源について」(『日本史研究』七七号、一九六五年、のち同『中世封建制成立史論』前掲、所収）

(57)　木村茂光「中世成立期における畠作の性格と領有関係」(『日本史研究』一八〇号、一九七七年）、荒木敏夫「平安末期の農事慣行」(『歴史評論』三三一号、一九七七年）その他、戸田芳実「一〇—一三世紀の農業労働と村落—荒田打ちを中心として—」(大阪歴史学会編『中世社会の成立と展開』吉川弘文館、一九七六年、所収）、黒田日出男「田遊び論ノート」(『民衆史研究』八号、一九七〇年）、同「中世成立期の民衆意識と荘園体制」(前掲）、山本隆志「鎌倉時代の勧農と荘園制支配」(『歴史学研究』四四〇号、一九七七年）、稲垣泰彦「中世の農業経営と収取形態」(岩波講座『日本歴史』中世2、一九七五年）など。

(58)　網野善彦「中世における天皇支配権の一考察—供御人・作手を中心として—」(『史学雑誌』八一編八号、一九七二年）をはじめとする一連の精力的な仕事。

(59)　戸田芳実「平安初期の国衙と富豪層」(『史林』四二巻二号、一九五九年）、同「中世成立期の所有と経営について」(前掲、いずれも同『日本領主制成立史の研究』前掲、所収）が、富豪層論を提示している。なお富豪層への着目は戸田氏と河音能平氏との共同研究によってすすめられていた。河音氏はその結果を修士論文「八・九世紀の富豪之輩について」(京都大学大学院文学研究科、一九五九年提出）にまとめている。

(60)　戸田芳実「荘園体制確立期の宗教的民衆運動」(前掲）一三—一五頁、田中稔「丹波国宮田庄の研究」(『史林』三九巻四号、一九五六年）三七—三八頁、拙稿「一五世紀における遠州蒲御厨地域の在地構造」(名古屋市立大学『オイコノミカ』三巻一・二号、一九六六年）九一—九二頁、藤木久志「在地領主の高利貸機能」(豊田武教授還暦記念『日本古代中世史の地方的展開』吉川弘文館、一九七三年）など。

(61)　私が農村史研究で意図しようとする内容を清水三男氏と石母田正氏はこもごも次のように語っている。すなわち、清水氏はやや混乱をともないながらも「私の企図する所のものは、中世の村人が作つてゐた村落的結合の姿である。即ち従来のこの種の研究が行つたやうな、農民階級史や聚落形態の歴史や農業史・農村問題史などではなく、村といふ結合体の史的研究である。だから元来それは経済史に限らない。農民史に限らない。村落住民の生活すべてに関すべきものである。勿論その個人生活や階級生活でなく、共同生活をのみ取扱はうとするのである」(同『日本中世の村落』前掲、八頁)、また石母田氏は「本書においで荘園の第一義的問題は地代や法の問題ではない。荘園の歴史は私にとって何よりもまず人間が生き、闘い、かくして歴史を形成してきた一箇の世界でなければならなかった」(同『中世的世界の形成』前掲、五頁)と述べている。

第一部　領主制

問題の展望

日本中世における封建的土地所有＝グルントヘルシャフトの体系は、さしあたり荘園制ないしは領主制（在地領主制）という二形態の相互補完の関係としてあらわれている。中世・近世をふくめての日本における封建的諸形態への分析に照準を合せて、ヨーロッパにおけるメディーヴァリストたち、イギリスのF・W・メートランド、P・ヴィノグラドフ、F・シーボム、Th・ロジャース、フランスのフュステル・ドゥ・クウランジュ、アンリ・セエ、ドイツのマウラー、K・ランプレヒト、イナマ・シュテルネック、ロシアのM・コヴレウスキイなどの「古典学説」、さらにはとくに一九三〇年前後からのマルク・ブロック、あるいはE・A・コスミンスキイなどの諸研究が到達した新しい問題提起をうけつつ、高橋幸八郎氏の『市民革命の構造』が、これらヨーロッパ中世史の諸業績を体系的に整理し、その上で、封建社会の論理構造として、すでに早く、一九五〇年に、Hufe→Gemeinde→Grundherrschaft の論理序列を試論として提示していた事実を、いま、あらためて思いおこすことができる。(1) 私は日本の中世史研究がすでに二八年も以前に発表されていた高橋氏のこの論述に対して、ほとんど検討らしい検討もせず、事実上これを無視して来たことをいかんに思うものである。

高橋氏の場合、封建制分析の端初範疇として措定されたフーフェとは、宅地（ヤシキ・イエ・Hof）とその本来の耕地（Flur）ならびに共同地（Allmende）との三者の複合体としての農民持分を意味し、右の完全なるフーフェを保持するものが標準的な農民（Vollhufner, full-villein）とされ、これこそが封建制の基盤としての自営農民（selbstwirtschaftender Bauer, selfsustaining serf)にほかならぬとされるのである。ところで、次にくる共同体(Gemeinde)とは右のごときフーフェの経済的実現を媒介する契機として位置づけられている。その意味で、共同体はフーフェの一般的形態であると高橋氏は指摘し、フーフェはその用益(即ち経済的実現)にあたって、共同体的諸規制を媒介として初めて一般的社会的形態をとるという。また高橋氏はこの共同体がもつフーフェ農民に対する諸規制についても同時に言及し、これがフーフェに内在するPrivatseigentumの分出を制約した事情にも目をむけている。ところで、高橋氏はここまではまだ、支配＝隷属関係の規定は右のHufe→Gemeindeの論理のなかにはふくまれていないのだという。しかしながらフーフェには私的所有の契機が内在しており、これは必然的(生産力の発展によって)に、共同体員の社会的分業と、人間と土地に対する支配(Herrschaft über Menschen und Land)とを導き、かくして、フーフェ共同体から領主的私有(荘園制・封建的土地所有・Grundherrschaft)が分出されることになるとしている。そして、重要なことは、この封建社会の最高範疇たるグルントヘルシャフトの形成によって、逆に、それまでは自然生的な客体であったフーフェと、フーフェの相互的な諸関係としての共同体とが、封建的な形態をうけとると考えられていることである。すなわち、フーフェは封建的土地所有のもとで、農民保有地(そのもとで農民の土地緊縛がおこり、フーフェは地代の徴収単位に転化せしめられる)になり、共同体的規制は封建的な経済外強制に転化せしめられるということになる。私が理解したところによると高橋氏は右の著述で、ほぼ右のようなかたちで、封建制の論理的な諸連関を説明している。

ここにおさめた第Ⅱ論文「荘園制と領主制」で、私が日本中世社会の一般的な理解について述べたことは、序説で述べたような石母田領主制理論の批判的継承という側面に加うるに、高橋氏の右のような封建制分析の論理序列に関する提言を、日本中世社会の実証的分析の上に立って検討するという側面をあわせもっていた。高橋氏のフーフェ→

ゲマインデ→グルントヘルシャフトの論理序列は、私の右の論文では名主→中世村落→領主制・荘園制として把握され、セルフサステイニング・サーフ(自営農民)としての名主の規定には、歴史的実在としての不完全自営農民たる広汎な散田作人層が配備されており、またゲマインデの共同体的規制の日本中世における総括把握のために構成的支配の概念が位置づけられ、さらにゲマインデとグルントヘルシャフトとの歴史的媒介環として日本中世の村落領主(層)が配置されている。日本の中世には三圃制度(Dreifelderwirtschaft)、開放地制度(open-field system)や耕地共同放牧(vaine pâture collective)等々の明確な形態における耕地強制(Flurzwang)の歴史的形成はみとめられない。私の右のような規定はそのような条件の下での日本中世農村の特殊な形態の把握にむけられた試みに他ならぬのである。

ところで王朝国家の地方行政上の中心機関であった国衙の実態が一般に認識されるようになったのは、第二次大戦後の日本中世史研究のゆらぐことのない成果の一つであったといってもよい。それ以前の中世社会の理解はさしたる根拠もないままに、荘園が社会のすべてをおおっていたかのように誤解していた。[2] だが、戦後における国衙(領)研究の盛況を導いた仕事として、竹内理三氏の仕事をうけついだ清水三男・石母田正両氏の戦時下の先駆的業績をどうしても忘れることができないであろう。[3] それは破局の度をはやめつつあった大日本帝国の命運とそのもとにおける国家主義イデオロギーにそれぞれの立場からかかわった二人の歴史家(中世史家)の日本における中世国家と武士と郷村生活(農村社会)との関連把握として提起されていたからである。

一九四二年に「国衙領と武士」を書いて国衙領研究の重要性を説いた清水氏は、この論文において、(1)国衙を中心とする国郡郷の制が鎌倉・室町時代を通じて日本における中世国家の土台骨として存立していたこと、(2)この国郡郷制を不動のものとして維持した中心勢力が武士であったこと、(3)武士は郷村のよき代表者として古来の村政(国郡郷制)を継承し、これを破ろうとする荘園領主等の恣意に対して郷村を守り、よりよく郷村生活を国家生活へと結付けていたこと、を述べ、かかる観点から、中世における国領と荘園の田数比(若狭国・石見国)、国衙による諸国の一国検注(安芸国・佐渡国、とくに播磨国・信濃国の八年一度の国検)、一宮や国分寺による一国祭祀の実施と、それへの国内在庁官人・武士の奉仕(出雲杵築社)など、戦後の国衙(領)研究によって深められていく諸主題を考察したのであった。(4) これに対して石母田氏の『中世的世界の形成』は清水氏の観点をうけつぎながらも、武士と郷村との関係についての清水氏の考えをきびしく批判したもので、(1)平安時代の農村社会を支配した法が国衙法というべき存在であったこと、(2)この国衙法を現実に制定し、それに精通していた主体として、留守所以下の国衙在庁組織(税所・田所・大帳所・朝集所・健児所・国掌所)ならびに郡衙・刀祢等の地方役人があったこと、(3)このような国衙在庁組織が、国内大小領主による農民支配のための共同組織であったことなどを指摘したのであった。(5) 武士と農民との対立、武士の階級支配についての視点が欠落しがちな清水氏の戦時下の中世史把握がそのままのかたちで戦後に継承されることはなかったけれども、氏の研究が右の評価以外のところで戦後の研究に与えた影響ははかりしれぬほどの大きさをもっていた。(6)

第Ⅲ論文「国衙領における領主制の形成」はすでに清水氏がとりあげていた若狭国惣田数帳(大田文)をあらためてとりあげ、右にみた石母田氏の観点を若狭国で具体化し、日本における封建領主制(武士団)形成史上に果した国衙の積極的な役割についての清水・石母田両氏の指摘を発展させようとしたものである。しかし、その一方で私は、中世領主制を古代家族的なものの自己展開のなかに位置づけようとする石母田領主制論にみられる一つの傾向について疑問をもち、よりひろく領主と農民の直接生産過程をめぐるかかわりを考えようとしている。この論文で私が考えた国衙勧農権の問題、すなわち、国衙から在地領主への勧農権の委譲の問題を在地領主のもとにおける下地進止権の掌握につらなるものとして考察しているのは右の点にかかわるものであり、日本における封建的土地所有の形成史を私なりの形で展望しようとしたものであった。ここには戦後、日本の学界に紹介されて大きな関心をよんだマルクスの遺稿『資本制生産に先行する諸形態』における人類史上の所有の問題の考察、すなわち人類の労働過程を通して再生産される人間と自然との有機的連関の問題として所有を考察するマルクスの方法を日本の中世史において具体化しようとする私の努力がこめられている。(7)

領主と農民が彼らの生産の客観的諸条件をめぐっていかなる関係を結んでいるかを追究することは中世農村史の中心課題の一つでなければならない。中世の土地台帳や領主の譲状にあらわれる「名」や「在家」の実態究明は日本中世の農民の存在形態を一方ではその土地との結びつきにおいて、また他方では領主的収取実現のための農民編成の具体的形態を示す結節点として、戦前からの日本荘園史研究のゆるがせにできない主要テーマの一つであった。(8) 第Ⅳ論文「地頭領主制と在家支配」は肥後国人吉庄を主たる素材にして、「在家」の性格を考えたものであるが、私はそこで、当時の永原慶二氏が論じていた在家の本質はなお奴隷であるとする在家＝奴隷(半奴隷)説に強い疑問をいだくにいたっている。論文でも述べているように、石母田・永原両氏の在家の性格をめぐる意見の対立は、在家の本質を奴隷とみるか農奴とするかという点に存したのであるが、本論文を執筆した当時の私は右の設問に直接答えるすべを失っており、在家農民を御成敗式目第四二条がいう土地緊縛規定をうけぬ鎌倉時代農民の辺境型であるとしか規定していない。中世の地頭が下人・所従をのぞいて所領の農民をその土地に緊縛できないでいるという幕府法の法理に、さきにあげた高橋幸八郎氏の著述などによりつつ、日本中世における封建的土地所有とそのもとにおける経済外強制の実態把握をめざしはじめていた当時の私は大きなとまどいを感じている。旧稿執筆当時、松本新八郎氏の「名田経営の成立」(9)が、石母田氏の仕事との関連で、私たちのよるべき仕事として存在しており、そこにおける家内奴隷制と家父長的大家族としての田堵(名主)の形象化に私たちは科学的歴史学の水準を読みとっていた。しかし、そのころ、村井康彦氏の「田堵の存在形態」が発表されて、そこにみる有期的請作者としての田堵の形象化に、私は旧来の松本説にはかけた実証された事実のもつ新鮮な迫力を感じとっていた。(10) 村井氏の仕事は竹内理三氏の「荘園制と封建制」(11)が説く在家の存在形態とともに、私の人吉庄の在家農民把握に強い影響を与えている。戸田芳実氏の「国衙領の名と在家について」、工藤敬一氏の「辺境における『在家』の成立と存在形態」、河音能平氏の「古代末期の在地領主制について」(12)の三論文は同じ時点で執筆されたものであり、これら諸氏の仕事の進展が私につよい刺戟を与えていた。

（1） 高橋幸八郎『市民革命の構造』(御茶の水書房、一九五〇年)五六―八八頁、とくに七三―八二頁。同書の序によると、関連の部分は一九四九年初夏の歴史学研究会大会「封建社会における基本的矛盾について」で報告されたものだという。序説で検討した鈴木・石母田論争の時期である。

（2） 清水三男氏はすでに早く、荘園ばかりに注意をむけたこのような研究傾向を、中世社会がそのまま荘園制度の時代であった西洋中世史の知識をもとに、わが国の中世史研究をこれに適合させすぎる結果であると批判していた(同「国衙領と武士」『史林』二七巻四号、一九四二年、のち同『上代の土地関係』伊藤書店、一九四三年、所収、九五頁)。

（3） 竹内理三「武士発生史上に於ける在庁と留守所の研究」(『史学雑誌』四八編六号、一九三七年、のち「在庁官人の武士化」と改題して、同編『日本封建制成立の研究』吉川弘文館、一九五五年、所収)、清水三男「国衙領と武士」(前掲)、石母田正『中世的世界の形成』(伊藤書店、一九四六年)、石母田氏の著作は一九四四年に執筆されている。

（4） なお清水三男氏の中世農村史把握は同『日本中世の村落』(日本評論社、一九四二年)に集大成されている。

（5） 石母田正『中世的世界の形成』(前掲)一八六頁

（6） たとえば石井進氏はくりかえし、氏の研究にとっての清水三男の意味について語っている(同『日本中世国家史の研究』岩波書店、一九七〇年、一一―一二頁、二四―二五頁、三六―三七頁など)。

（7） 勧農権と領主制の関連についての私見に対する批判的見解については本書七二頁注(4)を参照。

（8） 石母田正「中世的土地所有権の成立について―平安時代の百姓名の成立の意義―」(『歴史学研究』一四六号、一九五〇年、

のち同『古代末期政治史序説』上、未来社、一九五六年）

（9）松本新八郎「名田経営の成立」（同『中世社会の研究』東京大学出版会、一九五六年）、この論文が最初に発表されたのは一九四二年である。同じ年の「郷村制度の成立」（『新講日本史』第一二巻、雄山閣）とともに、松本氏の中世史把握の基本的骨組みが示されており、石母田・清水氏の業績とならんで戦後中世史の出発点がこの前後に形成されている。

（10）村井康彦「田堵の存在形態」（『史林』四〇巻二号、一九五七年、のち同『古代国家解体過程の研究』岩波書店、一九六五年、所収）

（11）竹内理三「荘園制と封建制」（『史学雑誌』六二編一二号、一九五三年、のち同『律令制と貴族政権』Ⅱ、御茶の水書房、一九五八年、所収）

（12）この三論文はいずれも日本史研究会史料研究部会編『中世社会の基本構造』（御茶の水書房、一九五八年）に収められ、のちそれぞれ戸田芳実『日本領主制成立史の研究』（岩波書店、一九六七年）、工藤敬一『九州庄園の研究』（塙書房、一九六九年）、河音能平『中世封建制成立史論』（東京大学出版会、一九七一年）に収められた。

II　荘園制と領主制

一　荘園社会の諸階層

日本における中世社会をここでは荘園社会と称することにする。この社会にはいわゆる「領主制」が構造的にくみこまれており、「荘園制」と「領主制」の歴史的性格や役割をどのように評価するか、という問題をわれわれになげかけている。ところで「荘園制」も「領主制」も、ともに荘園社会における権力支配の体系である。この権力支配の体系が支配の対象にした荘園社会の農民諸階層の構成する共同体結合を「中世村落」と呼び、さらに、日本の荘園社会を構成する荘園をここでは「中世荘園」と称することにする。中世荘園の主要なタイプは寄進型荘園と畿内型荘園(均等名荘園)であるが、前者が在地領主制を介在させ、後者がこれを排除して荘園領主の直接支配を実現させるという対蹠的な現象をとってあらわれる。(1) しかし、両者には中世荘園としての共通の土台が成立していると思う。むろん、奈良時代以来、荘園と称される領有形態はひきつづき存在していたが、それらは、荘園社会を構成したわけではないから、ここでは一応考察の対象外にする。

以上のように限定される荘園社会はほぼ一一世紀以降の社会的変革のうちに本格的な成立をみた。領主制の形成、領主制に基礎づけられた中世荘園の成立、あるいはまた中世村落は右の諸連関のなかで生まれてきた。権力支配の体系としての荘園制と領主制、あるいは両者の結合の中世的な構造、これらすべてに対置される中世農民諸階層の政治的力量の最終的な表現形態たる中世村落の構造——つづめていえば、荘園制と領主制と中世村落の間に成立している連関と構造のカラクリに究明のメスを加えるというのが小稿の目的である。これらの構造に中世成立期に日本の社会が経験したあらゆる政治的対抗が集中的にきざみこまれているだろう。すなわち、中世成立期の階級闘争の集中的表現として成立してきた荘園制・領主制・中世村落などの具体的な構造とその相互連関の究明が、ここでの課題とされなければならない。あるいは、中世社会を構成する荘園制・領主制・中世村落などの構造的特質と相互連関の特質を中世を成立せしめた階級闘争の集中的表現として把握することが課題である。小稿はこの課題にできるかぎり近づくことを意図している。

日本における荘園社会はほぼ院政時代に本格的な成立をみるといってよかろう。それにつづく鎌倉時代は院政時代の寄進型荘園の形成過程がほぼ歴史的な決着をつけ、同時に中世社会の基本的な骨組みの決定をみた時期であるということができる。以後、南北朝時代から室町時代にかけて、鎌倉期に決着をみた基本的な骨組みが、漸次、変容解体していく過程であるといえよう。以上のような全体的見とおしの上に立って、以下、鎌倉時代の社会を念頭において、荘園社会の階層構成を最初に素描しておきたい。

荘園社会の諸階層を分析するにあたって、最小限、つぎのようなことがらに留意する必要がある。すなわち、当然のことであるが、歴史学という特定の分野で、荘園社会の諸階層を分析する目的は、諸階層の荘園社会内部における政治的階級配置を明確ならしめる点にある。そして同時に、諸階層の政治的階級配置は社会の政治的権力をめぐるそれぞれの位置づけを意味するわけであるから、当然のこととして、荘園社会を構成する政治的権力の全体の構造が同時に明確にならないかぎり、諸階層の設定・位置づけは不可能であるか、それでなくとも、所詮それは原点を失った抽象論の域を脱しえないであろう。つまり、一方における荘園社会を構成する諸階層の設定、他方における荘園社会を構成する全政治権力の基本骨格の究明、という二つの分析が同時に必要になってくるわけである。

ところで、荘園社会は黒田俊雄氏がこれを権門体制と呼んだごとく、私的な権門勢家の荘園所有を基礎にして成立している。(2) この私的権門の荘園的土地所有をとりだしてみれば明らかなように、そこにはこの土地所有をめぐって、おそらくつぎに述べる五つの階層がそれぞれ特有の形式を介して、それに関係し、相互に対抗関係に立っていることを確認しうるであろう。荘園社会全体のなかから、さしあたり、もっとも普通の荘園を一個ぬき出して、事態を考察するというこの単純な作業が、荘園社会の基本骨格究明の上でどれだけの有効性をもつかは、それ自体が問題であるが、しかし、荘園社会の土地所有は、さしあたり国衙領でなければ荘園としてあらわれる。荘園と国衙領の関係、国衙の中世社会形成史上にもつ意義などにふれる以前に、もっとも基本的な関係としてここでは荘園をとりあげているわけである。国衙領の問題はそこで確認された事態を基準にして理解されうるであろう。

以上のような観点にたつとき、荘園社会の諸階層として、(1)荘園領主、(2)在地領主、(3)村落領主、(4)名主層、(5)散田作人層(小百姓)の五つの階層を設定することができるだろう。この五つの階層は、さきに述べたごとく、荘園的土地所有をめぐって、直接的に対抗関係に立つ、すべての諸階層をふくむように列挙したものである。

五つの階層のうち(1)の「荘園領主」はいうまでもなく、荘園社会における社会的分業のうち、農業部門をもっとも基本的に包括する土地所有、すなわち荘園的土地所有の頂点に立つ領主である。彼らは本所・領家として、通例、京都・奈良などの王朝都市に集住する都市貴族であり、それぞれ私的な「権門」として、日本各地にわたる厖大な荘園所領を集積している。院やその御願寺に集積された広大な皇室領荘園群、摂関家をはじめとする王朝貴族の荘園、東大寺・東寺・石清水神社・賀茂社などの寺社領などが、こうした諸権門寺社の所領として存在した。

都市に居住することの多かった荘園領主に対し、荘園の現地にあって、庄官として、所領経営にあたったのが(2)

の「在地領主」である。彼らは一一世紀中葉以来、開発領主として私領を形成し、これを権門寺社に寄進して、自らは下司職の補任をうけ、このことによって荘園的土地所有体系のなかに自己を位置づけてきたものが多い。とくにこの階層は、武士として荘園社会における軍事身分を代表しており、鎌倉幕府の成立によって、地頭に登用され、地頭領主制を形成するものも多かった。しかしながら、後述するように、地頭・下司などの在地領主について、その成立の農村的基盤をあまり一面的に強調することには多くの疑問がのこる。彼らの少なからざる部分が土着貴族に出自をもつものであったし、また通常、その支配は中世の村落をはるかにこえたところに成立していたからである。

一方、このような在地領主が統轄し、支配した中世村落に目をむけるとき、われわれは、そこに平等な農民の共同体を想定することはとうていできない。中世村落の形成そのものが必然的に村落内部からたえず小規模な領主・農民相互間の小さなヒエラルヒーの萌芽をうみ出さざるをえない。在地領主の農村的基盤を真に形成するものは、このように中世村落内部からたえず再生産されてくる小領主、すなわち(3)の「村落領主」にほかならない。彼らの存在をわれわれは荘園内部の多様な中下級庄官のうちに発見することができるだろう。

以上、荘園領主・在地領主・村落領主の三者が荘園制的な領主権力の体系を構成する。在地領主と村落領主の間には多様な中間形態が存在するが、典型として理解するために両者を区別することが必要である。

荘園的土地所有をめぐる諸階層のうち、(3)村落領主、(4)名主層、(5)散田作人層の三者こそ、もっとも直接的な中世村落の構成員である。さきの五つの階層のうち、名主層と散田作人層が被支配階級を構成し、荘園領主・在地領主・村落領主の三者が支配階級を構成する。ただ村落領主は中間層として、きわめて複雑な性格と行動を示す。この階層をいかに把握するかということは、なお多くの問題が残っている。

中世社会の胎動は農村の広汎な地盤のなかにはじまった。古代に対する中世の層の厚さ、巨大な進歩の理由がここにひそんでいる。

二　名主層と散田作人層

しかしながら、中世社会の成立もまた当然のことながら、新しい権力支配の成立にほかならなかった。そして、荘園社会はその権力構造の特質に対応した特定の構造を、形成された中世村落に刻印づけたのである。中世村落の内部には、中世荘園社会の権力支配の基盤となり、それを支えた特定の構造が刻みこまれている。中世の農民が荘園社会の権力支配から解放される途は、彼らの内部に刻みこまれた、かかる構造の破棄、すなわち中世村落の自己変革の過程をとおして実現されていくであろう。このような自己変革の対象となるような構造は、荘園社会の権力構成の、中世村落内部に存在するいわば原基的な構造である。

中世の封建権力・封建領主制をささえる権力支配は二つの異質な支配権からなっている。ひとつは主従制的支配権であり、いまひとつは統治権的支配権である。佐藤進一氏が将軍権力を論ずるにあたって説明したところによると、主従制的支配権とは、個人(主人)と個人(従者)との人格的支配服従関係においてなりたつ私的かつ個別的な支配権であり、統治権的支配権とは領主の裁判権を中心として成立し、支配領域内の人びとの争いを裁判をとおして調停し、それによって彼らの権利を保証する権能であって、公的かつ領域的な支配権であった(3)。領主と従者との人格的結合を軸にして成立し、私的かつ個別的なものとしてあらわれる主従制的支配権がいかなる場合においても封建領主制成立の内部の主軸であったことはいうまでもない。しかしながら、封建領主制は必然的に、公的かつ領域的な支配権としてもあらわれるのであって、ここにこそ、権力の欺瞞的な性格が集約されている。この公的かつ領域的な支配権、あるいはまた統治権的支配権は裁判もさることながら、同時に領主が支配領域内の人民のすべての生活の保護者としてたちあらわれ、生産過程の調整(勧農)・秩序の維持・犯罪者の追捕等々にあたるところに成立の根拠をもつとともに、さらにつきつめていえば、その成立の村落的基盤に注目する必要があるだろう。中世の封建領主制は人民にたいするむきだしの暴力支配としてしばしば現出するのであるが、その真の強靱さは権力支配の暴力的な本質が、つねに公的・領域的な支配権とわかちがたく結合して自己を貫徹しようとしているところに存するのであって、この両者の関係を正しく把握する必要がある。(4)

中世における封建権力の原基的な構造、さらに具体的にいえば荘園社会の権力編成の原基構造は右の主従制的支配権と公的・領域的支配権のそれぞれに対応するかたちで中世村落に内包されていたとみることができる。

中世荘園を構成している村落の上層身分は通例「名主」としてあらわれる。たとえば建長八(一二五六)年の勧農帳にみえる若狭国太良庄(東寺領)における真利・時沢・勧心などの名主はいずれも二町二反の名田をもち、さらに数反の一色田を保持していた。(5) そして右にみえる太良庄の名主勧心などは屋敷内をさいて「親類下人」をすえ置く、というように記されており、小規模ながら明らかに家父長制的な構成をとって「親類下人」を支配していたことがわかる。(6) このような名主の私的隷属に包摂された家内隷属民(下人・所従)の存在、ないしは村落内部での名主の小規模な家父長制は、小農民経営の一般的成立をみる以前の社会段階を示すものとされ、その性格をめぐるながい論争史に中世史研究の多くの部分が集約されているといって過言でない。いま、その点にくわしく立ち入ることはできないが、少なくともそれが、封建権力の一方の構成要素たる主従制的支配権の中世村落内部での原基形態であったことを確認しておきたいと思う。

この家父長制とともに、中世村落にはいまひとつの対蹠的な支配の原基形態が存在していた。私は以前これを中世村落の二重構成にともなうものとして位置づけ、かりに「構成的支配」と称しておいたが、ここでもその名称をひきつづき用いたいと思う(7)。

さきにあげた太良庄には真利・時沢・勧心などの六、七名の名主以外に、勧農帳にみえるだけでも二七名の散田作人(一色田作人)が存在した。中世村落の二重構成というのは、このように、一方の極に、農民的大経営を背景とし、荘園制的土地所有関係のなかで「名主」の地位を保持する名主層と、他方の極に二、三段ないし一段にも満たない零細な一色田(荘園領主直属地)に依拠するのみで、村落の諸特権から排除された零細弱小経営たる散田作人層が存在する状態を意味している。むろん、この場合にも、経営規模からいえば、中間的な階層が存在することが多かったであろうが、少なくとも「名主」の地位を保持しえたのが、中世村落における一部上層の特権的身分にかぎられていた事実が重要なのである(8)。

三　構成的支配

中世村落の二重構成が示唆する構成的支配の特徴点は、ほぼつぎのようにいうことができよう。

(1) 構成的支配は、なによりもまず、私的な人格支配を意味する主従制的支配に対置される支配である。私は、中世村落における名主とそれ以外の多くの農民、すなわち散田作人の関係を説明しうるのはこの構成的支配であると思う。そこには直接の私的な人格的隷属では律しきれない複雑な関係が成立している。散田作人は、名主の私的隷属下にある下人・所従とこの点で区別されるのである。散田作人は名主の家父長制的な私的支配の外部に、人格的隷属や保護からきりはなされて存在していた。したがって、家内隷属民のように名主の保護をうけて、隷属の代償に最低限その生存を保証されるという存在ですらなく、自由な零細経営として存在したのである。(9)

(2) 中世村落における名主層の散田作人層に対する支配は、村落上層たる名主層の灌漑水利・山野用益における排他的特権、耕地保有権における両者の格差などによって、中世村落の再生産の諸条件から散田作人層を集団的・階層的に排除することによって成立せしめられている。散田作人の耕地に対する結びつきは、法形式上は一年契約を原則とし、長年にわたり同一耕地を請作したとしても、それは一年契約のくり返しにほかならない。散田作人層は荘園領主の直属地(一色田)を直接請作していたほか、名主層からもまた「名主職を拝領之上は、小百姓等に召付くるの条、全く其科あるべからず」というように小百姓=散田作人として、名耕地の一部を請作していたのである。このように、生産諸手段からの散田作人層の一定度の階層的集団的排除、集団への包摂ではなしに、それからの排除に基礎をおく支配が構成的支配の特質をなす。こうしたところから、散田作人の耕作権の不確定、経営の不安定、そのうらがえしである浮浪性など密接な連関をもつ一連の現象が生じてくる。(10)

(3) 散田作人層は自分自身の経営の基礎が不安定であることから、地頭・名主などの農業経営の臨時雇いの季節労働力(田植・稲刈以下)として、また地頭・村落領主・名主層などが主導する村落的規模での灌漑施設整備の労働力として存在した。太良庄にあらわれて、稲をもらうために道つくり(道普請)に従事した乞食法師、『今昔物語』の土佐国幡多郡の下衆が、田植にさいし「殖人ナド雇具シテ」いる話、宝徳二(一四五〇)年に八木重信という人物が稲刈のために雇った一〇人の刈手など、いずれも中世村落における散田作人層の多様な存在形態の諸断面をなすものにほかならない。(11)

この場合、散田作人と名主の間を媒介したものは、村落上層としての名主のもとに蓄えられた米銭以下の私財であり、したがってかかるものとしての「貨幣」は中世村落の構成的支配を成立せしめる媒体として機能したのである。このような「貨幣」は中世村落内部において、名主層の直接的な人格的強制力の不足ないし欠落を補完する機能を果たしている。ここに構成的支配の第三の特質を求めることができる。

(4)これまで述べてきたところから明瞭なように、私的・人格的支配との異質性、階層的排除に基礎をおく支配（これには中世村落における身分的な差別がさまざまのかたちでまとわりついているだろう）、「貨幣」によって媒介される支配等々としてあらわれる構成的支配のすべての基礎に中世村落が存在している。と同時に、このことの必然的な結果として、構成的支配は領域支配として現象せざるをえない。それは中世村落という一定の領域と不可分にからみ合って成立する支配であり、また私的な家父長制支配が必然的に随伴せざるをえない独善性・閉鎖性・狭隘さなどを克服しうるものとして、村落的規模で成立する公的な強制力である。

封建領主制が実現している公的・領域的支配の基礎に、中世村落を媒介とするこのような構成的支配が存在していた。一般に封建領主制における統治権的支配権の成立は国家権力の分割による公権の転化形態としての側面を強調されやすいが、かかる形式的側面を、現実政治の上でうらづけるのは、封建領主制による村落支配の確立、すなわち構成的支配をふくめて、村落を真に支配の基盤に転化することにあるのであって、われわれは統治権的支配権成立の村落的基盤にも正当に目をむけなければならないのである。

四　在地領主制

中世社会における領主制展開を追跡していくと、地頭・下司と公文・田所などの対立・抗争がかなり普遍的な事実として存在することに気づかざるをえない。たとえば承保二(一〇七五)年の播磨国久富保開発によって、一一世紀中葉以降の開発領主の典型と目される秦為辰とその子孫は、久富保の後身たる矢野庄例名の公文職を代々相伝し、鎌倉末の公文寺田法念の悪党化とその劇的な没落によって、領主制の形成から没落にいたる一貫した歴史をみせている。そこで注目されるのは、矢野庄例名公文としての寺田氏一族の領主制展開が、同じ矢野庄例名において地頭職を相伝する海老名氏との対立と抗争をひきおこしていたことであって、一三世紀四〇年代に例名地頭海老名季景は領家と例名公文職の進止権を争っており、さらに寺田法念も一四世紀初頭、地頭海老名氏によって奪われた相伝の私領重藤名内新々田・屋敷の返還を幕府に訴え、勝訴している。矢野庄例名公文寺田氏は鎌倉幕府創設以来の関東御家人であり、その領主的展開は必然的に矢野庄例名地頭としての海老名氏との間に複雑な競合関係を惹起せざるをえなかったのである。そしてこのような公文・地頭の競合はすでに平安時代における久富別府下司惟宗氏と公文秦為辰子孫の対抗関係のうちに胚胎していたと理解しうる(12)。

瀬戸内に面した播磨国矢野庄の公文寺田氏と、つぎに述べる美濃国大井庄(東大寺領)の下司大中臣氏は、その領主制の生成と没落の過程において、おどろくほどの類似を示している。大中臣氏は一一世紀中葉の開発領主大中臣信清以来、代々大井庄の下司職(最初は別当職)を相伝し、鎌倉幕府成立とともに御家人となり、一族内部の下司職をめぐる相論にあけくれしつつ、文永五(一二六八)年に大中臣則親が山僧慶秀と荘内で私合戦、その咎で一族ともども関東に召下され、配流地で死亡、領主制の解体という歴史をあゆんでいる。一三世紀の初頭に大中臣氏一族の下司職をめぐる相論が起こったとき、田所源覚以下の庄官百姓らを組織して現地をおさえた奉則が、東大寺の補任状を帯して入部しようとした秋友をしりぞけ、東大寺も結局、奉則を下司に登用せざるをえなかった事実、あるいはまた、大中臣氏没落の契機となった私合戦の相手山僧慶秀が大井庄田所(式部房)の聟侍であり、田所名内の石興寺を譲与されて、そこを根拠に高利貸をいとなむ山僧であった事実は、両方相まって、大中臣氏領主制の展開・没落における二つの重要な転機に、いずれも田所がたちあらわれ、前者においては、下司・田所の連携による下司領主制の展開と、後者においては田所の離反による下司の没落という、きわめて対照的な事態をひきおこしたことを知るのである。[13]

矢野庄における地頭海老名氏と公文寺田氏、大井庄における下司大中臣氏と田所の併存にみられるような領主制の複合構造は鎌倉時代に突如あらわれてきたものというより、歴史的にさかのぼって、一一、二世紀における領主制形成期以来の本来的な構造であったと考えられる。鎌倉時代、領家と地頭はしばしば公文職以下の中下級庄官職の進止権を争っている。貞応二(一二二三)年の備後国太田庄地頭三善康継・康連兄弟と領家の相論のうちにも太田庄山中郷・上原郷公文職、太田方田所職などをめぐる争いがふくまれていた。[14] 矢野庄における地頭海老名氏・領家藤原氏の公文職(寺田氏)進止をめぐる争いについてはさきにふれた。幕府法はこうした事態を「一、公文、田所、案主、惣追捕使、有司等の事、右件の所職、所にしたがい或はこれ在り、或はこれなし、必ずしも一様にあらずといえども、所詮、先例にまかせて、領家国司進止之職においては、地頭更にいろうべからず」と述べている。[15] 以上述べたような領主制の競合構造は中世の在地領主が単独では排他的な領域支配を実現していなかった事実を説明するものである。むろん、領主制の実際の存在は多様であるから、荘内中下級庄官職に一族庶子を配置し、惣領制的形態で強固な排他的所領支配を実現していた例も存在したであろう。東国の領主制はだいたいそのようなものであったと考えられている。[16] しかしながら、一般に在地領主の一族庶子が中下級庄官として個別に荘園領主によって補任され、荘園制的な職の体系の一環に位置づけられていた事実を私は重視したいと思う。これは、荘園制支配が在地領主の一族編成の内部にまで介入し、一族庶子を個別に把握しようとした意図のあらわれである。公文職進止をめぐる領家と地頭の争いはそのような事情を推測させ、さらに両者が同族関係をもたず、対抗関係にある別個の領主制を構成する場合、在地領主制にとって、事態はいっそう深刻なものがあったであろう。

鎌倉時代の在地領主の性格を知るうえで特徴的な事態は、その所領の散在性である。佐藤和彦氏が述べたように、山内首藤氏の所領が備後国地毗庄・摂津国富嶋庄・信濃国下半田庄・相模国早河庄・鎌倉甘縄地に散在し、また小早川氏の所領が安芸国沼田庄・阿波国板西下庄・備前国裳懸庄・鎌倉米町に、渋谷氏の所領が相模国渋谷庄・美作国河合郷・薩摩国入来院にそれぞれ散在している。(17)備後・摂津・信濃・相模・鎌倉の所領をそれぞれ統轄した山内首藤氏、安芸・阿波・備前・鎌倉の散在所領をもつ小早川氏等々、鎌倉時代の在地領主がこのような遠隔所領を、常日ごろ、どのような形式で統轄し、実際に経営したのであろうか。それは単純な意味での在地領主の支配ではありえない。そこには地域に密着した領域支配というだけでは解釈のつかない構造が確かに存在したのである。

これら地頭クラスの在地領主にくらべ、一段階小規模な存在であった矢野庄の寺田氏の場合でも、正和二(一三一三)年に寺田法念が嫡子範長以下へ譲った所領は、(1)播磨国矢野庄重藤名地頭職田畠山林・例名公文職・大僻宮別当神主祝師職、(2)同国坂越庄浦分堤木津村畠二町地頭職、(3)同国福井庄東保上村地頭職内小河原屋敷田畠、(4)備前国光延国富名内屋敷一ヶ所幷田畠、(5)摂津国頭施寺地頭職内友定・四郎両名、からなっており、その所領は播磨国赤穂・揖保郡に強い集中性を示しつつも、寺田氏全体としては、明らかに一庄的な規模をこえたものであった。(18)

五　村落領主

以上述べてきたように、鎌倉時代までの在地領主制の存立基盤はかならずしも独自の完結的な領域支配としてあったのではない。この在地領主制の支配に領域的な性格を付与したものが中世村落の存在である。地頭は中世村落内部に胚胎する小規模な領主制＝村落領主を介して、村落を支配の基盤にくみいれたのであった。すでに荘園の公文は多く、地頭と対蹠的であった。しかしながら、中世村落にはさらに小さな村落領主がいた。つぎにのべる丹波国大山庄一井谷の沙汰人右馬允などは、最末端の村落領主というべきものであった。

丹波国大山庄は永仁三(一二九五)年に領家東寺と地頭中沢氏のあいだで下地中分が行なわれる。中分後、東寺が沙汰人職に登用した右馬允家安は「むらのをとなさた人ら」の筆頭であり、「地下之故実」と「根本名主」であったことを背景に「沙汰人職」に補任されたという。その行動は農民らの先頭にたって預所重舜の非法と対決、文保二(一三一八)年に年貢の百姓請を成立させ、年貢率の大幅引き下げに成功、また悪党厳増代乱入のときには人勢・兵粮米を準備して防戦し、またあるときは刑部丞・実円などの有力名主とともに、地頭中沢氏の所領に打ち入り、苅田を行ない、地頭方作人菊次郎男の左耳を切り落している。右馬允家安は大山庄の下地中分によって、たまたま領家方沙汰人になったのであるが、ここでもし、大山庄中分が実現しなかったならば、右馬允はあきらかに地頭中沢氏の支配下に包摂されていたはずである。こう考えると、彼が刑部丞・実円などの有力名主とともに地頭中沢氏の作田に押妨を加えた事実は重要な意味をもっている。

地頭方作人菊次郎男の左耳を切落した直接の下手人は右馬允家安の聟右衛門三郎と記されている。このことは右馬允家安が親子・兄弟・聟以下を家父長的に統轄して、小規模な武力編成をとっていたことを示すものと解される。ともに行動した刑部丞・実円も同様な存在であろうから、中世村落の中心部分には村落上層百姓の私的・家父長的武力編成の複合体が存在している。そして彼らは必要に応じて、村落外部の臨時的武力=傭兵をその軍事編成の外延部分にもっていた。鎌倉時代の在地領主はその領主制支配を実現するにあたって、つねにこのような村落を背景とする萌芽的な領主制=村落領主を把握する必要にせまられていたと考えられる。地頭などの在地領主が庄内の中下級庄官職の進止をめぐって、荘園領主とはげしい相論をくりかえすのは、最終的にはかかる村落領主層をどちらが真に組織するかといったところに歴史的な意味があったのである。(19)

村落領主は公文以下の中下級庄官としてあらわれる。それは中世村落のもつ共同体規制を自らのうちに体現することによって、領主たりえたのである。地頭はこの村落領主を組織することによって、在地領主としての自己を歴史的に実現していくのである。村落領主とは萌芽としての領主制、すなわち領主制支配の最小の単位であり、荘園社会にあって封建領主制をたえず下から再生産しつづけた存在だったのである。その意味で、村落領主は中世という時代を真の意味で担った歴史的主体であったともいうことができよう。

六　中世成立期の勧農権

村落領主が時代としての中世を担ったというのは、彼らこそが中世村落の勧農の現実の主体であり、彼らを介することによって、はじめて中世の勧農が現実化したという点にもあらわれている。

中世荘園社会を構成する荘園的土地所有をめぐって、さきに述べたように領家(国衙)・在地領主・村落領主・名主層・散田作人層の五階層が対峙していた。荘園社会における農業生産は、荘園村落を基礎単位とするこのような「勧農」によって全体を整序づけられ、展開したのであって、ここに、勧農権の掌握が、封建領主制形成のもっとも規定的な要因とみなされる理由がある。荘園的土地所有のいわば横断面にならぶ五つの階層が、この勧農権をめぐっていかなる関係に立っているか、この点を解明することによって、封建制成立の歴史的な構造に一歩ちかづくことができるだろう。

鎌倉時代にいたるまで、荘園の勧農権は多く荘園領主の側に存していた。このような事態は一一、一二世紀における寄進型荘園の一般的成立過程を通じて歴史的に形成されたものである。鎌倉幕府の創設によって確定されていく守護・地頭制度が、院庁政権と幕府の間における勧農権の地域的分割の問題と深く関連するものであったことは、「鎌倉殿勧農使」などを提示して田中稔氏が論じたとおりである。[20] 治承・寿永内乱のはらんだ歴史的可能性からいえば、勧農権の帰属について、あるいは鎌倉時代に現実化した原則と異なる方向への解決もありえたと考えられるが、結局のところ、荘園における勧農権をめぐる争いは国家的規模で内乱をとおして一挙に解決されるという原則から、個々の荘園の枠内でそれぞれ個別に解決する方向へ集約されていったのである。[21] 幕府法が地頭の所務について、「領家国司之所務を押妨せしむる」ことを禁じ、「郷保に随い、庄園に依り、所務各別也」とするのは以上のような荘園社会形成の歴史的経過をふまえて確定されてきた原則であった。[22] 鎌倉時代の検注帳が荘園領主の手によって作成されること、永原慶二氏が分析したごとく荘園の庄務権が多く領家に帰属していることなど、[23] 鎌倉時代における勧農権がどこに帰属するものであったかをよく示している。

しかしながら、勧農権の荘園領主への帰属は結局法形式上のたてまえであって、荘園の現地において実際に荘園領主の勧農が支障なく実施されうるためには、現地の側にそれをささえる構造が存在しなければならない。中世村落はまさにかかる役割を果たしていたのである。実際、荘園領主の勧農権は中世村落を介することによって実施され、現実化されるのであって、中世村落が内包する村落領主制と、名主層を構成員とする中世村落が勧農の実質的な担当主体だったのである。

鎌倉時代になって多くの荘園で勧農権をめぐる争いが生じたが、この際、公文が荘園において伝統的に保持してきた勧農権が大きくクローズアップされている。たとえば播磨国福井庄では「勧農之時」の百姓幷行事人の食料を調達するための井料田一町一反は「公文代之沙汰」であったし[24]、また越中国石黒庄地頭定朝は宝治二(一二四八)年に石黒庄の公文職が地頭の進止と決定されるや、弘長二(一二六二)年には「地頭公文等、勧農沙汰を致す事、先の傍例也」と称している[25]。地頭勧農権主張のうらに、地頭の公文進止権を媒介とする、公文勧農権の地頭への吸収という歴史過程が存在しているのである。このことは若狭国太良庄でもまったく同様であって、地頭若狭忠季の代官定西は正中二(一三二五)年に「勧農の事、もとより地頭之沙汰に及ばず。公文之計也」と主張したが、これは地頭勧農権の否定ではなく、宝治元(一二四七)年にはじめて確定された太良庄地頭の公文職進止を背景とする正面からの地頭勧農権の主張であった[26]。太良庄の地頭若狭氏は平安末期の有勢在庁稲庭権守時定没落のあとをうけて、鎌倉時代になってから若狭国へ入部した地頭であり、新入の地頭若狭氏が伝統的な勧農権を保持していなかったというのも、そのような若狭氏の系譜に由来するとも解されようが、石黒庄の地頭定朝は越中国在来の在地領主として、「平家以往」の存在であり、ふるくは領家によって下司職に補任され、木曽義仲の所領安堵をうけて後も、関東御家人として代々将軍家の下文を帯するという土着の伝統的地頭でありながら、地頭勧農権主張の構造は若狭氏の場合とまったく同様であって、公文の勧農権を介在させることによって、領家と対抗していたのである。これらの事実から、鎌倉時代の地頭勧農権がその由来からいって地頭職固有のものでなく、より下級の庄官・村落領主層の参加をもって、はじめて実現されるものであったことを結論づけうるであろう。

以上述べたように、荘園的土地所有の内部において、荘園の勧農権は最終的には領家(国衙領にあっては国司)に帰属するが、それは形式上・名目上そうなのであって、実際に荘園の現地において、村落の農耕生産を組織・調整する主体として、公文以下の村落領主と村落に結集する名主層が存在していた。彼らこそが中世社会の「勧農」の実質的な担当階層である。地頭・下司などの在地領主もその基本的なあり方としては領家に近似するのであって、彼らが荘園社会の職の体系に深く依存し、荘園的な諸関係が形成する世界にその半身を深く没していたといわれる理由も、右のような地頭・下司の存在形態のあらわれにほかならない。(27) 地頭・下司などの在地領主は中世村落を上から組織・編成することによってこれを掌握したのであり、典型的な意味での公文が村落領主として、伝統的な勧農権の掌握者としてあらわれる理由は、公文が地頭にくらべて、はるかに中世村落の現実に深くタッチし、在地の歴史にかかわった存在であったことの反映にほかならない。

鎌倉前期の地頭は、荘園における勧農権の吸収をめざして、公文以下の中下級庄官層に自己の軍事的優越を背景にする重圧を加え、領家との間にその進止をめぐって相論を展開し、旧来の公文を放逐して、自己の家人をこれにあてようとしていた。若狭国では鎌倉初期の御家人三〇余人のうち、一六、七人がつぎつぎに没落していったが、そのうち一〇人が「地頭之濫妨」によるものであった。このうちの一人が太良保公文丹羽出羽房雲厳であって、地頭若狭氏の圧迫による若狭国御家人の広汎な没落が、地頭若狭氏による勧農権吸収のうごきのあらわれであったことを示している。

七　荘園社会の権力構造

中世荘園社会における政治権力は、第一に私的権門を頂点とし、在地領主・村落領主の連携による、荘園的土地所有の権力体系として存在している。この領主権力は個々の荘園的土地所有の枠内で一応の完結をとげる権力の体系であって、適当な呼称はないが、ここでは一応、「個別権力」あるいは「個別的な領主権力」の体系とよんでおきたい。その意味は個々の荘園所有を分有しつつ、それに直接かかわるかぎりでの自己完結的な権力の体系というほどの意味である。

この個別権力の体系は荘園社会のもっとも基底的な権力をなすのであるが、社会全体の政治権力の構造を把握するためには、公家政権ないしは鎌倉幕府の存在によって示されるところの権力の意味、いわばさきの個別権力に対して、それを超えたところに成立する「超越権力」とでも呼びうる権力のあり方を考察の対象としなければならない。京都の政権ないし鎌倉幕府の存在はそれ自体自ら私的権門として、個々の荘園的土地所有の支配体系たるところにその歴史的意味を完結させるわけでない。このように日本の荘園社会を構成する政治権力の構造は二つの異質な機能をもつ部分の総合として成立しているのである。こういった荘園社会の権力構成の特質をふまえることによって、中世における政治的対抗の意味がいっそう明確になるであろう。荘園社会の政治権力の根幹部分は、右の個別的な領主権力を主軸とし、超越権力を外枠として成立している。

ところで、荘園社会の政治権力の第一の部分たる個別的な領主権力の体系には、すでに述べたように、私的権門としての都市貴族(権門寺社)・在地領主・村落領主、という三つの階層の連携関係が内包されている。この三者が連携しつつ、荘園に対する政治的階級支配を貫徹しているのである。中世における一個の荘園は、まず荘園村落においては村落領主によって、さらにこの村落領主を組織する地頭クラスの領主制によって、そして最終的には荘園的土地所有の頂点に位する権門寺社(都市貴族)によって三重に支配されているわけである。都市貴族・在地領主・村落領主の三者はそれぞれこの領主権力を分有しており、したがってまた、個々の権力――荘園領主権・地頭領主権・村落領主権は右の個別権力体系のそれぞれ分割形態として存在したのである。

中世荘園のうち、畿内型荘園は荘園領主の積極的な荘経営の結果として、いわゆる在地領主支配を介在せしめないという形態的特徴をもって歴史的に現出している。平安末期には都市貴族の側にも積極的な荘園集積の活動があったのであって、たとえば都市貴族の一員である小槻隆職がわずか二〇年そこそこの間に讃岐・備後・美作・近江・若狭・土佐・安芸・筑前・陸奥・常陸と各地にわたって、あるいは地主職を伝領し、あるいは開発の功力を入れて、荘経営に奔走したごときは、その間の事情をもっとも雄弁に物語っている。(28) いわゆる畿内型荘園の形成にはこのような都市貴族の側の積極的活動が前提されているのであって、寄進型荘園との差も、形成されつつある中世村落と、そこに胚胎されてくる村落領主を都市権門貴族が直接掌握するか、それとも軍事的身分として自己を確立しつつあった中間のいわゆる在地領主が組織するかの差としてあらわれたものにほかならない。したがって、畿内荘園の場合、現象的にいえば在地領主を介在せしめないことになるが、形成されつつある中世村落を媒介とする点で、ことの本質は寄進型荘園と変りない。

個別的な領主権力の体系が都市貴族・在地領主・村落領主の三者を構成要素として成立している以上、この権力体系はそもそものはじめから、荘園的土地所有をめぐる権力内部の対抗関係の表現にほかならない。この点に注目するならば、この対抗関係の構図のうちに、われわれは中世の権力構成をめぐる都市と農村の対立を読みとることができよう。すなわち個別権力体系内部での上述の対抗関係の二つの対立する極に、都市を代表する私的権門(王朝都市貴族)と農村を代表する村落領主がそれぞれ位置しており、在地領主としての地頭・下司等々はその中間形態を占めていた。

さらに指摘すべきは、都市と農村の対抗関係を内部にはらみつつ成立するこの個別的な領主権力の体系――これが荘園社会の職の体系をなすのであるが――の全体と対立し、それを規定しているところの中世社会の被支配身分としての農民の存在形態の問題である。この農民の存在形態と、結局はそこに最終的に表現されざるをえない中世農民の政治的力量とが権力内部の対抗関係――都市と農村の対立――の具体的形態を決定せざるをえないという連関を明確に把握することが必要である。権力体系はあくまでも階級支配の体系なのであるから、その存在は被支配階級としての農民諸階層の政治的力量の否定的な反映にほかならない。そして中世農民諸階層の政治的力量は共同体結合の中世的編成の内部にこそ集約されているのであって、それは中世村落の構造的な特質として、具体的に把握されうるのである。

以上三点にわたって、その特徴的なあり方を考察してきた個別権力体系に対し、超越権力の意味はどこにあるだろうか。京都の公家政権や鎌倉幕府の存在は、それ自身が一個の巨大な私的権門たるところに意義があったというより、むしろ両者がたんなる私的権門にとどまらない重要な役割を帯びていたことが注目されるのである。

まず第一に超越権力は、荘園的土地所有をめぐって、荘園領主相互間、荘園領主対在地領主、在地領主対農民等々のあいだにひきおこされるさまざまな対立抗争の調停者としてあらわれる。公家政権・鎌倉幕府はこの場合、荘園的土地所有の主体としてではなく、それらを超越したものとしてはたらくのである。荘園領主・地頭・公文等々が、それぞれ荘園の年貢・諸公事を配分しあっているのに対し、超越権力はそのような関係に立たないのである。

荘園的土地所有をめぐってひきおこされる個別的な領主権力体系内部の対立抗争の調停者としてふるまいながら、超越権力は全体としての荘園的土地所有の維持と安定、すなわち荘園社会の体制的維持をはかっている。領家と地頭の紛争を道理にまかせて、正当かつ公平に解決するということは、すでに述べたごとき荘園的な土地所有の体系、そこにおける権力的対抗関係の安定をその時点で確保することを意味する。領家・地頭の紛争解決はそっくりそのまま、新しい体制による農民支配の体系的強化以外の何ものでもない。このような点に、超越権力の権力としての本質的性格が露呈されているのであって、荘園社会の個別的な領主権力の体系はその外枠をかかる超越権力によって補完されつつ、存続したのである。

八　権力の在地性深化——農民闘争の深まり

荘園社会の権力として、まず第一に荘園的土地所有をめぐる権力内部の対抗関係を意味する個別権力体系が存在して、各荘園ごとに中世農民を分断して支配するという構造があり、いわばそれが権力の基本を構成していた。第二に、それらを全体として統轄・調停するかたちで公家政権・鎌倉幕府の超越権力が政治権力の外枠を形成していた。この基本構成と外枠は相互依存の関係にたちつつ、全体として荘園社会の権力を形成し、中世の農民(人民)に対する階級支配を実現していた。

このような権力の特徴的な構造、換言すれば、階級支配の中世的構造は中世農民(人民)の側で組織される闘争形態に特有の規定性を与えている。稲垣泰彦氏が説いたように、中世の農民闘争はながく「荘家の一揆」の限界をうちやぶることができなかった(29)。荘園領主に対し、年貢夫役の減免、非法代官の排斥を要求した荘家の一揆は、稲垣氏のいうように、しょせん荘園内部の対立であって、横への広がりをもつことができなかった。すなわち、中世の農民闘争は権力の基本構成部分、荘園的土地所有をめぐって対抗関係にたつ、私的権門(荘園領主)—在地領主—村落領主に対する闘争として組織されたものであって、ここにこそ中世農民闘争の形態的特質が存在する。

われわれは鎌倉時代から南北朝時代にかけての日本の荘園社会にあって、権力の外枠を構成する超越権力に対する農民叛乱がついに組織されなかったという特徴的な事実に深く注意する必要がある。あきらかに中世農民(人民)の闘争のエネルギーは、年貢減免・代官非法の停止など、いわゆる荘家の一揆にみられるように荘園制秩序内部での経済闘争の枠内に解消せしめられるという傾向的な弱点を有したのであった。このことは同時に、日本の荘園社会における農民叛乱が宗教一揆の形態をとることなく、イデオロギー闘争としてはほとんどみるべき成果がなかった事実とも関連するのである。この点をさらに展開することはすべて今後の課題とせねばならないが、少なくともこれが、荘園社会の権力構造が日本の中世農民に与えた深刻な歴史的刻印と関連をもつものであったことだけははっきりさせておかねばならない。中世後期の大規模な徳政一揆、さらに一向一揆のもつ巨大な意義は以上のような荘園社会の本来的な権力構造、農民闘争形態のもつ限界との対比によっていっそう明らかになるであろう。

以上のような限界をもつとはいえ、中世の農民闘争のもつ歴史的な意義を軽視することはできない。日本の中世社会が現実に経験した農民闘争は権力の基本構成を最終的に解体せしむるという歴史的課題を担っていたのである。とくに都市貴族(私的権門)―在地領主―村落領主層の対抗関係を内包して成立している個別権力の体系に対し、農民の側からかけられる闘いの圧力は、それが深まれば深まるほど、都市貴族(私的権門)の解体として現象せざるをえない。

以上の点にかんし、かつて私が述べた文章を再録させていただきたい。

中世の権力は都市から農村へ、中央から地方へと、その比重の下降と拡散の経過をたどったのである。この過程は一見、新興の武士階級が荘園領主階級を圧倒していく過程のようにみえる。しかしながら、かかる現象の本質的な局面は中世の国家権力が困難の度を加えつつある農民支配の貫徹をみずからの脱皮をつうじて実現していく過程を示すものだとみなければならない。事態の基本的な矛盾は農民と権力との間に存在するからである。必要とあれば権力は都市貴族という衣をぬぎすてて、在地領主の衣をまとうのである。

以上のことを在地領主制に焦点をあわせて考えるならば、荘園領主の全体としての衰退の過程は荘園領主階級を媒介として生きつづけた律令権力機構のあらゆる遺産が権力支配の貫徹上、果していた積極的な意味を失っていくことを意味し、日本の中世在地領主層はそれらを媒介することなしに、より直接に農民と対決し、そのことに権力の存立の可能性をかけねばならぬ事態の一般化を意味した。これが領主制における在地性の深化として現れ、権力の自生的自律的性格の強化として現れた[30]。

中世史における権力の在地性深化の法則はたんに個々の在地領主制のみの運動法則ではない。それは在地領主制を中核的構成要件として構成される権力の全構成にかかわる問題であって、王朝都市の解体、荘園社会の解体、社会の求心的構造の止揚等々に深くかかわる全体制的な問題として存在したものであり、それが、究極的に中世農民闘争の巨大な前進に規定された問題であったことをつけ加えておきたい。

(1)　畿内庄園については渡辺澄夫『畿内庄園の基礎構造』(吉川弘文館、一九五六年)参照。

(2)　黒田俊雄「中世の国家と天皇」(岩波講座『日本歴史』中世2、一九六三年、のち同『日本中世の国家と宗教』岩波書店、一九七五年、所収)

(3)　佐藤進一「室町幕府論」(岩波講座『日本歴史』中世3、一九六三年)

(4)　封建領主の「勧農」について、河音能平氏は「農奴主階級が全一的に国家権力を掌握するということは、……農業およびその他の社会的・物質的生産力そのものの発展をもたらす基本的保証ではない。もちろん権力者としての封建領主は自ら歴史的存在を主張するかぎり「勧農」をその不可欠の条件として有している。しかしそれがアジア的権力の偽善的な公共機能と決定的に異なる点は、この機能が彼自身の私的大経営そのものの延長としてのみ現れるという点にある。したがって、それはこの権力の本質をなすものではなく権力として歴史的に存在するための付加物にすぎず、それゆえに権力はかかる機能を脱落せしめた姿においても歴史的に存在しうるし、そこにこそもっとも封建的な権力の姿がある。」(同「日本封建国家の成立をめぐる二つの階級」『日本史研究』六〇・六二号、一九六二年、のち『中世封建制成立史論』東京大学出版会、一九七一年、所収、二三―二四頁)と述べる。勧農(権)を基軸において封建領主制論を考察しようとする私の領主制論に対する氏の根柢的な疑問が表明されている。同様の疑問をもっとも端的に述べるのは吉田晶氏である。吉田氏は「勧農という課題は領主制成立史の視角からではなく、勤労人民の生成と闘争の視角から位置づけられるべき問題である」といい、また「中世的領主の成立を彼等のもっていた勧農的役割を基礎にして考えることはできない」「『勧農』行為はすぐれて階級・権力の問題そのものである。たとえば国衙の所持していた勧農機能を部分的に継承して在地に対する支配権をつよめたなどということは勧農についての何ら本質的な問題ではない」とする。(同「平安期の開発に関する二、三の問題」『史林』四八巻六号、一九六五年、二九頁以下)

(5)　本書一四九―一五一頁

(6)　永原慶二「中世農民の存在形態とその推移」(同『日本封建制成立過程の研究』岩波書店、一九六一年)一八七頁

(7)　本書一七五―一八五頁

(8)　同右

(9)　なお私の散田作人＝小百姓の理解について河音能平氏は一色田請作者としての「散田作人」は厳密にいえば村落に定住する「小百姓」のほかに、庄外からの「出作者」、定住農民の資格をもたぬ「間人」、在地領主・有力名主の「下人所従層」がいたと考えるべきだとする(同「中世成立期の農民問題」『日本史研究』七一号、一九六四年、のち同『中世封建制成立史論』前掲、所収、一六九頁、注13)。「散田作人」という抽象的規定を具体化しようとする視角には賛成したいが、私がいう散田作人の範疇は現実の一色田の多様な請作者のすべてを網羅した概念ではないことにも注意して欲しい。

(10)　本書一六八―一六九、一七九―一八〇頁

(11)　本書一五六、一五九頁

(12)　宮川満「播磨国矢野荘」(柴田實『庄園村落の構造』創元社、一九五五年、所収)

(13)　拙稿「東大寺領美濃国大井庄」(『岐阜県史』通史編　中世、一九六九年)

(14)　『大日本古文書』高野山文書之八、一九四九号

(15)　池内義資・佐藤進一編『中世法制史料集』第一巻、鎌倉幕府法追加一二

(16)　内田実「東国における在地領主制の成立」(『日本歴史論究』二宮書店、一九六三年、所収)

(17)　佐藤和彦「鎌倉末・南北朝期における領主制展開の要因」(『歴史学研究』二七九号、一九六三年)

(18)　宮川満「播磨国矢野荘」(前掲)

(19)　本書第Ⅶ論文
(20)　田中稔「『鎌倉殿御使』考」(『史林』四五巻六号、一九六二年)
(21)　旧稿執筆後、ここで述べた日本中世政治史についての私自身の見通しにもとづいて、文治国地頭をめぐるいくつかの論稿を発表している。「没官領・謀叛人所帯跡地頭の成立」(『史林』五八巻六号、一九七五年)、「文治国地頭の三つの権限について」(『日本史研究』一五八号、一九七五年)、「文治国地頭の存在形態」(柴田實先生古稀記念『日本文化史論叢』一九七六年、所収)、「文治国地頭制の停廃をめぐって」(横田健一先生還暦記念『日本史論叢』一九七六年、所収)、「鎮西地頭の成敗権」(『史林』六一巻一号、一九七八年)、「平家没官領と国地頭をめぐる若干の問題」(『日本史研究』一八九号、一九七八年)、「本領安堵地頭と修験の市庭」(高瀬重雄博士古稀記念論集『日本海地域の歴史と文化』文献出版、一九七九年)
(22)　前掲「鎌倉幕府法」追加二九五
(23)　永原慶二「荘園制の歴史的位置」(一橋大学研究年報『経済学研究』4、一九六〇年)、「公家領荘園における領主権の構造」(『一橋論叢』第四〇巻六号、一九五八年、両論文とも後に同『日本封建制成立過程の研究』前掲、所収)
(24)　本書二〇九―二一二頁
(25)　弘長二年三月一日関東下知状(『富山県史』史料編中世一〇四号)、なお石黒庄については拙稿「本領安堵地頭と修験の市庭」(前掲)、「荘園と村落」(『歴史公論』四巻五号、一九七八年)を参照。
(26)　本書九〇―九一頁
(27)　網野善彦「『職』の特質をめぐって」(『史学雑誌』七六編二号、一九六七年)
(28)　橋本義彦「太政官厨家について」(『書陵部紀要』三号、一九五三年、のち同『平安貴族社会の研究』吉川弘文館、一九七六年、所収)
(29)　稲垣泰彦「応仁・文明の乱」(岩波講座『日本歴史』中世3、一九六三年)
(30)　本書一八九―一九〇頁

Ⅲ　国衙領における領主制の形成

はじめに

日本における封建制の形成過程を究明していくうえで、平安末期の国衙権力と国衙領の変質過程の追究は漸次重要性をましつつある。そこでは研究史上のかつての一時期のごとく、国衙をたんに封建制成立の障害とし、これをあくまで古代的とのみ画一的に把握しつつ、そこに内在する諸矛盾の結果としてひきおこされる国衙自体の一定度の変質に目をむけないという分析方法はもはや許されないであろう。以前の分析の仕方は、封建制形成過程にみられる王権の歴史的役割を正当に評価する道をとざしてしまう危険をはらんでいるといえよう。そしてさらに領主制の形成過程を古代家族の展開過程という極限された狭い枠内に矮小化してしまう分析視角は、封建的土地所有の形成過程に内在する問題をあいまいにし、これを正面からとりあつかわない結果をまねいているといえないだろうか。国衙領における別名の一般的形成を論じて、そこに領主制の形成とあわせて国衙領の封建的構成への全体制的な傾斜をみようとした本稿は、以上のごとき点を考慮しつつ日本における封建制形成の一観点を提示しようとしたものである。平安末期以来、広範に成立してくる領主制が領内に対するいかなる権限と役割を果しつつ、その成長をとげていったかは未解決の問題を多くのこしている。本稿でとりあつかう「別名」はみずから中世所領化しようとする郷などと共に領主制展開の舞台をなしたものである。中世社会における荘園と国衙領の具体的な田数比、国衙領内における郷と別名の対応関係、さらにこれを統轄する権限を本来的に有した国衙機構と在地に成立する領主制との相互関連等、追究すべき問題は数多く残されているといえよう。

一　郷と別名

ここで考察する「別名」とは「別符の名」のことである。「別符」が「名」であったことは常陸国吉田郡にあって「件別符停二止則頼之執行一、為二倉員之名田一」といわれていることから明らかである。[1]「別名」にはまた「保」が存したことは丹波国大山庄において「於二米光保一者、所レ申二請別名一也」といわれていることからもしられる。[2]「別符」は従来「別符の保」について考察される事例が多いが、私は「別符」を総称しうるものは「別名」であると考える。後にのべるように「別符の保」は「別名」の一類型である。

別符についての先学の説明は「別符墾田の謂で、荘田の中にも別異の符宣を以て、賜与聴許せられたる私墾を云う」(吉田東伍氏[3])、「別符というのは本荘の公験に準拠して国司のはからいで成立した荘園地のことである」(西岡虎之助氏[4])、「荘園を国郡司側が取戻した時に、之を一般の公領とせず、保と称する別符の地として、保司を置いて国衙領内の特別区域とした」(清水三男氏[5])等が存している。吉田氏と西岡氏の説明は、荘領の別符に対する言及であって、現在ではもはや不充分であり、清水氏は国衙領における別符に言及されてはいるが、これとても荘園の先行があったうえでの別符が問題にされるにすぎない。平安末期には、純然たる国衙領内部においても、別符が成立する一般的条件が成熟しつつあったと考えられるから、清水氏は別符成立の一経路を説明されたにすぎないのである。以上述べたように、別符に関する先学の説明は、かならずしも充分であると云いがたいが、それらの諸見解から、すくなくとも別符が特別の符宣をもって成立せしめられた特別区域を示す、という事実を結論的に引き出しうると思う。かかる別符＝別名について、若狭国を主な例証としながら、より具体的に考察を加えることにしよう。

中世における若狭国の土地所有関係を明らかにするうえで、別名の考察は欠くことのできないものである。文永二(一二六五)年に作成された若狭国惣田数帳＝大田文(6)はこの点できわめて大きな史料的価値を有するものがある。鎌倉時代には、このような大田文が各国で作成された模様であるが、現存のものはきわめて少いという関係から、この大田文によって知りうる若狭国の事態は、鎌倉時代の全国的な社会関係を考察するうえで一つの明確な基準を与えうるものと考えられるのである。

中世における若狭国の一断面を一国的規模のもとに伝えてくれるこの大田文も、現在残っているものは後世の写しである関係上、写し誤りが相当に存し、虫喰の部分も混っていてその完全な復元は相当に困難である。ただ各所領について、さまざまの角度から各構成部分のこまかい田数・斗代・所当米等を記し、かつその総計を算出しているので、それらを照応せしむることによって不用意な写し違いを相当程度訂正することができ、また全体の構成も誤りなく読みとることができる。詳細な計算過程は省略し、完全に無視しうるような小さな数字上の誤差は計算に入れないで、その結果だけを示すと大田文は若狭国惣田数を第1表のごとく分類している。大田文は、この分類に続いて応輸田の所当米の総額ならびに斗代別累計を記したのち、青郷以下六七所領についてさらにくわしい内容を記していて、この部分が大田文の中心部分をなしている。

さて、第1表のうち、なお疑点の存するのは本庄の構成である。賀茂庄以下五庄二郷の田数は、どのような組み合せで再構成しても本庄の田数と根本的に喰い違っており、転写の際に大きな誤りをおかしたとしか考えられない。ただ本庄と新庄の合計が庄田であることに誤りは存しないから右の欠陥も大田文の若狭国惣田数の分類自体に影響する

第1表　大田文の所領分類

2217.6① (惣田数)	1574.1② (除田)	603.8(庄田)③	129.1(本庄)④……… 賀茂庄以下5庄2郷
			474.7(新庄)⑤……… 立石庄以下11庄
		153.4(便補保)⑥…………………………… 国富保以下6保	
		136.2(山門沙汰)⑦………………………… 得吉保以下9所	
		83.3(薗城寺沙汰)⑧……………………… 玉置郷以下3所	
		17.9(西津庄)⑨	
		2.8(田井浦)⑩	
		38.6(津々見保)⑪	
		537.6(不輸田)⑫	
	643.5⑬ (応輸田)		

〔備考〕 田数の単位は町．歩以下は切捨．①②……は大田文の記載順を示す．

ものではない。さて、ここに、山門沙汰・薗城寺沙汰が庄田・便補保から独立して別個に記載されているのは、この両荘園領主の保持する田数が他の荘園領主にくらべ、若狭国において卓越した地位を保持したためであると考えられ、この両寺の所領も性格のうえから云うならば庄田・便補保のいずれかに包みこまれるべきものであったと考えられる。西津庄・田井浦・津々見保についてもそれぞれ特殊事情が存したようであるが、当面の分析だけから云えば、一応これも前のものと同系列の所領と考えて差支えないであろう。(7)

最後に不輸田と応輸田とが残ったが、両者は文字通り相対応すべきものである。そして両者の性格は、大田文の中心をなす部分、すなわちさきに述べた青郷以下六七所領の記載と対応させてはじめて正確に理解できる。つまり、第1表の不輸田とは、この青郷以下六七所領のうちにばらばらにふくまれる不輸田をすべて抜き出し、整理分類して除田の項の最後に付したものであり、応輸田とは同じく青郷以下六七所領に含まれる定田の総計にほかならない。(8)つまり、庄田・便補保・山門沙汰・薗城寺沙汰・西津庄・田井浦・津々見保の各所領を一括して、ひろい意味での庄領とするならば、応輸田と不輸田はそれらに対応するものとして若狭国の国衙領を構成していたのである。以上によって、大田文にみる若狭国の荘園と国衙領をほぼ類別しえたと考える。その結果、荘園一、〇三六町余に対して、国衙領一、一八一町余という中世若狭の一時期における荘園と国衙領の田数比を基本的に確認しうるのである。もちろん、後にもふれるように国衙領の荘園化は、なお部分的に進行したことが明らかであり、右の事実を固定化して考えるわけにはいかないが、それでもなお右にみる事態はわずかながら国衙領の田数が荘園を圧していることを見落しえないのである。以上の事実からすくなくとも中世の国衙領をたんに荘園体制の付属物のごとくあつかう一般的通念は、すでに指摘されているようにあらためて考えなおさねばならないであろう。

若狭国大田文を作成した目的は、大田文の中心をなす部分、すなわち青郷以下六七所領にわたる若狭国の全国衙領を実検し、応輪田と不輪田を算出して、それぞれの斗代に従って総額一、九五五石余にのぼる所当米を一国的規模において確保することにあった。かかる収取を実現する権限を本来的に有した国衙機構の存続と、これを継承していった守護所のうごきは、守護領国制展開の基本コースをなしたと考えられるのであるが、かかる実検の対象となった若狭国の国衙領は、すでに何度も述べたように青郷以下六七所領から成っている。それらの内訳をみると郷・保・名・浦・出作・加納・寺・社・宮等きわめて種々雑多な名称の所領がならんでいることにまず注目される。大田文はこれらの各所領ごとに全田数・除田・定田(＝応輪田)を確定し、定田の各部分の斗代に応じて所当米の賦課額を算出し、もって収取の基礎にしたのである。これら六七の各所領は、以上のようにそれぞれについてその所当米が算出されていることからわかるように、たがいに別個の徴税領域を構成したことをまず確認しなければならない。

若狭国の国衙領六七所領の性格は以上のごとく、たがいに相並列する国衙の徴税領域をなしたのであったが、ただそれらは歴史的発展の所産として相互に一定の関係を内包していることも見落しえないところである。例を富田郷と千与次名にとって考えてみよう。

(A)富田郷　　百廿八町七反七十歩
　除　百廿二町三反百八十歩
　　寺田　五町八反八十歩
　　　（寺田内訳省略）
　　神田　十四町壱反二百九十歩
　　　（神田内訳省略）
　　別名九十五町五反除名々寺社田定
　　千与次名　一町四反五十歩
　　武延名
　　　（以下別名内訳省略）
　　河成　五反卅歩
　　不作　六町三反四十歩
　定田　六町三反二百五十歩
　所当米　四十壱石五斗五升二合二勺二才

(B)千与次名　　六町二反三百廿歩
　志万郷　二町八反
　富田郷　壱町四反五十歩

西　郷　　二町二百七十歩
除　　二町五反九十歩
（除田内訳省略）
定田　　三町七反二百卅歩
所当米　廿四石三斗九升

右の富田郷は、六七所領の記載順から云うと九番目、千与次名は同じく一四番目の所領である。富田郷除田のうち、寺田・神田・河成・不作の各項、それに千与次名の除田はそれぞれ省略した部分を含めてくわしく書き抜かれ、第1表に記した大田文巻頭の不輸田の項におのおの分類再録されていることはすでに述べたとおりである。ところが同じく富田郷の除田にありながら別名だけは事情が別であって、これは不輸田の部分をいくらさがしてもでてこない。このことは別名が、富田郷の除田でありながら、それがただちに国衙の不輸田ではなかったことを示すものにほかならない。たとえば富田郷の除田である別名のうち「千与次名一町四反五十歩」がふたたびでてくるのは、独自の国衙領をなす千与次名六町二反三二〇歩の一構成要素として記載される「富田郷壱町四反五十歩」なのである。つまり、富田郷と千与次名という若狭国国衙領の二つの独立した徴税領域の記載を比較対照することによって、富田郷の除田（＝別名）一町四反五〇歩が、志万郷・西郷の除田（＝別名）とともに独自の応輸田をもつ国衙領である千与次名六町余を構成した事情を容易に知りうるのである。

以上述べたように若狭国国衙領六七所領のうちには千与次名のごとき別名と、富田郷のごとき非別名とが存して相互に関係しあっていたことが確認されるのである。それと同時に千与次名のごとき別名の成立が、富田郷のごとき所領の分割を意味したことと、この分割によって国衙領の所当米が富田郷等を通すことなく、新たに成立した別名を通して収納されるように変化したことが明らかである。たとえば、六七所領中に含まれる太良保の保司職補任状に「別納之地」として保務を行うべきことを規定しているのはこれを示している。(9)

しからば、別名にはどんな所領が存したであろうか。先に米光保が別名と称された事例を指摘したが、富田郷についてみると別名九五町余は、千与次名に続いて武延名・今富名・武成名・常満保・細工保・清貞名・是光名・正行名・利枝名・沢方名・光里名・得永名・吉松名・時枝名・雑色名・国掌名・宮同松林寺・八幡宮・日吉社・賀茂社・相意発心寺・是永名・織手名の二四所領が順次記載されている。つまりここでは千与次名・武延名などの名のみならず、常満保・細工保などの保、宮同松林寺・相意発心寺のごとき寺、日吉社・賀茂社のごとき社、その他八幡宮などが一括してすべて別名の部類に入れられているのである。また富田郷の記載に「除名々寺社田定」とあるのは、前後の関係から、これら二四の別名の田数九五町余が河成・不作を含みこんでいるほかは応輸田のみからなり、名々の寺社田(=不輸田)を除いた数値であることを意味したことがあきらかなのであるが、ここからみてもわかるように、これらの保・名・寺・社・宮等はことごとく「名」とも呼ばれうるものだったのである。保や社寺ばかりでなく、志万郷においては賀尾浦・阿納浦などの浦が別名と記され、また東郷においては東出作のごとき出作田が別名となっている。さらに注目すべきは西郷四反余と一町四反余がそれぞれ東郷・志万郷において別名と記されていることであろう。後に述べる太良保なども、そのまま庄号宣旨をうけて太良庄になるのであるがやはり西郷と東郷の別名であると記載されている。したがって、かの有名な太良庄というのも、本来は一個の別名=名にほかならないのである。すなわちこのことからもわかるように、荘園は名によって構成され、名は荘園の下部構造であるといった固定観念はあきらかに誤りである。荘園の内部にあって荘園を構成したような名にのみ注目して庄全体が一個の名にもなりうるといった事情をみおとすならば、全体的な名体制を理解しえないであろう。

富田郷と千与次名の例からも予想されるように、大田文の作成者は若狭国における各所領の歴史的成立事情を一応考慮しながら執筆を行っている。しかしながら大田文作成の趣旨から云っても各所領の成立事情を叙述することがその本来的目的ではないのだから、ここから所領変遷を読みとろうとする研究視角からすれば、大田文の記述は当然大きな制約を持っているのである。その具体的な例をまず正行名の記載から逆に考えてみたい。正行名三町七反余の記載には、これが富田郷・西郷・志万郷等から分立した別名であることが記されている。ところが、正行名にはその領主間に複雑な争いがあったために、特に註記が加えられて、これが実際には是光名・利枝名・細工保などから分立して成り立ったものであることがさらに明らかにされている。正行名が富田郷・西郷・志万郷等の別名であるというのはこの名の直接の母胎であった是光名・利枝名・細工保等がさらにまた富田郷以下の別名であったためにほかならない。つまり正行名については、たまたま事情があってその複雑な成立事情が註記されたのであるが、一般の所領についてはかかる註記がなく、ただ本来の所領形態とその最終の到達点のみが記されるのみであってその間の経過はあきらかにされていないのである。大田文の史料的制約を考えるうえで参考になるいま一つの事例は三方郷と能登浦の関係である。大田文作成者は「能登浦三町四反」を記載するに際して、その内訳を「即浦壱町三反・三方郷二町壱反」と記している。合計して三町四反である。「即浦」とは浦自身、つまり最初からの能登浦という意味であり、ここでは能登浦一丁三反が最初から三方郷とは別個に存し、近来あらたに三方郷の田地二町一反が加えられて能登浦三町四反が成立したという表現をとっている。ところが三方郷の記載をみると、その除田(＝別名)のところに「能登浦三町四反」となっていて、さきのような表現にもかかわらず、能登浦全体がもともと三方郷にふくみこまれていたことを明示している。この両者の表現にある矛盾からただちにわかるように、大田文作成者が所領の成立事情を一応考慮しているとはいうものの、その時期区分の基準はきわめて便宜的なものであり、決して厳密なものでなかったことが明らかである。三方郷と能登浦にあっては、両者の喰い違いによって、能登浦の成立に少くとも二つの段階があったことを知りうるのであるが、もし大田文作成者が三方郷を記載するに際しても、能登浦を記載したときに用いたのと同じ基準で時代を区分していたならば、別名能登浦全体の成立事情は遂に表現されずにおわらざるをえなかったのである。ここから考えて大田文の別名のうちにはその成立事情が本来の所領とたちきられて不明になっているもののあることが予想される。説明がやや煩雑になったが、大田文を分析するにさいしては以上二例をあげて考察したような制約が実際に存することを考慮しなければならないのである。ただしかしながらこの大田文は、作成者が国衙領におけるかぎり、各所領の成立事情を一応考慮しつつ一国的規模でもって執筆したというみのがしえない利点を現実に有しているのである。

大田文作成者が意識して用いた記載様式の二類型をここでは便宜上、Ⓐ郷型記載とⒷ別名型記載となづけて区別することにする。それぞれの実例は、さきに引用したⒶ富田郷とⒷ千与次名にみられるものである。郷型記載の特徴は、その除田のうちに別名を含むことにある。ただし、除田内部の構成が比較的簡単で、その各構成を神田・寺田以下の項目に再分類する必要を認めなかった所領にあっては神田・寺田等とともに、「別名」という具体的な表現を欠いている。しかしその内実が別名であるか否かを判断するのはそれが神田であるか寺田であるかを読みとるのと同じく、全く簡単である。逆に別名型記載の特徴は、その田地全体にわたって、成立母胎の所領名を明示し、次に除田の執筆にうつっていることにある。つまりこの記載にあっては、その所領全体が他所領の別名であることが記されるのである。ただし、この場合も別名の母胎になった所領が単一のさいには、自明のこととして、ここのところの記載を欠かす事例が多い。ただこれも、形成母胎にあたる所領の除田(＝別名)の記載によって、その別名たることが明らかなものが多く、これらは本来ならば、この記載があるべきはずのものとしてこの類型に入れる。若狭国国衙領六七カ所の相当に複雑な記載も、右のような基準を立てることによって、ほぼ次のように分類することができる。郷型記載の所領はみずからのうちに別名を成立せしめたことが明らかであり、別名型記載の所領は逆に、その全田数が他所領から分離した別名であることにその特徴を有するものである。

〔郷型記載〕

郷　青郷・佐分郷・富田郷・志万郷・西郷・東郷・三方郷

保　青保・鳥羽上保

〔別名型記載〕

保　常満保・細工保・開発保・栗田保・太良保・松永保

名　重国名・岡安名・秋里名・千与次名・武延名・今富名・武成名・清貞名・是光名・正行名・利枝名・沢方名・光里名・得永名・吉松名・時枝名・雑色名・御厩名・国掌名・七郎丸名・相意名・是永名・安行名・四郎丸名・織手名・吉末名・犬丸名

浦　恒貞浦・友次浦・賀尾浦・能登浦・三方浦

寺　妙法寺・宮同松林寺

社(宮)　日吉社・賀茂社・八幡宮

その他　東出作・佐古出作・多烏田

〔不明〕

郷　本郷・耳西郷

保　宮河保・新保・鳥羽下保

浦　阿納浦・日向浦・丹生浦
その他　加斗加納・三方新御供田・志積田・馬背片波

以上、国衙領六七所領のうち五五所領でたしかめうる大田文記載の二類型を分類すると、郷の七所領はすべて郷型記載を示し、保の八所領のうち二所領は郷型記載、六所領は別名型記載であり、その他の所領は名の二七所領、浦の五所領等を含めてすべて別名型記載になっている。不明の一二所領についてはさきにみたような大田文記載の制約から各所領の成立事情が表現されないでおわったものの多いことが考えられるのであるが、郷以外で郷型記載に含まれうるものは保のみであるという右の結果からみて、阿納浦・日向浦・丹生浦・加斗加納・三方新御供田・志積田・馬背片波の七所領が別名であること、本郷・耳西郷の二所領が郷型に入りうるものであって、その逆ではありえないことが考えられるのである。保の三所領についてはー応保留にしておく。

以上、大田文作成者の考慮にしたがいつつ国衙領六七所領を成立事情によって分類し、かつできるかぎりの推定を加えて来た。しかしながらこの分類は大田文作成者の考慮した基準があくまで基本であって、それに多少の技術的操作を加味したにすぎない。ここでさらに大田文作成者の考慮そのものの限界を考えるとき、郷型記載に属する二所領の保と不明のまま保留にした三所領の保については、その成立が相当にふるく、したがって大田文作成者が別名型記載をとる必要を認めなかったか、もしくは、その便宜的な処理によって別名型記載をしなかったものと推定しておきたい。以上のように整理することによって、若狭国国衙領におけるかぎり、旧来の郷と新しく成立して来た別名とをほぼ類別しえたと考える。大田文にみる国衙領六七所領には、旧来の郷の残存形態と、新しく成立した別名とがあいならんで含みこまれているのである。

（1）　仁平元年四月八日常陸国留守所下文（吉田社文書、『平安遺文』二七二七号）

（2）　康和四年八月一二日丹波国司下文（東寺百合文書タ一七—二九、『平安遺文』一四九五号）
（3）　吉田東伍『庄園制度の大要』（日本学術普及会、一九二五年）、なお、詳細には、池内義資「別符について」（『経済史研究』第一八巻第二号、一九三七年）を参照。
（4）　西岡虎之助『荘園史の研究』上巻（岩波書店、一九五三年）二七七頁
（5）　清水三男『日本中世の村落』（日本評論社、一九四二年）六四頁
（6）　文永二年一一月日若狭国惣田数帳（東寺百合文書ユ三五）
（7）　西津庄・津々見保については、大田文の朱註により、前者が高尾神護寺領、後者が関東一円領であったことがわかる。また田井浦は、丹後国志楽庄に抑領されていたと註している。西津庄についてはともかく、津々見保・田井浦は庄領から除くべきであるかもしれないが、本文のように整理してもここでの結論には影響しない。
（8）　ただし、不輸田の一項目である神田のうち「安賀郷壱町三反」「安賀郷五反」の両者のみは、青郷以下六七所領の国衙領不輸田のうちに検出されない。それを除く不輸田五三七町余はすべて本文のとおりである。
（9）　暦仁二年一月日若狭国司下文（東寺百合文書ヒ一—三一）

二　別名の成立

純粋に国衙領の内部のみに目をむけても、若狭国において旧来の郷の分割が進行し、別名の成立が広範にみられたことは以上の分類と考察により明らかである。そしてこれもすでに述べたとおり、大田文でみる限り旧来の郷も、新しく成立せしめられた別名も若狭国衙の徴税領域たることにおいては何等変化がないのである。しからば国衙にとって何故に徴税領域の再編が必要とされたのであろうか。公領制下の本来的徴税領域たる郷が存在するのに、国衙がわざわざ別名を設置し、もって別名を通して収取を実現しようとした理由はどこにあったのであろうか。

別名を設置するときにみられる一つの重要な現象に、荒田開発があげられる。例えば播磨国赤穂郡久富保は「至二于作田一者致二領掌一、於二官物一者為レ存二公益一」に郡司秦為辰が申請して荒井溝を修復したのだが、国衙は「荒野開発輩、可二抽賞一者也、無二他妨一永可レ領二知之一」との外題を与えている。(1) かくして秦為辰は久富保公文職并重次名地主職のことを「件所帯名田畠桑原等者、開発之私領也」といいえたのである。(2) また嘉保二(一〇九五)年に宇佐宮領柏原牟田について「件牟田以二先日紀弘任一可二開発一之由、依二申請一、検田所可二裁宛一之由下知先畢。(中略) 仍為二別符一可二開作一」とあり、(3) 仁平元(一一五一)年の常陸国吉田郡においては「件別符停二止則頼之執行一、為二倉員之名田一、古作弐町之上、可レ令レ開二作新作弐町一之由、請文顕然也、随又於二後後年一者、追年可二加作一之由、所二申請一也、仍就二国益一、停二止彼則頼之沙汰一、可レ為二郡司名田一」といっている。(4) 以上あげた二、三の事例からだけでも別名の成立が荒田の開発という農業生産のもっとも基礎的な作業と深くかかわりあっていたことが明らかであろう。平安時代の後期にあっては、荒田の開発を申請によって許可し、領内の沙汰を請負わす事例が、深く社会一般をとらえていたのである。そしてこのとき国衙領にあって開発の申請者に与えられた領内の沙汰権が彼等にとって私領とよばれるものの実体をなしたのであった。律令制を組織した独自の官僚機構が優秀な鉄製農具を集中的に所有し、その威力でもって条里制施行をおしひろげつつ自然を征服していった時代はすでに遠く去っていた。農業の集約化はすでに社会全体を深くとらえ、これが新しい時代の傾向となり、農業経営と管理に習熟した在地の有力者が広範に立ち現れてきていたはずである。国衙がこうした農業生産の具体的な管理を「公益」「国益」等の名目で在地の有力者に委任しなければならないという事情が別名成立の底流をなすものであったと考えられる。常陸国吉田郡において、則頼という旧来の名主が別符の沙汰人として古作二町を沙汰していたにもかかわらず、倉員があらたに新作二町を開発し、今後も追年加作すると申請したところ「国益」という名目のもとに則頼の沙汰を停止せしめ、郡司倉員の名田たらしめたことは、右の事情を明確に示すものにほかならない。倉員はなるほど郡司ではあった。そして、その開発にあたり彼が郡司としての地位と特権をどれだけ利用したかわからないが、彼は郡司としての公的立場からではなく、倉員個人として開発の請負者になり、したがって倉員の名田＝私領が成立したのである。そこには律令制官僚機構が独自の公的機能を発揮するという側面はきえ、倉員の私的な側面が優越しているのである。播磨国赤穂郡司秦為辰が「始従二去年廿日一于今、件井溝を為二宿所一、未二私宅罷帰一而尽二五千余人々劫(功)一者也」(5)といって、寝食を忘れて開発現場の陣頭指揮にあたった自分の功を誇り、国衙から「荒野開発輩、可二抽賞一者也」といわれてその領知を確認された同郡久富保にしても、郡司の私的な側面と、為辰のエネルギッシュな意欲と能力に期待した国衙のあり方をよく示すものであろう。為辰の修造した井溝について「件井溝雖レ有二昔跡一、破損之後不二立申一而経二年序一也」(6)といわれるごとく、これはかつて国衙がみずから築造し、荒野を開墾管理して勧農の沙汰を行った公田が時代の変遷のうちに荒廃しさり、国衙が旧来の形態ではもはやこれを維持出来なくなっていたという事情の具体的表現にほかならない。現作田の荒廃化ということは、久富保ならずともこの時代に広範にみられた一般的な現象であったと考えられるのであって、このことは、農業技術水準の相対的な低さと、それにともなう農業経営の不安定さに基本的には規制され、さらに律令政治の弛緩によって公民把握が行われなくなり、農民たちが相対的に自由な地位を獲得していたことと深くかかわりあっている。律令制の官僚機構がその独自的な公的機能の発揮によっては、もはやそれを基本的に解決しえなくなったときに、別名の成立が広範に展開するのである。律令制官僚機構の国家的な土地所有をその基礎で支えていたのは、官僚機構そのものの公的機能の発揮による農業生産の具体的な編成と遂行以外のなにものでもない。所有とは、つねに現実の生産労働によって確認されなければ、みずからその基礎を薄弱にせざるをえない性格を本来的に有している。久富保における秦為辰の行為は、彼が当時の農業生産における労働の編成者であり、農業の再生産過程を灌漑施設の整備・保全等によって具体的に保証しうる農業経営の組織者であったことをまざまざと伝えている。久富保にたいする彼の所有をその基礎から実現し支えたものは、為辰の右に述べたごとき能力と行動にほかならないのである。

　若狭国において成立した別名の一つである太良庄において、明らかにされる次のごとき事例は、封建的土地所有の形成を考えるうえできわめて示唆的である。太良庄では宝治元(一二四七)年に東寺雑掌定宴と地頭若狭忠季代定西法師が有名な相論を展開している。その一つは勧農をめぐる争いである。

一、勧農事(7)

右対決之処、如二定宴申一者、当任之初延応元年、為レ令二満作一、預所下二農料一減二斗代一遂二勧農一畢。(中略)如二定西申一者、勧農事、本自不レ及二地頭之沙汰一、公文之計也。而請二領家使一所レ致二其沙汰一也。(中略)爰如二定西所進年々勧農帳一者、為二保司計一之由所見也。(中略)早停二止地頭之違乱一、斗代増減宜レ為二保司之進止一矣。

右の勧農権をめぐる争いが、両者の庄内支配にとっていかに重要な問題であったかを、何よりも明確に指摘するものは、次にあげる正中二(一三二五)年の関東の地頭代官と東寺雑掌の同じく太良庄における相論である。

一、下地事(8)

雑掌訴云、当庄者為二本所進止一之条、宝治元年十月御下知分明也。(中略〇宝治元年一〇月下知状勧農事条)云々、非二領家進止一者、争為二満作一下二農料一可レ減二斗代一哉。就レ之停二止地頭之違乱一、斗代増減宜レ為二保司之進止一之旨、被レ載二御下知一之上者、下地進止之条有二何不審一哉。(下略)

つまり、宝治元年に太良庄の勧農権の帰属を規定した下知状の条項が、ずっと時代がさがって正中年間には、下地進止権の帰属を表示するものとして新らしく解釈しなおされているのである。下地進止権というのは封建的土地所有権の最も完成された形態に近い概念を有するものであるが、平安末期から鎌倉時代初期にかけての時代においては、かかる土地所有の形態はまだ形成途上にあったと考えられるのであって、その具体的な形態は勧農権という、より農業経営に密接した概念で表現されていたのである。このことは、領主制の発展段階が、その時代の農業生産の具体的な水準と編成方法にきわめて有機的に関連しあっていたことを直接的に示しているのであるが、いずれにせよ太良保司が歴史的に掌握してきた勧農権とは下地進止権の根源形態にほかならないことが明らかにされうるのであって、こうした領主の勧農の沙汰がさきにのべた久富保公文秦為辰の行為に直接つながることは明らかであろう。秦為辰が保内にたいして行った勧農の沙汰とは、たんに荒田開発という原初的な労働の遂行によって終結したものではもちろんなく、延応元(一二三九)年に定宴が行ったごとく、農業生産の基礎が不安定なままに逃亡をくり返していた領内の耕作農民に対する農料の下行、あるいは年々の勧農帳の作成以下、より日常的具体的な農業経営の管理にまでおよんでいたことが考えられるのである。

別名の設置許可にさいして、荒野の開発を条件にした国衙は、「国益」と「公益」を、つまり開発田地からの年貢徴収を意図していたことが明らかである。したがって別名領主の荒田開発とは、国衙の徴税を保証するための一条件となるものであり、それは必然的に国衙からの別名領主にたいする農業経営の具体的な管理の委譲をともなわざるをえないものであった。「保内を沙汰する」というのは、かかる勧農の沙汰に最も明瞭にあらわれ、かかる農業経営の管理、つまり勧農の沙汰を具体的に遂行することにこそ、国衙の徴税を保障するための在地領主の真のはたらきが存したと考えられるのである。別名成立にともなう荒田開発事業の請負は、在地領主が国衙に対して請負った勧農の沙汰の具体的な一形態にほかならないのである。

別名の一般的成立とはさきにみたように旧来の郷の分割による国衙徴税領域の再編成として大田文に反映するのであるが、これは同時に、別名領主に対する国衙の勧農沙汰権の具体的な分割委譲を意味するものであり、かかる勧農権＝領内沙汰権の具体的な遂行とつみかさねのうちにこそ、在地領主の領内農民に対する統制力の強化と下地進止権を具体的に把握する過程が進行していくのである。こうした点から勧農権の具体的な取得にこそ在地領主制の真の意味での出発点が存したといえるのであり、別名の成立がその具体的な劃期をなしたことはいうまでもなかろう。別名の領主・保司・公文・下司等の領内に対するそれぞれの所職で表現される権限は、かかるものとしての在地領主制の生誕を示すものにほかならないのであり、若狭国大田文には、かかる在地領主制の形成がもたらした国衙領の再編成のあとが如実にきざみこまれているのである。

（1）承保二年四月二八日播磨国赤穂郡司秦為辰解案（東寺百合文書ヰ一―一五、『平安遺文』一一一三号）
（2）承徳二年二月一〇日播磨大掾秦為辰譲状案（東寺百合文書ヰ一―一五、『平安遺文』一三八九号）
（3）嘉保二年五月一日宇佐大宮司下文案（八幡宇佐宮神領大鏡、『平安遺文』一三四五号）
（4）仁平元年四月八日常陸国留守所下文（吉田社文書、『平安遺文』二七二七号）
（5）承保二年四月二八日播磨国赤穂郡司秦為辰解案（前掲）
（6）承保二年三月一六日播磨国赤穂郡司秦為辰解案（東寺百合文書ヰ一―一五、『平安遺文』一一〇九号）
（7）宝治元年一〇月二九日関東下知状案（東寺百合文書ヱ一―一三）
（8）正中二年若狭国太良庄所務条々目安（東寺百合文書ヒ五五―六五）

三　別名の構造

以上によって別名の成立事情を考察したが、このような別名の性格は従来辺境型の名といわれてきたものにも共通すると考えられる。そこでまず辺境の名の内部構造について、前稿の不備な点をおぎないつつ、同じく肥前国佐嘉御領を例にとって少し考察を加えてみよう(1)。

嘉禄二(一二二六)年にこの佐嘉御領内の末吉名小地頭高木南三郎季家が惣地頭の蓮沼三郎忠国に得分を押取られるという事件がもちあがった。ここで考察の対象にするのは、このとき「当御領内」に「あまた候」小地頭(=名主)一三人が書きあげた「当御領済例之次第」である。惣地頭蓮沼三郎忠国はこの「済例之次第」を破って小地頭たちの反撃をうけたのであるが、それによると小地頭の得分は次のように記されている。

小地頭得分(2)

加地子　町別五斗 付定得田

給田免田算失田等　随㆓名々㆒有㆑之

於㆓田畠在家等㆒者、小地頭所㆓進退領掌㆒也

すなわち佐嘉御領の名には、「名々に随って」小地頭(=名主)の得分をなす「給田免田算失田等」の存することがまず明らかである。それとともに名内にはかかる小地頭の給分をなす特別区域のほかに、一般の田地=定得田が存し、そこにおける小地頭の得分は町別五斗の加地子米であったことが明らかである。この定得田については町別五斗の小地頭得分のほかに、領家・惣地頭・国方等の諸賦課がかかっていたことが前後の記載により明らかにされている。したがって最後の「於㆓田畠在家等㆒者、小地頭所㆓進退領掌㆒也」というのは小地頭がこれらのものを進退領掌しつつ、領家・惣地頭・国衙等のそれぞれの収取を保証するように名内を沙汰する権限=勧農権を広範に委譲され、あるいは獲得していたことを示すものにほかならないのである。そしてかかる収取の対象であった定得田こそが、名が上級領主の収取の単位であることを保証する存在にほかならなかったといえるのである。いわゆる辺境型の名の内部構造は一般に右のごときものであったと考えられるのであるが、若狭のごとくはるかに畿内に接近した地域に成立した別名

についても右の事情は同一である。例えば若狭国大田文にみる今富名について考えてみよう。この今富名は田数五五町余に達し、その規模の壮大なことはまさにいわゆる辺境型の名に匹敵するものがあり、その構成母胎は富田郷三七町余を主体として志万郷・西郷・東郷・三方郷・青郷等、大飯・遠敷・三方という若狭国の三郡すべてにわたるものである。大田文の記載に従って国衙の立場から今富名五五町余を眺めると、除田(＝不輸田)は三四町余、定田(＝応輸田)は二〇町余になり、その所当米は一二一石余に達する。除田三四町余のうち一四町余は人給田であり、不作河成が七町余、残りは寺社田である。人給田一四町余の内訳は、在庁時定給七町、在庁時継給三町、在庁時方給三町、公文給一町、職掌給三反となっている。「若狭国税所今富名領主代々次第」[3]をみるとこの今富名の領主は稲庭権守時定であったと記されている。右の時継・時方等はこの稲庭権守時定の一族であった[4]。以上がざっとした今富名の概観であるが、ここにこうした別名が基本的にみて別名領主の給田と、国衙の応輸田(＝定田)とによって構成されていた事情が明らかであろう。稲庭権守時定は今富名領主として、名内に対する勧農権を具体的に行使し、国衙が定田からその所当米一二一石余を徴収しうるよう名内を沙汰したものと考えられる。また今富名に公文給一町が存することからみて、領主時定のもとでこの今富名公文が実際の沙汰にあたったとも考えられるのである。

以上、肥前国佐嘉御領の名と若狭国今富名の例からわかるように、両者の構造は基本的にみて全く同一であり、その名主の権限・役割についても、前者が小地頭とよばれ、後者が領主といわれこそすれ、同様のものであったことが明らかであろう。しかしながら、かかる両者の同一性も、あくまで基本的にみてのものであって問題をさらに具体化すれば両者の間になお相異が存するのである。辺境の名と、若狭のごとく畿内により接近した地域の別名とが内部構造において異なるとするならば、その差異はおそらく定得田＝応輸田の構成にあったと考えられる。つまり後者が別名内部にさらに名構成を成立せしめているのに対し、辺境の名にはかかるものがなく、在家構成が一般的であったという事情であろう。別名の内部にさらに名があったという事情は別名が純然たる名のみならず、保等々を含み、これらがすべて同一構成を示していることからも当然推測されるところであるが、次の種友名の事例はこのことを確認するものであろう。

種友名(5)

請申　別名方見作田所当御米等式数事

合

定田四十三町一段卅代 除二神田寺田御佃幷立券給田一定

従名　六十三人

所当　(中略)

右件見作田所当御米幷従名等式数支配請々分明也、於レ今者為二別名一、更不レ可レ致二未進解怠一(下略)

仁安二年十二月　日　左馬允菅原 在判

右にみるごとく、平安末期において別名種友名四三町余が、従名六三人を従えていたことが明らかである。「従名六十三人」という表現から種友名の内部にさらに名構成が成立していたか、あるいは成立する直前にあったと考えてよかろう。左馬允菅原は、種友名において未進解怠なきことを誓い、かかる六三人の名主たちに対して勧農の沙汰を行う権限を委譲されたものと考えられる。これにはんし、辺境の名はその内部に在家構成を成立せしめており、名内の耕地はかかる在家農民の請作にまかされていたと考えられるが、彼等の耕作権は、その耕作田地が名構成をとるにいたっていないという点でなお薄弱であったと考えてよかろう。ただ若狭国の別名においても、安行名一町五反二〇歩・四郎丸名二町八反九〇歩・七郎丸名九反二六〇歩などというのは、その規模からして二重の名構成をとったとは考えられないのであって、両地域の名の構造的差異をあまり固定化して考えるわけにはいかないのである。さきにみた今富名五五町余などは、その規模からみても当然名の二重構成が存在したであろうが、大田文に数多くみられる数町歩程度の別名にあっては、その請作者が名主の地位を獲得していたか否かはかなり疑わしいからである。したがってここでは、両地域の名がさきにみたごとく基本的には同性格のものであったことを強調しておきたい。なぜなら、若狭国の別名の領主たちと辺境の小地頭が鎌倉時代において極めて類似した政治上の地位と行動とを示しているからである。

（1）本書第Ⅳ論文一一六―一一八頁
（2）嘉禄二年二月日肥前国佐嘉御領小地頭等言上状（佐賀文書纂　竜造寺文書乾『大日本史料』第五編之三、六九六―七〇一頁）
（3）「若狭国税所今富名領主代々次第」（『新校群書類従』巻五補任部）
（4）田中稔「鎌倉幕府御家人制度の一考察―若狭国の地頭・御家人を中心として―」（石母田正・佐藤進一編『中世の法と国家』東京大学出版会、一九六〇年、所収）二六五―二六六頁
（5）仁安二年一二月日左馬允菅原某請文案（白河本東寺百合文書八六、『平安遺文』三四四四号）

四　別名体制

すでに考察してきたごとき、歴史的意義と構造とをもって一般的な成立をみせた別名は、国衙の全体制のなかでいかなる地位をになっていたのであろうか。若狭国の別名についてまず注目されるのは、その成立状態に明瞭な地域的偏差が存したことである。若狭国国衙領にみる九カ所の郷について、その田数（定田と除田）・定田数（郷分の応輸田）・所当米・成立せしめた別名数のそれぞれを表示すると第2表のごとくである。これら各郷の田数は大田文作成者が考

慮したかぎりでの各郷の本来的田数であるが、それが一定度の歴史的変容をうけたのちの田数であって、真の意味での本来的な数値とみなしがたい点を考慮しなければならないとは云え、常識的に考えて、成立せしめた別名数の多い郷ほど、そして定田数・所当米の少ない郷ほど、郷自体のうけた変容と分解が激しく進行したとしてよいであろう。遠敷郡に属する富田郷・志万郷・西郷・東郷と大飯郡・三方郡に属する各郷とのあいだには明瞭な差異がみられるのである。すなわち郷の分解と別名の成立は、若狭国衙の所在地であり、若狭国の中央部を占める遠敷郡に圧倒的に多く、西部の大飯郡と東北部の三方郡はそれにくらべてはるかに少なかった事情が明らかである。

このような地域的偏差を示しつつ広範な成立をみせた若狭国の別名に対する国衙の領主権はいかなる性格のものであろうか。大田文にみえる各所領の右肩には後に朱註が書き加えられており、その時現在の各所領の所属が確認されている。これによると若狭国六七国衙領の多くは「国領」と記されて、その国衙領たることが再確認されているのであるが、例えば太良保については「領家、東寺、歓喜寿院領御寄進」となっている。これは太良保が国衙領から歓喜寿院領になり、さらに東寺に寄進された事情をそのまま伝えているものである。[1] 太良保は鎌倉時代を通じて幾度か収公されるが、そのときには東寺にかわって国衙が年貢徴収を行っている。[2] ここで注目したいのは、加斗加納二四町余に付せられた「領家、国衙与二円満院雑掌一相論、当時雑掌沙汰」という朱註である。加斗加納二四町余というのは、おそらく賀斗庄

第2表　若狭国別名成立の状態

郡	郷	別名	定田	所当米	田数
大飯郡	青郷	5	24.7	166.2	60.8
	佐分郷	1	64.2	386.6	120.3
	本郷	0	81.0	525.2	116.8
遠敷郡	富田郷	24	6.3	41.5	128.7
	志万郷	28(29)	0.9	5.5	139.5
	西郷	27	13.5	87.0	177.5
	東郷	10(11)	5.4	35.8	88.7
三方郡	三方郷	7	7.1	42.8	50.9
	耳西郷	0	51.2	231.6	72.6

〔備考〕 田数の単位は町，所当米の単位は石．いずれも小数点二位以下切捨．志万郷・東郷の別名数については別名西郷を入れると(　)内の数値になる．

四〇町の加納田として成立し、それを国衙が収公して国衙領の加斗加納二四町余が成立したものと推測されるのであるが、文永二(一二六五)年以後、再び国衙と円満院の間に紛争がおき「当時雑掌沙汰」といわれているのである。ところで、国衙が円満院からとりもどそうと努めた加斗加納二四町余の領主権が、ここに「領家」と表現されていることを見落しえないのである。円満院との相論でもし国衙が勝利をおさめていたならば、そこにおける国衙の領主権の内容は、まさに「領家(職)」と表現されてしかるべきものであったことが明らかであろう。太良保が「国領」と記される代りに「領家、東寺、歓喜寿院領御寄進」と記されていることも、まさしく右の事実を示すものにほかならない。ここから考えて、若狭国衙の各国衙領に対する領主権は一般にそうは呼ばれなくとも、荘園制的な「領家職」という言葉で表現されうるごとき内容を備えていたことが明らかであろう。

若狭国で明らかにされる別名の成立には、さまざまの経路が考えられる。例えばさきにみた加斗加納もそうであるが、また若狭国別名のうちに佐古出作四町余が存する。これは加斗加納の場合と同じく佐古庄七〇町余の出作田が国衙によって収公されて成立したものと考えられ、東出作二町余というのもおそらく同様のものであったと推定される。第二の経路として若狭国に点在した寺社が、その地位を利用して成立せしめたと推定される別名の存在もある。例えば、妙法寺二町七反二〇〇歩は除田七反二〇〇歩、定田二町で、その国衙に対する所当米は一四石になるが、除田のうち五反は「寺用」と記されており、残りは不作である。妙法寺はその寺田のうち、定田二町に関しては国衙に対して勧農の沙汰を請負い、除田のうち五反を寺用免田として管理したものと考えられる。こうした事例はこのほか、宮同松林寺一〇町余・八幡宮三町余・賀茂社四町余等が考えられ、これらはいずれも、国衙に対する応輸田と寺社免田とからなっている。八幡宮三町余については朱註に「禰宜職、国衙与二税所一相論、税所沙汰」とあり、本来の形態は八幡宮の禰宜が国衙に対して神田内の勧農の沙汰を請負ったものであることがわかる。

以上のごとき、別名成立経路の多様性はそれ自身大きな問題をはらむものであるが、これだけでは、第2表に明らかなごとき、国衙の周辺に別名が多いという特殊事情を説明しえない。そこでどうしても国衙の体制転換そのものに焦点をむけざるをえないのである。すでにみたように今富名五五町余については、名内に最大の在庁時定給七町を有する在庁官人稲庭権守時定が領主として存在していた。このことから考えて、岡安名(在庁尚康給三町)、千与次名(文所秦宛給一町五反)、武成名(在庁時直給三町)、清貞名(在庁知民給三町)、是光名(在庁資宣給三町)、利枝名(在庁兼民給三町)、光里名(在庁時継給三町)、得永名(在庁時通給三町)、吉松名(田所給三町)、時枝名(文所秦宛給一町五反)等は、今富名と同じくそれぞれ括弧内に記したような在庁給をそのうちに含んでいることからみて、それぞれ在庁官人が領主として領内沙汰権を掌握していた別名であると考えられる。以上のごとき別名と同様に雑色名(国雑色等九人給七町)、御厩名(御厩舎人九人給七町)、国掌名(職掌近末給三反)、織手名(織手武元給一町)、細工保(番匠給・鍛冶給・檜物給等)等の別名も、それぞれ括弧内に記したごとき国衙の下級構成員たちの給田をうちに含んでおり、それぞれの名称がその成立の由来を物語っている。こうした国衙構成員の職掌をその名《ナ》に冠した数多くの別名の存在は、ただちに今富名が「税所今富名」と称されていたさきの事実を思いおこさせる。大田文では「今富名」としか記されていないものが、他の史料によって「税所今富名」とも称されていたとするならば、これがまた「税所名」とも称されうることがさきの事例から当然考えられるのである。そうすればさきの在庁官人たちの有した数多くの別名も、例えば吉松名が田所名であり、千与次名・時枝名が文所名であるというように、すべてそれぞれの職掌をもって呼ばれうるものであったことが考えられるのである。以上のごとき名称を有する別名の存在は「凡そ庁目代、若しくは済(税)所の案主、健児所・検非違所・田所・出納所・調所・細工所の修理等、若しくは御厩・小舎人所・膳所・政所の或は目代或は別当、況んや田使、収納・交易・佃・臨時雑役等の使(3)」といって『新猿楽記』が列挙した理想的在庁所の構成が、若狭国においてそれぞれの職掌にしたがいつつ、全体制的に旧来の郷を分割せしめ、数多くの在庁別名を成立させていったことを示すものにほかならない。およそ一国の在庁所があげて右のような体制をとるにいたるとき、旧来の郷の分割は徹底的におしすすめられざるをえないのであって、遠敷郡志万郷のごとく、本来ならば田数一三九町余に達する郷であるのに、二八の別名を成立せしめ、郷分の応輸田はわずか九反にすぎないといった事態が出現したのである(第2表)。

以上述べたように、在庁官人として若狭国衙をその結集点とする在地土豪たちは、国衙内部における職掌に従いつつ全体制的に旧来の郷を分割せしめ、数多くの在庁別名を成立させていったのである。在庁官人というのはかかる在地土豪たちの被る衣にほかならなかった。しかもなお、かかる在地土豪たちは在庁官人として国衙公権につながるところにその成長の一根拠を見出していたのであり、国衙は彼等の連合体制としての性格を深化しつつあったのである。さきに表示した若狭国国衙領各郷における別名の成立状態は、国衙領がかかる封建的構成へと傾斜する過程がほかならぬ国衙の所在地遠敷郡を中心として進行した事情を明らかに示しているのである。

以上のようにして成立した国衙領の体制を私は「別名体制」と名付けることにする。別名体制下における国衙は、その本来的な国衙公権の重要なる一機能を喪失し、これを勧農の沙汰権として別名領主たちに委譲せざるをえなくなりながら、なおかかる在地領主層をその公権のもとに結集させつつ、全体制的な転換をとげていくのである。そしてかかる国衙公権の一部を勧農権として現実的に取得することによって、郡郷司の中世領主化とあいまちつつ在地領主制は国衙領においてはじめてここにその歴史的展開の法的根拠を獲得するにいたるのである。かかる在地領主制が国衙のもとにおいてその封建的性格を深化し始めることによって、同時にまた国衙権力そのものの簒奪と組織化によって、封建制が成熟する一つの歴史的可能性が芽生えはじめるのである。

（1）仁治元年一〇月日教王護国寺三綱等解状（東寺文書御一―七）
（2）建武元年八月日若狭国太良庄百姓実円重陳状（東寺百合文書ゐ一〇―一六）
（3）『新猿楽記』（『新校群書類従』文筆部巻一三六）、在庁所については、竹内理三「在庁官人の武士化」（同編『日本封建制成立の研究』吉川弘文館、一九五五年）を参照。

むすび

日本における封建制の形成過程を荘園体制の枠内にしぼることなく、ながい間、研究史上の盲点をなして来たともいえる国衙領を中心として考察していくと、大要次のごとく云うことができると思う。

㈠平安末期において、旧来の郷の分割と別名の成立が国衙周辺部を中心として一国的規模で広範に進行していった。別名とは別符名の謂であり、これらには名のほかに保・浦・寺社・出作加納等さまざまな名称が、それぞれの事情に応じて付せられていた。こうした別名は年貢徴収の単位であるとともにまた領主の勧農の領域でもあった。

㈡別名の成立と同時に在地領主制は、その歴史的展開を開始するにいたった。別名の成立とは、国衙勧農権の実際上の分割・委譲を必然的にともなっていたという意味において大きな歴史的意義を有するものである。勧農権とは下地進止権の根源形態をなすものにほかならず、それは時代の進展とともに下地進止権へと転化しつつ、在地領主制の最も重要な存立基盤をなしたものである。

㈢別名の領主たちは、領内の年貢収取を国衙に対して保障する責任をもたされ、その責任を遂行するため、領内の農業経営全般を実際に管理・統轄し、沙汰する権限＝勧農権を獲得していた。彼等は領内に対するみずからの勧農権を相伝の「私領」となし、これを拠点にして領内農民を組織しつつ漸次在地領主制を展開させていった。

㈣別名の成立事情にはさまざまな経路が考えられるが、その主な推進主体は国衙の在庁所に拠点をおく在庁官人たちであった。彼等はおのおのの職掌にしたがいつつ全体制的に旧来の郷を分割し、数多くの在庁別名を成立させていった。かくして彼等は在庁官人であるとともに一個の在地私領主としての性格を兼ね備えるにいたり、ここに国衙を中心に、一国的規模のたしかさで封建的構成への傾斜が開始されるにいたった。

Ⅳ　地頭領主制と在家支配

——肥後国人吉庄地頭相良氏——

はじめに

中世の辺境地方における地頭領主制は在家農民を主たる支配の対象としつつその展開をとげるのである。当時畿内地方においては、すでに、名主としての地位を確保しつつあった階層が、そこでは、まだ在家農民としてひろく残存しなければならず、名主としての地位を獲得しえたのは、わずかにかつてその多くが律令制的官僚機構の末端につながりえた根本領主層（鎌倉時代には小地頭として現れる）にすぎなかったのである。それ故に畿内近国の在地領主層の主要な課題が名主たちを支配することにあったと同様に、辺境の在地領主は在家農民を支配対象にしたのである。ここに、辺境における地頭領主制の展開にあたって、在家農民の存在形態がきわめて重要な意味をもつゆえんがあり、それ故にまた、すでにいくつかの論考がこれについて発表されているのである。

このような意義をもつ在家の研究史上、ひとつの劃期的な役割を果したのは石母田正氏の名著『中世的世界の形成』のなかにみられる「在家」の考察である。そこにおける氏の見解の特徴は、(1)在家の歴史的根源は古代家族及び初期庄園の家人奴婢に求められる。(2)在家の形態上の特質は人間と屋敷と園地とが切離せない統一体たることにある。(3)在家には隷農が附属し、在家が相続譲与交換される場合にはその住民もそれに伴って所有者を変えた、等に要約される。(1)この石母田氏の見解は日本における農奴制形成史上にはじめてこの「在家」を位置づけたものとして高く評価され、部分的修正をうけつつもその後の研究に決定的影響を与えたものであった。そして現在では一般に、辺境地域にみられる「在家」とは根本領主層＝名主層によって家父長制的に支配される隷属農民である、と考えられるにいたっている。(2)永原慶二氏はさらに、薗(＝在家)の住民の階級的本質はなお奴隷的なものであり、在家の所有者たる名主は奴隷所有者としての本質をもつとし、(3)そこから在家農民の進化の問題をとらえようとして、石母田氏自身の、在家農民の本質は農奴であるとする見解(4)と対立をきたしている。

在家農民の本質が奴隷であるか、農奴であるかという右の見解の対立は要するに在家農民を奴隷の解放過程に位置づけようとする共通の問題意識に立った議論である。こうした問題意識に立つ研究方法による奴隷から農奴への直接生産者の進化過程のきわめて精緻なあとづけにくらべ、古代社会・封建社会それぞれの内部に存在し、それなりの役割を果した諸ウクラード相互間の具体的な究明は今なお不充分である。今後は古代・中世社会における奴隷制的ウクラード・農奴制的ウクラードが他の併存するウクラードといかなる関連のもとに生成・発展をとげたかということが問題の焦点にされねばならないと考える。こうした観点に立つ研究に到るひとつの準備として今回は在家支配をみずからの課題とした肥後国人吉庄地頭相良氏にみる領主制を中心にして考察を加えてみたい。なお、人吉庄は永原氏の論考「『在家』の歴史的性格とその進化について」に対し、主たる史料的根拠を与えた庄園であることを付記しておく。

〔補註〕本稿では、相良氏の領主制を地頭領主制と称している。相良氏のごとき惣地頭クラスの領主制は石母田氏によれば地頭的領主制と豪族的領主制の中間形態として把握されるものであるが、ここでは相良氏が地頭であったことを考慮しつつ、これを地頭領主制と呼んでいる。

一　地頭支配

鎌倉時代の地頭が所領内の農民に対して苛酷な収奪を行ったことについては、すでに数多くの事実が指摘されている。寂楽寺領紀伊国阿弖河庄の地頭が「ミ、ヲキリ、ハナヲソギ」して百姓を虐いなんだこと、薩摩国谷山郡地頭が、わずかの罪を理由に百姓を追捕し、身代を押取ったことなど、その例は枚挙に遑がない。

地頭のこうしたすさまじいまでの苛酷な収奪をもって、当時の地頭が封建領主としての資質をいまだ充分にそなえていないということもあるいはできよう。しかしながら、かかる地頭支配の苛酷さも彼等が支配しなければならなかった所領内農民の性格を無視しては充分に理解しがたいと云わなければならない。

鎌倉幕府法は地頭と農民の関係を規定して「有二年貢所当之未済一者、可レ致二其償一、不レ然者早可レ被レ糺二返損物一、但於二去留一者宜レ任二民意一也」といっている。[5] ここから判断すると、鎌倉時代の地頭と農民の関係は次のように云うことができる。(1)地頭の所領を耕作する農民たちは年貢所当の決済さえつければ、いつでもその対領主関係を断ち切りえた。(2)したがって、地頭と農民の支配・被支配の関係は農民が地頭の所領を耕作するかぎりでのみ成立し、耕作事実の消滅とともに両者の関係もまた消滅した。(3)地頭の所領知行権は農民に対する土地緊縛権を含まず、地頭が農奴に対するような土地緊縛をおしおよぼすことのできたのは彼等の支配に属する下人所従のみにかぎられていた。これが幕府の理想とし、保証した地頭支配の性格である。こうした地頭支配の性格にもかかわらず、地頭が農民の逃亡を抑える事実上の強制がそれと関係なく現実に支配しているとして、事実関係だけを強調するのは一面的評価であろう。なぜなら、ここにこそ、鎌倉時代の地頭がさきにみたごとくその検断権を最大限に活用して、所領農民に対する苛酷な人身的収奪に出ざるを得なかった理由が考えられるからである。こうした地頭のうごきを幕府法はまた次のごとく伝えている。「而所領知行之間、召二仕百姓子息所従等一之後、称レ過二十ヶ年一永令二進退服仕一、或令レ移二他所一之時、号二所従一相二懸煩一云々　事実者無二其謂一、付二田地一召仕百姓子息所従等事、縦雖レ歴二年序一、宜レ任二彼輩之意一」。(6) ここでは、鎌倉時代の地頭が農民に対する土地緊縛をおしおよぼそうとするときに、彼等を特に自己の所従だと強弁しなければならなかった事情が明らかにされている。強固に完成された封建権力の所有者ならば、農民の移動を制限するのにこれを特に所従であると強弁する必要はなかったはずである。鎌倉時代の地頭にみられる苛酷な人身的収奪・所領内農民をおしなべて自己の所従だと強弁すること等は法的には自由人格である農民を前にして、さきにみたごとき幕府法を意識せざるをえなかった地頭領主権の未成熟さの表現であるといえる。つまり幕府によって保証された所領知行権は本来的には農民に対する人格的拘束権・土地緊縛権を含んでいなかったのである。ここに鎌倉時代の地頭たちが下人所従に対する直接的人格拘束権を一般農民にまで適用して、彼等の所領支配そのものを強化・完成しようと努力した理由が考えられるのである。

　ところで、問題は在家である。この在家住民がすくなくとも中世辺境における普通の農民の存在形態であったことは今日ではすでに疑いのないところである。(7) だから在家住民がさきにみたごとき鎌倉時代農民の一般的性格を法的に保証されたものであったことは辺境といえども幕府法の適用圏内にあった以上疑いをいれぬところではなかろうか。ところで、幕府法が地頭対百姓の相論で百姓に道理のあったときのことを規定して「於二妻子所従以下資財作毛等一者、可レ被二糺返一也、田地幷住屋令レ安二堵其身一事、可レ為二地頭進止一歟」と述べていることは、地頭所領の範囲を確定したものとしてすこぶる注目に値する。(8) 地頭は百姓の妻子所従以下資財作毛等には全く手をふれえなかったと同時に、田地・住屋に百姓を安堵させるか否かは地頭の自由意志によったのである。このことから、地頭所領の範囲は田地・山野から農民の住屋にまではたしかにおよんでいるが、農民の人格にまではおよびえなかったことが明らかである。同時に、鎌倉時代の地頭所領の百姓とは、田地・住屋に対する最終的な所有権を確保しえていないというかぎりでは独立度のひくい、それでいて法的には自由な人格の所有者であったといえるのである。在家住民もまた、基本的にはかかる百姓のひとつの存在形態を示すものに外ならない。

すなわち、ここに明らかであろうが、石母田氏が「宅地に対する所有権は奴隷に対するより本来的な所有権の現象形態として現れる(9)」とされるのは、それが在家を奴隷の解放過程にのみ位置づけようとするものであるかぎり、おそらく不完全さをまぬがれえないだろう。住屋――それは当然宅地をふくむ――は田畠山野とともに地頭所領の構成要素であったが、所領の農民に対する人格的支配権は別個の原理によって成立するものであったからである。だから在家の形態上の特質を人間・屋敷・園地の統一体たることに求め、在家が譲与・交換されることをもって、在家住民が譲与・交換されるように解することも、決して正確な解釈であるとは云えない。このことは以下あげる二、三の事例からだけでも明らかであろう。

松浦党の一族である石志壱は承元二(一二〇八)年に子息潔に対し、他の田地・在家とともに弟登の居住する河崎内宗入道薗を譲与している(10)。この譲状は中世領主層が残した普通の形式を示しており、登は甥潔の在家住民として記載されている。さて、後に潔と登が不和になったときに、潔がさきの譲状を根拠にして主張したことは、「登之当時屋敷」が自分のものであること、よって「可レ令レ退二立其居住一」ことであった(11)。つまり在家所有者潔が在家住民登に対して主張しえたのはたんなる在家のあけわたしである。ここにみる両者の関係は住屋が地頭所領の構成要素であるとしたさきの幕府法の規定をそのまま再現しているのである。甥の在家に居住した登も石志一族としてみずから一〇町余の所領を有する一個の在地領主であり、彼がほかに畠地一所を有していたことは彼もまた在家所有者であったことを推測させる。[12] たとえ、彼が潔の所領をなす在家から放逐されねばならなかったとしても、在地領主としての登の地位にはなんの変動もなかったのである。このことからだけでも、在家が譲与・交換されることをもって、直ちに在家住民が譲与・交換されると解することがきわめて不充分な解釈であることが明らかであろう。中世領主の所領としての在家は本来在家役徴収権の存在を示すにすぎなかったのであるが、その在家役徴収を確保し保証する意味でそれが対捍された場合には在家住民を放逐する権限が当然それにともなったと考えられる。こうした関係が進むにしたがって、在家が中世領主の私的不動産物件であるがごとき様相を呈するようになり、中世領主はかかるものとしての在家を譲与・交換の対象としたにすぎないのである。それでなければ、例えば人吉庄地頭相良氏の一族である相良彦三郎頼秀が父の頼氏から「ひこ三郎いその《居薗》」を譲与された事実さえ、何のことだかわからなくなってしまうのである。頼秀は父親から自分を譲与されたのではなく、自分の住んでいる居薗を譲与されたというのが譲状の意味するところである。[13] こうした関係は相良氏のみならず、中世領主層一般にひろくみられるところであって、彼等の譲状にみる「在家」の記載は直ちに人間の譲与を意味するものではない。さらに在家所有者と在家住民の関係を示唆するいまひとつの事例をあげてみたい。承久二(一二二〇)年に、かわう御房は相伝譜代の私領である門貫山薗を日下部おおいこに貸しあたえているが、このときおおいこは「くさかへのをゝいこゐるところ候はぬニよて、しハらくかりうけまいらせてゐ候なり」といっている。[14] また建久八(一一九七)年に藤井正弘は薗を借りたが、返却の後は所有者である比久尼妙法がもとのとおりに居住したと伝えられている。[15] こうした関係からは在家住民が在家支配者の人格的拘束下にあったという結論はでてこないのである。

以上、要するに鎌倉時代の地頭領主は田地・山野・在家等から構成される所領知行権を有しながら、少くとも法的には自由である所領内住民に対峙しつつ、その展開をとげねばならなかったことを指摘したつもりである。彼等が支配しなければならなかったのが名主であっても、在家農民であっても、この点に関しては同様の関係にあったと考えられる。以下、この点に関して肥後国球磨郡人吉庄を中心に考察していこう。

二　在家住民

肥後国人吉庄は球磨川の上流、人吉盆地にあって、鎌倉時代には蓮華王院の所領であった。この蓮華王院は後白河法皇の創建になる通称三十三間堂であるが、当庄は後白河院を経て、この蓮華王院に帰属したものであろうかと推定される。ところで、この人吉庄は元久二(一二〇五)年に平家没官領として地頭相良長頼の所領となるが、相良氏はこの外に、長頼の父頼景が鎌倉時代の初めに人吉庄東方の多良木へ遠江国から下向し、その他、一族が泉新庄・高橋郷・豊前国成恒名以下、肥後国のみならず、各地に所領を有した西遷武士団の一員である[16]。つまり相良氏は、数百町におよぶ人吉庄以外にも広大な所領を有する新入の地頭であり、在地の根本領主層＝小地頭層とは系譜を異にする、はるかに大きなスケールを持つ所謂惣地頭クラスの武士団であるところに特色があり、後に戦国大名に成長をとげていく一族である。

この人吉庄における農民は史料の上では主として在家住民として現れる。彼等の居住する在家は「一所　夫領小太郎薗苧六両 桑二十一本」というように、桑苧以下の在家役賦課対象として地頭一族の譲状に記載される存在である。地頭相良氏は右のようにして、在家ごとに確定された桑苧の数量に準じて絹・副綿・白苧等の在家役を徴収し、さらにそのうちの一定量を領家方へ運上していた[17]。しかしながら、領家蓮華王院もまた、在家役の直接収取を意図したもののごとくであり、後になって領家の在家役収取は地頭を介しての間接収取から、直接収取へと切替えられている。徳治二

第1表　松延名の在家役配分

	在　家	寛元4年頼員分在家		弘長元年以後領家収取分	
		桑(本)	苧(両)	桑(本)	苧(両)
A	霤五郎	200	0	0	0
	矢三矢藤二	122	0	0	0
	皮古造	48	0	0	0
	義京房	29	0	0	0
	矢平三	26	4	0	0
	梶取矢四郎	18	8	0	0
	力	0	2.1	0	0
	青井宮	0	0	0	0
B	紀四郎	117	10	117	6
	得光	16	0.2	16	0
	清二矢太郎	46	0	24	0
C	摺矢四郎	24	0	24	0
	中三検交	21	0	21	0
	夫領小太郎	21	6	21	6
	ヲ岡大宮司	10	4	10	4
	藤中太	4	0	4	0

(一三〇七)年の領家方実検注進状に、先例を破って地頭方から運上さるべき桑苧の員数を記載しない理由をのべて「夏物絹、同副綿者、先預所遠盛時、打二渡桑一之由、地頭申之間、不レ及二員数注進一」[18]云々とあるのがこれで、弘長元(一二六一)年の預所中原遠盛の松延名領家方桑苧請取状がこのことを実際に示している。[19] ここに示された松延名の在家は寛元四(一二四六)年に相良頼員が長頼から譲りうけたものの一部であって、[20] 両者を比較したのが第1表である。このうちAの在家は完全に地頭方に残され、逆にCの在家は領家方に移譲されてしまったが、Bの在家には両者の収取権が重層して及んでいる。

しからば、かかる収取をうけた当庄の在家住民はいかなる存在形態を示しているだろうか。人吉庄には惣公文藤原真憲なる人物がいて、寛元二(一二四四)年の人吉庄中分にさいし、地頭・政所・納所代・田所とならんで中分状に証判を加えている。[21] 彼はまた、惣公文給三丁を有する存在であり、[22] 正元二(一二六〇)年の検注にも預所・地頭・政所代とならんで証判を加える立場にあったと推定される。[23] ところで相良頼俊は寛元四年に長頼から他の田地在家とともに「一所　惣公文 苧七両 桑四十八本[24]」を譲与されており、在地の有力者である惣公文の居住する在家も相良氏の在家役収取対象であったことがわかる。

また、人吉庄の在家のうちには「夫領小太郎薗苧六両桑二十一本」「梶取矢四郎薗苧八両桑十八本」「梶取清藤二桑三十三本」などをみることができ、[25]人給田のうちに「夫領給二丁」「河梶取給伍丁」を数えることができる。[26]こうした夫領や河梶取が交通運輸部門の専従者として人吉庄の年貢その他の運搬にあたったことは間違いないが、当時のこうした専従者たちは一面で商人であり、かつ貨幣流通の担手であったわけであるから、人吉庄の在家住民矢四郎や清藤二が河梶取だと称されている以上、彼等が急流球磨川を往還する梶取であったことは疑いをいれない。彼等が山間の盆地人吉からはるか河口まで球磨川をくだってくると、そこにひらけていたのは不知火海であり、かの宇土の地もすぐ近くである。鎌倉時代も末に近い嘉元年間に、この宇土庄には相模守殿(執権北条師時)の御梶取だと称された右衛門三郎重教という人物が住んでいた。彼は嘉元三(一三〇五)年に肥前国青方まで、売買のために出むき、そこで放火狼藉にあって塩六〇石・銭四〇貫文・あい物代銭五〇余貫文にのぼる財貨を失ったと記録されている。[27]彼がこうした莫大な財貨を船舶に満載して、各地をわたりあるく海の商人だったことは明らかで、鎌倉時代を通じて人吉庄へ流れこんでくる貨幣流通の波は、球磨川の河口で海上梶取商人から人吉庄の河梶取へと接続されたのではないだろうか。もちろん、人吉庄の河梶取がこの宇土の商人と関係していたことを示す確証はない。しかしながら、このあたりの地図を眺めているとそういった場面が彷彿として想像されるのである。

さらに、人吉庄には青井宮・遙拝宮・笑黒宮などの神社があり、[28]在家のうちに「矢黒執行苧十一両桑二十本」「刁岡大宮司薗苧四両桑十本」「青井宮薗無足」などをみることができる。[29]これらの在家住民がかかる神社の神官であったことは間違いなく青井宮は桑苧の収取を免ぜられている。また「常陸房苧三両二分桑三十六本」「義京房桑四十六本」のごとく僧名をおびた在家の住民のうちには願成寺・観林寺などの僧侶がいたかもしれないがはっきりしたことはわからない。[30]

以上、人吉庄における在家住民の多様な存在形態について論述してきた。それらのうちには惣公文のごとき在地の有力者をはじめ、夫領・河梶取のごとき交通運輸の専従者であり、かつ商人であったもの、さらに神官・僧侶までが考えられた。しかしながら、最も多く、かつ重要な意味をもつものは数百町歩におよぶ人吉庄の田地を耕作する一般農民であったと考えられる。この点で注目をひくのが豊田武氏の指摘された在家農民長五郎である。(31) 長五郎の居住する在家は「長五郎薗 苧一両二分 桑二本」と記載されて、寛元四（一二四六）年に藤二永綱が伯父の長頼から譲りうけている。(32) ところで、このとき長頼はほかに「長五郎作五反」の新田を子息頼員に譲り渡したのである。(33) つまり、長五郎は藤二永綱の領有にかかる薗の住民として在家役負担者であると同時に、頼員に対しては、その田地を耕作する作人として現象したのである。その在家や田地がこうした譲与方法の対象にされながら、長五郎の田地に対する私的用益権がなんらの変更をうけるものでなかったことに注意しなければならない。長五郎はさきにのべた領家方桑苧収取形態の変更にともなって、彼の負担すべき桑苧の一部をさらに直接領家へ納入するようになったかもしれないのであって、人吉庄の在家農民は一般にかかる複雑な領有関係に堪えうるだけの構造を具えていたのである。同時にまた、かかる農民の構造は地頭の所領知行権が直接には、彼等の人身にまでおよびえなかったことによっても、もたらされた現象である。

以上述べたごときものが、前節でその基本的性格を明らかにした在家住民の具体的な形態である。惣公文・夫領・河梶取などは、すでに早くから、みずからの給田を有する村落の有力者であった。長五郎のごとき一般在家農民ですら村落生活内部での田地の私的用益権ははやく現実のものとなっていた。鎌倉時代の後期になるとこうした人吉庄の農民たちが領主のたんなる作人たるにとどまらず、現実にたのなぬしとしての地位を獲得してくるのは彼等の明確な前進である。(34) 辺境における地頭領主制の展開は前節に述べたことをいますこし具体化していえば、法的には自由であり、かつ伝統的な私的用益権をさらに強化していこうとする右にのべたごとき在家住民との対決のうちに、おしすすめられねばならぬものであったといえよう。

三　地頭・領家・小地頭

以上のごとき在家住民に対して、地頭相良氏がいかなる支配を行い、いかなる収取を実現していたかが、次の問題である。この場合、人吉庄の領家が蓮華王院であった関係上、蓮華王院の収取内容を見落すことはできないし、また辺境地域に一般にみられる根本領主＝小地頭層の問題についても考察を加えねばならない。すでに、永原氏はこの点について大要次のごとき考察を加えられた。(35) すなわち氏は、在家が夫役収取単位であることを重視する立場から、(1)人吉庄における領家収取分が現物年貢を主とすること、(2)これとは逆に、惣地頭相良氏は夫役徴収の強い要求をもち、これをめぐって根本領主層と対立したこと、(3)地頭相良氏の在家を単位とする夫役収取の要求は大きく評価されるべきで、この夫役による直接経営の設定・拡大でもって、相良氏支配の性格が特徴づけられることを論究された。しかしながら、(1)についてはともかく、(2)(3)については疑問のあるところである。以下この点について、やや詳細に論じてみよう。

まず、領家方の収取内容については、基本的には永原氏の所論のとおりである。(36) 起請田に対する領家得分は(1)年貢は反別にして、御米一斗・軽物三斗・佃米五升で、合計四斗五升代にのぼる。(2)万雑公事(田付織布・移花・続松・黄皮・白箸等)はまた田付雑物とも称されて、田率賦課の形態を示している。(3)絹・副綿・白苧等は桑苧の員数によって収取されており、この桑苧の員数は在家を主とし、その他、名・散在荒畠ごとに確定されていたものの一部である。(4)佃耕作の義務は、すでに佃米として現物化されており、雑免田(預・土器細工・檜物・庄官頼高法師給分等)はこの佃米と万雑公事を免ぜられている(37)。

人吉庄における領家得分は以上のごときものであるが、領家収取権が田地とは関係のなかった桑苧の収取をのぞき、人吉庄田地のうち、起請田のみに限られていたことは、従来、みおとされてきた領家方収取の重要な特徴ではなかろうか。鎌倉時代における人吉庄田地は、検注年次によって区別される起請田・出田・新田の三種によって構成されたところに、その特徴があるといえる(38)。ところで、地頭相良氏の譲状に「於二起請田一者、任二田数一、領家御方所当公事、不レ可レ有二懈怠一」といった文言が、それぞれ少しずつ異った表現で重畳していることが注意されるのである(39)。これによると、領家領主権は起請田にのみ存し、出田・新田は領家領主権の外にあったことになるのであるが、この事実をめぐって後に、地頭・領家の争いがおきている。すなわち、正和元(一三一二)年に人吉庄預所恵海と当庄南方稲富名地頭相良為頼は領家領主権が新田五〇町に及ぶか否かについて争ったのであるが、このときの判決は、正嘉年間の関東下知状が旧規傍例によれといっているから、そのときの例に従えというのであった(40)。ところで、正嘉二(一二五八)年の関東下知状は「当庄止二毎年検注一、遂二正検一、任二先例一、可レ定二起請田員数一之由」を載したと領家方預所恵海自身が称しており(41)、これに従って行われた翌正元元(一二五九)年の検注帳は、すべて起請田についてのみ検注をとげ「除二新田一定」と注しているのである(42)。こうして、当庄の旧規傍例が、領家領主権の出田・新田におよぶことを拒否していたことが明らかである。この起請田という名称は後白河院の御起請の地を意味するとも考えられるが、これが具体的にいかなる田地であったか、また出田・新田とはなにであるのか。この点の究明にさきだって、領家方に対抗した地頭相良氏支配の実態について考えておきたい。

人吉庄における地頭方収取の全貌を示しているのは、寛元二(一二四四)年の当庄中分状である。このとき人吉本庄は南北に中分されて、北方は得宗領に編入されたのであり、これが当庄の地頭職を中分したものであることは、永原氏の指摘されるとおりである。(43)したがって、人吉庄の領家職はこの地頭職の中分によっては直接にはなんら変更をうけるものではなかったと考えられる。しかるに、永原氏の研究で、当庄における地頭相良氏支配の実態が曖昧にされざるをえなかったわけは、氏がこの中分状に記載された地頭得分を領家得分だと解したからである。(44)さて、この中分状でみると相良氏は、中分後においても、起請田一二二町余・出田四一町余・新田一〇町余を領有し、また見在家七〇ヵ所・狩倉二九ヵ所・河分等を有し、その田畠苧桑在家并山野江河狩倉等に支配権をおよぼしている。中分以前の相良氏所領が、これに倍するものであったことはいうまでもない。右のごとき所領に対する地頭相良氏の収取内容は要約して(1)起請田は反別三升の加地子米、出田は四斗代(見米二斗・軽物二斗)、新田は上・中・下田がそれぞれ三・二・一斗代であった。このほか相良氏は(2)三町八反一丈中と二町の地頭給田を有し、前者は定額収取になっていたとはいえ佃耕作の系譜をひいて一応、八斗四升代という高額斗代であったと考えられる。後者の経営内容は不明であるが、直接経営であったことも考えられる。また、これはすでに述べたが(3)絹・副綿・白苧の収取は在家・散在荒畠・名ごとに確定された桑苧の数量に準じて行われ、このうちの一定量を領家方へ運上していたのである。このうち年貢についての相良氏収取の実態を考えると、地頭給田からどれ程の収穫があったにしても、総額五〇石をさほどこえたとは考えられず、起請田・出田・新田からの年貢所当一七五石余には、とうてい及ばなかったはずであり、地頭相良氏の主たる経済的基盤がその直営地よりも、農民保有地からの定額収取の確

第2表　人吉庄における地頭得分

	定　田	得　分	合　計
起請田	76丁6反1丈	22石9斗8升6合	175石5斗6合
出　田	33丁2反	132石8斗	
新　田	9丁8反3丈	19石7斗2升	
地頭給	3丁8反1丈中	32石1斗7升2合	?
地頭給	2丁	?	

〔備考〕 新田は中田(2斗代)のみとして計算.

第3表　人吉庄領家・地頭得分対照表

	起請田	出田	新田
領家方得分（反別）	御米1斗、軽物3斗、佃米5升 } 4斗5升	ナシ	ナシ
地頭方得分（反別）	加地子米　3升	見米　2斗、軽物　2斗 } 4斗	上田　3斗、中田　2斗、下田　1斗

〔備考〕　領家方万雑公事は起請田のみにかかる.

保に存したと考えざるをえないのである（第2表参照）。以上が寛元二（一二四四）年の中分状によって知られる相良氏支配の内容であるが、このほかに地頭相良氏が、人吉庄農民に対して夫役収取を行ったことは、おそらく疑いのないところである。しかしながら、地頭がその給田に対していかに多量の農民労働力を投入し、また、そのほかに夫役を収取したにしても、前節で述べたごとき在家住民を前にしての地頭支配の性格が、在家住民の夫役による直接経営の設定・拡大でもって特徴づけられるとは考え難いのである。

上述した領家方・地頭方の収取内容の検討によって明らかになった両者の人吉庄田地に対する得分率を表示すると、第3表のごときものである。これと第2表を比較すると、領家方の経済的基盤が起請田にあったのに対し、地頭方のそれが主として出田・新田に存したことが明瞭であろう。起請田というのが、建久九（一一九八）年の検注による定田を指すのに対して、出田は建暦二（一二一二）年の検注によって新たに取り出された田地、新田はさらにそれ以後、寛元二年までの新田を示すものであった。そして、地頭相良氏が人吉庄へ入部したのが元久二（一二〇五）年であったから、起請田の特徴が地頭入部以前から領家によって把握されていたところにあるとすれば、出田・新田は逆に地頭入部をまってはじめて把握されたものであるということができる。(45) 当庄における領家と地頭の経済的基盤の相違は、かかる歴史的事情を反映しているのである。領家方が以前から把握していた起請田に対する地頭得分が反別三升の加地子米であったことは肥前国佐嘉御領における惣地頭が、定得田に対し反別五升の加地子米得分を有したのとくらべ、隔絶した差違でなく、一般に惣地頭のこの種の得分はこの程度のものであったと推定される。[46] これに対し、人吉庄の新田は一応問題外としても、起請田得分反別三升にくらべ、出田の地頭得分四斗代はなんとしても多いと考えざるをえないのである。この出田一一〇余町は、地頭入部後わずか七年にして地頭領主権にくみこまれたのであって、入部直後の混乱期にあたるこの短期間に、地頭相良氏が一一〇余町の広大な新田開発を遂行し、そこから直ちに四斗代の所当を徴収しえたとはどうしても考えられないところである。しからば、この出田とはいかなる田地であったのだろうか。私はここに、鎌倉時代の人吉庄にあって、史料の上にほとんど姿をみせなかった当庄の根本領主層＝小地頭層の実勢力の微弱さを読みとるのである。[47] 人吉庄のごとき没官領にあっては、小地頭層が追放される事例が実際にあったことは、佐嘉御領において「惣地頭忘二傍例一、如二没官領一追二放小地頭一」したといわれていることからも明らかである。[48] 人吉庄の出田というのは、おそらく地頭入部以前における当庄根本領主層の経済的基盤をなした田地であって、相良氏は当庄入部以来、平氏に味方した在地の根本領主層と争い、その勢力を否定することによって、ここに確固たる経済的基盤を確立したものと考えられる。

以上、人吉庄における領家・根本領主層との関連のもとに、地頭相良氏支配の実態につき考察してきた。そこで明らかにしたことは要するに、地頭相良氏も他の地頭と同じく、一定の地頭給田を有し、それ以外の一般田地からは定額の年貢公事を収取する普通の地頭であったということである。ただ右のうち、当庄における根本領主層に関する考察が推断の域を出るものでないことは、永原氏の場合と同様である。そしてこのことは、ある面では根本領主層に制約されているはずだともいえる地頭相良氏支配の性格づけを曖昧にせざるをえないともいえよう。永原氏がこの点に関して、おぎなって解釈されたのが佐嘉御領の史料である。ここにおける永原氏の見解の要点は、(1)領家・国方・惣地頭が、たんに一定の得分権を保有するにすぎないこと、(2)これに対し、名々に存在する「名主」＝「小地頭」のみが

「於二田畠在家等一者、小地頭所二進退領掌一也」といわれるように、伝統的な根本領主として耕地・人間に対するいっさいの支配権をにぎっていたとするものである。しかしながら、実際についてみると、この佐嘉御領では小地頭の定得田に対する収取権は、たんに反別五升の加地子にとどまり、そのほか「給田免田算失田等、随二名々一有レ之」といわれているのであって、小地頭といえども一定の得分権の保有者であった点では、領家・国方・惣地頭と変りがなかったのである。だから佐嘉御領における小地頭の田畠在家に対する領掌権というのも、第一節で述べたごとき地頭の所領知行権が、ここでは小地頭に帰属したことを示すものにほかならないのであって、これをもって小地頭が耕地・人間に対するいっさいの支配権をもっていたとは考え難いのである。おそらく辺境地域にみられる大規模な名主＝小地頭の支配する名の構造は、佐嘉御領にみられるごとく、一定部分の小地頭給田と、あとは名主が定額の収取権を有する在家農民の保有地からなっていたと考えられるのである。さきにみた新入地頭相良氏所領の構造は、これを大きくおしひろげたかたちを示している。

以上のごときものが、人吉庄における地頭相良氏の性格であるが、永原氏はこのほかに、やはり相良氏の所領であった肥後国山鹿郡高橋郷について「為二頼重之計一、居二置百姓一令二耕作一」とか「母尼廿余年耕作来畠仁、令レ居二置年来之下人一」とかいわれていることから、当時の在家支配を特徴づけて、名主側が自己の支配する奴隷的生産者を田地に結びつけた搾取形態にすぎないとされている。[49] 最後に、この点について考察を加えてみよう。

寛元元(一二四三)年および建長元(一二四九)年の関東下知状によると、(1)高橋郷は半不輸の地であり、国方の所当公事と、八幡宮寺の所当公事の両方を勤仕している。(2)相良宗頼がこの地を拝領して、その一部を養女命蓮に譲与した。(3)宗頼の死後、この命蓮分田地を宗頼の実子頼重が押領した。(4)これに対し命蓮側は「命蓮分田参町内壱町弐段、為二頼重之計一、居二置百姓一、令二耕作一」と頼重を非難した。(5)また命蓮側は「不レ可レ弁二件田所当於命蓮方一之由、以二小藤二(＝頼重代官)ニ被二相触一之間、不レ及レ力之由、作人依レ令レ申」云々といって頼重の代官派遣による押領を訴えた。(6)これに対し、頼重は「母尼廿余年耕作来畠仁、令レ居二置年来下人一」とか「母尼下人耕作之間」とか称するが、結局「可レ弁二所当一之由、加二下知一畢」と言いわけをしている。(50) ここに明らかであろうが、命蓮側が自分の所領の農民に対し、百姓といい、作人と称しても、決して頼重側の下人だといわなかったのに対して、頼重側はこれをあくまで母尼の下人だとして、自己の代官派遣による押領を正当づけようとしているのである。しかも、この農民が命蓮方に直接年貢を納入する立場にあったことは、双方が認めるところである。宗頼の時代には、母尼・頼重等は当然一家族をなし、この所領を支配していたわけであるから、頼重のいう下人とは幕府法が「付二田地一召仕百姓子息所従等」に対し、地頭が自己の所従だと号することを禁止したたぐいの農民であったと考えられるのであって、相良氏が自己の所有する家内奴隷を土着させたものとは直ちに考え難いのである。命蓮分の所領を耕作する作人たちは、おそらく前述したごとき普通の在家農民であったと考えられる。

四　地頭領主制の進展

以上、人吉庄における地頭相良氏の得分が、起請田・出田・新田等に対する定額の年貢所当と、桑苧等の在家役、その他規定の地頭給田等に限られており、相良氏が支配しなければならなかった所領内住民たちはいずれも、相良氏の所領を耕作するかぎりでは作人としてあらわれ、在家に居住する点では在家住民として現象しながら、かならずしも相良氏の直接的な人格的隷属下にあるものではなかったことを明らかにした。そのうえ、相良氏のうえには領家領主権がおおいかぶさり、相良氏地頭領主制の展開に制約を加えようとしていたのである。さきに明らかにした領家方

第4表　人吉本庄の田地変動

	建久9年	建暦2年	寛元2年
起請田	244丁9反2丈		→損田 34丁5反4丈 →残 210丁1反3丈
出　田		82丁5反3丈	→損田 ナシ →残 82丁5反3丈
新　田			→ 21丁2反1丈

〔備考〕 相良家文書6号により作成.

の起請田員数による年貢・万雑公事の得分権が、鎌倉時代を通じて保持されたこと、また桑苧の収取を領家方自身の手で実現しようとした預所中原遠盛のうごき、さらには領家方が、徳治二(一三〇七)年の検注で本来領家領主権の及ばなかった新田から一色反別一斗の御米を収取対象にくり入れえたことなどは、相良氏領主制伸張の困難さを物語る材料である。(51) 相良氏の地頭領主制は、かかる全体的な制約のなかから展開をとげていかねばならなかったのであるが、以下、その具体的過程について考察を加えたい。

寛元二(一二四四)年といえば、当時すでに相良氏は一一〇余町におよぶ出田を獲得し、さらに新田二〇余町を確保しつつあった段階にあり、その勢力伸張にはあなどり難いものがあったと考えられる頃である。こうした時期において、人吉庄の出田・新田に損田がみられない――もっとも新田に荒田がなかったわけではないが、ほとんど問題にならない――のに対して、起請田には実に五〇町という損田が集中してみられることは、注目すべき事実である。(52) 人吉庄の起請田は三五〇余町であったから、このときにはすでにその一四%余りが荒廃していたのである。領家方の規定の得分率をうち破りえなかったことは、地頭領主制の弱さを物語るものであるとはいえ、領家方の実際の得分高はその基礎になる現作田の減少によって、必然的に少くならざるをえなかったのである。もちろん、起請田が現実に荒廃していたか否かはさておくとして、かく記載されることによって領家得分が大きく減少したことは間違いない。いま史料の制約上、人吉本庄のみにおける田地の変動を表示しておく(第4表)。人吉庄全体にわたるものではないが上述の事態はここにも如実にうかがえよう。領家方の経済的基盤をなした起請田と、地頭方の主たる経済的基盤であった出田・新田との対照的なあり方のうちに、在地における地頭と領家の実力の差が明瞭にでている。

以上みたごとき領家得分高減少の傾向が、その後も変化なかったことは、次の松延名の史料に明らかである。[53] すなわち、正元元(一二五九)年から徳治二(一三〇七)年にいたる領家得分高の減少は第5表のごときものである。徳治二年の実検が、新たに新田を検注対象に組み入れて領家側の部分的反撃の成功を示しているにもかかわらず、その年貢は三〇%以上の減少、万雑公事はわずか三分の一になっている。御米一斗・軽物三斗・佃米五升と規定された領家斗代にしばられながらも、また、それぞれ町別にいくらと決められた万雑公事の収取率の枠内にいながらも、地頭相良氏が漸次、領家方の経済的基盤を侵触していった状態が明らかであろう。

第5表　松延名領家得分高の減少

			正元元年	徳治2年
年貢	起請田	定得田	5丁9反4丈	4丁
		御米	5石9斗8升	4石
		軽物	17石9斗4升	12石
		佃米	1石4斗9升	5斗
	新田	定得田	ナシ	3反2丈
		御米	ナシ	3斗4升
	合計		25石4斗1升	16石8斗4升
万雑公事	精好糸		?	3朱
	田率織布		?	4尺
	移花		1枚半	半枚
	黄皮		1連半	10枚
	続松		30把	10把
	白箸		30前	10前

〔備考〕 相良家文書19・20・37号により作成.

しかしながら、地頭相良氏にとって、これ以上の非法をあえてすることは、おそらく非常な危険をともなうものであったと考えられる。相良長頼は、頼俊にあてた譲状に「有限領家御方之召物ヲたいかん《(対捍)》せんする於ㇾ輩者、定て領家上うたへ《(訴)》申させ給候ハんか、親父蓮仏之跡目ヲ追天、毎年ことにきうせい《(究済)》可ㇾ仕」と述べている。[54] 荘園領主が幕府権力に頼ろうとするときには、これが当時の地頭にとって、容易ならざる威圧となった事情が、鎌倉時代の相良氏を支配していたことが考えられるのである。とは云うものの、人吉庄の場合、一四世紀初頭ともなればこうした事情が大きく変ってきたさまがうかがえるのである。すなわち、稲富名については「正安二年以後迄二嘉元二年一五ヶ年々貢百六十余石幷色々済物等、一向未済也」といわれており[55]、経徳名については正和四(一三一五)年以後の年貢七六貫八六〇文のうち未進が六一貫二〇〇文、松延名は正和三(一三一四)年以後の年貢八九貫文のうち未進が七四貫三六〇文と記されている[56]。

以上述べたごとく、鎌倉時代を通じて、地頭相良氏は領家方の経済的基盤を漸次侵蝕していったのであるが、一三世紀末葉にいたってついに圧倒的な未進をはじめ、ここに領家方は大きく後退しなければならなかったのである。というのは、すでにみたように徳治二(一三〇七)年においては、御米・軽物・佃米の斗代といい、さらには万雑公事の収取率といい鎌倉時代を通じて全く変化のなかった領家方収取形態のなお存続することを指摘しうるのであるが、すでに延慶四(一三一一)年には、相良長氏は庶子にむかって「まいねんよねならハ五斗、しからすハようとう五百文」の領家年貢を惣領頼広方へ沙汰すべきことを命じており[57]、さらにこれもすでに述べたが正和三・四年以後の年貢が貫文で記されているのみならず、地頭の圧倒的な未進によって、領家方年貢収取能力が完全に麻痺していたことがわかるのである。一四世紀初頭のわずか一〇年たらずの期間に集中するこうした一連の現象を、史料の残り方がなさしめた偶然のいたずらとは考えがたい。この時点において、領家方への年貢銭納化が確実に進行していたことを知りうるとともに、人吉庄の鎌倉期的構造が大きく動揺していたことが明らかである。

こうして、建武元(一三三四)年、あまりの未進にたまりかねた領家は、経徳・常楽・松延三名の年貢を合わせて、毎年一〇貫文と大きく譲歩し、地頭頼広は「於レ所レ残者、蒙二御免一」ったのである[58]。このとき領家が譲歩した年貢の額が、どの程度のものであったかはっきりしないが、徳治二(一三〇七)年の松延名の年貢が一六石をこえること(第5表)と、さきの米五斗=五〇〇文という換算率を考えると、領家得分は松延名だけでも一六貫文をこえていたはずであり、経徳名が本来、この松延名より大きかったことを考えれば、それに常楽名を合わせて毎年一〇貫文にすぎないこの時の契約が、どんなに大きな領家方の退却であったかは明らかである。[59] しかし、それよりもなお重要なことは、かかる契約を結ばざるをえなかったことによって、領家方が在地から完全に遊離したことである。起請田・出田・新田といった鎌倉時代の人吉庄を特徴づけ、同時に地頭相良氏の支配方式をながいあいだ規定していた在地の構造は、ここに、その本来的意味を失ったはずである。地頭相良氏は、ここにはじめて、新しい支配体制確立への道を決定的におしすすめることができたと考えられるのである。しかしながら、この相良氏の地頭領主制も、南北朝内乱前夜においで、一族解体の重大な危機をむかえなければならなかったことを見おとすことはできない。

五 地頭領主制と内乱

鎌倉幕府が保証する地頭得分が、彼等の所領田地山野在家等からの年貢公事と、そのほか規定の地頭給田からの収取分からなっていたことはすでに述べたとおりである。かかる地頭たちの所領構成と、それにともなう得分関係は、相当に入組んだ複雑な様相を呈していたようである。さきにみたように、彼自身一〇余町の所領と畠地一所を有する在地領主であった石志登の居住する在家が、甥石志潔の所領を構成するものであったことは、すでにこの事実を示している。こうした関係は、以下述べるように相良氏の場合にも、よくみられるところである。

この相良氏の所領高橋郷については、さきに紹介した通り、相良宗頼が子女たちに分割譲与したところである。後に、宗頼の子女たちはこの郷における国方・八幡宮寺の所当公事配分方法について争い「当郷者、以二同日譲状一、面々被二配分一畢、仍無二惣領一輩」という云分が認められている。[60] また人吉庄については、寛元四(一二四六)年に相良長頼が子息たちにこれを分割譲与したのであるが、これ以後の当庄実検に際し、領家側では預所中原遠盛という同一人物が、すべてに立ち会ったにもかかわらず、この実検注進状は頼俊・頼員などという長頼の子息兄弟たちの所領ごとに作成されるようになり、彼等はそれぞれ独立の地頭として、証判を加えているのである。[61] 頼俊・頼員等兄弟たちが、それぞれ独立の地頭として、年貢公事運上の契約をしたことが明らかで、当時の相良氏は嫡子が庶子を代表して上級領主と対峙し、所当公事を彼等に配分・催促するといった関係をとらずして、「無惣領輩」といわれうるような結合状態を示しているのである。こうして、それぞれが、自己の所領を有する独立の地頭であった頼俊・頼員等の兄弟たちは、次にみるごとく、相互に入り組んだ複雑な得分関係を構成している。

第6表　相良長頼の人吉庄配分例

(名)		(配分対象)		(被配分者・配分額)	
常楽名	田	254反4丈	⟶	頼俊	254反4丈
	桑	30本	⟶	頼俊	30本
松延名	田	295反4丈	⟶	頼員	260反0丈
				藤二永綱	20反3丈
				宗形女子	7反0丈
	桑	519本半	⟶	頼俊	519本半
経徳名	田	350反2丈	⟶	頼俊	270反4丈
				藤二永綱	70反0丈
				(寺田)	9反3丈
	桑	159本	⟶	頼俊・藤二永綱以外	

〔備考〕 相良家文書6・7・8・9・14・15・16号により作成.

彼等の得分は、年貢・公事・桑苧等からなっており、このうち桑苧の収取には、在家ごとのもの、散在荒畠を対象とするものの他に、名ごとに収取されるものがあったことは、前に述べたとおりである。第6表に記した桑は、この名を対象として課せられた桑であるが、これが名田と切り離されて譲与される傾向にあったことは、松延名・経徳名の事実にでている。すなわち松延名についていえば、頼員が、その大部分の田地と在家を領有する地頭として現れるが、その名につく桑はすべて頼俊に属するところであり、逆に経徳名の田地・在家の大部分は頼俊の領有になるが、その桑は、他人に属している。さきに、人吉庄の在家農民長五郎の田地が、頼員の領有になり、その在家は藤二永綱に属したことを述べたが、鎌倉時代の在地領主たちの所領構成と、得分関係は、以上のように複雑な入り組み方をしていたと考えられるのである。

鎌倉時代の初期において、かかる錯綜した所領構成と得分関係を保持しつつ、相良氏武士団の各成員は、それぞれ独立の地頭として「無惣領輩」といわれるような結合状態を示していたのである。こうした彼等が、初期武士団にみられる所領の分割相続制によって、みずからを矮小化し、窮乏化していかなければならなかったことは云うまでもない。南北朝内乱前夜に、相良氏をおそった大きな危機は、こうしてひきおこされたのである。

さきにもふれた相良頼俊のあとは、長氏・頼広・定頼と続いて、後に戦国大名に成長をとげる系統である。この頼俊が、人吉庄の初代地頭長頼から譲りうけたのは、経徳・常楽・竜万名以下の「田地在家并苧桑等」であり(62)、頼俊が長氏に与えたのは「経徳・常楽名内地頭職田地并在家桑等」であり(63)、さらに長氏が頼広に与えたのが「けいとく・しようらくミやうのちとうしき」であったことに注意したい(64)。名地頭職という名称が使われるのはおそいが、長頼が頼俊に譲与したものの内容は名地頭職にほかならなかったからである。相良長頼は、元久二(一二〇五)年に三〇〇町をゆうにこえる人吉庄地頭職を拝領しながら、寛元四(一二四六)年にはそれをいくつもの名地頭職に分割して、一族子息たちに譲与してしまい、子息たちは独立した地頭ではあったが、父である長頼とはくらべものにならない矮小さでたがいに競いあう状態を現出したのであった。さきにみた相良氏武士団の結合状態は、かかる時期の相良氏に関するものである。

こうした関係が幾世代にもわたってくり返されうるはずもなく、やがて、相良氏の各系統はそれぞれ惣領権を強化していくのであるが、頼俊の子息長氏がその晩年にあたり、嫡子頼広に弟たちをはぐくみふちするように述べながら「むまくそく《(馬・具足)》もたさ覧時ハ、むまもとらせ、物のくをもとらせて、しりさきにたつべし」と云っていることは意外に深刻な相良氏武士団の危機を露呈したものではないだろうか。頼景・長頼以来の立派な御家人の家に生まれながら、馬具足にことかく状態を懸念される弟たちと、それに守られて立つ惣領頼広の姿がここに明らかである。長氏はすでに、所領の分割相続制をそのまま採用するわけにはいかなくなっていた。彼は「そうりやう御くらし大事なるへきあひた」と称して、妻にも女子たちにも所領を譲らなかったし、各々三丁ずつを譲られた弟たちも、もはやかつてのような独立した地頭ではなく、惣領頼広によって年貢公事を配分・催促される存在になっている。しかしながら、この長氏は、やすやすと祖先以来の伝統的な一族結合様式を破棄しえたのではない。延慶四（一三一一）年の長氏置文(65)は、せまりくる破局に対処しなければならなかった支配者としての感慨に溢れている。このときすでに、時代は、南北朝内乱へむかって大きくうごいていたのである。彼が、

かせん《(合戦)》なんとしたらん時ハ、くんこう《(勲功)》をハはなして申さすへし、身せはき物ハ、さやうの時こそひろくもなる事なれ

と、大胆にも云い切ったことは、行きづまった辺境における地頭領主制の指向するところを、最も明瞭簡潔に示した言葉である。彼等は、この時点においてこそ、内乱とそれによる所領の飛躍的拡大を切望するにいたったといえよう。

南北朝内乱はこの地においても、そのうちに矛盾をはらみつつあった武士たちの浮沈をかけて激しく戦われたようである。そして、鎌倉末期の延慶四年に、長氏が吐露した一族所領拡大への切望は、頼広の子息定頼によって大きく達成されえたことを指摘しうるのである。彼が一族を相催して戦ったという数多くの記録のうちにも「相二催一族幷国中地頭御家人及名主庄官一」して馳参ずるようにという彼にあてた軍勢催促状を見出すことができる。(66)あるいはま

た、定頼の肥後・日向両国にわたる四九五町の所領注文をはじめとして、彼に率いられる相良氏の所領注文には、一四〇〇町にもわたる一族所領の記載をみることもできるのである。[67] ここに、内乱がさきにみた地頭領主制の限界をつき破るのに、大きな役割を果したことが考えられるのである。南北朝内乱のなかで、さきにみたごとき錯綜した地頭所領は、漸次整理され、彼等は所領内住民を漸次組織して、新しい戦闘体制と支配体制を強化していったと考えられるのである。

むすび

以上、肥後国人吉庄を中心に、在家農民を主たる支配対象にして展開をとげていった辺境の地頭領主制について考察を加えてきた。本文にのべたところから導きうる結論は大要次のごときものである。

人吉庄地頭相良氏の領有するところであった「在家」は従来説かれるごとき人間・家屋・園地の統一であるとは考えられず、厳密にはたんに家屋と園地の統一とみなすべきものである。すなわち相良氏は下人・所従に対する場合とは異り、在家農民に対しては直接的な人格的支配を先行さすような収取を貫徹しえたとは考えられない。相良氏の支配権は在家農民の人格にまではいまだ及んでいないのである。この点は本文で特に強調したところであるが、さらに推測することを許されるならば、在家農民の歴史的系譜は直接的な人格的隷属性を先行さす特殊な奴隷的存在の進化過程に求めらるべきものではなく、普通の律令農民の展開過程のうちに求められねばならぬものであろう。なおこの点に関しては、一応別個の問題として今後の考究にまちたい。

次に、鎌倉時代を通じての相良氏領主制の展開過程を通観するならば、在家農民を奴隷的存在であるとし、その夫役徴収による直接経営の設定・拡大でもって、その領主制発展が意義づけられるとは考え難いところである。そもそも相良氏の初期武士団的結合の特色をなすものは、分割相続制による一族庶子のいちじるしい独立性であり、彼等の得分関係が複雑に入り組んでいたことも本文で指摘したとおりである。この点からも、彼等は在家農民に対する恣意的な収奪を相互に規制しあわねばならず、本来的に独立性の強かった庶子に対する分割相続のくりかえしは自明のことながら相良氏自体の窮乏化・矮小化をもたらさざるをえず、ひいては彼等の所領争いを激化せしむるにいたり、一族共倒れを回避せんがためついに相良氏をして初期武士団的結合を廃棄し、個々に分裂しながらも惣領権を圧倒的に強化さすようになるのである。直営地経営が地頭領主制の進展に対してもつ意義を決して過少評価するわけではないが、相良氏が何故に矮小化し、窮乏化しなければならなかったか、そしてその結果、何故に惣領権を強化し、内乱による所領の飛躍的拡大を切望しなければならなかったか。ここを問題とする限り、在家農民の夫役徴収による直営地の設定・拡大というものは、本稿でみたごとき在家農民を前にしては、事実上相良氏における地頭領主制の行きづまりを打開し、その順調な発展をもたらしうるがごとき重要な意義をもつものであったとは考えられないのである。

（1）　石母田正『中世的世界の形成』(伊藤書店、一九四六年、七六―七八頁、引用は東京大学出版会、一九五七年、による)、なお西岡虎之助「土地荘園化の過程に於ける国免地の性能」(『史潮』第二年一号、一九三二年、のち同『荘園史の研究』下巻一、岩波書店、一九五六年、所収)、牧健二『日本封建制度成立史』(弘文堂書房、一九三五年)一九七頁、竹内理三『寺領荘園の研究』(畝傍書房、一九四二年)一五七―一五八頁、清水三男『日本中世の村落』(日本評論社、一九四二年)一〇〇頁、等。

（2）　木村礎編『日本封建社会研究史』(文雅堂書店、一九五六年)五三―五七頁(島田次郎氏執筆)

（3）　永原慶二「『在家』の歴史的性格とその進化について」(竹内理三編『日本封建制成立の研究』吉川弘文館、一九五五年、所収)三一二頁。なお本論文は永原『日本封建制成立過程の研究』(岩波書店、一九六一年)では、表現があらためられている。同書二五二―二五三頁、とくにことわらないかぎり、本論文への言及は前者をさしている。

（4）石母田正『古代末期政治史序説』上（未来社、一九五六年）補遺Ⅲ「領主制の区分と構造について」二六〇―二六四頁
（5）御成敗式目四二条、佐藤進一・池内義資編『中世法制史料集』第一巻鎌倉幕府法、以下の御成敗式目ならびに追加法はいずれも同書による。
（6）鎌倉幕府追加法二九一。なお追加一七〇・二七五をも参照。
（7）永原慶二「日本における農奴制の形成過程」（『歴史学研究』一四〇号、一九四九年、九頁、のち「農奴制形成過程における畿内と東国」として同『日本封建制成立過程の研究』前掲、所収）
（8）鎌倉幕府追加法二六九。なお、本条の解釈は不十分であった。本書第Ⅺ論文四五一―四五二頁、四七四頁注(32)
（9）石母田正『中世的世界の形成』（前掲）七八頁
（10）承元二年閏四月一〇日源壱譲状案（『平戸松浦家資料』石志文書五号）
（11）貞応元年一二月二三日肥前守護所下知状案（『平戸松浦家資料』石志文書六号）
（12）同右
（13）正応六年七月二〇日相良上蓮（頼氏）譲状（『大日本古文書』相良家文書之一、三二号）
（14）長谷場文書一九六号『日向古文書集成』
（15）同右
（16）元久二年七月二五日鎌倉将軍家（源実朝）下文案（『大日本古文書』相良家文書之一、三号）、寛元元年一二月二三日関東下知状（同五号）、宝治三年三月二七日鎌倉将軍家（藤原頼嗣）下文（同一〇号）、建長元年七月一三日関東下知状（同一一号）、なお相良氏の故地である遠江国相良庄は蓮華王院領、三代御起請地であった。（文永二年二月七日遠江国三代御起請地幷三社領荘々注文写『教王護国寺文書』巻一、六八号）
（17）寛元四年三月五日相良蓮仏（長頼）譲状（『大日本古文書』相良家文書之一、八号）
（18）徳治二年三月日人吉庄南方松延名実検注進状（『大日本古文書』相良家文書之一、三七号）
（19）弘長元年七月一〇日人吉庄預所中原遠盛請取状（『大日本古文書』相良家文書之一、二一号）

(20)　寛元四年三月五日相良蓮仏(長頼)譲状(前掲、八号)
(21)　寛元二年五月一五日人吉庄起請田以下中分注進状(『大日本古文書』相良家文書之一、六号)
(22)　正元二年五月日人吉庄南方経徳名常楽名実検注進状(『大日本古文書』相良家文書之一、一七号)
(23)　正元二年五月日人吉庄南方経徳名常楽名実検注進状(前掲)、同年月日人吉庄南方経徳名常楽名田付雑物幷夏物注進状(『大日本古文書』相良家文書之一、一八号)、同年月日人吉庄南方松延名実検注進状(同一九号)、同年月日人吉庄南方松延名田付雑物幷夏物注進状(同二〇号)
(24)　寛元四年三月五日相良蓮仏(長頼)譲状(『大日本古文書』相良家文書之一、七号)
(25)　寛元四年三月五日相良蓮仏(長頼)譲状(前掲、七号、八号)
(26)　寛元二年五月一五日人吉庄起請田以下中分注進状(前掲)
(27)　嘉元三年六月日峯貞申状案(史料纂集『青方文書』第一、一〇五号)、同年月日峯貞注進状案(同一〇六号)、年月日未詳青方覚念陳状案(同一一四号)、なお服部英雄氏は球磨川をさかのぼって多良木から日向国府へむかう山越え交通路の重要性を指摘している(同「空からみた人吉庄・交通と新田開発」『史学雑誌』八七編八号、一九七八年)。
(28)　寛元二年五月一五日人吉庄起請田以下中分注進状(前掲)、正元二年五月日人吉庄南方経徳名常楽名実検注進状(前掲)
(29)　寛元四年三月五日相良蓮仏(長頼)譲状(前掲、七号、八号)
(30)　寛元四年三月五日相良蓮仏(長頼)譲状(前掲、七号、八号)、正元二年五月日人吉庄南方経徳名常楽名実検注進状(前掲)、建武五年七月六日相良蓮道(長氏)譲状(『大日本古文書』相良家文書之一、七九号)
(31)　豊田武「初期封建制下の農村」(児玉幸多編『日本社会史の研究』吉川弘文館、一九五五年)六〇頁
(32)　寛元四年三月五日相良蓮仏(長頼)譲状(『大日本古文書』相良家文書之一、九号)
(33)　寛元四年三月五日相良蓮仏(長頼)譲状(前掲、八号)
(34)　永仁四年一〇月二六日人吉庄稲富豊永名田名主注進状案(『大日本古文書』相良家文書之一、三四号)
(35)　永原慶二「『在家』の歴史的性格とその進化について」(前掲)、とくに三〇一―三一二頁

(36)　永原慶二「『在家』の歴史的性格とその進化について」(前掲)第4表、同『日本封建制成立過程の研究』所収論文では第19表

(37)　寛元二年五月一五日人吉庄南方経徳名常楽名実検注進状(前掲)、正元二年五月日人吉庄南方経徳名常楽名実検注進状(前掲)、同年月日人吉庄南方松延名実検注進状(前掲)、同年月日人吉庄南方松延名田付雑物幷夏物注進状(前掲)、同年月日人吉庄南方経徳名常楽名田付雑物幷夏物注進状(前掲)

(38)　寛元二年五月一五日人吉庄起請田以下中分注進状(前掲)

(39)　寛元四年三月五日相良蓮仏(長頼)譲状(前掲、九号)、なお同日付蓮仏の譲状(七号、八号)、建長四年三月二五日相良頼俊・頼員・頼氏連署避状案(『大日本古文書』相良家文書之一、四八号)

(40)　正和元年一二月二日鎮西探題北条政顕下知状案(『大日本古文書』相良家文書之一、四〇号)、ここにいう新田五〇町は本田(＝起請田)に対する新田(＝出田・新田)であろう。人吉庄南方の出田・新田は合計約五〇町である。寛元二年五月一五日人吉庄起請田以下中分注進状(前掲)参照。

(41)　正和元年一二月二日鎮西探題北条政顕下知状案(前掲)

(42)　前掲注(23)所引の人吉庄南方経徳名常楽名、松延名に関する合計四通の実検注進状・田付雑物幷夏物注進状は正元元年の実検にもとづき、翌正元二年五月に作成されている。

(43)　寛元元年一二月二三日関東下知状(『大日本古文書』相良家文書之一、五号)

(44)　永原慶二「『在家』の歴史的性格とその進化について」(前掲)三〇六頁以下、なお『日本封建制成立過程の研究』所収論文では訂正されている。

(45)　寛元二年五月一五日人吉庄起請田以下中分注進状(前掲)

(46)　嘉禄二年二月日肥前国佐嘉御領小地頭等言上状(佐賀文書纂「竜造寺文書」乾『大日本史料』第五編之三、六九六―七〇一頁)、なお本書第Ⅲ論文九二―九三頁参照。

(47)　旧稿発表当時、人吉庄関係史料に根本領主層＝小地頭層がみられないと考えたが、建久八年肥後国惣田数帳の一部と推定

される球摩郡田数帳(『大日本古文書』相良家文書之一、二号)は「蓮花王院人吉庄六百丁／領家八条女院／預所対馬前司清業／下司藤原友永字人吉次良／政所藤原高家字須恵小太郎／地頭藤原季高字合志九良・藤原茂綱・藤原真宗字久米三良・昆西妙」と記しており、人吉庄に領家・預所の下に、下司(一人)・政所(一人)・地頭(四人)からなる現地の庄官組織が存した様子がうかがえる。このうち地頭の一人である「藤原真宗字久米三良」は同田数帳の「公田九百丁」において「地頭藤原真家字久米三良」ともみえており、どちらかが誤りである。ところで寛元二年の中分状には、地頭相良長頼・政所平守員・納所代藤井延重・田所草部高元とならんで「惣公文藤原真憲」が署判を加えており、さきの久米三良真宗(家)とよく似た名前をもっている。建久八年の藤原姓の現地庄官たちが人吉庄を構成する球摩郡の根本領主層であったことはうごかないであろう。

(48) 嘉禄二年二月日肥前国佐嘉御領小地頭等言上状(前掲)

(49) 永原慶二「『在家』の歴史的性格とその進化について」(前掲)三一六頁、同『日本封建社会論』(東京大学出版会、一九五五年)八二頁

(50) 寛元元年一二月二三日関東下知状(前掲)、建長元年七月一三日関東下知状(『大日本古文書』相良家文書之一、一一号)

(51) 徳治二年三月日人吉庄南方松延名実検注進状(『大日本古文書』相良家文書之一、三七号)

(52) 寛元二年五月一五日人吉庄起請田以下中分注進状(前掲)

(53) 正元二年五月日人吉庄南方松延名実検注進状(前掲)、同年月日人吉庄南方松延名田付雑物幷夏物注進状(前掲)、徳治二年三月日人吉庄南方松延名実検注進状(前掲)

(54) 寛元四年三月五日相良蓮仏(長頼)譲状(前掲、七号)

(55) 正和元年一二月二日鎮西探題北条政顕下知状案(前掲)

(56) 年月日未詳人吉庄経徳名松延名年貢注文(『大日本古文書』相良家文書之一、四三号)

(57) 延慶四年(二月二五日／三月五日)相良蓮道(長氏)置文(『大日本古文書』相良家文書之一、三九号)

(58) 建武元年三月一九日相良頼広領家年貢契状(『大日本古文書』相良家文書之一、六七号)

(59) 寛元二年の中分状によれば、経徳名三五町二丈(起請田二六丁一丈、出田九丁一丈)、松延名二九町五反四丈(起請田二〇町

五反四丈、出田九丁）、常楽名二五町四反四丈（起請田一八町八反二丈、出田六町六反二丈）である。

(60)　建長元年七月一三日関東下知状（前掲）

(61)　前掲注(53)

(62)　寛元四年三月五日相良蓮仏（長頼）譲状（前掲）

(63)　弘安一〇年五月二日相良迎蓮（頼俊）譲状（『大日本古文書』相良家文書之一、二四号）

(64)　延慶四年二月二五日 三月 五日 相良蓮道（長氏）置文（前掲）

(65)　同右

(66)　建武三年二月四日足利尊氏（?）御教書案（『大日本古文書』相良家文書之一、七二号）

(67)　年月日未詳相良定頼幷一族等所領注文（『大日本古文書』相良家文書之一、一六一号）

〔追記〕　本文で述べた寛元二年の人吉庄中分状の解釈について、服部英雄氏から批判（「空からみた人吉庄・交通と新田開発」『史学雑誌』八七編八号、一九七八年、五六―五九頁）がよせられたので簡単にふれておきたい。

氏の批判は人吉庄中分状の三種類の田地の年貢をすべて地頭得分だと解した私見に対して、出田と新田の年貢（斗代）を地頭得分ではなく、領家の得分だとする点にある。その理由としては(1)出田に軽物収取がみえるが、大山説ではこれも地頭得分ということになるが、在地にいる地頭が京都へ運ぶのに便利な軽物をわざわざ年貢米の代物として徴収した理由が見出しがたいこと、(2)建暦二年に出田の検注があり、また毎年秋に新田の検注があるが得分権がないとすれば何のために領家がここを検注する必要があったか説明しえないこと、の二点である。(1)の軽物収取の件はとくに決定的とは思えないが、(2)の点は氏の指摘が事実なら重要である。中分状には出田の項に「但建暦二年検注仁所レ被二取出一田也」とあり、また新田では「所当者、上田三斗代、中田二斗代、下田一斗代也次第不同也、但付二秋作毛一毎年検注、此内在二荒田一」と記すが、私見では両者はともに地頭の検注を意味する。すくなくともここには領家の検注を証拠だてる記述はない。この疑問に対して、私宛の私信によると氏がこれを領家検注だと判断した理由は願成寺文書に二通の領家下文があり、これが起請田ばかりか出田における免田の設定に承認を与えており、起請田・出田・新田における田数の決定が領家の権限に属したと解しうる点に存するようである。たしかに一個の庄園において、たとえそれが元来の荒野であったとしても、領家がそこに認定される免田の承認手続きをとったことは当然ありうる事態であり、そこに庄園領主＝領家の特定の領主権をよみとりうるであろう。しかしながらそのことと、右の出田・新田検注を領家が自己の収取を確定するために実施したと判断することとは同一ではあるまい。領家はそこに得分権を設定しておらず、免田設定の領家下文は庄園の領家が当然のこととしてもっている全庄に対するいわば潜在的な領有権の形式的発動と解されるであろう。

さて、中分状は新田のうちの除田（常楽寺一丁・地蔵堂五反）について、「件堂舎者、是依レ為二无縁一、所下致二地頭帰依一為二仏性燈所一奉中寄進上之也」と記している。これは通例は右の新田所当を地頭が常楽寺・地蔵堂に寄進して除田が成立したものと理解すると思うが、服部氏のように解すると、地頭が領家得分を寄進したことになって不自然である。出田の願成寺田についても同じことがいえる（服部論文五七頁）。願成寺文書中の領家下文はそれに形式上の承認を与えたものであろう。領家が問題の新田を実際に検注対象にくみこんだ徳治二年の松延名実検目録（相良家文書三七号）の新田の項に領家への御米が「一色段別一斗定、佃米軽物雑物除レ之」と記されているが、これは氏のいう寛元の領家斗代とちがいすぎはしないだろうか。私はやはり寛元の斗代は地頭得分、徳治のそれが領家得分だからこそ、斗代がことなると解している。さらにまた相良氏の譲状が領家御方所当公事が起請田にかぎられるとしている点（本書一一四頁）も私が氏の新説に従いにくい点である。

服部氏の批判は鎌倉時代の地頭のイメエジを大きく変えようとするものであるが、私は右にあげたような点からして、氏の批判にはただちに従いがたい。

第二部　中世村落

問題の展望

中世農村社会の再生産過程で貨幣(銭貨)形態がいかなる役割りを果していたかを本格的な問題としてとりあげた論稿はまだまだ多いとはいえない。実際に奴隷所有者が奴隷を自己のものとして所有するさいにも、奴隷主と奴隷とは直接的な人格支配(人間支配)の関係としてばかりでなく、人身売買・債務等々を通して、しばしば貨幣形態がそこに深く干与していたことはいうまでもない。しかしながら、奴隷主と奴隷、封建領主と農奴との関係を規定するものは何よりもまず、そこにつらぬかれている貨幣を媒介としない直接の人格支配(人間支配)の関係であった。さきの第Ⅳ論文「地頭領主制と在家支配」において、日本中世の地頭(中世前期の在地領主)が一般農民(百姓)に対する人格支配を先行させておらず、また彼等に対する土地緊縛規定を欠落させている(ないしその確立が困難であった)ことに、問題を見出して以来、私は日本における在地領主支配成立のそもそもの根拠をあらためて最初から考えなおす必要に迫られたのであった。すでに第Ⅲ論文「国衙領における領主制の形成」で考察した勧農権の問題は右に述べたような領主制支配の根拠を生産諸条件の支配をめぐる問題として考える第一の手掛かりになったのであるが、この問題はさらに深く、日本中世農村における村落結合の維持と貨幣形態との不可分のかかわりについての問題関心につながっていった。中世農村には直接的な人格的依存隷属の関係——典型としての奴隷制と農奴制——ばかりでなく、これと相互にからみあい、補完しあいながら貨幣形態を媒介とする人間相互の交通形態、あるいは支配隷属関係がひろく分布しており、中世村落はかかる諸関係のなかでみずからを実現していた。そしておそらくは日本の中世史研究がそれらの関連を究明しうるならば、それは日本中世の特殊な構造から、さらにさかのぼってアジア的性格と一般に称されているような諸関連、さらにまた封建制そのものの一般性格を新しい視野において把握しうるのではないかと予想されたのである。(1)

ここにおさめた第Ⅴ論文「中世社会の農民」は本文で記した戸田芳実氏の平安時代の負名の研究からの示唆とともに、黒田俊雄氏の論稿「中世の村落と座」(2)が名主と小百姓からなる中世村落の座的構造を考察したのをうけつぎながら、領主制支配の成立根拠を日本中世農村史の分析の中心にどのように位置づけるべきかという私自身の問題関心から出発したものであった。そのような関係を考察するために私はまず、日本中世の農村の底辺にいた弱小経営農民を古代家族以来の家父長制奴隷とみるか、さもなくばそこから自立しつつある農奴としかみとめない伝統的な思考の枠をふみはずし、彼等をその人格的隷属の地位から解放してみなければならなかった。戦後の中世史研究を主導していた石母田正・松本新八郎・永原慶二氏等の論理には事実上、家父長制奴隷もしくはその地位を脱却しつつある小経営＝農奴という以外に、右のような中世の村落農民に与えるべき座席が用意されていなかったからである。このようにして、一般の封建社会がどこにおいても必然的に随伴せざるをえない不安定な弱小経営の特殊日本的、特殊中世的形態としての散田作人範疇が構想されるにいたったのである。

ところで名主と散田作人層との特有の結びつきへの注目によって、日本の中世村落は二重の構成をとってあらわれることになった。前者には優越的・安定的な農民的大経営、後者には不安定な弱小経営としての範疇規定が与えられ、両者の間に成立する特有の支配隷属の関係が考察されることになった。そして、第Ⅴ論文のこのような観点はのちに執筆されることになった「中世史研究の一視角」(3)(一九六五年)を経て、本書の第一部第Ⅱ論文「荘園制と領主制」(一九七〇年)において、中世における公的・領域的支配成立の根拠を「構成的支配」の理解から説明する立場へとつながっていった。

さて、第V論文では名主経営＝農民的大経営、散田作人＝弱小経営の対比が示されている。旧稿執筆当時、私はこのような概念でしか中世農村における事態を認識しえなかったのである。封建制の基礎をなした小経営生産様式を安良城盛昭氏のように厳密な意味での単婚小家族経営に限定する立場をとるものではないが、それにしても右の農民的大経営なる範疇には問題が残されているといわなければならない。これはもちろん戸田芳実氏が「家父長的大経営」といい、永原慶二氏が「過渡的経営体」と規定するものと実態的にはほぼ重なり合うものであるが、私の第V論文における右の規定には、歴史的事象のとりあつかいにおいてこの階層の中間的な性格がもたらす諸現象の複雑さにわざわいされた混乱がみとめられる。私が後に第Ⅱ論文「荘園制と領主制」において、村落領主範疇を提出したことは、この点とも関係するところであって、第V論文において、農民的大経営として未分化のままあつかわれている実体が、そこでは村落領主と名主とに分化され、中世村落が散田作人(層)をもふくめて以上三者によって構成されるという視点が提示されている。そこではまだあいまいさを残すとはいえ、名主層そのものは典型としては村落領主と区別されて、封建制下の標準的農民経営たる小規模な経営、つまり小経営範疇に分類されうるであろうことが予測されるようになっているわけである。

なお、私の散田作人の理解には平安―鎌倉時代にみられる作手の問題がくみこまれていない。この点については稲垣泰彦氏の「中世の農業経営と収取形態」の指摘を参照されたい(4)。また私のいう散田作人を奴隷的被給養民として位置づけ、日本の中世を国家的奴隷制の解体期とみなす芝原拓自氏の見解があるが、理論的な骨組みの問題としてはともかくとして、日本中世の歴史的現実によるうらづけにとぼしいといわざるをえない(5)。

ところで第V論文「中世社会の農民」において、私が散田作人範疇を提出するきっかけになったものが、ほぼ同時に準備された第Ⅵ論文「中世における灌漑と開発の労働編成」（原題「日本中世の労働編成――灌漑と開発労働の場合――」、本書への収載にさいして、以下に述べるような理由によって大幅に加筆補訂したので標題を変更した）であった。この論文は最初に発表したさいは、宝月圭吾氏の『中世灌漑史の研究』(6)によりつつ、中世の灌漑・開発労働が多く食料給付をともなう有償労働であった事実を指摘し、そこから中世農村における勧農（中世農業の再生産過程）の実態に迫ろうとしたものであった。宝月氏の『中世灌漑史の研究』は一九四三年の出版であるが、日本の中世農民をその生産と労働の場において具体的に把握することを目ざしていた旧稿執筆当時の私にとって、まず第一に検討すべき貴重な先行業績であった。その当時私は中世の灌漑を「荘園制の推移の根柢をなす問題」であるとする宝月氏の分析視角に深く共感しながら、右の検討をおこなっている。しかしながら今、あらためて氏の業績を読みなおしてみると、宝月氏による中世灌漑史の体系化に、いくつかの疑問点を提示する必要を感じるにいたった。旧稿を書きあらためた理由の一つはここにある。一九四〇年代における宝月氏の中世灌漑史の体系化には当時支配的であった中世荘園社会についての特定の理解が前提となっている。そしてこのような理解は学説史的にいえば、第一部領主制の最初に述べたような竹内理三・清水三男・石母田正氏以来、戦後にうけつがれて来た国衙（領）研究の進展によって、克服されていった見解だと判断するからである。右の著述でみるかぎり、宝月氏による当時の荘園理解は、荘園経済の「封鎖性」や「自給経済」のたてまえ、さらにまたそこにおける「一種の治外法権」と領主の「完全な私的支配」等々によって組みたてられている。一方宝月氏には日本農業の基本的性格についての、水田における「極端な零細経営」の強調、あるいはそこにおける「労働力の極端な集約的投入」ならびに「園芸的集約栽培」等々の言葉で集約されるような特定の理解が存在している。この両者が結びつくところに氏の中世灌漑史理解の立脚点が存在するのである。宝月氏は律令時代における大規模な灌漑の国家的経営と、それらの衰頽の上に成立する中世荘園の私的灌漑経営とを対比的に示しながら、中世における⑴灌漑規模の縮小、⑵新田開発そのものの不活潑、あるいは⑶開発面積の狭小さ、を強調し、一方で、⑷中世における施肥技術の素晴らしい発展、とともに⑸中世的な灌漑が番水法や分水施設の発展による用水そのものの高度利用によって特色づけられると述べている。(7) 今回の改稿にさいして、私は中世の灌漑用水路や堤防の規模、開発の事情などについてすこしく検討してみたが、そこからえられる結論は右にかかげたような宝月氏の中世の灌漑ないし荘園社会像にはかなりの修正が必要であるという認識を必然的に導き出すものであった。中世村落を具体的に検討したものとして、永原慶二氏による薩摩国入来院・備後国太田庄などの谷戸田型の散居小村的な名耕地の存在が指摘されている。(8) 右にみた宝月氏の灌漑史の理解は何ほどか名耕地の一括散居型の存在を想定する永原氏の理解に適合的であり、第Ⅵ論文による右の検討結果は永原氏の理解にうまく適合していないように思う。ただ旧稿執筆以降、古代・中世の用水問題については亀田隆之氏の『日本古代用水史の研究』(9) に代表されるような研究の蓄積がありながら、論文のもとの形式にわざわいされてそれらの成果を十分に生かすことができなかった。

以上のようにして、中世村落をめぐる耕地の状態・灌漑水利の具体的条件・そこにおける貨幣(銭貨)の流通・さらにそれらすべてをめぐる人的(政治的)諸関係等々は、次に排列した第Ⅶ論文「鎌倉時代の村落結合――丹波国大山庄一井谷――」、第Ⅷ論文「中世村落における灌漑と銭貨の流通――丹波国大山庄西田井村――」、第Ⅸ論文「絹と綿の荘園――尾張国富田庄――」(原題「尾張国富田庄について」)等のごとき個別の荘園村落研究の主題になっていった。

このうち第Ⅸ論文は美濃国から尾張国にかけての地域が中世の養蚕地帯として中世社会における地域的分業体系の一環を構成し、この地域の諸荘園が「米」よりもむしろ「絹」や「綿」を本年貢とするような地域の産業構造を示しつつあったことに注目するとともに、一三世紀後半、永仁年間をさかいにして、この地域で異常な絹・綿価格の高騰がおきていること、同時に、この時期をさかいにして、この地域で絹・綿年貢の代銭納化が一せいに進行するという現象に注意をむけている。この現象は一三世紀後半における日本社会の大きな転換の一局面をなすと考えられるのであるが、従来の古島敏雄氏・佐々木銀弥氏などの通説的理解によれば、右の代銭納化の原因はこの地域における中世養蚕業自体の衰退に帰せられている。しかしながら、通説が前提にしている中世における養蚕業の衰退は、現在までのところ厳密な吟味をへた結論だとは称し難い。(10)まだ十分な検討をへたわけではないが、豊田武氏の西陣機業にかんする考察などを参照するならば、外国産生糸の導入もさることながら、私自身は京都における中世の高級織物生産の盛行に比例して、絹・綿生産もまた日本国内において、古代に比して飛躍的な成長をとげていたのではないかと判断している。(11)この点の検討は今後をまたねばならないが、第Ⅸ論文は右のような見通しに立って、この地域をまき込んだ一三世紀後半の巨大な経済的変動に分析を加えようとしたものである。同じく代銭納を扱ったものに第Ⅷ論文がある。この論文の舞台は、丹波山地の一庄園大山庄の西田井村であるが、論文ではこの村の境域考証、隣庄宮田庄との用水争いの実際を検討しつつ、この村の水不足による荒廃情況と低生産力を実証するとともに、この村でとくに年貢の銭納化が進展している事情を示し、中世村落の銭貨流通が、西田井村のごとき安定的な水稲耕作の諸条件に欠けるこの村の地域の産業構造と不可分にからまり合っていたことを論じている。また第Ⅶ論文は同じ大山庄内の一井谷について、ここが谷の中程にある法師丸池を境に奥耕地と里方耕地にわかれ、前者が排水の便のととのわない劣悪耕地であったのに対し、後者は法師丸池を中心にして村落的規模で灌排水の条件がととのえられた中世における先進的な安定耕地であったこと、さらにこの池の管理を基軸に鎌倉時代の一井谷には「をとなさた人ら」を中心とする「むら」共同体が存在し、この村落結合を背景にして、一四世紀初めに、この谷の年貢の百姓請が成立したこと、この百姓請で年貢率が大幅に引きさげられた事情をみている。この論文で示した一井谷における「をとなさた人ら」の筆頭であった右馬尉家安の存在が、のちに私が村落領主を領主制理論のなかに定式化するきっかけになっている。家安自身はありふれた一人の村落領主にすぎないが、私にとっては、忘れ難い印象をとどめた人物の一人である。

(1) 近年のヨーロッパ封建制論の動向については森本芳樹「西欧における封建的従属農民層の起源によせて」(『経済学研究』四一巻六号、一九七六年)、同「西欧中世初期の領主制に関する若干の論点」(同上、四二巻一—六号、一九七七年)が、A・フルヒュルストなどの古典荘園制の再評価のうごきや、西ドイツにおけるTh・マイヤー、H・ダンネンバウアー、K・ボーズルの国王自由人学説、それ以後の東ドイツにおけるE・ミュラー・メルテンス、B・テプファーなどにいたる最近の論争をてぎわよく紹介しており、私たちにも興味ある論点がみられる。また私たちはアンK・S・ラムトンの『ペルシャの地主と農民』が描き出しているようなイスラム封建制の社会構造にも強い関心をそそられる。ペルシャでは一二世紀セルジューク朝において体系化されるイクター制がイスラム封建制の諸特徴を示すのであるが、このイクター制にみるムクタ(領主)とライーヤト(農民)の関係を規定したニザームル・ムルクの「統治の書」(シャーサト・ナーメ)が、マルク(国土)とライーヤトはすべてスルターンのものであることを強調し、ムクタ(領主)は一定の額を徴収するだけで、ライーヤトはムクタによってそれ以上に、身柄、金銭、妻子、財物および財産の追求をうけることなく、またムクタは支配下の農民が法廷に訴えるのを妨げてはならないとしており、そこに日本の御成敗式目四二条と共通の観念をみてとることができる。かかる観念の存在にもかかわらず、イクターは現実にその所領支配を成熟させていくのであって、ここには日本中世の領主制とのあきらかな類似とそしてまた差異とがみとめられる。(岡崎正孝訳、岩波書店、一九七六年、六六—六七頁)

(2) 黒田俊雄「中世の村落と座」(『神戸大学教育学部研究集録』第二〇集、一九五九年、のち同『日本中世封建制論』東京大学出版会、一九七四年、所収)

(3) 本書第V論文付論

(4) 稲垣泰彦「中世の農業経営と収取形態」(岩波講座『日本歴史』6中世2、一九七五年)一九五—一九六頁

(5) 芝原拓自『所有と生産様式の歴史理論』(青木書店、一九七二年)一四六—一四八頁

(6) 宝月圭吾『中世灌漑史の研究』(畝傍書房、一九四三年)

(7) 同右。六四—六八頁、八一頁など。なお同「中世の産業と技術」(岩波講座『日本歴史』8中世4、一九六三年)にその後

の宝月氏の見解がまとめられている。

（8）　永原慶二「荘園制支配と中世村落」（『一橋論叢』四七ノ三、一九六二年）、「中世村落の構造と領主制」（稲垣・永原編『中世の社会と経済』東京大学出版会、一九六二年）、両論文とものちに同『日本中世社会構造の研究』（岩波書店、一九七三年）所収

（9）　亀田隆之『日本古代用水史の研究』（吉川弘文館、一九七三年）

（10）　古島敏雄『日本農業技術史』（時潮社、一九五四年）二七六―二七九頁、大日本蚕糸会編『日本蚕糸業史』第一巻（一九三五年）一一四頁、なお宝月圭吾「中世の産業と技術」（前掲）一〇五―一〇七頁をも参照。

（11）　豊田武「西陣機業の源流」（『社会経済史学』一五巻一号、一九四八年）、なお同編『産業史Ⅰ』（体系日本史叢書10、山川出版社、一九六四年）四四六―四四七頁をも参照。

V　中世社会の農民
――特に初期の農業経営と村落構造をめぐって――

はじめに

中世の初期、すなわち、ほぼ鎌倉時代前期に相当する時代の農民的な農業経営の実態と性格に迫ろうというのが本稿のさしずめの目標である。そして副題に示したごとく、ここで明らかにしようとする農民的な農業経営の実態なり性格なりが、同時に中世初期村落の特殊な性格と構造を生み出していた点に配慮しつつ、そうした面から中世初期の村落構造を究明しようというのが今一つの目標である。

この時代の農業経営の実態に迫ろうとした画期的な業績として松本新八郎氏の「名田経営の成立[1]」をあげることができ、また高尾一彦氏の「鎌倉時代の農業経営について[2]」もまたそのような試みをもつ注目すべき業績の一つであった。松本氏の研究以来、つみ重ねられて来た業績の多くは日本における小農民経営の一般的形成を論じて日本封建制成立の基礎過程を究明しようという一定の理論的要請にもとづいたものであり、宮川満・安良城盛昭・上島有などの諸氏の一連の業績もひろくいえば、右の系列に入る中世史の研究であったとすることができるであろう[3]。

しかし、中世初期の農業経営の実態を明らかにしようとするこのような試みは、元来非常に危険性の多い仕事であるといわなければならない。高尾氏がいわれたように「中世古文書においては、農民の農業経営の再生産構造はおろかその規模を直接に表示するような史料すら」皆無にひとしいからである。松本氏をはじめとする従来の多くの業績が日本における家父長制奴隷制経営の解体とそれにともなう小農民経営の成立史を基軸にすえて日本封建制の形成過程を究明しようとする基本的な分析視角をもってなされていたとしうるならば、農奴制成立の歴史的起点を奴隷制経営の衰退と解体のうちにのみ一義的に求めえないものの立場からする中世初期の農業経営――特に大経営と小経営の具体的な相関関係の究明がそれに対置してなされなければならないであろう。[4]以下は最近、平安時代を中心にして提起されつつある戸田芳実氏の注目すべき一連の業績を私なりに理解しながら試みた中世初期の農業経営への一つの見通しである。

(1)　松本新八郎「名田経営の成立」(同『中世社会の研究』東京大学出版会、一九五六年、所収)、この論文ははじめ中村孝也編国民生活史研究『生活と社会』(小学館、一九四二年)に発表された。なお松本氏の中世史把握の大要は同「郷村制度の成立」(『新講大日本史』第一二巻、雄山閣、一九四二年、のち同『中世社会の研究』所収)に示されている。

(2)　高尾一彦「鎌倉時代の農業経営について—封建的小農民形成の一考察—」(日本史研究会史料研究部会編『中世社会の基本構造』御茶の水書房、一九五八年、所収)

(3)　宮川満『太閤検地論』Ⅰ・Ⅱ(御茶の水書房、一九五九・一九五七年)、安良城盛昭『幕藩体制社会の成立と展開』(御茶の水書房、一九五九年)、宮川・安良城両氏の研究が本格的に学界に登場するのが一九五三年であったが、それ以後、上島有「播磨国矢野庄における百姓名の成立と名主百姓」(『日本史研究』二九号、一九五六年)、同「中世史に関する若干の問題点—安良城論文の再検討によせて—」(『日本史研究』三四号、一九五七年)、同「庄園制解体期の山城国上久世庄」(『史林』四一巻二号、一九五八年)、同「南北朝期における畿内の名主」(『中世社会の基本構造』前掲、所収)などが続く。なお同『京郊庄園村落の研究』(塙書房、一九七〇年)は上島氏の上久世庄研究の集大成である。

(4)　河音能平「農奴制についてのおぼえがき」(『日本史研究』四七・四九号、一九六〇年、のち同『中世封建制成立史論』東京大学出版会、一九七一年、所収)

一　本名の一般的形成

中世の荘園や国衙領は普通、いくつかの名によって構成されていた。名を荘園の下部構造であるというのは右の理由によるものである。ところで、平安時代にあってはまだ固定的でなかった名の名前が鎌倉時代初頭に固定化してくる事実が、以前から指摘されている。[1] 例えば東寺領若狭国太良庄にあっては時沢名・勧心名・真利名などの名が中世を通じて存在しつづけたが、これらの名に付せられた時沢・勧心・真利などは鎌倉時代の前期に実際に太良庄に生存していた名主等の名前であった。[2] 鎌倉時代の前期に生存していた名主等の名前を冠した名の名称が彼等の死後、もはやかつてのように改められることなく、そのまま固定化されて中世を通じて使用されるに到った事実は、その段階において在地の社会的関係に一つの変化が生じていたことを示すものである。中世のその後の歴史的推移からいうならば、鎌倉後期・南北朝・室町という時期は鎌倉時代の前期に一度固定化された名が分解し解体していく過程であって、中世史ではこうした分解の歴史的起点をなした鎌倉時代前期の名を特に本名ないしは旧名と呼んで他と区別している。

この本名、ないしはそれに先行する平安時代の名についてはこれを農業経営の単位であると解し、そこに家父長制奴隷制経営の存在をみようとする見解が行なわれたこともあったが、最近の業績によると本名以前の名、いわゆる平安時代の負名については、その段階に特徴的な富豪層が彼等の営田を中核とし、周辺農民を代納＝債務関係によって包摂した納税請負制度であったとされている。[3] 平安時代の名が負名＝富豪層による納税請負制度として理解できるとするならば、鎌倉時代前期に一般化する名＝本名のうちに新たに持ちこまれた性格はいかなるものであったか。それは明らかに富豪層が納税の対象として領主に請負った土地がより強く彼等の財産としての性格を優越させて来たことに求められる。それはやがて名主職という形態をとって彼等の土地に対する世襲的な私有の対象として固定化されるのであって、名の名前が固定化されたことも、名が彼等の私有の対象として固定化されて来たことの一つの表現と解することができる。

本名の一般的な形成を土地に対する私有の明らかな進展過程のうちに位置づけうるとするならば、それは日本における古代から中世への特殊な移行過程における一個の画期的な事態として認識しうる。すなわち日本における古代から中世への移行は、日本の古代が東洋的な専制権力の国家的大土地所有を実現させ、その変質過程においても墾田の私有を体制的に認容しつつあったとはいえ、全体としてみれば土地私有への制約を強固に存続させていたことに規制されて、古代から中世への移行の主要な契機を富豪層――営田と私出挙に投入しうる大量の動産所有を前提とし、それ故にかく呼ばれている富豪層の経済活動のうちに限定し、土地私有の契機を副次的な地位にながくおしとどめていたのである。(4)この点を配慮するならば、鎌倉時代の前期における本名の体制的な成立という事実は、日本の農村において、村落の農民の側における土地私有の問題がここで一層具体化され、村落における階層分解に新しい契機＝土地私有の分解と集積の契機が一層確実なかたちで持ちこまれるようになり、旧来の動産所有とならんで、土地私有が富の主要な形態として固定化されるようになったという点を基本的な事態として指摘しうると思う。

本名の成立について、右の点を基本的に確認したうえで、さらに具体的に鎌倉時代の前期における事態を検討してみたい。この時期における本名の形成は、それ自体複雑な歴史的過程、特に平安時代の富豪層の経済活動がもたらした一つの歴史的帰結であるから、その形成の要因は彼等の歴史的な活動のうちにかくされている。戸田芳実氏が指摘されているように、班田農民の階層分解の過程で富豪層が進出してきた過程は、いいかえれば彼等が在地における優越的・安定的な大経営として、営田と私出挙による経済活動を通じて、周辺の不安定な弱小経営に対する私的従属化の過程をおしすすめていたことを示すものである。戸田氏が富豪経営と農奴主経営を区別して、後者においては拡大された家父長制的支配内部で下人・従者等の私的身分関係が確立している点に着目し、農奴主経営の主要労働力を下人身分によって人格的に所有されるにいたったかつての班田農民、すなわち外部に生活基盤をもつ小農民であると説明されたのも、右に述べた班田農民の私的従属化の拡大という過程を念頭におかれたからであった(5)。周辺の弱小農民経営に対する私的従属化の拡大を基軸にして、ここに富豪経営から農奴主経営へという歴史的過程が与えられるとするならば、上述来の本名の形成はその過程のうえに成立した新しい事態であったと考えることができる。

班田農民の私的従属化という契機が拡大再生産される傾向にあったことの指摘と同時に、本名の形成について、在地の側で進行しつつあった別の傾向を考慮に入れなければならない。それは当時の有力農民層が互いに対立的契機をはらみつつも相互に結集しつつ、在地における特権的地位を確保しようとするうごきを示していたと考えられる点である。これは在地における新しい村落秩序形成のうごきとしてあらわれるもので、寛治六(一〇九二)年の山城国八瀬里をはじめとして、在地で「座」があらわれはじめるのは右の歴史的傾向の表現である(6)。最近、学界の注目を集めている建長八(一二五六)年の若狭国太良庄勧農帳(7)が示唆するような鎌倉時代の前期の村落秩序は右の歴史的傾向の一つの歴史的帰結であったと考えられるのであって、ここから逆に平安時代の在地における事態の進行方向を察知することもできる。この勧農帳については最近相ついで、佐藤愿・石井進・網野善彦・黒田俊雄等の諸氏が分析をすすめておられるから詳細は諸氏の研究にゆずり、当面必要なことだけを述べておきたい(8)。ここで注目したい点は、この勧農帳が太良庄の田地について、これが一色田と一色田でない田地＝名田の二種類からなっていたこと、さらに太良庄の農民のなかには名田を保持しているものと、一色田のみしか保持しないものの二種類があったことをはっきり示していることである。すなわち、勧農帳の示すところによると、太良庄の田地二一町六反余は真利・時沢・勧心・宗清という四名の完全均等名と、完全にその二分の一ずつの宗安・時安の二名、合計六名の百姓名部分と、名田に編成されていない一色田部分にわかれ、太良庄の農民の大部分にあたる重永・惣追・新次郎以下二七名の農民が名田とは厳密に区別された一色田のみの作人としてあらわれ、これが時沢・勧心以下六名の百姓名の保有者に対峙した状態にあったのである。太良庄の名田保有者＝名主等が村落における特権的な上層を構成していた事情は、一色田作人層が彼等とことなって、きわめて零細な田地を保持するのみであった事実からも推測がつくが、それはまた次のことにも明瞭である。時沢・勧心などの次の世代の太良庄の名主等はそれぞれ、綾部時安・凡海貞守・小槻重真・大中臣友永・源時末などという堂々とした名前を持っていたが、彼等のうちの一人であり、勧心から名主職を譲与されていた小槻重真の名主職が新しい競望者宗氏の出現によって危機にさらされたとき、彼等は一致して重真の立場を擁護しながら次のように述べている。

件元者、彼名田重真一円可レ令二領知一之由、先度一円令二言上一畢。而百姓等挿二別意趣一執申之由、宗氏立申之条、極無実也。其故者、如レ此相伝之名田等、無二指罪科一、於レ宛二賜掠申之輩一者、今日者雖レ為二人之上一、明日者又為二身之上一者歟。此条依レ為二不便之次第一、且為レ無二土民愁訴一、且為二御領静謐一、令二言上一者也。[9]

すなわち、ここには鎌倉時代前期の太良庄の六名の名主等、ならびにその後継者等が村落における彼等の特権的地位を守り、保証するため、相伝の名田を保持し、名主職所有者としての排他的特権を確保するためにいかに意識的であったかが明瞭に示されている。今日は人の上のことであっても、明日は又身の上のことである、という名主職所有者相互間に生まれる一種の連帯感こそが、在地における名体制存続の秘密を解きあかしてくれるであろう。一人の名主職所有者の没落の過程に、彼等は彼等全体の危機を予感していたのである。彼等名主職所有者層によって構成される在地の秩序、彼等相互間に生まれる連帯感が何を対象にして成立するものであったかは、建長八年の勧農帳にみえるおびただしい数の一色田作人層——名田をもたない、わずか二、三反の耕地、あるいは一反にも満たないという零細な耕地を保持する一色田作人層の存在を思いうかべれば、おのずから明らかであろう。

この一色田についても検討すべきことも多く存するが、ここでは、これが「太良御庄一色田と申候て、百姓名之外、四町八反余候也」[10]という言葉が示すとおり、名田と区別された存在であること、太良庄が得宗領になった時の地頭代の言葉に「於二名分一者、宛二行百姓等一、令レ済二年貢一、至二一色分一者、依レ為二浮免一、地頭令レ付二作人一之条、没収領之法也」[11]とあって、一色分は名分とことなって浮免であるから、庄園の管理にあたるものが自由に作人に付すことができるとされている点に注意したい。これを作人の側から云うならば、一色田における耕作権が未確立・不安定であることを示すものであり、これは太良庄末武名主範継が松永保地頭代大弐房頼印に対し「以レ有二内縁一、為二一色一、年々令二宛作一之処」[12]とか「依レ為二便宜一、両三年、雖レ令レ作二一色田一、自二文永二年一改レ之畢」[13]とかいったことにも間接的にはうかがえるであろう。つまり一色田には、作人が事実上、固定している場合においても、なお、年々に宛作らしているという意識、すなわち、本来の耕作権は一年限りのものであるという意識が強く残り、したがって、両三年宛作らしても、領主の側で恣意的に改替することが出来ると意識されていたのである。それは概括的にいって名田が「相伝之名田」と称されたのに対置されるべき田地であって、作人の側の権利としては「相伝之一色田」といったような意識ははじめから存しなかったのが本来の形態である。建長八年の太良庄勧農帳において、農民の多数がこのような一色田のみの作人としてあらわれていること、その一色田保持は三、四反ないしは一反未満という零細規模が圧倒的であること等は、さきにみたように「相伝之名田」=名主職所持を誇って、村落における排他特権的な上層階層を形成していた名主層との間に、階層として区別される一色田作人層の存在があったことを明示するものである。鎌倉時代の農村におけるこのような事態は、前にも述べたように、平安時代に在地の側で進行しつつあった歴史的傾向の帰結としてもたらされたものであって、平安時代の頃から在地の有力農民層は相互に結集しつつ、その特権的地位を確保するうごきを漸次強めつつあったのである。

平安後期の農村で進行しつつあった事態は、一つには富豪層が営田と私出挙によって周辺の相対的に自立した弱小経営を家父長制的支配内部へ包摂し、これに対する私的隷属化をおし進める過程としてあらわれ、いま一つには、村落上層が相互に結集しつつ、在地における特権的秩序を形成する過程としてあらわれた。鎌倉前期における本名の一般的形成という歴史的事実は、平安時代以来の右の二つの傾向のからまりと癒着のうちにもたらされたものである。すなわち、在地における優越的・安定的な大経営として、みずからを不安定な小経営から区別し、後者に対し営田と私出挙による経済活動を通じて私的隷属化の過程を進展せしめつつあったいくつかの家父長制的な農民的大経営が、互いに対立的契機をはらみつつも、相互に結集しつつ、私的隷属化の過程にありながらも、なお、固定的な緊縛にいたらない一般の不安定な小経営に対し、その確立されつつある立場を利用して、一つの階層として対決する地位を希求するにいたったというのが、在地の側からする本名成立の契機であった。しかし、当然のことながら、本名は在地の側だけで成立したものではない。鎌倉前期の国衙ないしは荘園体制の側で、在地における優越的・安定的な農民的大経営の経済活動に全面的に依拠しつつ、その在地における土地私有を村落における他の諸特権とともに名主職という形態で体制的に保証しながら、これを徴税の単位として確保しようとする一個の政策がとられることによって、はじめて本名が具体的に成立するにいたったものである。かくして本名体制の成立は、在地における富が動産所有によって代表されなければならなかった時代から、名主職という形態をとってではあれ、土地の私有が新しい富の形態として固定される時代への転換をもたらし、封建的諸関係の進展にさらに大きく道を拓いたのである。

(1)　嘉保三(一〇九六)年当時、伊賀国の国衙領簗瀬村にあった稲吉名二二町はもと下司是頼というものの負田であって、得丸名と称したが、是頼の死後、それを田堵稲吉が継承したので稲吉名と改められた(同年七月二三日黒田杣出作負名稲吉解『平安遺文』一三六〇号)。松本新八郎「名田経営の成立」(前掲)一一七頁注(4)、なお村井康彦氏は田堵段階の「名」を占有権・私有権の対象としての土地ではなく、たんなる請作の対象であるとし、後の名田と区別した(「田堵の存在形態」『史林』四〇巻二号、一九五七年、後に同『古代国家解体過程の研究』岩波書店、一九六五年、所収)。

(2)　黒田俊雄「若狭国太良庄」(柴田實『庄園村落の構造』創元社、一九五五年、所収)二〇四頁、なお太良庄については網野善彦『中世荘園の様相』(塙書房、一九六六年)にくわしい。

(3)　戸田芳実「平安初期の国衙と富豪層」(『史林』四二巻二号、一九五九年、のち同『日本領主制成立史の研究』一九六七年、所収)

(4)　日本における古代から中世への移行の特殊形態については戸田芳実氏が、西欧に比し、日本においては東洋的専制国家による土地私有への制約が強くはたらいていた点に留意し、墾田という限定されたかたちでの「所有権の対象としての土地の独占」が、そのままでは新たな階級関係形成の基礎になりにくかった事情を説明している(「中世成立期の所有と経営について」『日本史研究』四七号、一九六〇年、のち同『日本領主制成立史の研究』前掲、所収)。

(5)　戸田芳実「中世成立期の所有と経営について」(前掲)

(6)　寛治六年九月三日山城国八瀬刀禰乙犬丸解(『平安遺文』四六五五号)、赤松俊秀「座について」(『史林』三七巻一号、一九五四年、のち同『古代中世社会経済史研究』平楽寺書店、一九七二年、所収)、黒田俊雄「中世の村落と座」(『神戸大学教育学部研究集録』二〇、一九五九年、のち同『日本中世封建制論』東京大学出版会、一九七四年、所収)はこの問題をあつかった注目すべき論文である。

(7)　この勧農帳の最初の少部分は『大日本古文書』東寺文書之一、は三号、に収められていたが、一九六〇年になって、赤松俊秀編『教王護国寺文書』巻一、六〇号で残りの大部分が新たに紹介されて、その全貌が知られるにいたった。

(8)　佐藤愿「惣村の成立と構造」(『文化』二五巻二号、一九六一年)、石井進「平氏・鎌倉両政権下の安芸国衙」(『歴史学研究』二五七号、一九六一年、改稿されて同『日本中世国家史の研究』岩波書店、一九七〇年)、網野善彦「若狭国太良庄の名と農民」

（『史学雑誌』七〇編一〇号、一九六一年）、黒田俊雄「鎌倉時代の荘園における勧農と農民層の構成」（『歴史学研究』二六一・二六二号、一九六二年、のち同『日本中世封建制論』前掲、所収）

(9)　弘安元年五月日若狭国太良庄百姓等申状（東寺百合文書イ二五—四五）

(10)　文永一一年一〇月二四日若狭国太良庄雑掌定宴書状（東寺百合文書ェ一—一三）

(11)　正中二年若狭国太良庄所務条々目安（東寺百合文書ヒ五五—六五）

(12)　文永一一年四月日僧快深陳状（東寺百合文書ル一—八）

(13)　文永一一年四月日瓜生範継訴状（東寺百合文書ル一—八）。ここにあらわれる一色田作人は太良庄と遠敷川をへだてた向い側の谷あいにひろがる松永保の地頭代大弐房頼印であって、本稿で考察する一色田＝散田作人（後述）とは階層と性格を異にするが、一色田そのものの性格の考察には一応使用にたえる史料である。

二　農民的大経営

本名の形成が鎌倉時代前期の村落に与えた影響はさしずめ村落の土地構成において名田と一色田の区別をうみ、身分構成において名主と一色田作人層の格差を拡大し決定づけたという点に求められる。こうして形成された新しい在地の秩序＝中世村落の秩序は古代律令制の基盤をなした在地秩序の崩壊のなかから生まれて来た。中世農民はこうした村落秩序のうちでのみ、新しい展開の条件をつかんでいくであろう。中世の村落秩序を形成したもの、村落の諸階層をして、名主と一色田作人層への分化を要因づけ決定づけた根本的要因は、いうまでもなく、在地諸階層の間に横たわる経営の安定度の差異と、その差異が必然的に随伴する村落生活における社会的・政治的権威の相異であった。中世村落の二重構造を決定づけ、名主層を名主層たらしめたものとしての在地の農民的大経営の経営の実態、ないしは、この農民的な大経営と周辺の弱小経営の間に成立していた諸関係の歴史具体的な追究が次の課題となってくる。在地秩序の根柢には在地の経済的諸関係が横たわっている。名主層が名主層でありえたのはなによりもまず、彼等の経営が村落における優越的・安定的な農民的大経営であり、そのようなものとして、周辺の他の不安定な弱小経営を圧倒し、従属させつつあった点に、その要因を求めることができる。

しかし、何度もくり返すように、鎌倉時代前期の農民的な農業経営の実態の究明、それに対応する弱小経営の存在、ならびに両者の間に成立していた諸関係の究明という仕事を学問的な評価に堪えうるようなかたちで遂行することがいかに困難であるかは、殆んど慎重な研究者をして、この問題の解決におもむくことを躊躇させる程のものである。この段階の農民的な農業経営をそのまま明示するような史料はたしかに皆無にひとしいし、またその手掛りを与えてくれるような史料すらきわめて少いのが現状である。したがって、問題をさらに追求しようとするならば、いくつかの可能な分析の手続きをとって、それを検討しながら実態に迫る手だてにしなければならない。ここでは、そのためにさしあたり二、三の方法をとってみたい。すなわち第一の方法は平安時代の富豪経営の実態とその歴史的傾向を見定めることによって、論理的に鎌倉時代の農業経営を推定してみることである。第二の方法は、中世の農業経営として比較的明瞭にその実態をつかみうる在地領主層の経営から、その権力的な側面を除去しつつ、農民的な農業経営の形態を推定してみることである。第三の方法は、中世初期から小歌時代へかけての時代の伝承と雰囲気をよく伝えていると評価される田植草子を検討して、そこから抽出しうる農業経営のありさまによって、第一、第二の方法で想定された中世初期の農民的な農業経営の実態を再検討してみることである。さらに残された第四の方法として、直接的な農業経営ではないが、それと密接に関連するところの中世村落における灌漑労働の編成形態の具体的構造からして、逆に考えうる農業経営の状態を復元してみることである。（但し、第四の方法については、第三節で幾分ふれることとし、ここでは省く[1]。

第一の平安時代の富豪経営の実態とその歴史的発展の方向づけに関しては戸田芳実氏が「中世成立期の所有と経営について」という論稿において、大体次のような諸点を明らかにしている。⑴この段階の奴婢所有は停滞・縮少の傾向にあった。⑵営田労働力としては従属的なあるいは比較的自由な雇傭労働力の比重が大きい。すなわち、主要な労働力であると考えうる。⑶その労働力はやがて周辺の弱小な班田農民の従属化の拡大により、家父長制大経営のもとに固定化された人格的身分的隷属労働力になっていく。これを班田農民の農奴化のコースとすることができる。戸田氏がいうように、平安時代の富豪経営について右のような諸点を指摘しうるとするならば、そこから導き出される一つの歴史的帰結として、あるべき鎌倉時代前期の農業経営のありさまを想定するために検討されなければならぬのは⑶の弱小班田農民の私的隷属化の過程がどのような展開を示したかという問題である。

この問題を考えるために、ここで是非とも検討しておかねばならぬのは、富豪経営をはじめとする当時の農業経営にあって、雇傭労働力が重要な意味をもったということの歴史的・経済的な意義についてである。すなわち、当時の段階における雇傭労働力の一般的存在という事実は日本農業の主要な形態をなす水田稲作経営に必然的に随伴するところの労働力需要のいちじるしい季節的偏差によって規定された一個の歴史的現象であったと考えなければならない。まず、二、三の事例をあげてみたい。「今昔物語」にみえる土佐国幡多郡の下衆が「苗ヲ船ニ引入テ殖人ナト雇具シテ、食物ヨリ始テ馬歯《ウマグハ》・辛鋤・鎌・斧・鐇《タツギ》ナト云フ物ニ至マテ、家ノ具ヲ船ニ取入テ渡」ったという場合、雇われたのは「殖人」すなわち、田植労働者であった[2]。さらに「新猿楽記」の伝える大名田堵田中豊益の経営において、豊益が「堰塞堤防溝渠畔綴の功においては田夫農人を育て、或いは種蒔苗代播殖の営においては五月男女を労うの上手なり」といわれる場合、灌漑労働はさておいて、豊益がその営田に外部から導入した労働力は「五月男女」といわれる季節労働力であって[3]、これは当然、すでに早く延暦九(七九〇)年の官符[4]が伝えるような魚酒給付による田夫=雇傭労働力の延長線上にあったと考えなければならず、当時の雇傭労働力の性格を示すものである。つまり、日本農業の基幹をなす水田稲作経営は必然的に労働力需要のいちじるしい季節的偏差=農繁期において一挙に多量の労働力投入を必要とし、農閑期にあってはその必要がないといった事態を随伴するのであって、田植・稲苅をはじめとする農繁期のピークに投入される全労働力を恒常的な隷属下におくことがどの程度まで経営にとって有利な条件を提供するものであったかを慎重に考慮する必要がある。固定化された恒常的隷属は同時に恒常的な保護を必要としたからである。中世農業の形成過程にあって、大経営に包摂される周辺の弱小経営の私的隷属化の過程が進行すると同時に、逆に大経営の側で、絶えず一定度の不安定な小経営をその私的隷属関係から排除し、その外部に広汎に存続させる内的必然性があり、それとの依存充足関係なしに大経営そのものが安定化しえないような構造が、ひきつづいて中世農業全体のあり方を規定していたと考えられる。中世村落の二重構造はまさにこのような関係を保証する体制であった。さきに太良庄でみた名主層の経営と一色田作人層の経営にも右のような依存充足関係が成立していたと推定される。こうした事実は、中世社会の農民的大経営がその外部に絶えず広汎な弱小経営を随伴させ続けた理由を説明するものであり、本名の形成によって、中世村落の二重構造が固定・拡大され、名主層が排他特権的な結集を行って、一色田作人層を排除しようとした理由を説明するものである。すなわち、班田農民の私的従属化の契機が強化される一方、その私的従属化を阻害する条件が強固にはたらき、その対立的契機の複雑なからまりあいのうちに中世の村落秩序の展開がみられたのであって、そこに一義的に家父長制的な私的支配が形成されたわけではない。いいかえれば、弱小班田農民の私的従属化の契機はある程度まで、彼等の階層的な排除として実現されなければならなかったのであって、そこに中世初期・鎌倉前期の農業経営にあって、村落上層に結集する複数の農民的大経営のためのある程度まで共通の労働力給源としての従属的なあるいは比較的自由な雇傭労働力の広汎な存在をひきつづき想定しなければならぬ論理的な理由が存している。

検討すべき第二の問題は、鎌倉時代の在地領主の直営田経営の実態である。いま私はここでこの問題をくわしく論ずる余裕を持たないが、さしずめ、丹波国雀部庄の地頭大宅光信の直営田経営をとりあげてみたい。[5] ここでは「当地頭之時、雇二仕庄民於農作一事、人別一年三ヶ度也（耕日・殖日・草取日是也。）食物日別、三ヶ度在レ之」といわれ、また「地頭正作雇二作百姓一事、非二当庄一所之例一、諸国傍例也。召仕日下二行食物一事、勿論也」とある。ここでまず、庄民を農作に雇仕する、地頭正作に百姓を雇作する、といわれていることに注意したい。これは召仕日の食物の下行と関連ある用語で、食料給付による労働を当時、雇仕ないしは雇作と称したのである。この雇仕ないしは雇作による経営が中世の在地領主において一般的であったことは、右にこれを「諸国傍例也」といっていることからも推測がつくが、永和二(一三七六)年に播磨国矢野庄公文祐尊が領家に対して差し出した請文のなかにも「耕作時、両三度、雇二仕人夫一外、臨時非分、不レ可レ駈二仕百姓等一事」[6] という一条があり、矢野庄の公文の直営田が年三日に制限された百姓の雇仕経営によっていたことがわかり、また嘉禄二(一二二六)年の備中国新見庄では田所が「右、為二田所一之者、勧農之時、百姓一度平均役、令二雇仕一者、先例也」[7] とあって、新見庄の田所は勧農之時に百姓を一度＝一日ずつ平均に雇仕する権限を有していたことも、直接、ここでいう経営にあてはまる史料だとはいえないにしても、雇仕経営の存在を予測させるものである。さらに嘉禄二年の肥前国佐嘉御領の有名な雇作の史料「件雇作者、伊豆民部大夫殿之時、恒松名内田一町高柳前催二集御領住人等一、下二行種子一、被二耕作一畢」[8] とある伊豆民部大夫(＝天野遠景)の雇作も、同様の経営形態を示すものであったとしてよかろう。中世における在地領主層の営田経営についてなお検討すべき点も存するが、[9] 私はそうした点をも配慮したうえで、中世の在地領主の直営田経営をその労働力の性格から考えて雇仕経営ないしは雇作経営として特色づけうると思う。それは所領の住民の食料給与を前提とする定量の強制労働＝夫役によって行なわれる経営である。雀部庄・矢野庄でみたように在地領主が雇仕しうる日数は通常きびしく制限された定量夫役であって、年に三日というのが最もひろくみられた形態であったらしいことは、これまであげたもののほか、肥前国浦部嶋において地頭得分が「かり《狩》に三日、のうさく《農作》に三日、このほかハあをかたとの《青方殿》にめしつか《召仕》はるましきよし」といわれていることなどから推定してよいと思う[10]。

さて、雀部庄の地頭直営田が庄民の雇仕労働力を年に三日、耕日と殖日と草取日に集中的に投入して経営されていたとするならば、地頭はそれ以外の必要労働力をいかにして調達したのかという疑問が残るだろう。例えば稲苅はどうしたか。稲苅のような農繁期の労働でなくても、直営田を常に管理し、見まもっているなにがしかの労働力が恒常的に必要とされたであろう。この疑問に答える一つの方法は、これをすべて地頭の隷属農民の下人労働でおぎなったと解することである。しかし今一つの方法としては、やや時代はさがるが宝徳二（一四五〇）年の八木重信の書状[11]に「彼之点札、今日被レ抜候ハヽ、軈而、田おもか《刈》らせ候ハんすると存候て、かりて《刈手》お十人はかり、やとひ《雇》候ておき候」とあることからその存在が知られる中世農村の雇傭労働力をあててみることも充分可能な方法であると思う。とするなら、鎌倉時代の在地領主層の直接経営は、農繁期における営田労働力としては一定量の農民の雇仕労働を中核とし、不足分はこれを雇傭労働力でおぎないつつ、通常の営田管理は直属の下人労働によっていたと解することが可能である。中世初期の在地領主層の直営田経営が平安時代の富豪経営の一つの歴史的帰結であった点を考慮するならば、前者の特質は後者のもとに包摂されていた雇傭労働力をその権力機構のもとに包摂し、これを雇仕労働力に転化せしめえた点に求められるのであって、在地領主層がかかる事態をこえて、農民に対する恣意的な、彼等の「要用にしたがう」といったような収奪を実現しうるまでにその権力支配を強化しえないかぎりにおいては、定量の雇仕労働力をこえてさらに要求される営田労働力を主として雇傭労働力に求めなければならなかったと考えられる。すなわち、在地領主層が雇仕労働力にさらにつけ加えなければならなかった労働力部分を一様に地頭の下人的直属労働力と解するよりも、稲苅以下の農繁期においては雇傭労働力が使役され、営田の全時期を具体的に管轄するものとしては、領主の手となり、足となって働く腹心の輩下=下人所従の隷属労働力を想定した方が可能性からいえば、はるかに高いと思う。(12) しかしながら、ここでは在地領主層の直営田経営の解明を直接の目的にしないから、右の雇傭労働力について固執することはしないが、少くとも、食料給付をともなうところに特色を有する雇仕経営が原則的一般的な形態であったことは動かないと思う。

鎌倉時代前期の農民的大経営の経営内容を右の雇仕経営から在地領主層に独自的に備わる権力支配の要素を除去することによって推定してみるという、きわめて機械的な方法にはもちろん大きな危険がともなうが、少くとも両者が共通の農村の諸関係をその基礎にもち、それによって規定されていたことを考えるならば、ある程度は許される方法であると思う。鎌倉時代前期の優越的・安定的な農民的大経営が食料給付を前提とし、周辺のみずから生活基盤を保有する弱小経営からの隷属的な、ないしは比較的自由な雇傭労働力にその相当程度を負っていたと考える理由の一つがここにある。

第三の方法は「田植草子」を検討してみることである。これは内容的にいって中世初期から小歌時代へかけての時代の雰囲気と伝承を伝えるものであることを考えあわせれば、われわれにとっても検討に値する内容を有していることだけはたしかである。(13) 田植草子にみえる農業経営者はいわゆる長者であって、「けふの田主はかねのようしをくわえ」とか「八つなみに蔵をたて」「作りなひけて四方に蔵をたてう」「蔵のかぎをば、けに、京かち《(鍛冶)》がよう打」というように金と蔵で象徴され、その営田の稲は「いね《(稲)》のなびきはみくら《(御蔵)》へさらりなびいた」とうたわれるめでたい長者の経営なのであるが、そこには地頭・公文などの在地領主の権力的な側面の介在は認められないのであって、中世的長者のおもかげを見ることができる。そこにあらわれる農業労働者は田人と称されているが、それは「けふのとうど《(田人)》に米千石をかしいた」「けふのとうどに酒をまいらせうやれ」といわれるように米・酒を給される存在である。そして特に注目すべきは、

　をきの田中のくろはなにくろか
けふの田主のとくのまいくろよ
いさや　まいろう　まいれはとくをたもるそ
あやれ　うれしや　まいりて徳をゐてきた

という唱句であって、けふの田主の富裕なさまと、そこへまいれば徳を賜わることを唱いあげて、「いさや、まいろう」という労働参加の呼びかけと、「あやれ、うれしや、まいりて徳をゐてきた」という労働の報酬に対する喜びをあらわした部分は、修飾された中世の田人＝農業労働者の一側面の形象化とみうるであろう。この田植草子で常に「けふの田主」と「けふの田人」が対照的にうたいあげられているのはきわめて象徴的であって、こうした発想そのものに、日々流動する中世農村における労働力のゆるやかな需給関係の存在を想定することはあながち無理な憶測でもあるまいと思う。鎌倉末期になるが丹波国宮田庄で指摘されている農村の「富裕百姓」層――それは諸方の質物を蓄えて高利貸を営み、莫大な銭貨を蓄積した農民であった――などに、この中世的長者＝田主のイメージを求めることが出来ると思う(14)。

　田主のせと田にさくはなにはなか
いふのはな　酒の花　さてはとくの花か

田主とのゝせとにさくはせにはな
　くらやになるは　せにのおとやろ
蔵にあまりて銭をばくるまにつむとの
　けふのとうどに酒をまいらせうやれ

鎌倉前期の農民的大経営は平安時代の富豪経営の一つの帰結として存在したものであって、財力に卓越した彼等が投入する営田労働力の性格もおよその推測が可能だと考えられる。

(1)　この点については本書第Ⅵ論文を参照。
(2)『今昔物語』巻二六第一〇「土佐国妹兄行住不知嶋語」。「己ガ住浦ニハ非デ、他ノ浦ニ田ヲ作」る土佐国幡多郡の下衆が、自分の浦で苗代をつくり、「可殖程」になったので、「殖人ナド雇具シテ」船に乗って田植にでかける。この父母が「殖女雇乗ムトテ陸ニ登」ったところ潮が満ち、風が出て、二人の子供を乗せた船が沖へ流される。「父母ハ殖女モ不雇得シテ、船ニ乗ムトテ来テ見ニ船モナシ」という物語である。
(3)『新猿楽記』(『新校群書類従』第六巻文筆部)
(4)　延暦九年四月一六日太政官符(『類聚三代格』)
(5)　嘉禎四年一〇月一九日六波羅下知状(東文書一)
(6)　永和二年七月一六日東寺領播磨国矢野庄公文祐尊請文(東寺百合文書テ七一―一五)
(7)　嘉禄二年二月一八日造東大寺次官某奉書(東寺百合文書ウ七一―八七)
(8)　本書第Ⅲ論文九二―九三頁、第Ⅳ論文一一六―一一八頁
(9)　中世在地領主の直営田経営において、農夫に食料が下行されていたことを示す例として、寛正四(一四六三)年の近江国大浦下庄の地頭手作をあげることができる(寛正四年松平益親陳状『菅浦文書』三一八号)。この大浦下庄と雀部庄に共通するのは、農民の側から「食料を下行しない」という非難をむけられて、在地領主の側が、「そうしたことはなく、自分はきちんと

食料を下行している」と弁解した事実である。そこに共通する事実は食料の不下行を正常な事態とは意識しえない社会的通念の存在である。

(10) 弘安三年一一月二五日肥前国浦部嶋百姓等連署起請文案（『青方文書』三九号）、なお鎌倉幕府追加法四二四条以下に「一、農事不レ可レ使二百姓一事、夏三ヶ月間、永私不レ可レ仕レ之。但領主等作田畠蚕養事、為二先例之定役一者、今更不レ可レ有二相違一」とあることは上述の事態の幕府法における表現である。また、在地領主の夫役が軽微であったと考えるべきではない。それは農繁期の、農民的農業経営にとって、全くかけがえのない幾日かの、労働力収奪として存在したからである。また在地領主の領主権の強化・拡大の極に部分的に「要用にしたがう」といった恣意的な労働力収奪が実現したこともあるが、それは日本の中世封建領主制一般にとっては遂に到達しえなかった事態である。

(11) 宝徳二年九月二六日八木重信書状（『大日本古文書』東寺文書之六、を二四〇号）

(12) ただし、在地領主が直接的な人格関係によって私的権力機構のなかに包摂する農民層は前代よりはるかに拡大される傾向にあるから、それだけ右の点は補正して考えなければならないことはもちろんである。

(13) 日本古典文学大系『中世近世歌謡集』、岩波書店、所収。解題参照。

(14) 田中稔「丹波国宮田庄の研究」（『史林』三九巻四号、一九五六年）

三　散田作人の存在形態

中世前期の農村において、農民的大経営が一律に存在するわけでなく、他方の極に広汎な弱小経営の存在を想定せざるをえないことはすでに述べた。中世における事態の進行を家父長制奴隷制経営の解体＝小経営の自立（独立）という観点から処理しようとする伝統的な方法は日本の農業がすでに早くから零細な弱小経営を広汎に包摂せざるをえなかった理由を正当に評価する途をとざすという欠陥をはらみ、さらに進んでは小経営の検出をもって、小経営が自立する生産力的な諸条件形成のメルクマールにするという理論的処理の不手際をもたらしたのである。小経営が広汎に存続するということと、これが自立的に存続するということは直ちに同一の事柄ではない。農業における大経営と小経営の併存という原則的な歴史的事態は原始的な共同体関係の解体とともに古いと考えざるをえず、したがって小経営の検出＝存続という事実のみをもってしては特定の歴史的な発展段階を特質づけることはできないのである。ここで検討すべきことは、大経営と小経営が一定の段階でいかなる具体的な関連のもとに併存していたかという両者の併存の歴史的諸条件でなければならない。日本農業の特定の発展段階において、農業生産力の一定の形式と水準を俟って、おそらく不安定な弱小経営が自立的で安定的な小経営に転化したと考えなければならないのであって、小経営が成立する諸条件が形成されたと考えるべきではない。中世初期、鎌倉時代前期における小経営（弱小経営）は右の転化の前段階にあったと考えられる。本節では、中世初期、鎌倉時代前期の小経営の存在形態を少しく具体化しておきたい。

中世初期における小経営の不安定性はその耕作権の不安定性に集約的に表現されている。すでに述べたように若狭国太良庄の建長八年の勧農帳に時沢・勧心以下六名の名主＝名主職所有者と一色田しか保持しない二七名の一色田作人が区別されていた。荘園制下の一色田については、これと性格を等しくする間田を中心として、喜田貞吉・清水三男・豊田武・阿部猛・水上一久・渡辺澄夫・大石直正等の諸氏が直接・間接に言及され、特に渡辺澄夫氏はこれが荘園領主直属地として特質づけられうる荘園制下の田地であったことを明確に指摘された(1)。この荘園領主直属地は所により間田・余田・一色田・散田・浮免等、さまざまの名称で呼ばれていたことは渡辺氏の指摘されたところであるが、本稿ではこれまで太良庄の名称に従って、これを一色田と呼んできた。一般的な呼称としてどれを採っても差支えないわけであるが、内容を直截に表現するものとして、これからは散田という用語に統一しておきたい。中世の荘園が名＝名田によって構成されていたとはいうものの、名田でない田地＝荘園領主直属地がかなりの面積を占めるものであったことは渡辺氏が大乗院領大和国諸荘園・豊前国宇佐弥勒寺喜多院領諸荘園以下で相当詳細に論証され、また加賀国得橋郷などでも詳細に検討できるところであるが、それらの分布状態の持つ具体的な意味についての検討は別に行ないたいと思う。[2] いずれにせよ、中世荘園の「名」の性格は、かかる荘園領主直属地＝散田との対比によって明確になる側面が少くないのであって、より綜合的な検討が要請されている。太良庄で説明したごとく、本名の形成によって、名田については名主の世襲的・永続的な土地私有が一応成立したのに反し、散田＝荘園領主直属地においては原則として一年限度の耕作権しか存せず、作人が事実上引きつづいて耕作する場合でも、権利としては一年限度のくりかえしの域を出ないのであり、また、それ故にこそ荘園領主直属地としての性格が優越するのである。中世初期の小経営はなによりもまず、かかる荘園領主直属地＝散田の作人として存在していた。太良庄で名主層と一色田＝散田作人層がはっきりと区別され、名主層が名主層だけで相互に結集して自己の特権的地位を保持しようとしていたこと、それと対照的に散田作人層がわずかな耕地しか保持していなかったさまはさきに述べたとおりである。

　しかしながら、散田作人層の弱小経営が荘園領主直属地の割りつけ分——これを荘園領主散田と呼びたい——だけを基礎として成立し、彼等が荘園領主直属地の経営としてだけ存在していたと考えるのはおそらく事実に反する。荘園領主の勧農帳に表現されることなく、したがって勧農帳からは読みとりえないような関係が名主と散田作人層を私的に結びつけていたと考えられる。太良庄の末武名主快深が文永一一(一二七四)年に「拝二領名主職一之上者、召二付小百姓等一之条、全不レ可レ有二其科一」[3] と称したことははなはだ示唆的であって、名田は名主の家父長制大経営によって直営されるばかりでなく、名主の手から二次的に小百姓に召付けて耕作させられる部分——さきの荘園領主散田に対して、これを名主散田と称しておきたい——があったと考えなければならない。そして名主から二次的にその田地を散田される小百姓は、最も一般的に云えば上述来の散田作人層であったとしてよい。すなわち、散田作人層の経営の一方の基礎はこの名主散田にあったと解されるのであって、中世初期の弱小経営は二重の意味で散田作人として存在したということができる。一つには荘園領主散田の作人として、いま一つには名主散田の作人として。いずれの場合にあっても、彼等の経営の基礎＝耕作権は一年限度のくりかえしを出ず、その点で浮動性が強く、かつ全く未確立のままであった。中世初期村落はその底辺にかかる散田作人層を広汎に横たえていることによって特色づけられる。散田作人層の耕作権の不安定さは間違いもなくその上に立つ小経営の不安定さと対応しているはずであり、検討すべき点を多く残すとはいえ、相対的にみて大経営の優越性が小経営の安定性をしりぞけつつ、先進的な生産力の担手としてなお存続しつつあったという時代的特質を確認しうると思う。

散田作人層として存在した中世初期村落の小経営は、さきにも述べたように、当時の直営田、特に農民的大経営における営田労働力の供給源として意義づけうる。中世村落の大経営の存在が一方における不安定な弱小経営の存在を必然化しているのであり、村落の上層に一つの階層として結集する複数の農民的大経営にとって、ある程度までは共通する流動的な営田労働力の給源として、農繁期における季節的雇傭労働の対象として、幾分かは階層的に排除されたかたちで、弱小経営層が存続せしめられていたのである。大経営からの食料給付が散田作人層の再生産の一定の基礎を構成したと考えられる。

散田作人層はまた村落における諸々の労働人夫の供給源をなしていたと考えなければならない。その一つの例証として、以前に考察したことがある村落の灌漑工事をあげることができる(4)。そこで指摘しておいたように、中世社会においては、名主層が村落の灌漑施設整備費の負担者としてあらわれる事例が決して少くない。この場合、名主層(＝村落上層)はしばしば食料＝功賃の負担者として、労働人夫を雇傭したのであった。そして、灌漑工事の人夫は当然、中世村落における散田作人層――不安定な弱小経営の故に再生産の基盤の一定部分を経営の外部に求めることを余儀なくされていた散田作人層（＝村落下層）であったはずである。応永一〇（一四〇三）年の摂津国吹田堤の築堤工事にあたって、近隣傍庄はおろか、遠く大和・河内など他国の人夫が食料＝功賃を求めて数多く参集した事例を前稿で指摘しておいたが、これらの人夫が、本稿で考察している中世初期村落における散田作人層の歴史的後継者からなっていたことは全く疑いないであろう。大和国高田庄は「当庄之内、名主之外之仁号マウトキ」といわれるように、庄内が名主と間人の二階層にわかれていた。(5) 灌漑施設の管理ならびに修築に関する中世村落の二階層の立場を明瞭に示すものとして、さきに水上一久氏が指摘された史料を、もう一度検討してみたい。(6)

文明十年

一、五月廿日、高田庄沙汰人名主等烈参。去年又堤共大水ニ切了。此溝者薬師寺之八幡ヨリ流出、郡山辰巳之領内ヲ四丁計通テ一乗院御領野垣内庄ヲ四丁計通テ高田庄に入云々。去年ハ三所分切了。六月水ニ五ヶ所切了。人夫四百人計可レ入。其外杭コモ等可レ入ノ間大儀也。人夫食一人別二升宛カレコレ十石分可二申請一云々。色々問答間、来秋以二御米内一、五石分可レ給旨仰定也。

三石給主方　二石三人給人方　宗順三乃公 両人申次也

一、（中略）

一、此提溝事ハ間田以下百姓マウトニハ自専サセス候。一円ニ公方并給主方ノ名主自専仕、水ヲマ、ニ仕候間、余人不レ存候。仍、如レ此、御米内ニテ申入之云々。（下略）

ここから、高田庄においては、(1)名主層が灌漑施設の修理費を負担する原則であったこと。(2)そのかわり、灌漑用水は名主層の独占的な管轄下におかれていたこと、(3)したがって、灌漑施設が大破におよび、名主層のみで修理費を支弁しえない場合にあっては、彼等は荘園領主に支援を求めねばならなかったことがまず明らかである。ところで、ここに高田庄の名主等が領主に要求した堤溝修理費一〇石というのは「人夫四百人許可ㇾ入。其外杭コモ等可ㇾ入ノ間大儀也。人夫食一人別二升宛カレコレ十石分」なのであって、計算によれば一〇石分のうち八石、すなわち修理費の80%が人夫の功賃=食料に予定されている。高田庄の名主層によって、労働に編成される四〇〇人分の人夫等は庄内の間人層にその主体があると考えられるだろう。彼等は直接的な労働力でありながら、その労働の成果=灌漑用水について、殆んど何らの権限をも持ちえないような存在としてあったと考えられる。吹田堤や高田庄の事態は中世後期になってはじめて形成されたものではなく、おそらく、その起源をおそくとも中世前期にもつと考えられる。吹田堤や高田庄の堤で働く人夫の姿は、ある程度中世初期村落における弱小経営=散田作人層のそれでもあっただろう。

中世社会の農民の歴史的性格にせまる一つの視角は、中世在地領主が所領の一般の農民に対して、農民の土地緊縛を法的に実現しえていない点に求められる。鎌倉幕府はこの状態に着目して、在地の御家人に対して、農民の土地緊縛禁止令をおしつけていた(7)。牧野信之助氏や今井林太郎氏がはやく注目された中世の「浪人」の問題(8)は右の土地緊縛禁止令とそれを成立させていた在地の諸条件から、あらためてみなおされる必要がある。今井氏の研究は、中世の開墾労働力としての浪人の存在に着目したすぐれた考察であって、氏の研究自体をここでくり返す必要はないであろう。中世の浪人、すなわち中世農民の浮浪性は、ある程度までは中世農民一般の問題であったにちがいないが、これが特に村落の弱小経営である散田作人層に集中してあらわれる性格であったことは間違いないと思う。土地に対する緊縛と同時に、村落に対する緊縛という視角を導入するならば、散田作人層が一個の村落に固定的に緊縛されなければならぬ社会的・経済的な諸条件ははなはだ僅少であった。彼等の耕作権の未確立な状態・経営の弱体性・水利その他の村落諸特権からの排除等々、そのいずれをとっても、彼等が浮浪と紙一重のところに位置していたことが明らかである。かくして、中世社会はその底辺においてはなはだ流動的であった。この点に配慮するならば中世社会の間人が、あるときは村落の一階層としてあらわれ、またあるときはたんなる外来者＝他所者としてあらわれることを解き難い矛盾のように考える必要はない。中世村落における散田作人層はある程度までは常に村落の他所者的存在としてあったのであり、彼等のことを間人＝外来者として呼びならわした村落が各所に存在しても決して不思議ではなかったのである。

　中世初期の村落における弱小経営の存在形態をその特徴的な二、三の面で考察すれば、以上のような点を指摘できるであろう。当時の村落上層＝名主層はみずから安定的・優越的な農民的大経営として、弱小経営層を支配したのであるが、その支配はまず彼等を階層的に排除することによって実現される支配であった。同時にその支配の背景に従来強調されて来たような側面、すなわち弱小経営を私的隷属下に包摂することによって実現される支配関係が展開しつつあったことを見落してはならない。この両者の複雑なからまり合いが在地の諸条件を決定し、日本における封建的領主制の展開を根柢において規定していたのである。

（1）喜田貞吉「間人考」（『歴史地理』四四ノ四・五・六、一九二四年）、清水三男『日本中世の村落』（日本評論社、一九四二年）、豊田武「土一揆の基礎構造」（社会経済史学会編『農民解放の史的考察』日本評論社、一九四八年、所収）、阿部猛「荘園における間田について」（『日本歴史』六二号、一九五三年）、水上一久「間人考」（『社会経済史学』二一巻二号、一九五五年、のち同『中世の荘園と社会』吉川弘文館、一九六九年、所収）、渡辺澄夫「間田について」（『畿内庄園の基礎構造』吉川弘文館、一九五六年、所収）、大石直正「荘園制解体期の農民層と名の性格」（『歴史学研究』二一五号、一九五八年）

（2）三浦圭一「中世後期の商品流通と領主階級」（『日本史研究』六五号、一九六三年）一八―二三頁

（3）文永一一年卯月日僧快深重陳状（東寺百合文書ル一―八）、この史料を示唆的であるというのは、時期的にみて鎌倉前期に属する史料でないこと、またこの末武名はもともと鎌倉初期の若狭国における三〇余人の御家人の一人、太良保公文雲巌の所

持する公文名であり、後々まで御家人領として特別の大相論をまきおこす名であること——あるいは預所名だといわれ（弘安二年一一月一一日定宴書状、東寺百合文書や一上）、あるいは「当名為二往古御家人領一、非二百姓名一」といわれる（建治二年六月日若狭国御家人等申状、同上文書メ五一—七〇）——の二点について鎌倉前期の典型的な百姓名の史料となしがたいからである。ただし、後の点についてはまた「太良庄末武名事、乗蓮為二名主職一於レ為二百姓一者、存二公平一、可レ致二穏便沙汰一」（弘長二年四月八日法橋行遍書状案、同上文書ア六三—七〇）といわれ、末武名主職が荘園制的諸関係のなかでは一個の百姓名であることが強調された例もある。

（4）「日本中世の労働編成」（『日本史研究』五六号、一九六一年）、改稿して本書第Ⅵ論文。

（5）『大乗院寺社雑事記』文明一四年五月二七日条

（6）「文明十六七年記」（内閣文庫）、この史料は、水上一久氏にお願いして、氏の筆写になる本文を送っていただいたものである。紙上をかりて厚く御礼申上げたい。

（7）御成敗式目四二条

（8）牧野信之助「庄園内に於ける浪人」（『武家時代社会の研究』刀江書店、一九二八年、所収）、今井林太郎「中世に於ける開墾」（『社会経済史学』八巻九号、一九三八年）

むすび

中世初期、鎌倉時代の前期における農民的農業経営の基本型を抽出し、それとの関連で村落構造の特質を把握しようと試みて来た。それは、一つには、鎌倉後期から南北朝、さらに室町時代へと続く中世社会の歴史的展開の起点にある事態をまず確認しておきたかったからである。中世社会のその後の歴史的展開は本稿で考察したような事態に対する克服としてあらわれるであろう。その間に、農民的大経営を生産力の先進的な実現形態たらしめていた中世初期の社会的諸条件が漸次消滅し、小経営が社会の前面に立ちあらわれて来たと考えられる。この段階になって、領主的な直営田経営の多くが深刻な危機におちいり、衰退していかねばならなかった事実に、右の歴史的推移の間接的な一表現をみることができると思う。この段階において、領主的な直営田経営が直面しなければならなかった問題の一つは、在地農民の側からの水田稲作経営における労働力需要のピーク＝農繁期の村落労働力の適正な配分要求に彼等がいかに対処するかということであった。一、二の例をあげると、若狭国太良庄では建武元(一三三四)年に、

当御代官(＝脇袋彦太郎)之御手作田畠及二三町一御耕作之間、被二召仕一之処農夫六百余人也。古今如レ此百姓等被二責仕一之事、全以無レ之。(中略)依レ之、於二百姓等農業一者、依レ令二作後一、令二不熟一之条、不便次第也。(1)

といわれており、また近江国大浦下庄においては、寛正四(一四六三)年に、

地頭して、昔より此方、於二地下一手作めされたる其ためしなく候を、地下人ニ悉仰付、かんしき(間食)をたにも不レ被レ下、二百人、三百人とめしつかわれ候ヘハ、さやうの事ニよて、地下の耕作もおそくひらき候ヘハ、りんかう(隣郷)の作物より、大浦下庄ハ毎年わろく候て、地下人迷惑此事候。(2)

とみえる。すなわち、ここには領主直営田が農民経営一般の犠牲のうえに存続しつつある状態が示されている。それは全く、村落における農繁期の労働力の不適合な配分がもたらす結果であった。領主直営田の雇仕労働に農繁期の労働力を収奪されて、「百姓農業」は「作後せしめ」、「地下の耕作もおそくひら」いて、「不熟せしめ」、あるいは隣郷の作物より「毎年わろく」なるというのである。領主直営田が存在するために、村落の作柄が隣接地域の一般的な水準をはるかに下まわる事態を前にして、農民たちがいかに深刻に領主直営田を排除しようとしたかは推測するまでもないであろう。このように、領主直営田の排除は、村落における生産力発展の基本的な要求となっており、地下の作柄の水準を保証するために、領主直営田は排除され、衰退の過程をあゆまねばならなかったのである。(3)この領主直営田

に対する有効な反撃は村落の農民の側における政治力を結集してより有効に行なわれうるものであるから、村落内部における過度の分裂は当然のこととして、農民の側の政治力の弱体化として回避されなければならなかった点が重要である。中世村落における弱小経営の安定化の過程がかくして進行しなければならないし、それに応じて、村落の構成も必然的に変化せざるをえない。南北朝・室町期に一般化する作職・下作職の成立は弱小経営の安定化が進行しつつあることの表現である。この新しい「職」は、中世初期以来の特権的村落秩序の頂点にあった名主職への対立物として成立し、名の解体と変質を余儀なくさせるものとして形成されたのである。かつて、農民的大経営を安定的に展開させるための条件として、それのために存続せしめられていた弱小経営が、新しい歴史的条件のもとにあって、大経営を圧迫しつつ、みずからのうちに存続と展開の要因、すなわち自立の要因をはぐくみはじめたことの表現を作職・下作職の成立にみることができよう。そして、もはや、残された紙数はないけれども、右の歴史的な転換を遂行した生産力的な諸条件の具体的な検討が残された次の課題としてうかびあがってくることだけを最後につけ加えておきたい。

（1）　建武元年八月日太良庄百姓等申状（『大日本古文書』東寺文書之一、は一一六号）

（2）　寛正四年九月二日大浦下庄訴状案（『菅浦文書』六三三号）

（3）　領主直営田が封建領主制において占める意味については、拙稿「室町末・戦国初期の権力と農民」（『日本史研究』七九号、一九六〇年）一六―二三頁を参照。なお吉良国光氏は備後国大田庄においても、貞応元（一二二二）年ごろ、同様の事態がおこったことを示された。すなわち大田庄内桑原方の地頭代は本給田を三町から七町九反にまで拡大し、土名百姓を駆り集めており（領主直営田の拡大）、その情況は「只非二農業之一事一、山中郷地頭代等駈コ集於百姓一、昼夜朝夕、如二相伝譜代之下人一、令二祗候一、召コ仕之二」と記され、百姓は「仍顧二私宅一、依レ無二其隙一、百姓等之自分耕作令二違期一了、依レ之、不作田幷損田多出来」という事態となって、本郷百姓は逃散を企てている。一三世紀前半における領主直営田経営の拡大と、それによる農民経営との矛盾対立の激化の一例である（同「村落領主と荘園制について」『日本史研究』一六七号、一九七六年、一八頁）。

付論　中世史研究の一視角

本稿の主要部分は第一部第Ⅱ論文「荘園制と領主制」に吸収されている。ここで述べたことはすべて過去の中間的な試論の域を出ないが、第Ⅴ論文を日本史研究会の一九六一年度大会報告として発表した段階の私の意図について述べており、今は手に入りがたくなった雑誌にのせられているので、ここに付論としておさめることにした。

一

前後およそ四、五百年におよぶ日本の中世社会を全体として一個の構造と法則につらぬかれた社会として認識することがはたして可能であろうか。もし可能であるとしたら、それはいかなる構造と法則によって前後の社会から区別されるのであろうか。本稿はこのような問題に接近するための素材を私なりに提出することを意図している。むろん今の私が提出しうる素材はきわめて限定されたものである。このことを私自身よく認識しているつもりであるが、将来、この問題がより本格的に討論されるための何らかのきっかけになることのみを意図して以下一、二の考えを記すことにする。論文となって一度手もとをはなれた作品について、その意図や背後の事情をあれこれと後になってつけくわえるというような行為は研究者のとるべき態度ではない、というきびしい立場からすれば、本稿のように粗雑な叙述は邪道の部類に属するかもしれない。この点をもふくめてきびしい批判をいただければ幸いである。

従来私は戦後の中世史研究の主流的な動向にそって「領主制」研究に主たる力を注いできた。ただしその場合、私の関心をひきつけて離さなかったのは日本の領主制がそれをとりまく中世社会、特に農村の動向によっていかなる規定性を刻印づけられていたかということであった。しかしながら、学問をはじめた当初私は右のような問題意識をなるべく目だたなくするように努めていた。当時の学界は私のような初歩的な問題意識をはるかにこえたところで、領主制の発展段階と時期区分の画定という高次元の課題にとりくんでいるように思えたからである。私は初歩的な問題ばかりが気になって学界の先端をいく高度な問題にみずから解答を出しうるほど領主制理論に確信がもてなかったのである。

ずいぶんながい間、私は戸田芳実・工藤敬一・河音能平などの諸氏と私的な討論をくりかえして来た。その討論のなかで特に戸田氏は領主制形成の契機として公権を重視する私などの考えをするどく批判された。戸田氏の批判の対象になるような考え方は河音・工藤両氏の初期の論稿にも強く現われていた。そして戸田氏の考え方は岩波講座『日本歴史』に書かれた氏の「中世の封建領主制」に結晶されたように思う(1)。河音氏はこの戸田氏の批判に氏なりの対応をとげたと思う。『中世社会の基本構造』の氏の論文から北京シンポジウム参加論文にいたる河音氏の考えの発展はそのことをよく示すであろう(2)。本稿もまた戸田氏の批判を念頭において執筆されている。氏の批判にもかかわらず私の疑問はなお解消しないからである。

二

a

領主制研究に手をそめて以来、次第にいきわたる事態の錯雑した諸関係への配慮とともに、私の関心は日本の領主制が在地に根をおろすことがあまりにもすくなく、古代以来の国家権力に依存することがあまりにも大きいという特徴的な事態に急速に集中していった。そして領主制をめぐる二つの関係、領主制と農民ないし農村との、また領主制と旧国家権力＝公権との関係にはあきらかに相関関係が成立していることを確信するようになった。そして領主制と公権と農村の三者をめぐるこの相関関係に最終的な解答を与えうる鍵は農村の内部にこそ存在するはずであると、いつしか思うようになっていた。

中世の農民ないしは中世村落にかんするまずしい二、三の考察はこうして必然的に私の領主制研究の不可欠の一環をなすものであった。

一九六一年度の日本史研究会大会で報告した「中世社会の農民――特に初期の農業経営と村落構造をめぐって――」(『日本史研究』五九号)は右のような関心を背景にして中世村落についていだいた私のイメージの定着化をこころみたものである。この報告にもしも一定の意味があるとするならば、報告の前提におきながら、しかもあからさまに述べることをしなかった一つの冒険――つまり家父長制原理の適用を意識的に避けたところで中世村落論を展開しようと試みた点にあると思う。

中世村落の二重構成論ないしは散田作人層の設定は右のような意味あいをもっていた。家父長制原理の多様な形態的展開からくみあげられている中世村落論の系統に属さない、全く異質の村落論がそもそも存在しうる余地があるのかないのか、あるとすれば、どの程度まであるのか、――そのような冒険を私はあの報告でひそかに試みた。この事実について、当時多くを語らなかった理由は村落内部の家父長制の重要性を感じながら、それを全体のなかで的確に位置づけるだけの準備が全くできていなかったからである。家父長制家族の存在から抽出される家父長制原理の社会構成上にもつ重要な意味について、私とてもむろんこれを否定するつもりはない。それは原始社会の解体以来前近代社会の基底を構成しつづけ、近代家族の形成過程で最終的な解体をとげるにいたる前近代史の基本的課題の一つである。しかしながら、このことは前近代社会のすべての段階で家父長制がつねに等しい意義と役割をになっていたことを意味するわけではない。日本の中世社会を全体としてみるならば、そこにおける家父長制の意味は唯一絶対の地位を主張しうるようなものではなかった。そして、家父長制原理が社会構成上、最も重要な意義をになうにいたるのは室町時代から戦国前期にかけて、一五世紀から一六世紀前半にかけてであったと考えられる。そこにいたるまでの段階において、家父長制は中世の社会構成において重要な意味をもちながらも、荘園制的秩序と併存し癒着し、その枠内でいわばながい凍結状態におかれていたといえる。

中世村落の二重構成論について、私はこれが村落の階層論の範囲内でのみ理解されることをおそれている。中世村落が名主層と散田作人層という二階層からなっていたという事実そのものが二重構成論の基底に存することはいうまでもない。しかし、二重構成論にとって、それはさして重要な意味をもつわけではない。研究が具体化されれば、より多様な中間的階層を両者の間に設定する必要が生じるかもしれないし、村落の階層論としてだけなら、私の設定はいくらでも修正されていかねばならないと考えている。(ただし、私は一色田を請作するものを一色田作人＝散田作人と称したのではない。名主が他の場所で一色田を請作しても、それはもちろん名主の範疇に属する。大きくいって中世村落には名主でなく、また名主の私的支配にも属さない農民が存在した。これが散田作人である。)私が強調したいのは名主層と散田作人層との間ではじめて典型化しうるところの支配隷属関係の特定の内容上の質についての問題である。つまり中世村落の二重構成論はたんなる村落階層論の範囲にとどまるものではなく、社会構成上の基本問題たる支配と隷属の質の問題として展開されるところに真の存在理由がある。

中世村落における血縁集団の存在、さまざまの因縁や所縁による家父長制名主を中核とする支配隷属関係が中世の在地の多くの現象に適合的であることはこれまでの研究史にてらしてあきらかである。しかしながらそれですべてが説明されるかといえば私は疑問だと思う。日本の中世村落はそれ以外のなにか異質の要素をもっていたのではないか。二重構成論が示唆する支配と隷属の関係とはそれをいうのである。その特徴の第一点は、名主と散田作人の間に原理上は私的人格的な支配隷属関係を認めがたいということである。これが名主の家内隷属民たる下人・所従と散田作人とを区別する最も重要なメルクマールである。名主の家父長制的な私的支配に包摂された家内隷属民が名主の保護のもとに最低限その生存を保証されていたとするならば、散田作人層はかかる名主の保護からさえ全く自由であったことをまず強調すべきであるかもしれない。名主の家父長制的支配がより進展し、散田作人層の下人・所従化がいよいよ進行して、中世村落が家父長制的名主をその構成要素とする均質な構成に転化しつくしてしまわなかった理由については不十分な考えを報告で述べておいたからここではくりかえさない。いずれにせよ、中世村落が二重の構成をとり、名主と散田作人が家父長制的な私的人格関係によって結ばれるものでなかった事実は、中世の社会構成が「職の体系」を示すこととまさに対応している。中世の「職」は全体として支配と隷属の関係を媒介するものでありながら、それは直接的に主従制を表示しない。むしろ「職」は主従制的身分制的な支配関係の代替物としてそれを補完する関係に立つ。中世村落の二重構成は中世社会を構成する全権力の体系が村落内部の家父長制的関係に全一的に依存するものでないことを示すが故に、特に重要な意味をもつのである。

散田作人層はこうして自由なる人格であった。名主層がこれを直接的な人格的強制によって使役することには各種の障害があった。それならば散田作人の自由とはいかなるものであったか。名主層は何によって散田作人層を支配していたか。この問題をとくうえでの基本的な視角はなによりも直接生産者農民の生産諸手段との結合の形式、すなわち労働する主体と労働の基地たる大地との結びつきを基本とする土地所有の性格の上にすえられる必要がある。私が中世の広汎な直接生産者農民を特に「散田作人」という用語で統一的にとらえようとした理由は右の点にかかわっている。つまり、たとえ零細ではあっても彼等は自己の保有地をもち、その上で耕作をいとなむ小経営の範疇に属しているが、彼等の耕作権は荘園領主・在地領主・名主等の散田と請作に依存したのである。この散田請作は一年契約を原則とするものであって、彼等が長年にわたって同一の土地を請作していたとしても、それは法的には一年契約のくりかえしの域を出ないといわねばならないのである。この関係を直截に表現するために「散田作人」という用語が最も適当である。「散田請作」は作人と土地との結合の特定の形式を表現している。耕作権の不確定さ、経営の不安定性、散田作人の浮浪性等々は相互に密接な連関をもつ一連の現象であって、これらを統一的に理解することが必要である。

散田作人の右のような存在と、それをとりまく中世社会の土地所有の形式がもたらされた淵源は、むろん中世固有の問題ではない。それは律令権力を頂点とする日本古代国家の内奥の秘密に発する問題であって、中世史のせまい枠内で解決される性格のものではない。明らかにこの問題は日本の中世がうけた東洋的デスポティズムからの規定性とともにある。

しかしながら私は中世史研究に与えられた問題解決のための当面の仕事を右の事情の強調におくことはできないと考えている。日本の中世社会はこうした事情を再生産しつづける構造を本来備えていたのであり、その構造をとおすことによって、はじめて古代は生きのびえたのである。中世史研究に与えられた独自の課題は古代の規定性を現実のものに転化したかかる中世社会のメカニズムの解明におかれねばならない。

古代からの中世の達成を示す中世村落の形成そのもののうちに右のメカニズムを解く鍵を見出すことが可能である。中世村落の形成は名主職の取得に帰結する村落上層の再生産過程におけるすべての特権的地位の結実を意味している。

このことを、散田作人層の立場でとらえれば、彼等と彼等の再生産のためのあらゆる諸条件との間にあって、その切断と結合の機能を果していたものは名主層の結集を中核とする中世村落の存在であったということである。中世において名主層による灌漑水利と山野に対する特権的な支配権は村落を媒介にして成立していた。したがって、散田作人がかかる村落の諸特権から排除されている度合いはそのまま彼等と労働の諸条件との間の疎遠なる関係を示すのである。散田作人層が村落の諸特権から排除されていること、いいかえれば散田作人層が村落からなかば排除されていた事実、村落の二重構成そのものが名主層と散田作人層の格差を決定的にし、そのことによって前者の後者に対する支配の成立を基礎づけたのである。生産諸手段からの散田作人層の一定度の階層的集団的排除、ここに二重構成の示唆する支配の第二の特色をみることができる。それは集団への包摂ではなしに、それからの排除に基礎をおく支配であった。このことは中世の刑罰が所領からの追放にその特色を示した事実と同じ構造に立つものである。

ここで私は散田作人層の浮浪性を強調したさきの報告に対し、くりかえしよせられた同種の疑問に答えておく必要を感じる。いだかれた疑問の要点はもしも散田作人層が中世社会の基本的な農民であるといえるならば、かかるものに浮浪性を強調することは、定着性を基本とする農業そのものの本来的性格に相反するのではないか、そういつも浮浪している農民など理解に困難であるというものであった。これについての私の考えは次のようなものである。むろん、散田作人が毎年浮浪してあるいていたというわけではない。しかし、農民の一生涯を考える場合、中世社会の農民というのは、近世社会の農民とくらべてみても、ある土地に生れ、同じ土地に育ち、そこで死んでいく、といった恵まれたケイスがはるかにまれであったと考えざるをえない。一生のうち幾度かは、そして近世にくらべて、はるかにひんぴんと一家をあげて離散しなければならないような境遇が名主たると散田作人たるとを問わず、中世農民をとりまいていたにちがいない。中世農民の浮浪性はこうして中世農民全体の問題であったにちがいないが、それがとりわけ散田作人層に集中してあらわれたと考えられるのである。私が「中世社会はその底辺においてははなはだ流動的であった」と述べたのは右のような状態の農民を散開させた荒涼たる農村の景観を頭に描いてのことであった。土の香りに乏しい散田作人層の生涯から私は彼等の精神的な構造と、それに規定された農村文化の性格をある程度デスパレイトに推察しうるのではないかと考えている。むろん、こういった事情を一方的に強調することは中世の達成を過小評価する危険をともなうのであるが、このことを念頭におくことなしに事態を正しく評価することはできないと思う。

b

以上は私が報告において「当時の村落上層＝名主層はみずから安定的・優越的な農民的大経営として、弱小経営層を支配したのであるが、その支配はまず彼等を階層的に排除することによって実現される支配であった」と述べた際の「階層的排除」を多少視角をかえてくり返したものであるが、次に述べなければならないのは散田作人と名主の結合を媒介する貨幣の意義についてである。

中世村落が二重の構成をもち、名主の直接的な人格的強制が散田作人におよばない情況が前提に存し、しかも村落の再生産が散田作人層の労働力に強く依存するものであったといいうるなら、彼等の労働を編成しえたのは貨幣の機能であった。名主層の個別的な経営の場において、特に農繁期の集中的な労働力の投入に散田作人層の労働力は不可欠であったし、また村落的規模における集団労働、特に灌漑施設の整備の場においても事態は同様であった。この場合、通貨の機能を果したのは早くには米であったし、後には実際上、銭貨が優位を占めることになった。このように中世村落の存続にとって、貨幣は最初から必要不可欠のものとして重要な役割りを果していたと考えなければならない。中世村落のすべての構成員にとって、名主層にも、また散田作人層にも貨幣との接触はいかなる意味でも新しくおこった事態なのではなく、本来的な事態なのであった。

右のような視角が認められるならば、中世商業史の展開に、全く新らしい展望が与えられることになると思う。自給自足の自然経済から貨幣経済へという単純な発展段階論の機械的な適用により、農業史を基軸にすえて中世商業史を構築する作業は半身不随の状態に追いこまれて来たように思う。これまでの中世商業史が直面した困難は中世社会の零細な小農民たちの貨幣との接触を否認しようとして、ついに否認しえなかったことである。私どもは小野武夫氏から大石慎三郎氏にいたるまで何度もくり返された苦心を想起することができるであろう。貴族や地頭や庄官ならばなるほど貨幣の必要があっただろう。しかし、草深い農村の農民にどうして貨幣の必要がありえたであろうか、という素朴な常識論に大きな領域を与えることをさけなければならぬ。

中世村落に流れていた貨幣はもともと社会の変革的な推進力としてのみ存在したのではなかった。むしろそれは名主層の散田作人層に対する支配を媒介し、体制の維持と固定のための有効な機能を果しえていたのである。散田作人層の手許におちた貨幣の一部は、彼等が山野を用益する代償として負担した山手銭の形式で、あるいはまた中世領主が種々の理由を付して彼等に課そうとした科料銭の形式をとって再び権力の側に直接還流した。しかし、他の一部はさまざまの形で庄園市場を中核とする地域的な流通過程のうちに投ぜられて、そこに小規模ではあるが多様の分業形態をうんでいった。貨幣の機能はむろん多様である。それは体制を維持さすことも、腐敗さすことも、変革さすこともできた。それは一にかかって貨幣が媒介する諸関係の側で決定されることであって、庄園市場を中核とする地域的な流通過程の存在と、それに対応する新しい分業形態の形成は必然的に新しい生産力の発展と、それにともなう変革的推進力をうんでいったはずであるが、そういった事態をみずから整理することはすべて今後の課題にしなければならない。ここでは中世村落の二重構成が示唆する貨幣の役割について、とくに体制維持の側面について再評価すべきことを強調しておけばたりるだろう。

二重構成論をみとめえない立場が中世商業の問題をいかに処理しようとしたかということの典型的な事例を大石慎三郎氏の「戦国末期における地代形態及び都市の問題に関する一考察」(『思想』三四四号、一九五三年)を例にとって検討してみよう。「私は徳川封建社会のみが日本において真の封建社会だったと思う」と断言する氏のこの論稿は、提出された論点の明晰さにおいて徹底的な批判と検討の対象にさるべき傾聴すべき内容を有するのであるが、それは室町―戦国期の商品経済について、それを担う最終単位として「結合百姓」なる範疇を設定し、この結合百姓を最終単位とする地域分業の結節点にある交換経済であったと規定する。ではこの結合百姓とは何であるか。「結合百姓はその下に下人所従的な従属者をいだき、それをひっくるめた全経済を自己のもとに統率し」ていると説明されるのである。つまり大石氏の解釈によると下人所従は交換経済からシャット・アウトされている、何故なら彼等はいかなる意味でも自立した経済体たりえないからであるということになるだろう。大石氏の論理のうちには結合百姓と下人所従以外の農民はいないのであるから下人所従が交換過程と無関係であるなら、結合百姓をもって交換と流通をになう最終の単位であったとする氏の結論は論理の必然というものである。中世商業史の多くの業績はむろん大石氏ほど徹底した極限的な事態を想定しているわけではない。それらは右の下人と所従の家父長的隷属からの自立の進行を多かれすくなかれ中世の一定の時期にみとめ、それによって中世商業史をくみたてようとしているようにみえる。しかし、私には大石氏とそういった多くの業績の間にある見解の相異が根本的な見解の対立をはらむものではなく、逆に中世史研究がつみあげて来た共通の土台たる伝統的な論理構成の上に立ち、その枠内でのさまざまな諸変種を出ないように感じられる。中世史の論理的な出発点たる村落をして家内隷属民を内部に包摂したそれ自体が最終単位たる家父長制家族の集合による均質な構成体であると認定することにおいて、いかに多くの研究が共通の論理構成をとっているか、あるいはこれを無言の前提にしているか、いちいちあげるまでもなかろうと思う。

中世村落と貨幣との本来的な関係から私どもは中世の村落上層＝名主層にたくわえられたある種の行政上の能力の淵源を推察することができる。村落的規模における灌漑労働の編成は私がほかの場所で考察したごとく、毎年きまって必要とされた（本書第Ⅵ論文二〇七―二一二頁）。そこに散田作人層の労働編成が不可欠である以上、村落はそのための財政的措置を必要とした。ここに計数にあかるい村落上層の、ある意味での合理的認識がうまれる。読み書きができ、算盤勘定ができ、毎年の年貢算用状を現地で作成しうる能力は中世の村落上層の内部に早熟的に成立していた。私どもはおびただしい荘園文書群のうちに彼等の筆跡を豊富に発見することができる。何人かの粗雑で簡単な略押がならぶ百姓言上状に私どもはしばしば形のととのったあざやかな小型の花押を発見することができる。彼こそが村落の中心的な指導者であったにちがいない。荘園の現地を遠くはなれた京都・奈良などの政治都市で日本の荘園領主が悠々と都市貴族としての生活をおくりえた秘密の一端を右に述べたような村落上層の実用主義的行政能力にみることが可能であろう。都市と農村はこのように血のかよわない一種の合理的関係によって結びつけられていたのである。それと同時に、中世の日本社会がその村落の上層にかかる実用主義的行政能力を広汎に横たえていたとするなら、荘園領主の直属吏僚として中世―特に鎌倉時代に縦横に活躍した預所・雑掌の弁舌にたくみな、策略をろうすることにおいて相手を圧倒してはばからないおどろくべき政治的能力のはるかな淵源を正当に理解することができるだろう。中世村落の二重構成と散田作人層の存在が上部の権力構成をささえた機能は右のような関連をもっていたのである。中世の在地領主層はその軍事的実力と戦闘の場においてのみ自己の存立を支えていたのではない。彼等はまた荘園領主の走狗たる預所・雑掌や、さらに独自のうごきを示す名主層を相手とする法廷闘争にたえぬくことによって自己を維持しなければならない存在だったのである。鎌倉時代に集中する訴陳状・裁許状のかずかずがかかる事情を雄弁に物語るであろう。

いずれにせよ、中世が農村から出発したという深い真理は、形成された中世が農村の構造によって深く規定されていたというう ごかしがたい連関の存在を意味するのであって、荘園制と武士団の依存と相克の複雑な全体系は中世農村が与えた枠組の内部で展開をとげるものなのである。

中世村落が二重構成をとったこと、名主層の散田作人層に対する支配が直接的な人格的強制ではなく、それ以外の関係によって成立する支配であることを強調する理由はほぼ右に述べたとおりである。ところで二重構成の支柱になるような支配の関係を何と表現したらよいであろうか。ある友人は「アジア的動産支配」といったらどうかという示唆を与えてくれた。それを拒否すべき積極的な理由は何もないが、私は「アジア」という包含する内容のあまりにも豊富な、そしてやや手あかのつきすぎて限界情況のはっきりしなくなった用語にいくらかのこだわりを感じている。そこで私はこれを「構成的支配」と仮りによんでおくことにする。それは散田作人層の人格的な自由と土地所有からの自由を、そして名主層の行政能力の早熟的・非個性的な形成を意味し、日本の中世のすべての困難を集中的に体現する村落支配のあり方に適用される概念である。

ここで私は、中世村落の構成的支配の支柱として、家父長制の役割、とくに名主の私的隷属に包摂された家内隷属民の意義について言及すべきであろう。報告のときにも述べたように、名主の、家内隷属民に対する私的支配は名主をして散田作人層からみずからを区別せしめた内部の力としてはたらいたといわねばならないのである。村落内部での名主の家父長制を私どもは封建権力の一方の構成要素たる主従制的支配権の原基的な形態であったと位置づけることが可能である。主従制的支配権と統治権的支配権の関連は封建的な権力構成の最奥の秘密に深くかかわるところであって、いまこれ以上述べる余裕をもたない。当面する範囲でいえば、これまで述べて来たような中世村落の構成的支配の導入なしには家父長制支配の歴史的位置づけすら不可能であろうとする点につきる。さきにも述べたように中世社会の本来の構成のうちにあって、家父長制はもちろん重要な役割をにないはしたが、全体としてみれば、それはながい凍結状態におかれたのである。中世社会における荘園制的な諸秩序と職の体系の強固な存在は農村内部のかかる事態の反映としてあったと考えられる。

三

a

中世社会における領主制の発展を法則的に理解しようとする場合、通常中世武士団の「在地性」といわれている現象をどのように考えるかということにきわめて重要な意味がふくまれていると思う。

ここで石母田正氏のこの問題についての理解をふりかえってみたいと思う。そこにふくまれた多様かつ複雑な内容のゆえにすでに中世史研究の古典的地位を不動のものにしている氏の『中世的世界の形成』をどのようにうけとめるかということは大変むつかしい問題であるが、私はこの著作について、ただ次の点、つまり、頽廃せる古代を克服する主体としての鎌倉武士に対する氏の過度の心情的傾倒が草深い中世農村への讃歌とともに氏の歴史把握の方法の細部にまで濃い影をおとしていることを指摘したいと思う。たとえば氏は在地性について次のようにいう。

在地領主は如何なる形で彼の土地に拘束され、如何なる過程を経てその在地性を克服して来たかという問題は、中世の理解の前提をなす問題であるとともに、農村から出発した中世が如何にして都市的文化を包摂し得たかを解く前提をなすものである。（一一六頁）

氏にあっては、領主制の発展とは「農村的中世的精神の体現者としての在地の大小武士団」の在地性の克服に集約されているといっていいだろう。これが第一の特色である。氏のこのような発想は、中世の特質を草深い農村から出発したことにおく深い思想と不可分の関係で結びついているのであるが、私は同時にこれが日本の中世に「典型的あるいはヨーロッパ的な封建制」の展開のあとを発見しようとした石母田氏の姿勢とも深くかかわっていた事実を指摘したいと思う。

石母田理論の存在はいうべくもなく大きい。しかしながら、もともとヨーロッパの風土と歴史のなかで強靱に育てあげられた右のような思考には一つの大きな盲点が伏在していると思う。私どもはヨーロッパの封建制理論から多くのものを学ばねばならないと同時に、日本の歴史が提起しうる独自の問題によって、さらにそれをねりなおさねばならないのであって、中世武士団をめぐる「在地性」はそのような問題の一つをなすと考えられる。

石母田氏の把握とは逆に、私は日本の領主制が中世を通じて、より深く、より確実に在地に根をおろそうと努力しつづけた事実を重視したい。すなわち、公権への依存から出発した領主制がいかなる力につきうごかされ、いかなる過程をへて、その在地性を深化していったか、また、その運動はどこまで貫徹され、いかなる終焉をとげたかという問題を全面的に解明する必要がある。これは東洋的デスポティズムがふりまいたあらゆる偽善性の暴露と克服の過程であって、本来ヨーロッパ史が解明しにくい問題に属する。日本の武士団がゲルマンの族長の野蛮の輝きをどこまでそなえていたかは大変疑問だと思う。石母田氏にあっては、中世の出発点であった農村と、さらには農村的中世的精神の体現者としての在地の武士団との両者を観念的に美化する傾向がどうしてもつきまとっているように思われる。石母田氏がかつての鈴木良一氏の批判をはねつけなければならなかった最大の根拠を私は右のような氏の思考方法と結びつけて理解している。

もちろん石母田氏の複雑な思考のあとを単純な論理によって追跡するには大変な危険がともなう。そこで氏の方法の第二の特色として、氏における古代と中世の対話のあり方を検討したいと思う。この対話の存在が氏の方法の大きな特色をなすからである。すこし長いが氏の文章を引用しよう。

領主階級はけっして農村の叢林の中から慣習のみをもって中世に浮び上って来たような原始的存在ではなくして、国衙法を媒介として進歩した律令法を積極的に摂取しつつ成長して来たのである。律令の法による統治の思想が真に生きていたのは平安時代の都市貴族においてではなくして、むしろ農村の領主のなかにあると思う。中世において歴史的役割を演じた領主層が、古代家族以来の伝統的な私的家父長制的関係に領土的公法的権力としての律令制的統治思想を結合しつつ成長して来たことは、農村の精神史上注目すべき点である。慣習の世界から法の世界への転化は、かかる古代的な文化と慣習的農村的文化との結合を必然とするものであって、ここに中世的世界形成の一の道順が見出されねばならぬ。それはゲルマン法の成長過程におけるローマ法継受の関係に対比すべき過程であるといえよう。(同上二二二頁)

ここで、氏は古代的な文化と中世との連関を、すなわち、両者のつながり、〝対話〟を語っている。こうした彫りの深い把握は氏の独擅場であって、中世領主制の古代的なる荘園所職への依存をもって、領主制の本質を古代的であるとしたその後の一部の見解は石母田氏の視角を明らかに逸脱していたといわねばならぬ。ただ、石母田氏の対話の特色は古代の達成を中世成立への糧として積極面において評価することにあるのであって、それは頽廃せる古代の刻印としてあるのではない。中世の形成に果した古代文化の積極的意義について私どもは石母田氏の観点を正当に継承しようと努力して来たつもりであるが、そのことをここで強調する必要はないであろう。石母田氏のこうした観点はまた氏の多くの業績にあらわれている。たとえば平家物語の文体の声調に散文精神の堕落の危険性を察知しながら、しかも平家における王朝的な感覚の残影を質的な新しさとして強調しなおす仕方のうちにも、この観点が明瞭にあらわれているといえよう（同『平家物語』岩波新書、一九五七年、第四章Ⅱ・Ⅲ）。たしかに古代と中世との対話の存在に石母田氏の方法の深さを発見しうるとはいえ、それは農村から出発した中世による古代の包摂の問題として、すなわち中世における在地性の克服の問題として位置づけられているのであって、ここには東洋的デスポティズムの偽善性の刻印を過小に評価する氏の傾向がはっきりあらわれていると思う。

石母田氏にあってはたしかに、古代から中世に転換する長期の全歴史過程の基礎にあるものとして、直接生産者の奴隷から農奴への成長と進化が執拗に語られている。しかし、直接生産者はそれ自体では独自の政治勢力になりえないのであって、その成長はいつも領主の成長として発現するというように把握するかぎり、直接生産者の成長がたえず領主制の内部に解消させられる傾向はどうしても避けがたいのである。私どもが〝根本的な精神〟や〝論理上の整合性〟に過大すぎる意義を付与してはならないとするならば、「人民の原動力としての意義を過小に評価している」という鈴木良一氏の石母田批判は氏の反論によって終焉する性格のものではなかったといわねばならないのである。

石母田氏はかつて氏の中国史把握がアジア的停滞性論の影響下にあったことを自己批判されたことがあった。もともと氏の領主制論は日中両国史の対比を構想しつつ描き出されたものであるから、もしも氏に中国史把握のゆがみが存したとすれば、それは当然、氏における日本史把握のゆがみを反映したものだったのである。残念なことに、石母田氏の自己批判は中国史の把握にむけてのみ行なわれた。そして、それが日本史の把握にむけられなかったが故に完結をみなかったといわねばならないのである（同「封建制成立の特質について」「中世史研究の起点」）。私どもの前にはかくして「アジアの封建制」の究明が課題として提起されるにいたる。中世領主制論も日本封建制論を構成する一要素として当然その一部を構成する。

b

中世社会における古代の刻印は多方面で指摘しうるが、社会の権力的構成のうえでその問題を考えるとするならば日本中世の荘園領主階級の存在形態が中心的な意味をもつであろう。日本の中世における荘園領主の主要な部分が都市貴族であって、農村貴族たる在地領主層ではなかったこと、この都市貴族が容易に廃絶されぬ生命力をもちつづけたこと、つまり、日本の中世は古代以来の都市を衰退に導くことをせず、中世を通じて、たえずこれをよみがえらしてしまったこと、これらは日本の中世史の一個の驚異として、そのまま事実であった。それは荘園制的秩序の存続の問題であるといってもよいし、また「職の体系」という中世社会の秘密にかかわる問題だといってもよい。しかし私はこの問題を最も正当にとらえうる設問の仕方を、日本の中世社会の権力機構を構成した領主階級が、都市貴族層を完全に解体し、彼等の内部にそれを同化吸収しつくしてしまわなかったのはいかなる理由によるものであるかというふうに立ててみたいと思う。日本の中世は古代を十分に包摂しえずして、それと癒着してしまった側面が強いのである。その根本的な原因は中世村落の二重構成とそれに規定された散田作人層の存在に求められるであろう。

中世社会を通観するものが誰でも説くように、南北朝から室町時代へかけて農村では農民の自治的組織である惣結合が強化され、土一揆以下の農民闘争が激化する。そしてこの時期はまた荘園領主階級が最終的に衰退していく過程でもある。農民の成長と荘園領主の没落という並行する二つの現象は本来切りはなして考えることのできない性格のものであると誰しも指摘する。それでは荘園領主＝都市貴族の衰退とは一体いかなるものであるか。さきのような観点に立つならばそれは中世社会の権力が都市貴族から武士へその比重のおきどころをますます移動させつつあることを意味するのである。この過程を通じて、中世の権力は都市から農村へ、中央から地方へとその比重の下降と拡散の経過をたどったのである。この過程は一見、新興の武士階級が荘園領主階級を圧倒していく過程のようにみえる。しかしながら、かかる現象の本質的な局面は中世の国家権力が困難の度を加えつつある農民支配の貫徹をみずからの脱皮をつうじて実現していく過程を示すものだとみなければならない。事態の基本的な矛盾は農民と権力との間に存在するからである。必要とあれば権力は都市貴族という衣をぬぎすてて、在地領主の衣をまとうのである。

以上のことを在地領主制に焦点をあわせて考えるならば、荘園領主の全体としての衰退の過程は荘園領主階級を媒介として生きつづけた律令権力機構のあらゆる遺産が権力支配の貫徹上果していた積極的な意味を失っていくことを意味し、日本の中世在地領主層はそれらを媒介とすることなしに、より直接に農民と対決し、そのことに権力の存立の可能性をかけねばならぬ事態の一般化を意味した。これが領主制における在地性の深化として現れ、権力の自生的自律的性格の強化として現れた。

封建領主制の運動として、その在地性の深化をとらえる場合、最低限三つの側面でそれを観察することが必要であろう。第一のものは鎌倉時代の地頭に典型的にみられるような領主制で、それは通常村落的規模をこえたものとしてあらわれ、いくつかの荘園にまたがる所領を構成し、村落とのかかわりが比較的うすいという特質をもつ。第二のものは通例村落的な規模を有し、村落の共同体的結合の中核にあって、それを主導するところに権力の源泉をもつ村落領主であって、公文クラスのものが多い。村落領主は地頭的領主層と対抗関係に立ちながら、漸次、そのヒエラルヒーに組織されていく。第三のものは萌芽的形態における領主制の原基形態であって、領主化の契機を内在せる有力名主の内部に存在する。この三者のうち、真の意味で村落的基盤の上に立っている領主制は村落領主であって、地頭領主制は村落領主制を内部のヒエラルヒーに包摂することによって在地性を深化していくという経過をたどっている。中世村落における勧農はこうした村落領主の主導する村落結合を通して現実化するのであって、彼等こそが勧農権の在地における真のにない手なのである。初期の地頭が勧農権を把握しえていなかった程度は村落領主の自立性と、それを組織するだけの実力に欠けた地頭のあり方によっていた。鎌倉初期をいろどる地頭領主制の勧農権獲得への強烈な指向は公権から出発した領主制の在地性深化の一段階を画している。

第二の段階は下地進止の成立によってもたらされる。荘園制的な所職への依拠から出発した日本の封建領主制が平安―鎌倉初期段階での勧農権の獲得を拡大しつつ、ほぼ承久の乱前後から「下地進止」というそれまでの日本社会が実現したことのない新しい形態の封建支配を結実させていく。古代法の形式主義的体系のもとにあって、田地と人間と在家の支配はその本来の連関を切りはなされたうえで、それぞれ別個に私的支配の対象としてはやくから実現されていた。しかし「下地」の進止は平安の社会が法の世界の確定された観念としてはついに知らなかった支配の形態である。「下地」はたんなる田地や人間や在家の個々ばらばらの構成ではない。それは田地と人間と在家の有機的な関係を支配の真の対象とするものであって、そこにあるものは人間の生産活動を中核とする在地の生きた連関そのものでなければならぬ。むろん中世農民の人格的自由は下地進止の下でも生きている。土地緊縛の法的欠除は中世後期になって現実的に克服されるにいたるものであって、それとくらべれば下地の包括しうる内容は意外にとぼしいといわねばならないかもしれぬが、とにもかくにも古代法の形式主義と整合性をはじめて転換させた意義はきわめて大きいといえよう。勧農権とは「下地」によってはじめて法的表現を与えられるにいたった在地の生活の有機的連関を、かかる観念がまだ成立する以前の段階で、もっとも有効につかむことができ、またそれ故に封建的土地所有形成の主導的役割を担いえたものなのである。たんなる勧農一般が重要なのではなく、それが勧農権としてあらわれることのうちに、東洋的デスポティズムの専制支配の内部からながい歴史的展開をとげた日本封建制の固有の困難が凝縮されているのであって、この勧農の問題をあまり無限定に導入することは勧農権のもつ右のごとき特定の重要な意味をかえって見失なわす結果になるであろう。

日本の領主制がその在地性を最も深化した時期は中世末、とくに戦国時代前期であった。そのことは中世の各段階における戦闘の形式を簡単にふりかえるだけでもよく理解しうるだろう。保元・平治の乱は政治都市の内部で比較的簡単に決着がつけられた。源平内乱はそれにくらべればはるかに広大な原野のなかで全国的に戦われたが、石橋山の合戦から壇浦にいたるまでの戦闘の経過は後の時代にくらべればはるかに点と線の戦闘であった。鎌倉の武士団は本来在地においてではなく、故郷を遠くはなれた遠征軍として戦っていたのである。南北朝内乱ははるかに深刻に在地で全国的に戦われた。しかし日本史上最も深刻に在地にくぎづけにされ、みうごきならぬ戦いにあけくれていたのは応仁・文明の乱以降の戦国大名の姿であった。京都の戦闘が長期化のうちに自然消滅になり、戦乱が全国に拡散していった現象のうちに、在地に根づくこと以外に存立と成長のたしかな基盤を求めえなくなった戦国の領主のあり方を明瞭に読みとることができる。鎌倉武士の機動性と戦国の領主制の在地性に両時代の農民闘争の深まりの差をみることはすでに容易であろう。

中世領主制がさきにあげた三つの側面ないし領域を複雑にからませながら、全体として在地性を深化させていくといった一貫した運動をとっていたことはこれまでの簡単な論述から理解していただけると思う。最初の予定では「在地性」のさまざまの諸側面について述べるつもりであったが、与えられた紙数をすでに超過してしまった。特に在地性の中核部分をなす領主直営田経営について一言もふれえなかったことは残念であるが、多少のことは「室町末・戦国初期の権力と農民」(『日本史研究』七九号、一九六五年)で述べたから参照していただきたいと思う。その他の多くのこと、一三世紀末以来の転換をになう「作職」のあらたな成立によってひきおこされる村落の二重構成の変質、中世領主制の運動法則の終焉と近世への転換などなどについてもまたあらためて考察したい。ただおおよその私の考えは右のとおりである。

（1）　戸田芳実「中世の封建領主制」（岩波講座『日本歴史』中世2、一九六三年）

（2）　河音能平「古代末期の在地領主制について」（日本史研究会史料研究部会編『中世社会の基本構造』御茶の水書房、一九五八年）、同「日本封建時代の土地制度と階級構成」（『一九六四年北京科学シンポジウム歴史部門参加論文集』一九六四年、所収）第一―三章、両論文とも改題の上、同『中世封建制成立史論』（東京大学出版会、一九七一年、所収）

VI　中世における灌漑と開発の労働編成

はじめに

中世の灌漑に関する基礎的研究を『中世灌漑史の研究』にまとめた宝月圭吾氏は一九四三年のこの著述のなかで、中世の灌漑労働に関して次のように述べている。

以上の考察に依って、我々は大体左の如き二つの事実を闡明することが出来たのである。即ちその一は、用水源又は灌漑施設の築造・修理は、農民等の賦役労働によって遂行されるのが常であったこと、その二は用水源又は灌漑施設の支配者――主として荘園領主であったが――は、かかる賦役労働に服する農民等に、食料米或は工事費として、米を給与することが多く、而してこの米を井料米と呼び、時としてはその米が生産される特定の田地が存在し、これを井料田と号したといふことである。(1)

宝月氏は右の事実について、「井料が如何に多量に且つ屢々支出」されたかを春日社領摂津国榎坂郷・東寺領山城国上野庄・同上久世・下久世庄以下で具体的に究明したのであった(同書第四章第三節「灌漑施設の修理」)。私はここで、一九四〇年代の前半に宝月氏によってはっきりと指摘されていた右の事実を今一度あらためて考えなおしてみたいと思う。宝月氏が指摘している二つの事実のうち、後者は、中世の灌漑労働が原則的にいって有償の労働であったということである。(2)水稲耕作にとって、水の支配すなわち灌漑労働の重要であったことは云うまでもない。宝月氏がこの灌漑労働の基本的な形態について右のように指摘したことは、中世農民の存在形態、その性格についての重要な提言であったと思う。灌漑をはなれて水稲耕作がありえないなら、水の支配なしに農民の存在形態もないであろう。戦後になって、中世社会の経済関係の分析を意図した諸業績のなかで、中世農民の存在形態、その性格に直接間接にふれた研究は少なくない。(3) しかし、寡聞にして私は、まだ宝月氏の右の指摘を積極的に意義づけようと試みた論稿に接しない。(4) 中世における有償労働の存在意義は従来、不当に無視ないしは軽視されすぎて来た、というのが、私の率直な感想である。人夫に対する「食料」給付は労働編成の前提であったし、それは直ちに、荘園領主以下の――灌漑労働の編成者は多様である――財政状態と直接に結びついた問題であった。給付する食料にことかくような財政状態にある領主は、それが荘園領主であろうと、地頭であろうと、直ちに人夫の編成が不可能になるのであり、その支配もまた危機に直面しなければならなかったと考えられる。(5) このことは日本中世の領主権が、農民を恣意的な無償の労働に駆りたてていた、というような事態をあまり単純なかたちで日本中世の現実の社会関係にあてはめて考えることを拒否せしめるであろう。前近代社会の支配体制が究極において「経済外的」な強制関係で成立しているということの意味はかなり複雑で深淵な色あいをもっていたと考えなければならない。中世の灌漑労働が有償であったという宝月氏の研究のもつ意味を積極的に考えてみたいというのも右のように考えるからである。

宝月氏のいま一つの指摘によると、中世の灌漑労働は農民等の夫役(賦役)労働によって遂行されるのが常であったとされている。この夫役は氏の場合、すでに有償の夫役が考察されている。だが、氏の灌漑労働＝夫役労働説は、詳細な史料的検討という意味では、氏の著述のなかで最も手薄な部分をなしているように見うけられる。従って、本稿では、氏の灌漑労働＝夫役労働説を再検討しなければならない。中世の灌漑労働が農民等の直接的な夫役労働のみによって行われるものであったか、それともここにゆるやかな雇傭関係が想定されるかは、中世農民の存在形態、その性格を知るうえできわめて重要な事柄に属している。

灌漑と開発（＝開墾）が不可分の関係にあることはいうまでもない。本稿は宝月氏の基礎的な業績のあとをうけて、中世の農民と、農民たちのつくり出していた村落の性格を、彼等が現実の労働と生産の場でつくり出すさまざまの社会的関係を背景にして究明していく仕事の一部にしたいと思っている。彼等の労働と生産の諸形態こそが、その上に展開する支配者や政治権力の交替の様相を根底から規定していたと信ずるからである。

（1）　宝月圭吾『中世灌漑史の研究』（畝傍書房、一九四三年）一一八頁

（2）　もっとも、宝月氏は中世の灌漑労働のすべてが食料等の支給をともなう有償の労働であったとしているわけではない。領主が「領内の全農民を灌漑工事に無償で（傍点筆者）強制的に参加せしめ」たことを法隆寺琵琶田の用水池、播磨国小宅・赤井端等で推定的に指摘している。前掲書一一五頁。なお、宝月氏は応永二〇年八月七日の安楽河庄下司代等請文を引いて、安楽河庄大井用水の修理が「領主よりは何等の支弁を行はず、一切農民側が経費を負担する筈」になっていたとするが、氏の引用した史料に「当庄大井事、自㆓今年㆒迄㆓乙未歳㆒三ヶ年間上㆓大井㆒、如㆑昔可㆘成㆓島お田㆒申㆖候、若過㆓三年㆒、致㆓其沙汰㆒不㆑申候者、就㆓彼大井㆒、従㆓今度㆒御支配田畠公事銭等お悉被㆓召返㆒、寺家供料仁、可㆑有㆓御結㆒候」とあって、このとき、大井用水の修理のために特別に従来寺家の供料にあてられていた田畠公事銭等が農民側に支給されたことが明らかである。

（3）　石母田正・松本新八郎・永原慶二・宮川満・高尾一彦・安良城盛昭・上島有等の諸氏の諸業績を参照していただければその間の事情のおおよそが明らかであろう。

（4）　灌漑労働の場合ではないが、古島敏雄氏は中世後期の佃耕作について「佃耕作の常態として種子農料の下された事を知ることが出来る」とし、それを一労働日あたり七合弱と計算し「労働日に於ける労働者の食料にすぎないであろう。名田を耕作するものに対して、働き日の食料のみを給付して、庄民の自己の農具を以て耕作させる形が佃耕作の実体である」としている。（同『日本農業技術史』合冊版、時潮社、一九五四年、二八五頁）

（5）　このことに関しては不充分ながら「国衙領地頭の一形態」（『日本歴史』一五八号、一九六一年）と題する別稿で考察してお

いた。それは周防国衙と地頭筑前家重が人夫に給与する「食料」米をたがいに確保しようとして争った事例であり、鎌倉時代の国衙のみならず、地頭の場合にも「食料」給付が労働編成の前提として要請される社会的条件下にあったことを示す一例である。

一　堤防と井溝の修築

中世の灌漑労働(池溝開発労働)が農民夫役の徴発によって行われた事例はたしかにあったと思う。たとえば『吾妻鏡』貞永元(一二三二)年二月二六日条は武蔵国の榑沼堤について次のように述べている。

武蔵国榑沼堤大破之間、可レ令二修固一之由、可レ被レ仰二便宜地頭一之旨、被レ定、左近入道道然、石原源八経景等為二奉行一下向、彼国諸人領内百姓不レ漏二一人一、可二催具一、在家別俵二可レ宛レ之者、自二三月五日一始レ之、自身行二向其所一、可レ致二沙汰一之旨含レ命云々

鎌倉幕府の直轄支配が強くおよんだ武蔵国の開発は幕府自身の指導のもとでとくに強力におしすすめられるところであったが、貞永元年の榑沼堤大破にともなう右の修固作業は、それぞれ「便宜地頭」にわりつけ、国内の「諸人領内」の「百姓」を一人ももらさぬ体制をとって、左近入道道然・石原源八経景両奉行の惣監督のもとに実施されようとしている。ここでは築堤のための俵が在家別二つずつ割りつけられるという徹底した態勢がとられていたのである。このような態勢がとられるためにはおそらく武蔵一国の在家検注、ならびに修築個所の各地頭への割りつけが前提とされていたにちがいなく、そこには強烈な農民夫役徴発による榑沼堤の修補が考えられるのである(1)。

しかしながら右のような態勢は鎌倉幕府直轄領たる東国、とくに武蔵・相模以下の数カ国でのみ特殊に実現された

事態だったのではなかろうか。時代は下るが次にかかげる応永一〇(一四〇三)年の摂津国淀川水系の吹田堤や神崎川の三国堤の修補などは右にみた鎌倉時代榑沼型と対照的な様相を伝えている。

此河上当国鳥養御牧并辛(唐)崎柱本以下吹田堤、皆本所御年貢被ニ下行一、築之間、則大和・河内人夫走来築レ之、況近隣傍庄之人足哉、急速被レ加ニ御下知一可レ被レ築レ之、若御沙汰令ニ停滞一者、御供田并諸本所御領、可レ令ニ不作一之者哉、以ニ何物一可レ奉レ備ニ進神供一之哉、所詮垂水庄夏麦所務之時分也、先早被レ押ニ置之一、人夫等被ニ下行一之、被レ築レ堤者、属ニ牧内安全一自他庄内、可レ致ニ勧農之構一者哉[2]

右に記したのは応永一〇年五月に春日社領摂津国榎坂郷の名主百姓等が三国堤修築のための費用として、東寺領垂水庄(榎坂郷蔵人村)の夏麦の下行を求めたさいの言上状の一部である。もともと近衛家領だったこの地域は分割されてその一部蔵人村は近衛家から御室(仁和寺)を経て東寺へ寄附されて垂水庄となり、榎坂郷は普賢寺殿(近衛基通)から春日社へ寄せられていたが、神崎川(三国川)沿いに構築された三国堤の修復は近隣の穂積庄・野田秋永などとともにこの榎坂郷・垂水庄が分担する慣例であったところ、垂水庄がこれを拒否したために右の要求が出されたのである。ところで榎坂郷名主百姓等は三国堤修築費用の下行を要求するについて、さらに上流域に存する吹田堤(鳥養牧・唐崎・柱本の近辺、現在茨木市)の事例に言及し、ここではいずれも本所がその年貢を下行して築いたため近隣傍庄はおろか大和・河内からも人夫が走来て、工事を終えたといっている。吹田堤は摂津国であるがその対岸は河内国であり、堤から直線距離にして一〇キロメートルもいけば大和国に入る。この距離ならば河内・大和から堤の修築工事を聞いて人夫がかけつけて来てもけっして不思議ではない。一五世紀初頭の畿内農村の労働力需給の状況をなまなましく伝える事例である。三国堤においても、垂水庄(東寺領)の夏麦が押置(差押)かれて、人夫等に下行され、築堤が完遂されるならば春日社領の御供田(榎坂郷)も諸本所の御領も安定するといっている。ここに想定されている事態は吹田堤の場合と同様であって、一五世紀初頭淀川・神崎川水系の堤防修築の事情を知ることができる。

もとより近隣傍庄の労働力を中心にするとはいうものの大規模な灌漑工事になれば一〇キロ、二〇キロの道をものともせずに人夫が集まってくるような事態のなかで、彼等に支払われた対価はどのようなものであったろうか。

度々申入候堤事、勝善房幷納所御使真性房西阿房御内検時被レ免知一候了、此事近日不レ致二沙汰一候者、耕作も難レ叶候、人夫事、両所二百人許候歟、此功労分莫大候、井料等を給候はてハ、名主はかりの力にてハ難レ叶候、一人別ニ一日ニ飯ニ一升五合、酒一升、此分ニ可レ有二御計一候、名主等雑免分ハ已高浜ニ皆被レ成候ぬ、今者又水出候ハヽ、御佃へも浜ニ可レ成候、若又御不審候は、御使を下させ給候て、可レ有二御検見一候、此様急速被二仰下一候て、人夫等なんとも、ひまの御時、やとひ候て候へく候、恐々謹言、

二月廿六日　　左兵衛尉□房

進上　松谷御房

この書状は南北朝時代と推定されているが、春日社領というだけで堤の所在その他については今のところ確定していない(3)。ただ、この所領の堤が二カ所にわたって切れたこと、そのためすでに名主等の雑免分の田地は土砂に埋まり高浜になっていること、いそいで修復しなければ次の出水時には佃(領主直営田)も浜になってしまうこと、堤修築に要する労働力は二〇〇人ばかりであって、一人一日に、飯一升五合・酒一升、(すなわち合計飯三石・酒二石)を要すること、この功労分(労賃)は名主ばかりの力では調達不能であって、寺家の井料負担が求められていることがわかる。末尾に記されているように、寺家はこの井料でもって人夫を雇うことが要望されているのである。規模こそ小さいとはいえ右にみた吹田堤・三国堤と同様の形態だといわねばならない。

京都の西郊、桂川水系に属する西岡諸庄の場合も同じである。たとえば東寺領上久世庄の公文寒川家光の書状(4)は次

のように記す。

尚々定而地下よりも猶巨細可レ申候、

去八日之大水に、当庄東西之溝大儀に埋候、井手亀井之事、此間連日ニ普請仕候、東田井之事者、明日より掘あけさすへく候由申候、事之外なる大儀候間、上使を下被レ申候て、井料等之事、可レ預ニ御成敗一之由、地下より申候、次、春溝之事は、名主代共井料を引替候、地下無力仕候て、此間者引替仕者なく候、然者普請なり候ハて迷惑仕候、井料之御下行にあつかり候て、溝井手を相堅度由申候、可レ預ニ御披露一候、恐々謹言、

文明十九
卯月廿三日　　公文
家光（花押）

公文所御坊

ここには(1)上久世庄には東西に二つの溝がきており、これを亀井、東田井と称したこと、[5] (2)文明一九（一四八七）年卯月八日の大水でこれが埋没したこと、(3)地下では同月二三日になるまで連日亀井（西田井）の修復につとめ、二四日からは東田井にかかる予定であること、(4)井料負担の増大に困惑した地下は領主東寺にこれを負担してほしいと要請したことなどが語られている。文中、「春溝」と記されるのは宝月氏がいうとおりおそらく春さきの灌漑水路の修復作業のことであろうが、そのときの井料は名主（地下）のものが引替（立替）たが、今回はそれも不可能だとされている。これよりさき永享九（一四三七）年にも上久世庄で同様な事態がおきている。すなわち、このときの上久世庄名主百姓等の目安[6]は「去永享九年の大水の後、当御領東西の溝共悉埋候之間、本所様井料申候、仍、井料御下行候といへとも、当座引ちかへ、地下人さらに不レ叶候によって、上使法橋等料足伍貫文永享九年六月仁借用申候て、溝井手等を修理仕候」とある。このときは、大水による東西の溝の埋没→領主への井料要求とその認可→当座引ちかへに上使法橋等が五貫文

借用して修理費に充当(地下人に立替能力なし)↓修理着手という一連の経過が知られる。たとえ荘園領主が井料下行を約束しても、実際には秋の年貢から控除されるのであろうから、作業にあたっては、何等かの方法によってそれを立替えることが必要であったことがわかる。

灌漑用水路の整備が元来、名主の負担するところであったことは宝月氏がくわしく指摘しているが(7)、たとえば右の上久世庄と同じく桂川水系に属する上野庄(東寺領)でも文安五(一四四八)年に名主賢祐がその請文(8)に、

一、井水以下、自然臨時之所役之事、任㆓先例㆒為㆓名主之所役㆒、以㆓惣庄之引懸㆒可㆑致㆓其沙汰㆒事

と述べている。井水以下、自然臨時の所役は名主役なのである。しかしながら、誤解のないようにつけ加えると、この文言は井水以下が名主の直接的な夫役=名主労働力の徴発によっていたことを意味しているわけではない。

永享一二(一四四〇)年の上野庄代官の補任状(9)にはこの間の事情が次のように表現されている。

彼庄者、自㆓往古㆒、為㆓名主役㆒、出㆓井料㆒、掘㆑溝打㆓井手㆒先規也、依㆑之、去永享七年、雖㆑掘㆓井水㆒、依㆓大水㆒、埋㆑溝、不㆑及㆓一作㆒、其後名主重而不㆑掘㆓井水㆒之間、為㆓本所㆒懸㆓井料㆒、可㆑掘之由、雖㆑相㆓触之㆒、令㆓退屈㆒、捨㆓名主職㆒、不㆑出㆓両度(永享十年 同十一年)之井料㆒者也、然間、自㆓本所㆒一円仁以㆓弐百余貫井料㆒、雖㆓掘付㆒(下略)

つまり、上野庄は名主役として、井料を出し、その井料で、溝を掘り、井手を打つのがあくまでも先規なのであって、ここでは井料の負担者と実際の人夫との一致はかならずしも想定されてはいないのである。右の補任状が示す事態の推移は、永享七年には名主役で溝を掘るが、再度の大水で埋没して耕作不能となる↓名主はここで井水の復旧を断念、本所が井料の負担(部分負担)を申入れるが、名主等は承諾せず↓永享一〇・一一年に名主等は名主職を放棄して、井料負担をのがれようとする↓そのために本所が井料全額二〇〇余貫を負担して掘付けるが、これも失敗↓代官請負による開発計画、というように推移している。ここでは名主職とは井料負担を意味し、名主職を捨てることが井料負担

第1表　保安2年洪水による大国庄の被害

	田　　(%)	畠　　(%)
損田畠	13丁3反　(41%)	10丁3反半(43%)
残　定	19丁1反半(59%)	13丁9反　(57%)
計	32丁4反半(100%)	24丁2反半(100%)

〔備考〕『平安遺文』1949号による.

第2表　保安2年大国庄流失田畠(損田畠)

	田	畠
麻生曽村	1丁	桑畠　4反
大井川原	——	片畠　2丁
兄国川原	——	同畠　1丁5反　(内5反桑畠)
大川原	——	畠　3丁1反半(内1反半桑畠)
大国村	3丁8反半	畠　1丁1反　(内5反桑畠)
横道村	8丁4反半	桑畠　2丁2反300歩
計	13丁3反	*10丁4反120歩(内3丁8反120歩桑畠)

〔備考〕『平安遺文』1923号による.　*第1表の損畠との差300歩は横道村の300歩か.

からの解放を意味したことが明らかである。上野庄でも井料の中心は人夫の食料(功賃)であった。延文四(一三五九)年の二一口方評定引付には「上野堤事、人夫三千人云々、七百人食可ㇾ賜ㇾ之」とある。(10)

以上、淀川水系の吹田堤、下流の神崎川の三国堤、はるか上流の桂川水系の上野庄や上久世庄などで例示した畿内村落の労働力の需給関係はすべて一四、一五、一六世紀のことであって、これらの事例は中世後期にはじめて現出した特殊な歴史的所産にすぎないという反論があるかもしれない。そこで、次に時代をさかのぼって、一二世紀の事態を保安二(一一二一)年の伊勢国大国庄(東寺領)の櫛田川大洪水によって検討してみたい。(11)この年の大洪水のすさまじさは「部内に満溢し、山岳は頽落して平地のごとく、田畠作物は流失して河底となり、人馬舎宅は多く以て流失」(12)したと記され、大国庄の田畠は「右件田畠、或崩失、或流失、或土高二三尺許置埋、或砂石流居、成㆓白河原㆒、永所㆓損亡㆒也」(13)とも書かれている。このときの山崩れ、流路の変遷、土砂流失による田畠の荒廃ぶりを示すために当時の史料から第1表・第2表を作成した。それによるとこの年の櫛田川の氾濫によって、大国庄では麻生曽村・大国村・横道村の三カ村の田地一三町三反、これら三カ村ならびに大井川原・兄国川原・大川原などの畠一〇町四反余が流失し、惣面積の四一%の田地、同じく四三%の畠地が流失している。櫛田川の川原に畠(桑畠)が開墾され、堰溝取水によって、その後背地に水田をともなう村々が点存する情況を想定しうるであろう。

さて、保安三年正月の大国庄田堵等の解(14)によると、櫛田川の広さ(川幅)は五〇余丈(一五一・五メートル余)で、そこにもうけられる堰(堤塞)は大国庄分が二〇丈(六〇・六メートル)におよび、他は「傍庄庄」の勤だという。大国庄は近隣諸庄とともに櫛田川の川幅一杯に堰をもうけて、川水を堰きとめ、そこに取水口をもうけて、田地に水を引いたのである。保安二年の洪水で、ここに舗設されていた「本溝」のうち七、八町(七六三・六―八七二・七メートル)が頽失し、改掘を必要とする溝が二〇余町(二一八一・八メートル余)あるとこのとき田堵等はいっている。また溝の広さは二丈余(六メートル余)、深さ一丈六尺(四・八メートル)だという。本家政所に対して堰料を宛給して欲しいと要請したさいの右の田堵の言分は溝の大きさをやや過大にみつもっているようである。同年三月、大国庄専当藤原時光・菅原武道の二人は田堵の先日の言分が本家東寺のいれるところとならないので、あらたに実検を加えた結果を次のように東寺に申し入れている。

大国御庄専当時光武道等解申重請二本家政所裁一事(15)

言上三箇条雑事

一、以二先日田堵住人等一訴申当御庄田養料堰溝破壊改掘并埋田可二開発一人夫功労、依レ無二御裁免一、或愁レ(不脱)叶二堰溝役一、或偏棄二旧作田一、令二荒廃一事右謹案二事情一、件堰溝加二実検一之処、今新令レ掘溝十町、広深各八尺、令レ掘レ此人夫、甲所壱段切五六十人、乙所者四五十人也、又古きを改掘溝十余町也、而壱段切改掘人夫一倍利世、但件溝、庄所当分新旧六町也、因レ茲御庄司加レ力、所レ被レ令レ掘也、然則為レ蒙二裁下一、所二注進一如レ件、

一、埋田令二実検一之処、砂洲高埋置物也、爰件石洲土等、擬二曳棄一之間、以二一三十人乃夫一令レ曳之処、僅十余束代、然則壱段加内□(曳)かん人夫可レ及二一三百人一哉、件埋田作人等申云、私入二若干人夫功労一、雖レ令二開作一、無二功労裁免一者、無益之由訴申、不レ随二所勘一、抑為レ慰二田堵等愁吟一、頻令二言上一者、且有レ恐不レ愁者、御庄可レ令二荒廃一哉、仍為レ蒙二御定一、注進如レ件、

(下略)

さて、第一条は堰溝の改掘の件であり、第二条は土砂に埋まった田地(埋田)の再開発の件である。これによると堰溝については、新しく掘らねばならぬ溝が一〇町、旧来の溝を改掘する分が一〇余町あるという(このうち大国庄の割当分が六町である)。合計二〇余町の溝となり、さきの田堵らの言分である改掘すべき部分が二〇余町、「本溝」頽失部分が七、八町というのにほぼ等しい。だが溝の大きさは広さ(幅)、深さともに八尺(二・四メートル)としており、田堵らのいう広さ二丈、深さ一丈六尺とは大変ことなっている。ただ、専当時光・武道らの実検の結果によると、溝の改掘に要する人夫は、新設の場合が、一段切(一〇・九メートル)につき五〇―六〇人(甲所)、四〇―五〇人(乙所)と記され、大雑把だが四〇―六〇人程度(平均値五〇人)となっているのに対し、旧水路復旧の場合は、その一倍だという。ほぼ一〇〇人前後(単純に計算すると八〇―一二〇人)と計算されている。

いま平均値をとって計算すると、

新設溝　50人×100反＝5,000人　　旧溝改掘　100人×100反＝10,000人

となり、合計一万五千人余になる(同じ比率で計算すると大国庄六町分で、四千五百人になる)。

次に、埋田の開発であるが、試験的に人夫を投入したところ、高くつもった土砂を除去するのに二、三十人で一〇余束代であり、そこから計算すると一段につき二、三百人が必要であるという。第1表をもとに大国庄を完全に復旧すると仮定して試算すると一段につき二五〇人として、

田　250人×133反＝33,250人　　畠　250人×103.5反＝25,875人　　田畠合計　59,125人

となる。ざっとみて田地が三万三千人、畠地が二万五千人、計五万九千人という計算である。溝と埋田(畠)を総計すれば六万三千人の労働量となる。埋った土砂の量も場所によってまちまちであろうし、また畠については別の計算が必要かもしれず、専当の言分も田堵と同じく被害を巨大に見積って最大限の人夫功労＝労賃給付をひき出そうとしたものであろうから、もちろん右の数値をそのまま信用するわけにはいかないだろう。しかし、専当等はすくなくとも実際に現状を調査し、いくらかの予備的作業をおえたうえで、上述の要請を行っているのである。大国庄田畠の再開発に莫大な量の労働が必要とされたことだけは疑いなかろう。

この労働力を庄内のみでまかなったと考えるのはおそらく実情にあわないであろう。大国庄田堵らはこのことを「推二其人夫并食物一、敢不レ可二勝計一、而乏少御庄之内、多成二河(白カ)原一永不レ可二耕作一之間、其田堵闕乏之故、弥人数不足不レ及二私力一、僅所レ残埋田無二堰溝一者、以レ何可二掘作一哉、凡非二当庄已一傍庄園并神領田地等、皆以一同之間、領主等或宛二給人夫食物一、令レ募二彼堰溝料一者也」[16]といっている。すでに大国庄では人数が不足していたのであり、近隣諸庄の領主は人夫食物を宛給して堰溝料としていたのである。ここで想定されている人夫＝労働力は庄園単位の夫役徴発によって完結するようなものではなく、近隣諸庄の協力による一五世紀の吹田堤や三国堤でみた労働力需給により近い状態が推定されるのである。

東大寺領越後国石井庄において、永承七(一〇五二)年に庄司として現地へ下った兼算のところへ、隣郷の古志得延があらわれ、名簿を捧げて田堵となり、隣国から浪人を召寄せ、農料を下して荒田二〇余町を開墾している。(17) 一一世紀中葉の歴史的転換期における開発の事情を示す事例であるが、これも古志得延の財力が隣国からの浪人(労働力)をひきよせていた事例の一つにちがいないのである。

(1) 武蔵国以下の東国において鎌倉幕府が実施した大規模な開墾計画については宝月圭吾『中世灌漑史の研究』(前掲)六〇―六二頁
(2) 応永一〇年五月日摂津国榎坂郷名主百姓等申状(東寺百合文書み三二―四八)、榎坂郷については宝月圭吾『中世灌漑史の研究』(前掲)一一九―一二〇頁、なお島田次郎編『日本中世村落史の研究』(吉川弘文館、一九六六年)四六三―四七六頁も参照。
(3) 年未詳二月二六日左兵衛尉□房書状(『春日神社文書』巻一、四二一号)、年代は同文書編者の推定にしたがう。
(4) 文明一九年卯月二三日山城国上久世庄公文寒川家光書状(東寺百合文書を八―一〇)、上久世・下久世庄については宝月圭吾『中世灌漑史の研究』(前掲)一二九―一五一頁、二七二―三一三頁、三二一―三二七頁、三四三―三四六頁
(5) 上久世の東田井は地蔵河原井・牛ヶ瀬井とも称し、下桂庄の舟付場附近(桂地蔵堂南)で取水し、牛ヶ瀬の地籍を通って上久世にいたり、牛ヶ瀬・上久世・大薮・下久世に給水した。亀井とは松尾馬場崎で取水し西岡諸庄における灌水の動脈をなした今井溝(西田井)をさすのであろうか。なお宝月圭吾『中世灌漑史の研究』(前掲)一三二―一三四頁
(6) 永享一二年一二月二三日山城国上久世庄名主百姓等目安(『大日本古文書』東寺文書之六、を一九二号)
(7) 宝月圭吾『中世灌漑史の研究』(前掲)一二一頁、一二四頁、一三九―一四〇頁
(8) 文安五年五月一四日山城国上野庄名主賢祐請文(東寺百合文書シ一四―二九)、上野庄については宝月圭吾『中世灌漑史の研究』(前掲)一二二―一二九頁、三〇六―三一三頁
(9) 永享一二年八月四日山城国上野庄代官職補任状案(東寺百合文書や七―一三)、なお本書三一三―三一四頁
(10) 延文四年二一口方評定引付(東寺百合文書ル三八―四七)
(11) 大国庄の用水問題については、亀田隆之『日本古代用水史の研究』(吉川弘文館、一九七三年)三一九―三三七頁、谷岡武

雄「土地割からみた櫛田川下流域平野の発達と開発」(同『平野の開発』古今書院、一九六四年、五章)、倉田康夫「古代条里遺制の諸問題」(『中京大学文学部紀要』一―一)などを参照。

(12) 保安三年一月二八日伊勢国大国庄田堵等解(『平安遺文』一九五〇号)

(13) 保安二年九月二三日伊勢国大国庄流失田畠注進状(『平安遺文』一九二三号)

(14) 前掲注(12)

(15) 伊勢国大国庄専当時光・武道等解(『平安遺文』一九五九号)

(16) 前掲注(12)

(17) 天喜五年一二月一九日越後国石井庄前司兼算解(『平安遺文』八七三号)

二　春の勧農と灌漑

堤防の大破による不時の災害が中世農村をしばしば襲ったことはいうまでもないが、しかし、そのような場合を除外したとしても灌漑水路の確保は中世の農民にとって、毎年めぐってくる最大の関心事であったにちがいない。永久五(一一一七)年の東大寺領大和国櫟庄の一井と清澄庄の上津井・下津井をめぐる争いは毎年、春さきにおこなわれる右のような日常的な灌漑施設の修補の事情を示している。

(A) 左弁官下　元興寺(1)

応下停二止末寺豊良寺妨一、平均令中充行上、東大寺訴申寺領清澄庄字富河上津堰下津堰水事

右、得二東大寺今月二日奏状一偁、彼庄解状云、件両井者、已為二寺領一所レ載二絵図一也、仍毎年春時、以二官物内一充二其用途一、所二塞上一也、而今年彼寺末寺字豊良寺庄民、始所二押妨一也、仍触二示彼寺一之処、返答云、件水従二豊

良寺庄中一、依二流下一、可レ有二分水一也者、所レ申無レ謂、若然者、先触二本寺一可レ随二進止一、而猥遣二悪僧一、何致二濫吹一哉、加之興福寺夏衆同始所二押妨一也、無二他所之異論一、已歴二三百余歳一者、早被レ下二宣旨一、同欲レ被レ停二止彼妨一者、権大納言源朝臣雅俊宣、奉レ　勅、宜下停二止彼妨一、平均令中充行上者、寺宜二承知一、依レ宣行レ之

永久五年七月七日　　　大史小槻宿祢(花押)

少弁藤原朝臣(花押)

(B) 東大寺(2)

官省符庄領井河水押妨事

一、櫟庄 大和字高橋河一井

右件一井水、自二往古一為二庄《寺》領一、以二庄田官物一下司一分二溜上食物一、。《庄民》所二溜上一也、庄結解之時、号二井料一是也、而興福寺東西堂夏衆并寺僧等恣不レ触二寺家一。《連々》所二押漑一也、(下略)

一、清澄庄 大和□《富》河上津井・下津井

右件両井者、往古寺領所レ載二絵図一也、而依レ之、毎年下二行庄田官物一、至二于今年一所二溜上一也、而始自二今年一元興福寺末寺字豊良寺住人等号二分水一所二押妨一也、触二尋彼寺於子細一之処、返事《答》云、件井水従二豊良寺庄領之中一依二流下一、可レ有二分水一之由、所二申返一也、若以二其理一可レ然者、先于触二申寺家一可レ随二裁許一、恣下二遣悪僧一可レ致二濫吹一哉、《如此之》凡路途溝者、任二先例一始也、経二三百余歳一之後、今年始所二異論一也、又興福寺夏衆同今年始所二押妨一也、同被レ下二　宣旨一、所々之妨永欲レ被二停止一、

一、玉井水事　見二庄解一(後欠)

(B)は欠年であるが(A)の官宣旨に引用された東大寺解の草案とおぼしき文章を一部ふくんでおり、永久五年のものとみてさしつかえない。

すなわち(B)によると東大寺は櫟庄の作田に灌水する高橋河からの一井が往古からの寺領であることを証明するため、庄田官物をもって、これを庄民が溜上げていることを述べ、庄結解で井料と称しているのがこれにあたるといっている。文章は続かないが、右に「食物」と記されており、庄田官物が一井の水を溜上げるために「食物」として支出され、これが「井料」として庄結解に計上されていたことを示している。(3)

清澄庄の場合もまったく同様であった。富河を塞上げて取水する上津井・下津井(堰)が元興寺末寺豊良寺の庄域を通過するため、豊良寺の住人等が分水を要求して、興福寺夏衆とともに押妨を加えたこの事件で、東大寺は、この両井が東大寺領たることは絵図に記載されており、ここは毎年、春に官物の一部をさいて、その用途に充てて塞上げていると称している。

櫟・清澄両庄の取水形式を総合すると、第一に両庄では毎年「春時」に井堰を塞上(溜上)げて、高橋河・富河の水位を調節して、一井、下津井、上津井へ用水を導入し、水田に灌水していること、第二に、この作業には「庄民」が従事したが、そのための費用=「食料」は「井料」と称され、「庄田官物」から支出されていたことが明らかである。

櫟・清澄両庄の井料=人夫食料が庄田官物によってまかなわれていたとするならば、次の播磨国福井庄(神護寺領)の場合はこれが「井料田」なる特定田地からの収穫物によってまかなわれていた例である。天福元(一二三三)年当時、福井庄は東・西の両保にわかれていたが、西保で相論がおきたため、東保の慣例が調査されている。次にかかげるのはこのときの六波羅下知状(4)の一節であり、西保の場合も「井料田一町一段」について東保の例によって沙汰せよとの判決が出ている。

一、井料田一町一段事

右、如二覚厳法眼(=東保預所)申一者、件田者、勧農之時、百姓幷行事人等之食料也。為二公文代之沙汰一、所二徴納一也云々。如二経光法師(=東保地頭)申一者、当時者、徴二納地頭方一、勧農之時、任二先例一、所二下行一也。然而非二地頭之依怙一、何方仁毛被二徴納一之条勿論也云々者守二東保一、可二存知一矣。

福井庄西保には一三世紀前半のこの時期に一町一段の「井料田」が設定されており、東保の慣例によると、この田は「勧農之時」の「百姓幷行事人等之食料」を弁ずるためのもので、本来は「公文代之沙汰」として徴納したが、近来は「地頭方」へ徴納し、先例通りに「勧農之時」に下行しているが、別に地頭がそれを行うきまりがあるというわけではなかったという。(5)

ところで「勧農」とはいかなる行為を意味するのであろうか、すでに宝月氏は、この史料にみえる「勧農」に関し、「この勧農という語は、中世に広く使用されたのであるが、普通は農耕全般の奨励を意味したが、しかしこの場合の勧農は、農耕の中で最も重要な灌漑施設の整備を指したらしい。(6)」と述べておられる。私は宝月氏の右の指摘にさらに勧農とは一年の農耕生活のうち特に春のそれを意味したことをつけ加えたい。太良庄の預所が「勧農・収納両度下向者定例也(7)」と正安二(一三〇〇)年に述べ、また近江国愛智庄でも「勧農・収納全無二国之煩費一(8)」と永暦二(一一六一)年にいわれており、さらに安芸国壬生郷でも治承三(一一七九)年に「可下早任二御下知旨一、致レ沙二汰当御領勧農・収納上(9)」といわれている。これらはいずれも勧農という語が秋の収納と対置されるものであったことを示すものである。そして長治元(一一〇四)年に紀伊国木本庄では「今春之比、下二遣勧農使一、耕二作四至内庄田一、其中自二寺家一下二行種子作料一之田卅一町三段也(10)」といい、若狭国太良庄でも預所定宴が「為レ令二満作一、預所下二農料一減二斗代一遂二勧農一畢(11)」と延応元(一二三九)年の自分の功績について述べていることからわかるとおり、勧農とはまた毎年春さきの種子農料の下行と深く結びついたことでもあった。建長四(一二五二)年に武蔵国中条保において「於二種子農料一者、可レ為二中条之沙汰一、秋之時以二寺家御使一、可レ被二収納一」[12]といわれている。この種子農料の沙汰が、「秋之時」の「収納」と対置される春の「勧農」であったことはいうまでもなかろう。ここで藤原時家は中条保における収納の権利＝年貢徴収権を長楽寺に寄進したのであるが、勧農権は別の扱いにしたのである。

灌漑施設の整備・種子農料の下行とならんで、勧農之沙汰の重要な一部をなしたのは散田である。安貞二(一二二八)年の三嶋宮領伊豆国玉河郷では「於二散田一者、可レ為二地頭之沙汰一、至二所当収納一者、可レ為二郷司沙汰一也」[13]といわれている。ここで所当収納と対置されている「散田」も当然、勧農の一側面をなすものであったにちがいない。

以上述べたところを要約するならば、中世における勧農とは、毎年春に、まず灌漑施設を整備し、斗代をきめて田地の耕作責任者を決定(＝散田)し、耕作者に対して種子農料を下行するという領主側の行為を意味するものであったといいうるのである。勧農の時期のもつ重要性は鎌倉幕府が延応元(一二三九)年に「当時之訴論人者、勧農以後、両方同時、可レ令二参決一之由、普以被二触仰一」[14]れたことによくあらわれている。勧農の時期には裁判さえ中止されたのである。その勧農の時期は至徳三(一三八六)年二月二四日の摂津国垂水庄公文本空書状の次の言葉に具体的に示されている。「土用以前ニ可レ有二御検地一候。それすき候はゝ、勧農之時分ニ候て、公私難義(儀)[15]候」、すなわち立夏の前一八日の春の土用になれば、勧農之時分で農村の繁忙が最大限に達するのであった。それだから元暦元(一一八四)年に越前国法金剛院領河和田庄に乱入し「自二去四月之比一、追二伊与守(義仲)濫妨之跡一、号二鎌倉殿勧農使字藤内(比企朝宗)之下知一、称二地頭一、字上座乱二入御庄内一」[16]と記された、鎌倉殿勧農使の入部が四月であったのは当然ではあるが注意していいだろう。宝治元(一二四七)年に薩摩国満家院で「如二後家(＝満家院地頭後家)陳申一者、為二大輔房沙汰一、所レ令二勧濃(農)之作毛、法橋苅取上者、不レ能二弁済一」[17]といわれており、これも大輔房の春の勧農之沙汰を意味したとして差支えない。

中世の勧農を右のように理解することができ、また右の清澄庄、櫟庄の事例を勘案するならば、さきの福井庄の井料田一町一反の年貢所当はこの荘園の毎年春の勧農の沙汰、とくに灌漑施設修理に百姓ならびに行事人等を編成するための食料にあてられるものであったとすることができよう。いずれにおいても農民の労働は「食料」給付を前提として編成されたものである。そして、これが、いずれも毎年春先の勧農の時期に水稲耕作の開始にさきだって行われる灌漑施設の整備という、本来はまさに共同体が独自にとりくむべき労働の場で行われた事実であったことに注目したいと思うのである。福井庄における相論はこの井料田＝人夫食料の管轄をめぐって争われたものであるが、これはこの村落の共同体的労働を地頭が編成するか、それとも荘園領主の代理人である公文代がこれを管轄するか両者が争ったのである。

勧農の沙汰を実施し荘園村落の農業生産を安定的に確保するためには、かなりの財政的措置が必要であったことを、右の諸事実が示している。次の備後国太田庄の事例もまた同様である。

下　高野山御領備後国太田御庄下司公人等所[18]

可下早限二永代一令中免除上条々事

一、両郷下司等限二弐斗代・参斗代田数一、永令レ給二免段別弐升所当米一事

右、彼弐升米者、去建久元年　宣下之時、被レ停二止下司自由之押領一已畢。雖レ然、仏聖燈油者、逐年猶不足、下司等依二不堪一、不レ満二作田畠一、難レ究二済所当物一。依レ之、加二其力一、殊令レ満二作田畠一、為レ令レ無二所当米未進一、乍レ恐以二新儀一、所レ令レ免二給段別弐升米一也。(中略)

一、両郷公文各本給田壱町上重宛二給人別壱町免田一事

右、件新給田、元者、以二建久元年一、依二供米不足一、百八十人衆徒経二　院奏一之日、任二奏状之旨一、可レ令レ停二止

加徴門田等二之由、宣下已畢。爰公文等依二其得分減少一、欲レ令レ勤二仕本庄津下之公事一者、不レ叶二所従於心一、各知行村々、擬レ致二勧農一者、無力之由訴申之旨、尤有二其謂一歟。雖レ然、無二左右一、賜二公物一者有二其恐一故、預所得分石別壱斗内、以二弐升米一、入二替公物一、抜二出彼代田陸町一、人別壱町永所レ令二給免一也。（中略）

以前三箇条、大略如レ此。抑件免除事等、頗不レ似二普通之作法一歟。雖レ然令レ安二堵庄官百姓等一、無二懈怠一、令レ備二進仏聖燈油一、且為レ令レ勤二仕次第寺役一、所レ免二除条々物等一也。（中略）両郷下司公文等、各深存二其旨一、知二行郷内田畠一、不レ荒二段歩一、所当官物勿レ致二合夕未進一。兼田代畠代荒野、悉致二勧農一、至二末代一不レ令レ闕二如彼行法用途料一者。（中略）仍庄官等宜二承知一、敢不レ可二違失一、故下

建久三年正月十五日　　　（鑁阿）
（手印）
預　所
（花押）
（花押）

すなわち、太田庄の下司・公文等はそれぞれ勧農の沙汰を行うために前者は段別二升の所当米、後者は、人別一町の免田を宛行われるにいたったのである。この場合、この新しい給分が与えられないならば、下司等は不堪によって、結局は田畠満作せず、という事態がおこり、公文等はその得分が減少するので、本庄津下之公事をしようとしても、ままにならず、知行の村村で勧農を致そうとしても、無力である、という状態になっている。勧農を行い、田畠を満作させるために、どうして下司や公文等に以上のような給分が必要であったのか。太田庄の現地で農業生産が、円滑に行われないのは、なにも単純に下司や公文の怠慢であったわけではない。彼等の財政状態が悪化するならば、勧農

時における農料や食料が不足し、労働編成すらが意にまかせぬ事態がおこるのであった。それだからこそ、「加二其力一」えて、ことに田畠を満作せしめ、所当米未進をなからしめんがために、新しい給与が与えられたのである。これが、庄田を満作し、年貢を増収させるゆえんであった。宝治二(一二四八)年の越中国石黒庄弘瀬郷内検帳[19]にみえる「勧農田五丁八反小四十歩」という田地も、福井庄の井料田と同じく、勧農のときの費用をまかなうためのものであったと考えられる。

以上の考察によって、中世の荘園公領以下の各所領において、毎年の春さきに行われる堰溝の補修＝灌漑労働すらもが、「食料」給付による有償の労働によって実施されていたことが確認されたと思う。福井庄にあっては、それが公文代ないしは地頭の管轄する勧農権の一環に組みこまれていたことが明らかである。それは在地の共同体的機能が領主制へ吸収された状態を示している。

しかし、日本の中世村落はかならずしも福井庄のような事例が普遍的であったとは考えられない。この点で、保安三(一一二二)年に伊勢国大国庄の田堵等が、「雖レ遇二水損一、於二堰溝少破之時一者、乍レ歎不レ言二上本家一、田堵致二修固之勤一」[20]と述べたことは重要な意味をもっている。この場合は田堵が労働編成の主体なのである。同様の事例は播磨国小犬丸保である。ここでは平安時代の末に「土民等が計略をめぐらし、功力を尽して、池を構築」しているのであって、労働編成の主体はあくまでも、みずから計略をめぐらす独立的な土民等の共同体的結合にあったとしなければならないのである。「功力」を尽くして労働を編成するために、そこには当然土民等の共同の管理になる財産が確保されていたとみなければならないであろう。たがいに集まって会議をもち、灌漑用池の開墾プランを検討し、共同負担の財力をかたむけて、労働を編成した土民等の共同体的結合がそこに想定されるのである。もっとも、ここで田堵といい、土民といっても厳密な内容をもつ用語ではなく、もちろん、そのなかに多様な階層を含むものであったにちがいない。庄官クラスの住民が土民でなかったとはいいえないのであって、そういう点では福井庄の公文代なども場合によっては当然土民のうちに入るものであろう。要するに村落の住民というかぎりではいずれも土民であり、村落の上層農民、指導グループが領主の支配体制に組織されれば、公文以下の下級庄官としてあらわれるのである。したがって公文などは、上層農民の共同体的規制のもとにある一有力土民の領主制的表現であるともいいうるであろう。福井庄のような事例では村落の共同体的機能が領主制支配の内部に吸収され、背後にかくれて、いわば潜在的にしか機能していない状態を示しているのに対し、小犬丸保では、それが表面に現れているだけであって、両者の差はそれだけのものであるともいえる。

いずれにせよ中世村落に付属する一定の耕地、特に水田の灌漑施設を具体的に維持管理する機関を何らかの形で想定しなければならないのである。それは毎年春の灌漑施設の補修工事を行う機関であり、村落の労働編成の主体であり、そのための費用＝食料の支出をつかさどる主体である。櫟庄・清澄庄にあっては庄田官物をとりあつかうものが、福井庄では井料田を管理する地頭ないしは公文代がそれに該当する機関であった。大国庄や小犬丸保では田堵・土民等の合議する地下の機関があったと考えられる。福井庄の公文代などはむしろこうした地下の機関を統轄する立場にあったものであろう。いずれにせよ、これらは単なる経済外的な強制のための政治的機関であるにとどまらず、村落の財政をつかさどり、農業の再生産過程そのものにふかく干与する一個の経済機関でもあったことに注意すべきであって、こうした面からの中世村落の把握がもっと行われなければならないであろう。

（1）　永久五年七月七日官宣旨（『平安遺文』一八七五号）、なお櫟庄については泉谷康夫「東大寺領櫟庄について」（『ヒストリア』三〇・三二号、一九六一・六二年）

（2）　（永久五年）東大寺解案（東大寺文書二三、1/11/15）

(3) 東大寺領大和国櫟庄では神護景雲三年から四年にかけて一万一五九三人の人夫を要して、高橋河から数十町の巌石を穿って用水路をひいたが、この時のことを後に「庄内無二水便一、田地不レ受レ潤、依レ之、以二数千・万夫功一、穿二数十町巌石一、堰二入高橋河水一、偏耕二作当庄田地一、其来尚矣」と述べている。年月日未詳東大寺三綱申状（東大寺文書二三、1|11|21）、「東大寺要録」巻第二（『続々群書類従』第十一宗教部）

(4) 天福元年九月一七日六波羅下知状（『神護寺文書』二）

(5) 関口恒雄「中世前期の民衆と村落」（岩波講座『日本歴史』5中世1、一九七五年）一四九頁が本文の解釈を批判している。

(6) 宝月圭吾『中世灌漑史の研究』（前掲）二一七頁

(7) 正安二年三月日若狭国太良庄預所陳状（東寺百合文書ア一―一二）

(8) 永暦二年四月日元興寺三輪宗解案（『平安遺文』三一五二号）

(9) 治承三年一一月日前太政大臣家政所下文（『平安遺文』三八九一号）

(10) （長治元年）一二月一九日紀伊国崇敬寺別当頼慶請文（『平安遺文』一六二八号）

(11) 宝治元年一〇月二九日関東下知状案（東寺百合文書ェ一―一三）

(12) 建長四年七月五日藤原時家田地寄進状案（長楽寺文書一）

(13) 安貞二年三月三〇日鎌倉将軍家裁許状（『静岡県史料』一輯、三島神社文書）

(14) 『吾妻鏡』延応元年五月一四日条

(15) 至徳三年二月二四日摂津国垂水庄公文本空書状（東寺百合文書メ七一―八五）

(16) 元暦元年五月日後白河院庁下文案（『平安遺文』五〇八八号）

(17) 宝治元年一一月二二日島津忠時袖判書下（比志嶋文書二）

(18) 建久三年一月一五日僧鑁阿下文（『大日本古文書』高野山文書之一、一四一号）、工藤敬一「鎌倉時代の領主制」（『日本史研究』五三号、一九六一年）

(19) 宝治二年一一月日越中国石黒庄弘瀬郷内検帳（仁和寺文書、『富山県史』史料編中世八五号）、正応二年四月二日関東下知

状(仁和寺文書二、同上一三二号)、弘長二年三月一日関東下知状(尊経閣文庫、同上一〇四号)

(20) 保安三年一月二八日伊勢国大国庄田堵等解(『平安遺文』一九五〇号)

三　国衙と庄園

以上みたように、中世の灌漑水路の修築や開発の労働は食料給付をともなう広汎な労働力の徴募によって遂行されるものであった。弥永貞三氏や亀田隆之氏の業績によって、八世紀の律令国家が大規模な灌漑・開発工事に有償の労働を編成した事実が示されている(1)。中世でみられる農民の右のような存在は古代社会の農民とどのようなかかわりをもつのであろうか。

養老六(七二二)年に計画された良田一百万町の開墾計画には、部内百姓が次のように位置づけられていた。

如部内百姓、荒野閑地、能加二功力一、収二穫雑穀三千石已上一、賜二勲六等一(2)

この構想にみる開墾の主体は能く功力を加えることの出来る富裕な民間の百姓である。天平神護二(七六六)年に越前国足羽郡大領生江臣東人が、かつて彼が郡大領にならぬ一地方豪族であった頃のこととして、

一、東人之所進墾田壱佰町之溝事

右、従レ元就二公川一治二通溝一長二千五百許丈広六尺、深四尺以下三尺以上未レ任二郡領一時、以二私功力一治開、是以二治得田一、如レ員、東大寺功徳料進上已畢(3)、

と述べている。足羽郡道守庄において、生江臣東人が開いた溝は長さが二、五〇〇丈(七、五七五メートル)、広さ(幅)六尺(一・八二メートル)、深さ三—四尺(〇・九一—一・二一メートル)であり、さきにみた大国庄の溝の広さ、深さ

ともに八尺(二・四二メートル)というものより小規模であるが、長さは逆に二倍以上に達し、灌水予定の面積も一〇〇町をかぞえる。東人はこの溝を「私功力」をもって開いたというのである。[4] 亀田隆之氏は生江臣東人の溝開設を「自己の直属労働力のみを以て無償で開いたものではなく、動員された農民の大部分は功賃の支給を受けることにより、この労働に当ったもの」と述べている。[5]

八世紀以来、灌漑施設の整備、開発工事の促進が、ますます民間の資力に依存する傾向にあったことが看取されるが、天長三(八二六)年の太政官符はその傾向の行きつくところを明瞭にさし示している。すなわち、右の官符のもとになった良峯朝臣安世の奏状によると、

往年之間、堤防浸決、邑居漂没、良田久荒、農夫失レ業、方今堤防漸修、水門一定、地脈新分、百姓覓点、若是任レ意聴二其耕作一、富強専レ利、貧弱少レ得、望請、随二得レ地之数一、定二多少之法一、令三各修二埋堤防一、仮令給二一町之地一、修二理一丈之堤一、不レ加二公労一、令二堤防全一之術也、若得レ地之後、不レ事二堤防一、随則還レ公[6]

とあり、ここには民間の田地には、その田数に応じて、一定の堤防修理が義務として課せられるという原則が述べられている。これこそが「公労」の支出なしに、堤防を保全する方策であるというわけである。堤防修補を条件とする田地所有の認可方式は元慶三(八七九)年にも踏襲され九世紀における律令機構の変容をものがたっている。[7] このような堤防修補を条件とする九世紀の田地所有は法令発布の時期からみて弘仁一〇(八一九)年ならびに天長四(八二七)年の太政官符が[8]

適或他人加レ功営熟、其主奪妨貪二此沃熟一、因レ玆、人倦二覓作一、無二心勤営一、荒廃之由事縁二於此一、宜惣二計閑地一、先申二其数一、重課二其主一、悉令二耕種一、一年不レ耕者、収賜二申請人一、若授レ地之人、二年不レ開者、改判、賜二他人一、遂以二開熟之人一、永為二彼地主一

とする開熟之人(＝開発者)の田地所有と同じ性格のものであるにちがいない。ここでは地主(権)は営熟＝耕種があくまでも条件であって、一年の不耕によって他の申請が許され、第二の地主が二年たっても開墾しなければ改判して第三の他人に与えられるというのである。

一〇世紀の池・溝開発はまだ転換期の様相がこい。たとえば永延二(九八八)年の尾張国郡司百姓等解が記すところは、律令政府自身の公労＝池溝料・救急料稲支出による池・溝開発と郡司百姓等の私財によるそれとの交錯した状態を示している。

一、請レ被二裁断一、不レ宛二行三箇年池溝幷救急料稲万二千余束一事(9)

右庶民之業、稼穡為レ宗、田疇之道、池溝為レ先、而不レ下二束把一、只如二知不レ知一、仍以二郡司之私物一、纔堤二堰千流之池溝一、以二百姓之乏貯一、僅築二固万河之広深一、今検二案内一、池溝料全載二税帳一言二上於官一、偏有二用途之名一専無二宛物之実一、為二妻子之衣食一、絶二国土之農桑一、旱魃之時、可レ治不レ治、霖雨之節、可レ塞不レ塞、如レ此之間、農業損害、此則池溝破壊之所レ致也、望請裁断、(可)以早令レ懲二矯餝之政一矣

もってまわった文章ではあるが、要するに尾張国守藤原元命が三カ年の池溝料・救急料稲一万二千余束を押領して、私腹をこやしながら、中央官への報告である税帳には規定どおり支出しているようにみせかけていること、元命の押領にもかかわらず、郡司百姓が私物・乏貯を投入して、千流之池溝・万河之広深を堤堰・築固めているが、国内の農業の荒廃はいちじるしいというのである。国衙の池溝料・救急料稲を支出するかいなかは別として、尾張一国の用水路整備に莫大な費用が支出されねばならなかったことが明らかである。

宝月氏の『中世灌漑史の研究』は古代と中世の灌漑工事を対比して、古代では律令制国家が灌漑施設を直接管理し、灌漑の国家的経営、公的灌漑経営が存したため、大規模工事が可能であったのに対し、中世では荘園的ないし私的な

灌漑経営がおこなわれたため、その規模を縮小せざるをえなかったという判断にたって叙述されている。だがその後の研究によって、中世成立期における国衙の重要な地位が漸次、明らかになって来るとともに、宝月氏の研究が前提としていた不輸不入権の強固な存在によってうらづけられた中世の封鎖的で自給自足的な経済体制をとる荘園のイメージが崩壊し、国衙の積極的役割や活動的な田堵や富豪層の存在が強調されて灌漑や開発についての宝月氏の右のような見通しをいま一度再検討する必要が生じている。(10)すでに戸田芳実氏は封建社会の成立期である中世初期を西ヨーロッパ中世の「大開墾の時代」に比定すべき開発の時代として位置づけ、稲垣泰彦氏の最近の研究もこの見解を支持している。(11)

中世成立期の開発や灌漑工事の実情を生き生きと示すものに承保二(一〇七五)年の播磨国赤穂郡久富保の開発がある。そこで開発領主秦為辰は難工事のさまを次のように語っている。

始レ従二去年廿日一于レ今、件井溝を為二宿所一、未二私宅罷帰一、而尽二五千余人々劫(功)一者也、但件井、雖レ有二旧跡一、為二難所一罷立而経二年序一畢、抑件井溝為レ体、田口自迄二井口一遠三十町許、其内土樋渡程五箇所、木樋野渡所五段余、山腰歩尾遠穿二盤道一事弐町余、其内誠無限巌破治所五段許、除二六尺余一也(12)

これによると久富保の井溝は井口(取水口)から田口まで全長三〇町(三、二七二メートル)におよんでおり、その間に「土樋」が五カ所、「木樋」が五段(五五メートル)余、山をうがって道をつけた箇所が二町(二一八メートル)余、岩石をうちくだかねばならなかったところが五段(五五メートル)ばかり、幅六尺(一・八メートル)余の溝(「除二六尺余一也」とは溝の幅の表示であろう)が延々と連なっていた様子を知ることができる。為辰は、庁裁を請うて「給二郡内之人夫一」わり、この井溝を宿所として私宅に罷帰らず、五、〇〇〇余人の「人劫(功)」をつくして、難工事を完成している。

また承安五(一一七五)年の鴨御祖社の禰宜鴨県主祐季による摂津国猪名庄内の江(海岸線の後背地に残されたバック・マーシュ)の開発は次のようになっている。

鴨御祖社祢宜鴨県主祐季(13)

申三請東大寺御領摂津国猪名御庄内江一、欲三築堤開田二子細事

在壱処　東限小河　西限沢毛　南限大物　北限江

右件江、有二当社御領長洲御厨最中一、潮出入之跡也、而可レ有二開田便宜一、可レ有二築堤功労一、其堤加二検知一之処、殆及二廿町一、仍以二祐季私能米参佰斛一欲レ遂二其功一者、若遂二得件開発一者、毎年地子能米段別五升猪名御庄斗定可レ弁二寺家一、其外偏為二祐季進退一矣(下略)

承安五季正月十六日

まずこの江は南側が「大物」とあり、大物浜の形成によって、その背後にとりのこされた「潮出入之跡」と記される沼沢地であったことがわかる。祐季はこの江を開田するために二〇町(二、一一八メートル)におよぶ堤防を構築しなければならなかった。おそらくこの江を堤防によって包囲し、潮水の出入を閉めきるための工事だったにちがいない。祐季がそのために用意しなければならなかった能米は三百石と計算されている。猪名庄は天平勝宝八(七五六)年勅施入の東大寺の庄園であるが、勅施入のときの絵図(写)には輪中形式の堤防が幾重にも築かれた様子がえがかれており、旧堤七五五丈(二、二八八メートル)、東外堤一六五丈(五〇〇メートル)、西外堤二五〇丈(七五八メートル)の記載もみえる。(14)祐季が構築しようとした堤防は勅施入の絵図の旧堤にも匹敵する規模で、大坂湾沿岸における古代以来の築堤干拓のさかんな進行ぶりをみることができる。(15)

播磨国久富保における三〇町におよぶ井溝の開設、摂津国猪名庄における築堤干拓工事の進行などは一一、一二世

紀の社会が活気にみちた変革の時代であったことのあらわれである。そのことは崇敬寺領紀伊国木本庄の開発事情にもあらわれている。

右、件庄者（中略）葦原田百八町七歩内、西分五十余町、前司定家任永承比、寺家入二多人功一開発、又永綱・有佐両任之間、同寺家入レ力開二発卅町一、又朝輔任、住人等開二発廿余町一也(16)

木本庄の一〇〇町の地は、国司定家在任中の永承年間（一〇四六―五三）に五〇町、永綱・有佐両人在任中に三〇町、朝輔在任中に二〇余町というようにかなりの田地がまとまって順次開発され、全体で葦原田一〇八町余が成立したことがわかる。前後三回にわたるこの庄の開発のうち、さきの二つは寺家の費用により、最後の一回は在地住人等の負担によってこれが実施されている。

こうしたなかで国衙在庁の意欲もまた失われていない。一二世紀当時に紀ノ川流域の水田五〇〇余町を灌水していた綾井（堰）が永暦元（一一六〇）年八月の大風洪水で破損したが、そのとき紀伊国の在庁官人等は

件綾堰者、去年八月為二大風洪水一、被二押流一、穿二堰口一已如レ淵、其流難二登得一、而彼流之末、潤養作田幷五百余町也、堰溝無下可二掘融一之方上、動失二治術一、仍雖レ令レ触二子細於衙庄一、作田五百余町之苗代、無二水便一不レ蒔二種子一之間、在庁等倩廻二計略一之処、乍レ置二有限之水便一、点而令レ荒二廃田地一者、綸言抱レ恐、参期有レ限之事也、今□掘流堰口存二不レ幾之由一、本堰ヨリ上ヘ登テ口一段長二町余也、本堰ノ跡ニ所二掘落一也、所レ被二損失一畠地仮令二段余許也、自件堰辺庄内也、前司季範任中、彼堰掘乎、而被二損失一在家十余宇、被二掘失一作畠十余町也、然而不レ及二訴訟一、以レ之思レ之、損失分不レ及二九牛之一毛一(17)

と称している。在庁官人等は永暦元年八月の大洪水で押流され、堰口がえぐられて淵のようになった綾堰（井）を復旧するため、もとの堰の取水口から二町（二一八メートル）余りの上流地点に、あたらしく口一段（一〇・九メートル）余

の取水口をもうけて水を通し、これを本堰の跡に掘落(接続)させている。ところで、この綾井の近辺は高野山大伝法院領山崎庄内に存し、右の堰口のつけかえのために面積二段余の畠地がつぶされることになった。山崎庄は紀ノ川流域の庄園である。右の綾井が紀ノ川に接続する幹線水脈としてこの五〇〇余町の作田に灌水していたことが明らかである。ところで、綾井が使用不能であった永暦二年の春には在庁官人等の「衙庄」に対する催促があったにもかかわらず、水便がなくて、作田五〇〇余町の苗代で種子が蒔けなかったと記されている。「衙庄」とあるからこの五〇〇余町には国衙領ばかりでなく庄園がふくまれていたことがわかる。大伝法院の所司等は、在庁官人等による右の工事のありさまを「当任目代幷在庁官人等不レ触二子細一、猥自二七月廿六日一(マヽ)来之間、引二率数多軍兵人夫等一、乱二入御願寺領山崎庄内一、令レ損二亡巨多作田畠一、掘二失永代仏領一」と非難し、「於二彼公郷一者、如レ元令レ用二往古之綾井一、於二今非道井一者、永可レ令二停止一之由」を訴えている。もっとも軍兵と人夫を引率しての強行工事だったという右の非難に対して在庁官人らは「農業之輩以二鋤鍬一為レ最、池溝之計弓箭何可レ帯哉」と反論しているが、右のやりとりのうちに一二世紀中葉における国衙在庁による積極的な治水対策の実情をみることが出来よう。口一段(一〇・九メートル)という綾井の溝は五〇〇余町という広大な地積を灌すにふさわしい規模である。口一反、長さ二町余の新設部分の開掘でつぶされる畠はちょうど二反余の面積になるが、前司季範の任中にこの溝がつくられたときは作畠一〇余町を掘失ったという。溝の幅(口)は同一と考えられるから計算上、綾井は全長延々一〇〇町(一〇・九〇九キロメートル)にもおよぶことになる。中世社会の成立期にこの綾井が紀ノ川の流域平野の広大な水田を灌水する大幹線水路として紀伊国衙によって積極的に維持されていたことだけはたしかである。

一一、一二世紀の国衙は諸庄園公領に堤防役を宛課して、灌漑施設の整備にあたっていた。そのため庄園側では臨時夫役としての堤防役をのがれようとし、免除の宣旨・院宣を獲得しようとしていた。河内国醍醐寺領では「承保之比、国掌又令レ宛二課防堤并臨時夫役等一之日、重言二上事由一者同被レ下二免除之宣旨一」といわれ[18]、また永治二(一一四二)年には醍醐寺領越前国牛原庄で「牛原庄堤夫事」につき「当国司俄切二宛人夫弐百人一」という事態が発生している。このとき国司の側では「件鳴川堤料人夫、可レ雇二庄園一」と書いている。国衙の堤料人夫役賦課が「雇」という表現をとっていることに注意されよう[19]。

東大寺領美濃国大井庄はその名称からして巨大な井溝の存在を想定せしめるが、ここでも正治二(一二〇〇)年に「当国防河之堤、連々雖二損壊一、国衙令二修固一之時、当庄全不レ勤二其役一、至二于元暦・建久両度堰堤之役一始雖レ切二課当庄一、寺家引二旧例一奏二聞事由一之日、共以免除」といわれており[20]、鎌倉初期の同じような事態を示しているが、次の史料はこのときの笠縫堤をめぐる美濃国衙在庁と大井庄の関係を明瞭に示している。

美濃国在庁官人等[21]

重言上、為二東大寺領大井庄一乍レ懸二当庄水難一笠縫堤請二取所課地一、雖二築始一、致二対捍一、令レ訴二申本寺一、申二下
免除　院宣一、無レ謂子細状

副進　水難所々絵図一帖

右、件在様見二于彼絵図之面一、而大井庄乍レ懸二彼水難一、為二彼堤一不レ可二合力一之由、令レ訴二申本寺一、申二下免除　院宣一之条、無レ極不当也。凡者、懸二流末一所レ請二用水一庄々、皆依二便宜一、往昔以来、所レ令レ勤二仕所々井堤役一也。随又、懸二彼堤一国領地者、僅十余町、大井庄数百余町也。設雖レ無二国衙結構一、彼庄尤可レ令二発起一之処、以二国衙之勤一、偏為下立二衙庄一之要上、背二国宣一、枉致二訴訟一、擬レ遁二其役一之条、未曾有所行也。如レ此互為レ歎、不レ成二堤与力一、毎事於レ令レ違二背国宣一者、彼庄之甲乙人、昼夜乱二入国領一、刈二草萱一取二葦萩一之条、早加二制止一、永可レ令二停止一者也。為二何国領地一者、為二彼庄一恣免二山野木草一、又立二水難之面一、可レ築二彼堤一哉。為二何大井庄一者、乍レ懸二

第3表　堤・溝の規模

	長さ (m)	広さ (m)	深さ (m)	灌水面積 (町)	労働力 (人)	年	国　郡	出　典
桑原庄　A	3727	3.64	1.52		1230	天平宝字1 (757)	越前坂井	大　4-250
〃　B	909	1.82	1.21		200	〃 (〃)	〃 〃	〃
〃宇弖美溝	636	1.52	1.06		70	〃 (〃)	〃 〃	〃
溝　江　庄	1863	1.82	0.91			天平神護2 (766)	〃 〃	大　5-547
子　見　庄	1515	1.82	0.91			〃 (〃)	〃 〃	大　5-548
道守庄道守村	5215	6.06 3.03				〃 (〃)	〃 足羽	大　5-549
〃　鴫野村	909	1.82				〃 (〃)	〃 〃	大　5-550
栗　川　庄	1859	1.27	1.21			〃 (〃)	〃 〃	大　5-536
道　守　庄	7575	1.82	0.91 ～1.21	100		〃 (〃)	〃 〃	大　5-555
櫟庄高橋河一井	1090 ×x				11593	神護景雲3 (769)	大和添上	東大寺文書 23
古　林　溝	9696	1.82	1.21				河内茨田	行基年譜
崐陽上溝	3636	1.82	1.21				摂津河辺	〃
〃　下池溝	3636	1.82	1.21				〃 〃	〃
長江池溝	182	1.82	1.82				〃 西城	〃
物部田池溝	182	1.52	1.52				泉　泉南	〃
久米多池溝	6060	1.52					泉　和泉	〃
猪名庄旧堤	2288						摂津河辺	東大寺開田図
〃　東外堤	500						〃 〃	〃
〃　西外堤	1061						〃 〃	〃
大　鳥　井				100		延喜22 (922)	和泉和泉	平 -218号
久富保新井溝	3273	1.82		50余	5000余	承保2 (1075)	播磨赤穂	平 -1113号
大　国　庄	2182 ＋α	2.42	2.42		15000	保安3 (1122)	伊勢飯野・多気	平 -1959号
綾　井		10.91		500		永暦2 (1161)	紀伊那賀	平 -3153号
猪名庄堤	2182					承安5 (1175)	摂津河辺	平 -3672号
大井庄笠縫堤				数百		正治2 (1200)	美濃安八	鎌 -1137号

〔備考〕 1尺＝0.303 m，1丈＝3.03m，1反＝10.91 m，1町＝109.09 m として換算．出典の大4-250は『大日本古文書』巻4-250頁，平は『平安遺文』，鎌は『鎌倉遺文』の略．

若干水難一、不レ合二力堤一、申二下　院宣一哉。以レ爰有二御推察一、為レ有二重御沙汰一、勤二在状一、言上、如レ件

正治二年四月　日　（署判略）

ここでは(1)笠縫堤からの水にかかるのは大井庄が数百余町、国領地が一〇余町であること　(2)しかも大井庄がこの笠縫堤の堤役をまぬがれようとして東大寺を通して免除院宣を手にいれたことがまず明らかである。在庁官人等が大井庄の横暴を非難するのはもっともであるが、ここに大井庄が「所課地」を請取って、築き始めたことがみえている。堤防の修補は庄園ごとに割あての「所課地」がきめられ、庄園側でこれを主体的に築くことになっていたのである。ここでは労働編成の主体は大井庄の側にあり、国衙は水難所々の絵図をもって、各庄園に所課地を割当てていたのである。ここで在庁官人等は「凡者、懸二流末一所レ請二用水一庄々、皆依二便宜一、往昔以来、所レ令レ勤二仕所々井堤役一也」といっている。水懸りの地が共同で用水路の整備にあたるというのはふるくからの大原則であったにちがいない。保安三(一一二二)年の大洪水で大国庄の田堵等が櫛田川の広さ五〇余丈(一五一・五メートル余)のうち二〇丈(六〇・六メートル)が大国庄の担当、残りが「傍庄々之勤」だといっていることも櫛田川の川水を堰上げるための合理的な井堤役の配分計画が在地に存在したことを示している。なかには大井庄のような強引な主張もあったにちがいないが、井堤役が庄園農業の再生産過程の条件整備の意味をもつ以上、そこにはたんなる混乱があったのではなく、おのずからなる一定の秩序が形成されたにちがいない。国衙はその中心に位置し中世成立期の大規模灌漑はそうしたものに支えられていたにちがいないのである。

中世の灌漑用水路は古代に比して必ずしも規模が貧弱であったとは解し難い。中世は古代に比して、自然との闘いの面で着実な進歩をみせていたにちがいないのである。（前頁表）

（1）　弥永貞三『奈良時代の貴族と農民』(至文堂、一九五六年)、亀田隆之「古代水利問題の一考察」(大阪歴史学会編『律令国

家の基礎構造』吉川弘文館、一九六〇年)、亀田氏の研究はのち同『日本古代用水史の研究』(前掲)にまとめられた。
(2)『続日本紀』養老六年閏四月乙丑条
(3)天平神護二年一〇月一九日越前国足羽郡大領生江臣東人解(『大日本古文書』編年文書五)
(4)道守庄については岸俊男「東大寺領越前庄園の復原と口分田耕営の実態」(『南都仏教』一、一九五四年、のち同『日本古代籍帳の研究』塙書房、一九七三年、所収)、弥永貞三『奈良時代の貴族と農民』(前掲)、亀田隆之『日本古代用水史の研究』(前掲)、原秀三郎「八世紀における開発について」(『日本史研究』六一号、一九六二年)など。
(5)亀田隆之「古代水利問題の一考察」(前掲、同『日本古代用水史の研究』)二〇二頁
(6)元慶三年七月九日太政官符(『類聚三代格』)
(7)同右
(8)弘仁一〇年一一月五日太政官符(『類聚三代格』)、天長四年九月二六日太政官符(同上)
(9)尾張国郡司百姓等解(『平安遺文』三三九号)
(10)このような観点を導入した研究として村井康彦「田堵の存在形態」(『史林』四〇巻二号、一九五七年、のち同『古代国家解体過程の研究』岩波書店、一九六五年、所収)や石井進『日本中世国家史の研究』(岩波書店、一九七〇年)所収の諸論文、戸田芳実「平安初期の国衙と富豪層」(『史林』四二巻二号、一九五九年、のち同『日本領主制成立史の研究』岩波書店、一九六七年、所収)などがある。
(11)戸田芳実「中世文化形成の前提」(日本史研究会編『講座　日本文化史』第二巻、三一書房、一九六二年、のち同『日本領主制成立史の研究』所収)、稲垣泰彦「中世の農業経営と収取形態」(岩波講座『日本歴史』6中世2、一九七五年)一六九—一七四頁
(12)承保二年四月二八日播磨国赤穂郡司秦為辰解案(『平安遺文』一一一三号)、秦為辰の開発については宮川満「播磨国矢野庄」(柴田實『庄園村落の構造』創元社、一九五五年、所収)、石母田正『古代末期政治史序説』上(未来社、一九五六年)二八七頁以下、大石直正「公水主義の崩壊と領主による用水支配の成立」(豊田武編『産業史』Ⅰ、山川出版社、一九六五年、所

収)、吉田晶「平安期の開発に関する二、三の問題」(『史林』四八巻六号、一九六五年)、亀田隆之『日本古代用水史の研究』(前掲)三〇二—三一八頁

(13)　承安五年正月一六日鴨御祖社禰宜鴨県主祐季解(『平安遺文』三六七二号)、なおこの開発プランが現地豪族の長渚御厨司橘行遠と京都にいて財政的な負担をひきうけた鴨祐季との連携によるものであったこと、ならびにこの開発プランがその直後の延暦寺釈迦堂衆悪僧との私闘の罪によって、祐季が禰宜職を追われたことからみて、計画だおれにおわったと推測されることについては『兵庫県史』第一巻(一九七四年)、八九九—九〇一頁

(14)　東大寺領摂津国猪名庄絵図(『東大寺開田図』所収)、なお『兵庫県史』第一巻、八二四—八二五頁

(15)　なお、庄内川流域の伊勢湾岸における築堤干拓については本書第Ⅸ論文「絹と綿の荘園」三四七—三四九、三五一—三五五頁、大井川下流域の築堤＝島開発については南禅寺領初倉庄の場合について黒田日出男「中世後期の開発と村落」(『歴史学研究』三四六号、一九六九年)、また瀬戸内海沿岸、安芸国沼田川の河口附近における嘉禎四(一二三八)年の小早川氏による塩入荒野の開発については石井進『中世武士団』(小学館「日本の歴史」12、一九七四年)二八二—二九一頁、また紀ノ川下流の塩堤については大治二年八月一七日紀伊国在庁官人等解案(林峯之進家文書『和歌山市史』第四巻、平安一九〇号)

(16)　(長治元年)一二月一九日紀伊国崇敬寺別当頼慶請文(『平安遺文』一六二八号)、西岡虎之助「東大寺領紀伊国木本荘」(同『荘園史の研究』下巻、岩波書店、一九五六年)によると定家は永承二(一〇四六)年、有佐は康和四(一一〇二)年、朝輔は康和元(一〇九九)年ころ、紀伊国守に現任している。

(17)　永暦二年五月日紀伊国在庁官人陳状案(『平安遺文』三一五三号)、なお紀ノ川平野の用水路については『岩橋千塚』(和歌山市教育委員会、一九六七年)五一〇—五二〇頁を参照。

(18)　天承元年八月六日官宣旨案(『平安遺文』二二〇四号)

(19)　永治二年三月一四日越前国牛原庄住人等解案(『平安遺文』二四六一号)、同年三月二六日鳥羽上皇院宣案(同二四六二号)、同年月日越前国司下文案(同二四六三号)

(20)　正治二年後二月日東大寺五師等解案(『大日本古文書』東大寺文書之三、東南院文書七九四号)

(21)　正治二年四月日美濃国在庁官人等言上状(京都大学国史研究室所蔵東大寺文書巻一―四)

むすび

水田稲作経営が中世社会成立期においてもまた日本中世農業の主要な基盤をなしたことはここであらためて指摘するまでもないであろう。畠作生産がもつ独自の役割の究明とともに、堤防を築き、堰溝を掘って水の流れを制御し、水稲耕作そのものの上に村落の再生産構造を支えていた中世農民の社会的生産活動を歴史的に位置づけていくことが必要である。

一一世紀に紀ノ川流域平野の五〇〇町の田地に灌水していた綾井は一〇メートル余の幅をもち、平野を延々と流れる幹線水路として維持されていた。このような用水路が大洪水にみまわれた場合、水難個所の絵図が作成され、所課地(分担個所)が関係の荘園・公領にわりあてられ、それぞれが堰溝・堤防の修築にあたったのである。綾井などではかかる作業の中心に国衙在庁が位置していた。

こうした作業の場合、労働人夫の徴募にあたっては、莫大な食料(労賃以下)が支出された。こういう場合には通例、現地の田堵＝名主だけではとてもその費用をまかないきれず、荘園領主(本所領家)の側も右の食料を負担しなければならなかった。現地と荘園領主の両者は食料の負担をめぐっていつもむつかしい交渉をくり返していたのである。

大小の用水路を整備するために中世の荘園村落は特別な財源措置を講じていた。所当官物の一定部分をさいて設定される井料米やそのための特別な田地(井料田)が用意されていた。この井料米や井料田は本来のたてまえからいうと荘園村落そのものによって管理されるものであったにちがいないであろう。それなくしてムラは存立しえないからである。しかし現実には荘園の公文代がこれを握り、さらに新入の地頭がこれを直接管理しようとさえしている。水をめぐって村落の諸勢力がたがいに主導権を掌握しようとして争うのである。

灌漑労働の人夫は各地から集って来た。彼等に支払われる食料(労働の対価)が中世における村落の再生産を支えており、そこにはさまざまの程度の雇傭労働が組織されていた。食料給付による人夫の編成には、共同体規制の影響を色濃くとどめた夫役=力役徴発から、もっとゆるやかな、明瞭に一種の合意にもとづく雇傭の形態にいたるまでさまざまの段階が観察されうるであろう。これらの諸形態が中世社会でたがいにいかなる比重を占めて存在していたかを正確に把握することは大変困難がともなっている。将来の検討にゆだねなければならぬ部分が多いとはいえ、私は後者の形態の中世社会におけるかなりのひろがりをここでは予想しておきたいと思う。

このような中世の農村労働力の存在形態からみて、中世の農民諸階層の間をめぐる貨幣の役割を歴史的に究明する作業が要請されることになると思う。アジア的諸社会における農奴制ないし封建制の究明にとって、こうした点を具体的に分析することが是非とも必要とされよう。

Ⅶ　鎌倉時代の村落結合
――丹波国大山庄一井谷――

はじめに

中世社会の基底を構成する村落の中世的な秩序というものがどのようにして形成され、またそれは、いかなる性格のものであり、そこにどのような問題がふくまれているか。これらの問題を一個の具体的な地域で、できるならば一個の村落で追究し、そこでいろいろな問題を新しく発見しようというのが本稿の目的である。考察の対象となる地域・村落を一個に限定するこのような方法は、そこから当然生じてくるさまざまの限界に対する配慮を失わないようにすれば、扱われる現実の関係が、広い地域の断片的な史料をつぎたして事態を復原していく方法にくらべて、はるかにはっきりと固定してあらわれるから、研究の初歩の段階では、むしろ、はじめから確定している現実の諸関係を基礎にして確実に鋭く問題をえぐり出すことさえ可能であろうと考える。

最近になって、薩摩国入来院・備後国大田庄などをとりあげて、中世成立期の「名」耕地の自己完結的な性格を重視し、それを小村＝散居型村落として、そこから荘園領主権の性格を解明した永原慶二氏の研究(1)、安芸国三入庄・山城国禅定寺などを素材として、村落の座的構成に村落共同体の中世的特質をみ、これを領主制との関連で追究した黒田俊雄氏の研究(2)、また分業の観点から中世成立期の村落を究明した戸田芳実氏(3)、さらには摂津国垂水庄を中心とする島田次郎氏の精密な研究[4]をはじめ、福留照尚[5]、高重進[6]、木村礎・高島緑雄氏等[7]の貴重な研究が発表されて中世村落の研究がようやく多方面にわたって来た。こうした研究史のくわしいことは高重氏の整理[8]にゆずりたいが、私も、中世村落についての概括的な見通しのようなものを以前に発表しておいた。[9]「名」耕地の一括性を強調する永原氏などの考えは事態の一面をとらえており、これを一概に否定することはできないが、私はこうした考えを重視しすぎることには疑問を感じている。「名」は典型的には安定的な農民的大経営を背景にもつものであって、中世村落はこうした名主層を中心とし、その外延に不安定で零細な弱小経営を広汎に存続させ、両者の関係をとらえるならば、中世村落は二重の構成をとってあらわれるというのが私の前稿の不充分な考察であった。こうした観点を生かしながら本稿では中世村落形成の直接的な担手である有力農民の動向に焦点をすえ、それを具体化したいと思う。前稿で重視した散田作人層は分析の対象にならないが、本稿に登場するような「百姓等」の村落の外延に、彼等の村落からなかば排除されたような形で村落に関係する散田作人層が広く存在し、両者の特殊な関係の形式の上に中世社会とその権力機構が存在したはずである。

素材としてとりあげるのは東寺領丹波国大山庄のうちの一井谷(現在、一印谷)である。大山庄については西岡虎之助、清水三男、宮川満、服部謙太郎[10]等の諸氏の研究を基礎に、最近では谷啓子、梶村玲子、麻野晴子[11]、あるいは岡光夫[12]、また特に田沼睦氏等[13]によって多角的な論及が行なわれて、これまた長い研究史をもっている。本稿はそれらの業績にみちびかれながら私なりに考えなおした大山庄研究の第二部である。[14]

(1)　永原慶二「中世村落の構造と領主制」(稲垣泰彦・永原慶二編『中世の社会と経済』東京大学出版会、一九六二年、所収)、「荘園制支配と中世村落」(『一橋論叢』四七巻三号、一九六二年、両論文とも後に同『日本中世社会構造の研究』岩波書店、一九七三年、所収)

（2）　黒田俊雄「村落共同体の中世的特質」（清水盛光・会田雄次編『封建社会と共同体』創文社、一九六一年、所収）、「中世の村と座」（『神戸大学教育学部研究集録』二〇、一九五九年、両論文とも後に同『日本中世封建制論』東京大学出版会、一九七四年、所収）

（3）　戸田芳実「山野の貴族的領有と中世初期の村落」（『ヒストリア』二九号、一九六一年、後に同『日本領主制成立史の研究』岩波書店、一九六七年、所収）

（4）　島田次郎「中世村落の耕地と集落」（『地方史研究』四九号、一九六一年）、工藤敬一・島田次郎「荘園制下の村落と農民」（岩波講座『日本歴史』6中世2、一九六三年）、島田氏の研究はのちに同編『日本中世村落史の研究』（吉川弘文館、一九六六年）にまとめられた。

（5）　福留照尚「庄園と村落」（『歴史』一八、一九五九年）

（6）　高重進「太田庄における古代的村落の崩壊」（『広島大学文学部紀要』一八、一九六〇年）、なお同「中世村落研究の動向」（『史学研究』八一号、一九六一年）、同氏の研究は『古代・中世の耕地と村落』（大明堂、一九七五年）に集大成されている。

（7）　木村礎・高島緑雄「香取社領における集落と耕地」（『駿台史学』一三号、一九六三年）

（8）　前掲注（6）

（9）　本書第V論文

（10）　西岡虎之助「庄園における官省符庄の変質」（『社会経済史学』二巻三・四号、一九三二年）、清水三男「東寺領丹波国大山庄」（『歴史と地理』三二―六、一九三三年）、「中世後期における丹波国大山庄の生活」（高瀬重雄編『中世文化史研究』一九四三年、所収、両論文とも後に同『中世荘園の基礎構造』高桐書院、一九四九年、所収）、宮川満「庄園村落の展開」（『史学研究』第四〇号、一九五〇年）、同「中世丹波地方における土豪の動向」（『丹波史談』）、服部謙太郎「畿内周辺における封建社会の成立」（『社会経済史学』一六巻四号、一九五〇年）

（11）　谷啓子「丹波国に於ける守護領国制の形成」（『国史談話会雑誌』創刊号、一九五七年）、麻野（脇田）晴子「大山荘の番頭制について」（『兵庫史学』一五号、一九五八年）、梶村玲子「貨幣流通よりみたる丹波国大山庄」（『日本中世史研究』三、一九六一年）

(12)　岡光夫『封建村落の研究』(有斐閣、一九六三年)
(13)　田沼睦「南北朝室町期における庄園的収取機構」(『書陵部紀要』第一〇号、一九五八年)、「寺社一円所領における守護領国の展開」(『歴史評論』一〇八号、一九五九年)
(14)　さきに発表した「中世村落における灌漑と銭貨の流通」(『兵庫史学』二七号、一九六一年、本書第Ⅷ論文)は、大山庄西田井村の分析である。

一　耕地の改良

平安時代の大山庄は丹波国多紀郡河内郷にあって、その四至はしばしば「四至東限公田　西限刈山峯　南限川　北限大山峯」と記される。(1)当時の大山庄は東を公田に接するほか、西は刈山峯に、北は大山峯に、そして南は川によって区切られた一個の地域に存したことがわかる。平安時代の大山庄の開墾の状況や、この地域の歴史地理学的な分析についてはなお独自の究明を必要とするが、ここではさしあたり中世村落形成の前提として特に必要な点についてのみ二、三言及しておきたい。

承和一二(八四五)年の民部省符案によると、このときはじめて東寺に施入された多紀郡の田地は次のように記されている。

民部省符　丹波国司(2)
永施入東寺田地肆拾肆町佰肆拾歩　在多紀郡
墾田玖町壱百肆拾肆歩　池壱処堤長七十丈　野林参拾伍町
四至東限公田　西限刈山峯　南限川　北限大山峯

河内郷地一条三大山里（下略）

第1表に表示したごとく、ここに示された田地四四町余は墾田九町余と野林三五町の集合であって、この地は七〇丈(二一二メートル)の堤によって造成された池とあいまって再生産の条件をととのえていたものと考えられる。

いま、この「池」について注目したいのであるが、これは河内郷地一条三大山里に存したと推定される。すなわち、右の大山里の坪付にみえる耕地に付せられた地名を条里図の上に復原してみたものが第1図である。ここで、大山田が一・二・一〇・一一・一二・一三の各坪に、また山小田が八・一七の各坪にというように同一地名の耕地がそれぞれ一カ所に集中してあらわれるのであるが、ここで特に注意したいのは、池心田が一四・二三の両坪にあらわれ、それに南接した九・一五・一六・二一の各坪に池後田がみえることである。これは明らかに一四・二三の両坪にわたる一個の池を中心にした田地の構成と、それにともなった地名のあり方を示しているのであって、ここから、平安時代以来の大山庄耕地が灌漑用の池をともなうものであったことを推定しうるであろう。後述するように永仁三(一二九五)年の大山庄下地中分状は本稿でとりあげる大山庄の一井谷を「池尻村内一井谷」と記している。そして現在、一印谷と小さな丘陵をへだてて東接する谷あいの地を「池尻」といい、そこにある灌漑用池を「池尻池」と称している。「池尻」はおそらく右の坪付の「池後《ジリ》」から来たと考えられるのであって、こうした地名の由来からいっても、この地に存する耕地がもともと「灌漑用池」ときりはなせない関係にあったことをよく物語っている。平安時代の大山庄開発の最初の拠点は大山庄域にひろがる谷々のうちでも、特にこの池尻の谷に比定することが可能である。

第1表　多紀郡東寺領田地(承和12)

田地	44町140歩	墾田　9町144歩 野林　35町
池	1処　(堤　70丈)	

こうして承和の施入以来、この地の開墾がすすめられていった。延喜二〇(九二〇)年の右大臣藤

原忠平家牒によるとその事情は次のごとくである。

右大臣家牒　丹波国衙(3)
欲任□(旧令返領)東寺伝法料田地
肆拾陸町肆段佰伍拾陸歩事
在部下多紀郡
東限公田　西限刈山峯
南限川　北限大山峯
牒、得㆓彼寺伝法供所陳状㆒云、件田地(中略)以㆓去承和十二年㆒申㆓下官省符於在地国㆒、為㆓伝法料㆒已了。仍建㆓庄家㆒、勘㆓納地利㆒。就中、墾田十一町四段五十六歩、林野卅五町、池二処、其林野之地、逐年亦加墾(下略)

ここでも、田地は墾田(既墾地)と林野(開墾予定地)の集合を意味し(第2表)、そして林野は「逐年亦加墾」といわれ、池は二処にふえている。さきに大山里の池について述べたが、ここで康平四(一〇六一)年の坪付にみえる有防独条一山寺里の池の状態をみてみよう(4)(第2図)。八坪の池に接して五坪に池田東圭がみえ、七坪に隄田がみえる。この隄田は池に接していることからみて

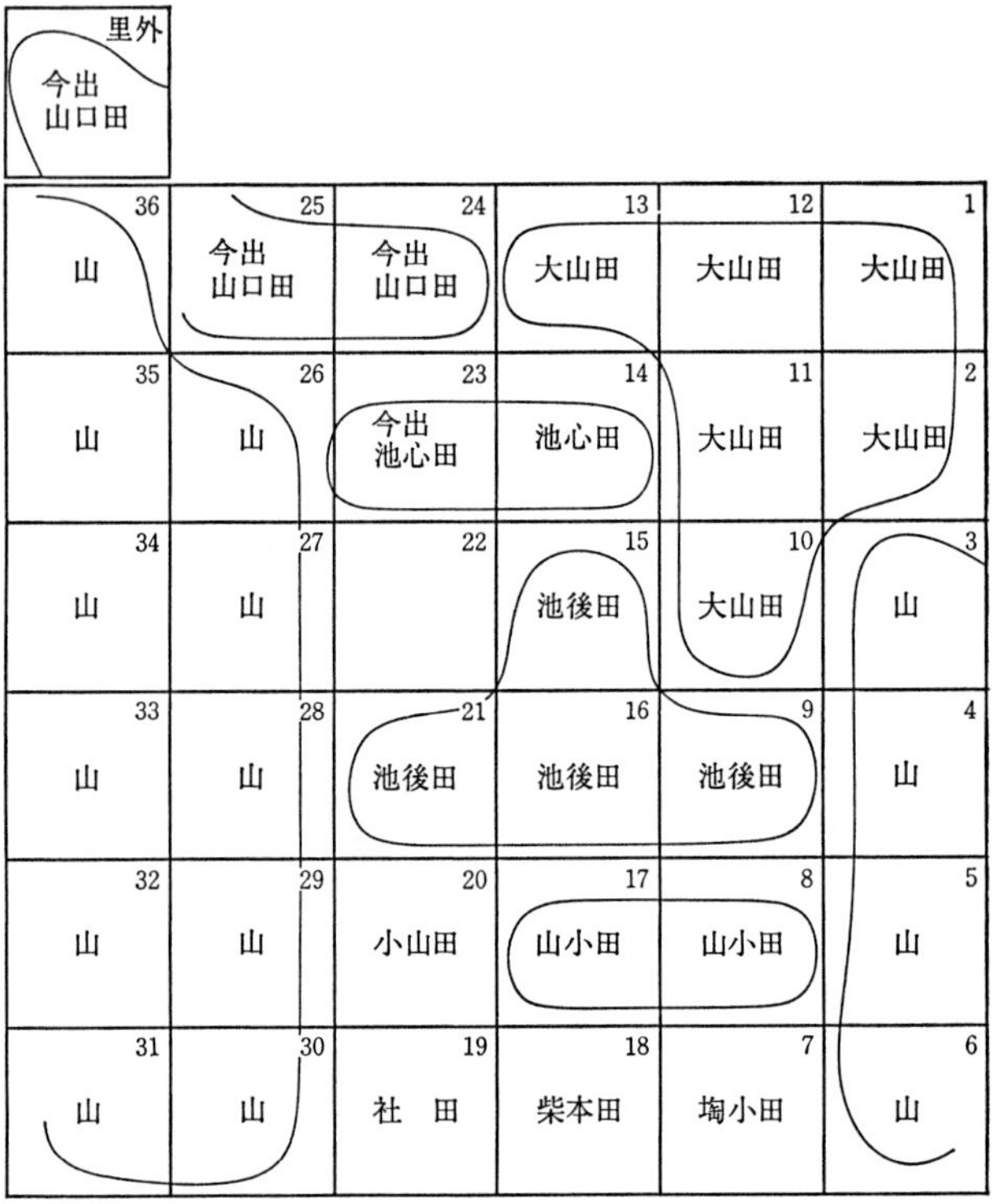

第1図　大山里地名復原図

〔備考〕 山は康平4年坪付(『平安遺文』970号)によって記入.

おそらくは堤田であって、ここから、山すその自然の傾斜を利用して、南側を人工の堤で塞きとめて造成した灌漑用池の存在を復原することができるであろう。さきにみたように大山里の池にも七〇丈の堤が付属していたらしく、山寺里と同じ事情がうかがわれる。戸田芳実氏は「かたあらし」といって連作不能な中世初期の不安定耕地の存在を指摘しているが、中世耕地の不安定性は、ややことなった形ではあるがこの大山の地においてもみることができる。すなわち条里の坪付を検討していけば、以前の耕地が数十年のうちにいちめん山になった事例などいくつも指摘できる。放置された耕地に灌木が生い茂り、山と見わけがつかなくなるのにそれ程の年数を要しなかったであろう。このような不安定耕地の克服に、来たるべき中世村落の歴史的課題の一つが存したのである。(5)

永仁三(一二九五)年にこの大山庄下地は荘園領主東寺と地頭の中沢によって中分されることになった。このとき作成された大山庄下地中分状(6)は本稿で考察する一井谷の四至を次のように記している。

一、池尻村内一井谷拾肆町肆段拾代畠参町

四至　北限峯ノ横道、東ハ竜勢ノ峯々ヲ南へ経、基へ切ヨ立牓示ノ畢。牓示ヨリ少田東端々ヲ南へ谷河へ切。南ハ谷河ヲ長内ノ尾崎ヨリ峯々ヲ、西ハ東桂越ノ峯ヲ先生カ畑頭ノ峯へ切。畑頭ノ峯々ヲ横道へ切。

此内田地拾肆町肆段拾代畠参町

ここに記された四至を現在の一印谷部落の境界線と比較してみるならば、両者が七百年近くをへだてて完全にといっていい程一致している事実を発見しうる。中世の一井谷の北限をなした「峯ノ横道」は現在も木ノ部部落から山の尾根に出て大山の北を横ぎって夏栗山・黒頭峯へ登る尾根伝いの

第2表　多紀郡東寺領田地(延喜20)

田地	46町4反156歩	墾田　11町4反56歩 林野　35町
池	2処	

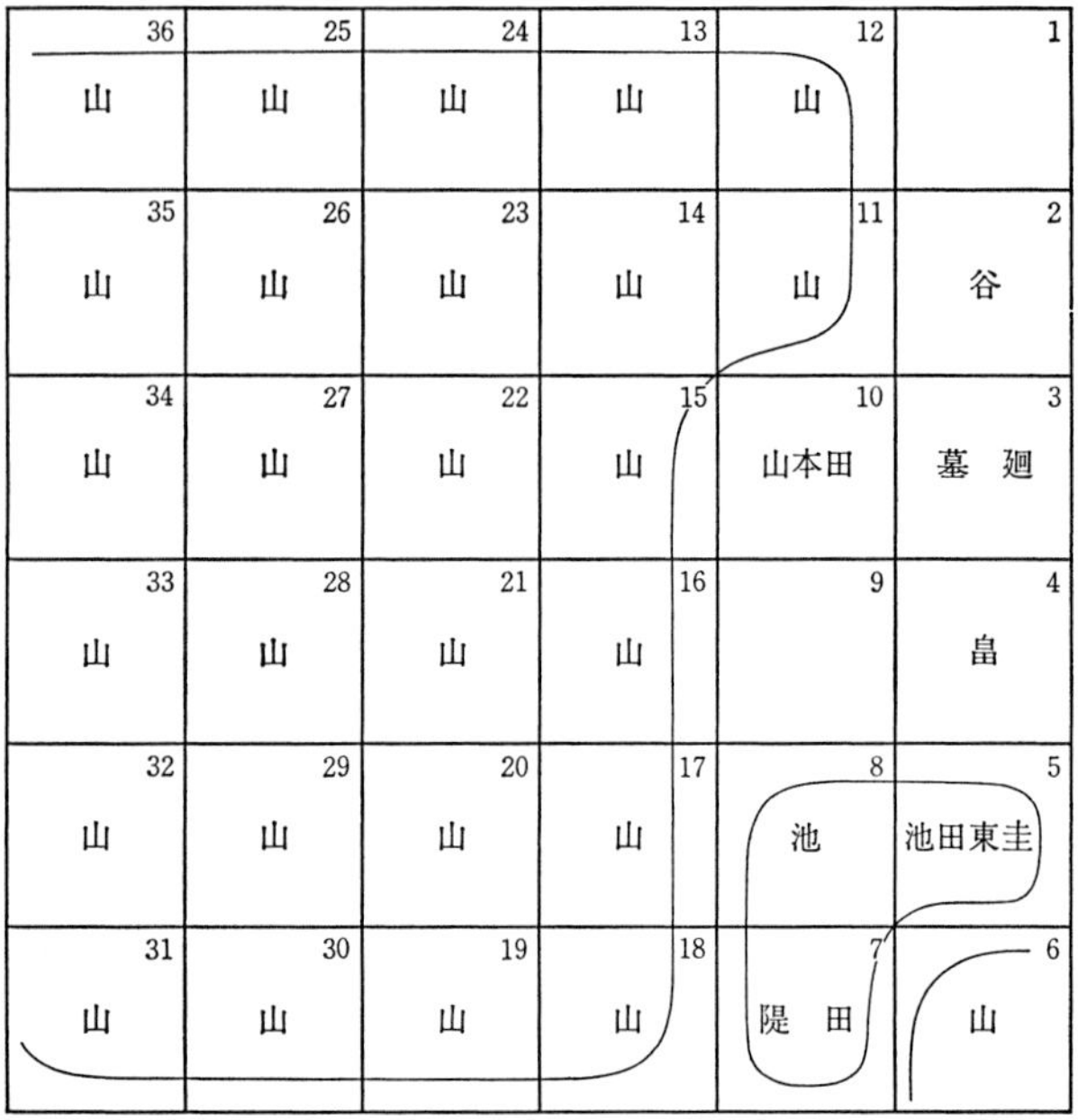

第２図 山寺里地名復原図

〔備考〕 山は康平４年坪付(『平安遺文』970号)によって記入．

山道をさすこと疑いなく、東側の「竜勢ノ峯々」というのは一印谷と池尻・町ノ田をへだてる丘陵の峯々であって、現在でも一印谷の境界線はその南端に位置する標高二九六・五メートルの三角点の位置から真直ぐ西へ山を下って村道へ出、そこから再び南下して通称「谷河」へいたる。三角点から西へ山を下った山すそ、すなわち「基」へ牓示が立てられたことを中分状の記載から推定するのは容易であろう。そして、この牓示の地点から谷河へ南下する境界の東側に現在でも町ノ田部落に所属する田地が存在し、中分状の「少田東」という記述に一致する。二一〇メートルの等高線に沿って一印谷の出口のあたりには三筋にわかれた帯状の窪地がはしっており、そこを谷河が流れて、自然の境界を形づくっている。一番南の帯状窪地と一印谷の西側にはしる丘陵の先端が互いに接する地点を現在「名残地《ナゴチ》」と称するが、これが中分状に「長内」と記され、その尾崎(=尾根崎)より峯々をつらぬいて現在も境界線が走っている。一印谷からこの峯々を横断して高倉部落へ出る山道が現在二本あり、奥のものを「上坂」、手前のものを「下坂」と称し

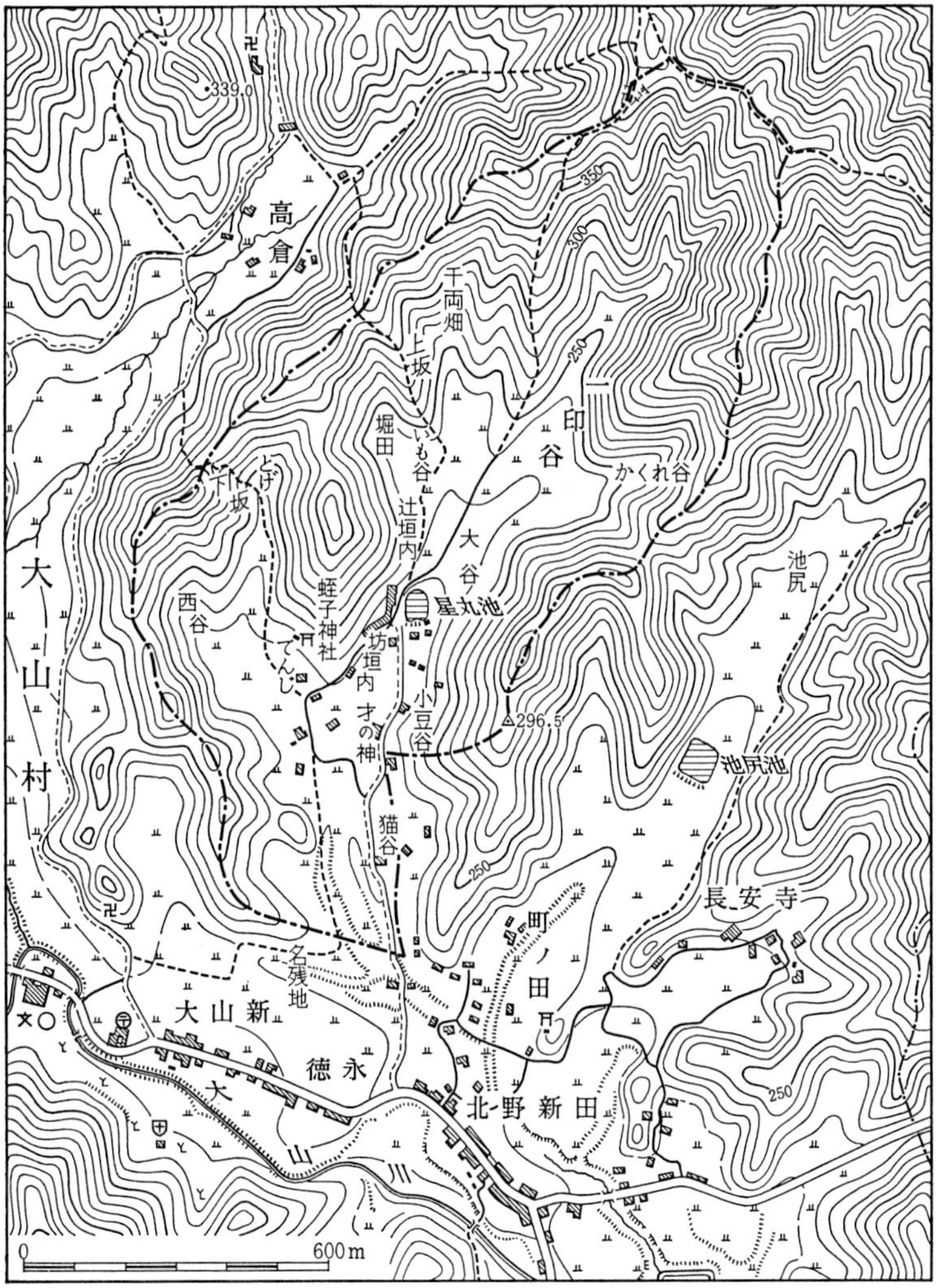

大山庄一井谷地図

〔備考〕 中世以来の地名として，れんくわう谷・連光谷・れこ谷(現，猫谷)，小豆谷，かくれ谷，法師丸(現，星丸池)，芋谷，堀田，西谷，天神(現，てんじ)，坊屋敷(現，坊垣内)，大谷，長内(現，名残地)，先生カ畑(現，千両畑)などがみえる．

ている。この「下坂」への登り口の右手山すそに蛭子神社があるが、それをさらに登ったところが現在の「とげ」であり、中分状に「東桂越」と記されている。(7) 永仁の中分線はこの「東桂越ノ峯」をつらぬいて、さらに北上していたが、この中分線が上坂をこえてさきの「横道」にいたる間に現在「千両畑」と称する一帯がある。この「千両畑」は地形的にみて、中分状が「先生カ畑」と記すものの転訛と考えざるをえない。(8) かくして、中分状が記す一井谷の周囲を一廻りする境界線が完成し、それが現在の一印谷の境界とほぼ完全に一致している事実を読みとりうるのである。中世の一井谷は標高三、四百メートル内外の峯々によって北と東西の三方をとりかこまれた山間に南北に長い自然の傾斜地をもってひらけていた一個の谷であり、南北約一・五キロメートルにわたるこの谷の耕地の海抜は奥が約二五〇メートル、出口が二〇〇メートル内外でその標高差は約五〇メートルの地形を示している。

永仁三年の下地中分によって、領家方に編入された大山庄内の地域はこの一井谷とそれに西田井村・賀茂茎の三カ所であった。西田井村は別に考察したとおり、現在の大山下・東河地・明野の地域にあったのであるから、両者は直線距離にして約二・五キロメートルのへだたりをみせている。(9) 中分状はさきの一井谷四至の記載につづいて、賀茂茎と西田井村を次のごとく記している。

□□(一賀)茂茎谷田壱町捌段参拾伍代
　一所
　廿代　二反　三反　一反卅代　一反卅代　十代　一反廿代
　二反　一反廿代　十五代　三反　一反卅代
　　已上壱町捌段参拾伍代
一、西田井村内田捌町漆段伍代畠弐町

四至　北限宮田堺、東ハ河限テ北ヨリ壱町縄手ヘ切、縄手ヲ西ヘ岡三郎カ家ノ西ニ立ニ牓示一畢。南ハ宮ノ北ノ参町縄手ヲ限、西ハ立ニ牓示一畢。

此内田捌町涤段伍代畠弐町也。

幷田弐拾伍町畠伍町

ここで注意したいのは、(1)西田井村が一井谷と同じく、四至を限った地域的なまとまりをもつ村落であったこと、(2)これに対し、賀茂茎があわせて一町八反三五代のいくつかの耕地片の集合であったということである。賀茂茎の旧域については現在のところ不明であるが、いずれにせよ、これが一井谷にも西田井村にも属さない大山庄内の一地域であって、その耕地片のみが東寺の領有下に編入されることになったのである。田地二五町、畠五町、それに若干の山林が東寺領になったのであるが、島田次郎氏の推定によると、この時の地頭中沢の手に残った部分は、恐らくその三倍以上の面積の土地であったという。(10)その根拠はかならずしも明らかでないが保安三年の官宣旨に「大山庄田陸拾町外加納公田弐拾余町(11)」とあることからみても、またその地形的条件からみても島田氏の推定は正しいものと考えられる。とするならば、永仁三年の下地中分によって再編されることになった東寺領丹波国大山庄というのは圧倒的な面積を占める地頭領にとりかこまれた三つの嶋のごとき存在であったことが推定される。もっとも、一井谷と西田井村はともかくも一個の地域全体であったろうし、賀茂茎は単なる耕地片の集まりにすぎなかったのではあるが。

中世の西田井村がその自然的・歴史的条件に制約されて、農業生産力の特に低劣な村落であったことは前掲拙稿でくわしく述べたことであるから、ここではくりかえさない。一井谷が西田井村にくらべ、より安定もし、かつ典型的な中世村落であったこともその際ふれておいた。西田井村が同じ大山庄内にあっても、篠山盆地の平坦部につらなる一画に位置し、縄手によって境域を区切られるものであったのに反し、一井谷は三、四百メートル内外の峯々の間に狭小な可耕地をともなって流れ下る大山川の上流地域の各所にひらけるいくつかの谷々の一つであって、その立地条件は西田井村にくらべ、はるかに山間村落としての性格をこくしている。

一井谷の内側に立って、さらにこの谷全体を見渡してみよう。その東側は竜勢の峯々がいくつもつらなり、西もまた長内の尾崎からはじまるいくつかの峯が、東桂越の峯から、さらに畑頭の峯々へつづいて、それらの峯々が重なり合うところ、一井谷の内部に数多くの小谷をつくり出すことになっている。いま文保元(一三一七)年の大山庄内検取帳(12)に記された一井谷の地名を順番に列挙してみる。

れんくわぅ谷口、行恒上、井の上、お田かき、小西谷、西谷口、かくれ谷、西谷、小豆谷、さいのまゐ、法師丸、ほり田の口、ほり田、いも谷、なかれを口、大谷口、

文保元年の地名の多くを現在でも一井谷の内部にひろうことが可能である。「れんくわぅ谷」は中世の文書にはまた連光谷・レコ谷とも記されるが、現在の人は「猫谷」という。一井谷の東側、竜勢の峯々の南端近くに位置する。それからやや北上して「小豆谷」、ずっと奥に「かくれ谷」があり、一井谷の西側には上坂の南の傾斜地に「いも谷」と「堀田」があり、下坂の登り口の左手が「西谷」である。「法師丸」は一印谷の中ほどにあって、現在「星丸池」が存在する。「さいのまゐ」は現在も一井谷への入口に立つ「才の神」＝道祖神のあたりの田地であろうか。「大谷」は星丸池の裏側にその名を残している。

第3表は永享九年の大山庄内検帳(13)に記載された地名・人名の一覧であるが、ここに「名」「屋敷」「垣内」などがならんでいることに注意されよう。これらの多くは当時すでに本来の実態を失い、たんなる地名に化しつつあったであろうが、そこに小豆谷・芋谷・西谷などとならんで「レコ谷名」などという名称がのこっており、かつての名がこうした小谷ごとに散居していたことを推定させるかのごとくである。

中世の一井谷にかんする以上のような検討から、ここが山間村落として、近世の大規模な灌漑工事によって沖積平地の広範な新田開発が可能になる以前の社会段階＝中世における最も安定的かつ先進的な耕地となりうる地形的条件を備えていたことを結論しうるであろう。しかし、中世社会における最も先進的安定的な耕地の造成と維持についてはさらにくわしい検討が必要である。永享六（一四三四）年の大山庄旱損下地注文(14)をみると、

大山庄当年干損下地注文
合
一、一井谷分 法師丸より上ハ三分一損計見へ候。法師丸より下ハ半損。
一、西田井分 当年開分三丁五段分、井新田加定、毛少候と見へ候へ共、いかほと候も不存候。反別七八升一斗計つゝたるへく候か。
一、畠方ハ 皆荒にて候。
右、此分見へ候。早々けん使御下あるへく候。
永享六
九月廿七日

とある。ここで一井谷耕地が法師丸を境にして二分され、旱損にさいし法師丸より上が三分一損、下が半損と記されている。つまり旱害の程度が法師丸を境にして上と下とで異っているのであり、これが両地域の耕地の条件の差に由来することはうたがいのないところである。しからば何が両地域の耕地の条件の

第3表　一井谷の地名・人名

	地名	人名
1	小豆谷	
2	レコ谷名	大夫
3	西	平内
4	大家名	
5	右近屋敷	大夫おはな
6	芋谷	大夫
7	ヲハナ名	
8	堀田	左近
9	下天神	衛門
10	坊屋敷	掃部三郎
11	西谷	助
12	里ノ垣内	左近五郎
13	〃	道泉
14	西谷	孫大夫
15	小西	
16	行恒名	政所兵衛
17	上天神	〃

〔備考〕 数字は内検帳記載順位．永享9年大山庄内検帳による．

差をもたらしていたのであるか。

さきにもふれたように一井谷のやや奥まった一劃、二二〇メートルの等高線のすぐ内側に現在「星丸池」と村人が称する一個の灌漑用池があって、国土地理院の二万五千分一の地図にもはっきり記されている。ここで大山庄の田地と灌漑用池との平安時代以来の結びつき、それに、この一井谷が永仁の下地中分状に「池尻村内一井谷」と称されていることなどを考えあわせればこの「池」がむかし「法師丸池」と称されて存在したこと、そして、これこそが中世の一井谷地域の耕地条件を法師丸を境にして二分していた最大の要因であったと考えられるのである。一井谷の耕地の主要部分はおそらく、平安以来、池がかりの形態をともなって造成されて来たと考えなければならない。

同じ頃の百姓中申状によると大風・長雨の年の損亡の状態が次のように記される。

御損毛(亡)申候事、谷田奥へハ三分二そん(損)、さと(里)方へ半そん(損)、此通を御ふち(扶持)候て給候ハヽ、畏入申へく候。(中略)当年事ハ度々の大風又なかあめ(長雨)ふり候て、いね(稲)そん(損)し候事其かくれなく候。[15]

とある。ここに谷田とあるのは一井谷の田地のことである。[16] ここでは一井谷の田地は奥と里方に二分されている。地形から考えて、この奥というのが法師丸池より上を、里方というのが下を指すものであることは間違いなかろう。一井谷の田地を奥と里方に二分している例をいま少しく挙げておくと、享徳元年九月一八日の一井谷百姓中申状[17]には、

就其、おくゐ(奥)半分の御下地ニ御免分三分二損可有之。又さと(里)へより半分の御下地半損の分御免候ハてハかなうましくて候。さ候間いそき御道やり候て可給候。おそくかり(苅)候へハ志ゝ(猪)とりあらし候へハいよ／＼公方様又御百姓等も損にて候へハ急可被懸御意候。(下略)

享徳元
九月十八日　　　　いちいん谷
　　　　　　　　　　御百姓中

とうし
御公文所
まいる

とあり、同年一〇月二日の申状(18)には、

作毛事外なる事にて候間、四分一にてハ百姓等かんにん申かたく候。先度申上候ことく谷々ハ三分二損、下ハ半損ニ給候ハてハかない候ましく候。(下略)

とある。一井谷耕地が「奥」と「里方」に二分され、その境に「法師丸池」が存したことは以上の考察によってほぼ明らかであろう。ところで、一井谷の百姓等が「奥」と「里方」にわけて日照ならびに長雨(大風)の年に要求した損免率を比較してみると第4表のようになる。この表からまず第一に、「里方」耕地についての損免要求率が日照・長雨(大風)の双方を通じて五〇%という比較的安定した数値を示しているのに対し、奥は三三%から六七%まで変動が激しくなっており、「里方」耕地が「奥」耕地に比し、より安定的な耕地であったことがわかる。ここでは損免率しかわからないから、土地生産力の数値を直接には比較しえないのであるが、「里方」耕地が「奥」耕地に比し、絶対数値のうえでも生産性の高いものであったと考えることができる。第二に「奥」耕地の被害が日照の年には比較的軽く、長雨の年には大きかったことが注意されよう。これは「奥」耕地が日照に強く、水に弱かったことを示すもので、とりもなおさず、ここが排水の条件のととのわない、劣悪耕地であったことを示すのである。

第4表　一井谷損免要求率

	里方	奥	年度
日照	50 %	33 %	永享 6 (1434)
長雨(大風)	50 %	67 %	?
?	50 %	67 %	享徳 1 (1452)

〔備考〕注の 15・16・17・18 参照.

　中世耕地にかんする一般的理解からすると、中世の沖積平野は河川の氾濫原であって、その低湿性の故に生産性が低く、逆に山よりのいわゆる山田・サコ田・棚田の方がより安

定した耕地であったことになっている。そういう点からいえば、一井谷の耕地はすべて中世における先進的かつ安定的な耕地の典型とすら考えうるのであるが、右に述べたような一井谷耕地のあり方は、このことをさらに具体的に考える必要のあることを示すものである。

一井谷における「奥」耕地と「里方」耕地の条件の差は「法師丸池」の存在ときりはなせない関係にある。ほぼ標高二二〇メートルの地に造成された法師丸池は、そこから下方にゆるやかな傾斜を示してひろがる階段状の里方耕地を灌水していたのである。こうして中世の一井谷耕地が法師丸池を境にして「奥」と「里方」という二地域に区分され、「里方」耕地が「奥」耕地よりもはるかに安定していた事実は、この「里方」耕地の安定化が池の造成・維持とともにあったことを示すのみならず、さらに具体的に「里方」耕地がたんなる自然湧水の利用にとどまらずして、溜池灌漑によって、適温による灌水をうけるものであったこと、同時に池の造成そのものが、大山川へつながるこの地の排水施設の整備をともなうものであったことなどを考えさせるのである。ここには溜池をともなう灌排水施設の村落的規模による組織的な整備、それによる適正な温度の灌水とそして排水とがみられるのであり、これが一井谷の内部においても特に「里方」耕地を中世の最も安定的な耕地たらしめた要因であったといえる。中世の一井谷耕地は互いに孤立し分散する小谷ごとの小耕地のみによって構成されていたのではないことに注意したい。最初に述べたとおり平安時代にはじめて東寺に施入せられた多紀郡の田地四四町一四〇歩というのは墾田九町一四四歩と野林三五町の複合体であって、田地は墾田＝既墾地と野林＝開墾予定地との両者をふくんでいた。野林は開墾予定地として設定され池と堤とをともないながら「其林野之地、逐年亦加墾」といわれるごとく、開墾への努力がつみ重ねられていったのである。平安時代を通じて大山庄田はきわめて不安定であって、開墾と荒廃をくり返しながら漸次、安定化への努力が払われていったものと推定される。中世の一井谷における「里方」耕地の安定化は、平安時代以来の安定耕地確保のための以上述べたような努力の結果としてもたらされたものであって、そこには溜池をともなう灌排水設備の村落的規模による確保と整備を軸とした改良耕地の造成が進行していたといえよう。かかるうごきは平安期から鎌倉・室町へかけて展開する農村史の一つの基盤であり、ひいては、日本の封建制形成の一つの底流をなすものであった。第5表は文保元年の内検帳によって一井谷における百姓等の田地保有の状態を示したものである。各人の保有地が相互に入り組んで、散在性が著しいことが看取できるであろう。一井谷の百姓等が互いに隔絶された生活を送ることができず、相互に深く関係しあい、村落としての結びつきを強めていたことの原因の一つがここにも存する。

大山庄一井谷の平安から鎌倉・室町へかけての農村史の展開の基盤となった一井谷の村落結合が、明瞭なかたちで姿を現わしている一つの例として、文保二年六月二二日の大山庄一井谷実検注文を紹介しておこう。[19] この実検注文が作成されるにいたった事情については後にくわしく検討するが、これは一井谷における年貢の百姓請が成立した直後というやや特異な時期につくられたものであり、その文書様式もまた通常の実検注文に比し、不完全とも特異ともいえるものである。いま巻首と巻末を摘記すると次のごとくである。

（端裏書）
「大山庄斗代注文」

……………………（紙継目裏花押）……………………

実才（検）注文　文保二年六月廿二日

合

明善五段卅代内　上田二段廿代　分米壱石八斗　中田二段十五代　一石三斗　下田一段五代　四升五合　一升一合　（略押）

已上　三石六斗六合内　井料五升八合除　定米三石五斗四升八合

右馬允八段廿代内　上一段卅代　分米一石二斗　中三段卅代　分米二石五升二合　下三段十代　分米一石四斗四升　（略押）

地　保　有　状　態

ほり田口	ほり田	かくれ谷	西谷口	西谷	小西谷	お田かき	井の上	行恒上	れんくわう谷口	れんくわう谷
			2.00				1.00		3.05	
									1.15	$\underline{1.00}$
									1.00	
			1.00		1.05			0.25		$\underline{0.25}$
								0.45		$\underline{0.05}$
						1.00		0.05		
				$\underline{0.20}$		1.00				
						1.10				
3.35	$\underline{0.40}$					1.00				
			1.25							
			2.00							
		4.35								
				2.25						
				$\frac{0.30}{1.40}$						
				2.00						
				$\frac{0.10}{1.05}$						
7.05										
1.00	$\underline{1.00}$									
		1.25								

$\underline{0.10}$ のごとく記したものは「さうてんのふん」にふくまれた田地. 単位は反・代.

第5表　一　井　谷　耕

人名＼地名	なか内	かき田	大谷口	大谷	なかれをロ	ほうし丸	さいのまへ	小豆谷	いも谷
平　庄　司	0.45								
源　　　内			0.20/0.30						
二郎検校									
弥　五　郎									
ゆ　い　な									
むまのせう						1.00		6.20	
平　　　士			1.00			2.00			
与　四　郎									
与一庄司									
二郎庄司									
藤　　　内									
惣　五　郎				1.00					
庄司太郎									
藤判官代									
明　　　善							1.05		1.25/1.10
平　官　士									
蓮　　　願									
進士太郎									
見　　　道					2.00				
西　　　願						0.25			
紀　藤　次		0.35	6.45						
平　太　郎			2.00						
え　ち　こ			3.00						

〔備考〕 文保元年10月日大山庄内検取帳(東寺百合文書や七一一三)による.

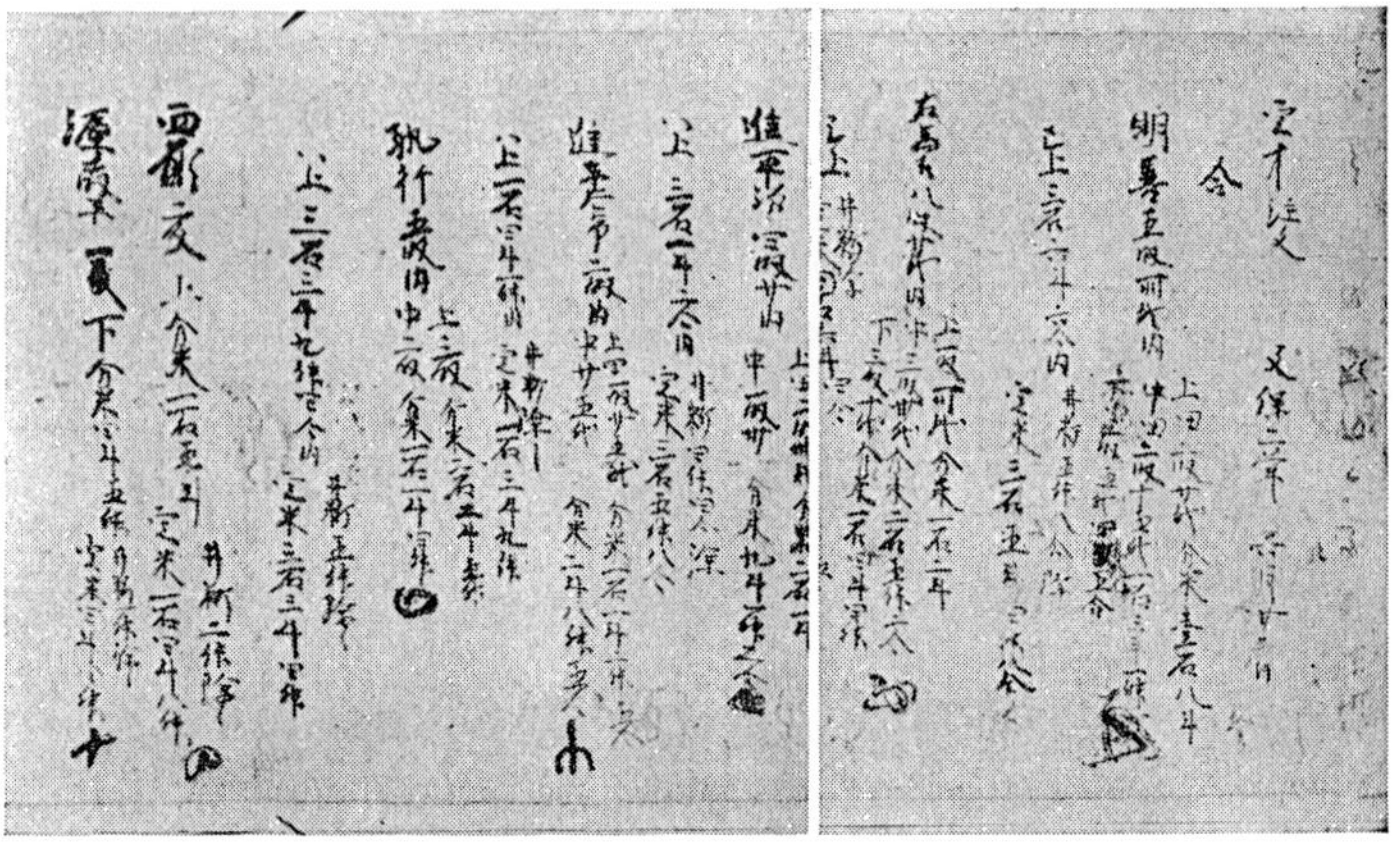

文保二年六月二二日　大山庄一井谷実検注文（巻首・巻末）（京都府立総合資料館）

已上　井料除 定米四石六斗四合

（中略）

……………………（紙継目裏花押）……………………

西願二段　上分米一石五斗　井料二升除之 定米一石四斗八升　（略押）

源藤平一段　下分米四斗五升　井料一升除之 定米四斗四升　（略押）

要するに、この実検注文は明善から源藤平にいたる二一人（内に「御内作」と記されるもの一をふくむ）の百姓等の各人ごとに、その保有田数、上・中・下田の内訳とそれぞれの分米、分米合計、井料控除分、定米等を記しただけのものであって、巻首の第一行に「実才（検）注文　文保二年六月廿二日」、第二行に「合」と付す以外には何も記されておらず通常の実検注文が巻末に、一定の文言を付し、さらに日付と検注担当者の署判を加えるという形式をとっているのに比し、文書の形式がととのわず、不完全なままの草案かとも思えるのである。たしかにこの実検注文には、実検にあたった実検使や代官等の領主権を代表しての署判を欠くのであるが、そのかわり、二一人の百姓等がそれぞれの記載分の下にみずから署判を加えて、一人一人が全体のなかで、その記載の正当性を確認するという形式をふんでいる。そしてその田数合計を算出すると八町一反二〇代になるのであって、このときの一井

第6表　文保2年一井谷実検明細

	(A) 田数	(B) 分米	(C) 井料	(D) 定米(B—C)
明善	5反40代	3石6斗　6合	5升8合	3石5斗4升8合
右馬允	8反20代	(4石6斗9升2合)	(8升8合)	4石6斗　4合
平庄司	6反35代	(3石6斗8升9合)	(6升7合)	3石5斗7升2合
二郎庄司	1反25代	8斗5升5合	1升5合	8斗4升
二郎オオ	1反	5斗7升	(1升　)	5斗6升
藤太夫	2反20代	(1石4斗6升4合)	2升4合	1石4斗4升
平官主	1反15代	(　9斗2升1合)	(　3合)	9斗1升8合
惣官	2反25代	1石6斗　5合	2升5合	1石5斗8升
御内作	7反25代	4石7斗1升9合	7升5合	4石6斗4升4合
さこの次らう	2反25代	1石6斗　5合	2升5合	1石5斗8升
弥五郎入道	3反　5代	1石5斗9升9合	3升1合	1石5斗6升8合
蓮願	7反　5代	4石　8升3合	7升1合	4石9斗1升2合
さい官主	1反10代	5斗4升	1升2合	5斗2升8合
源内	3反15代	(2石　3升7合)	3升3合	2石　4合
平内	7反10代	4石2斗3升6合	7升2合	4石1斗6升4合
与一庄司	5反25代	3石6斗2升1合	5升5合	3石5斗6升6合
進平次	4反20代	3石1斗　2合	4升4合	3石　5升8合
進示太郎	2反	1石4斗1升	(2升　)	1石3斗9升
執行	5反	3石3斗9升4合	5升	3石3斗4升
西願	2反	1石5斗	2升	1石4斗8升
源藤平	1反	4斗5升	1升	4斗4升
計	(8丁1反20代)	(49石6斗9升8合)	(8斗8合)	(49石7斗3升4合)

〔備考〕（　）は筆者の計算値.

谷年貢百姓請の契状[20]に記された田数八町一反三〇代とほぼ一致し、これが書きかけの途中でそのまま放置された実検注文ではなく、不完全のようにみえながら、実は完成された注文であることを示している。写真で示したようにその筆跡はきわめて幼稚かつ粗野なものであって、判読すら容易でない部分がある。そのたどたどしい筆づかいから、これがふだん字をかきなれない百姓の手になるものであることが明瞭である。年貢の百姓請を成立させて、荘園領主権の干渉を最大限に排除しつつ、一井谷の百姓等はこのとき、村落の共同体的結合を背景にして、彼等の手で実検を行なっていたのである。右の珍しい実検注文はこうした百姓等の村の歴史の一つの頂点を示す歴史的な記念碑である。[21]

第6表は右の実検注文に記されたうち、

各人の保有田数と年貢額(分米)とそこから差しひかれる井料、定米等を整理したものである。(A)欄は各人の保有田数であり、これは上・中・下田の三者から構成されている。(B)欄は分米と記されたものであるが、その算出の基準は各人の保有する上・中・下田のそれぞれに賦課される年貢の合計額である。(C)欄は各人の負担する井料、(D)欄は東寺へ納入される定米である。さて、この井料の額は田品のいかんをとわず、ここでは段別一升の割合で計上されている(右馬允・平官主は例外)ことがわかるであろう。この実検注文を作成して、一井谷百姓等は保有田積一反につき一升の割合で井料を負担することに決めたのである。彼等が共同で負担することにきめたこの井料が一井谷耕地の改良と安定化のために計上されるべきものであったことを考えるならば、これが主として前述の法師丸池以下のこの谷の灌排水施設の整備のためのものであったことはいうをまたないであろう。ところで、ここに問題になるのは、法師丸池以下の灌排水施設の整備によって直接的に恩恵をこうむるのは「里方」耕地のみであって、「奥」耕地にその恩恵がおよぶことはないと考えられる点である。通常、池の整備費負担は池がかりの地の保有者の共同負担という形をとると思われるがここでは村落全体の共同負担になっていると考えられる。(22)このことは「池」の公共性の強さと、村落の共同体的機能の大きさとを示す現象である。しかも、この井料(C)は荘園領主東寺との交渉によって、一井谷百姓等がみずから負担すべき年貢(B)のうち一定部分の村落の手による控除を認めさしたものであって、一人一人の百姓の年貢負担額(B)はそれぞれの保有田の田品と田数にのみ依存するのであるから、その行先が純然たる東寺への年貢(D)であろうと、あるいは村落の管理になる井料米(C)であろうと負担額(B)そのものに変化はないのである。

しかし、ここでは、法師丸池以下の灌排水施設の整備が、その恩恵を直接うける池がかりの耕地の保有者だけの共同負担という形をとらず、それをこえた村落的規模の社会的結合体の仕事として遂行されているという事実に注目させられるだろう。つまり、灌漑水系の整備と維持という仕事が、ここではそれを利用するものとしないものを同時にふくむにもかかわらず、あるいは利用度がことなるにもかかわらず、村落全体の仕事としてきわめてパブリックなかたちで運用されているのをみることができる。では、どうして、このようなことが可能であったのか。もちろん、村落が村落としてのまとまりをもって遂行しなければならなかった多様なかたちでの活動のもつ比重がきわめて大きく、その全体の仕事の大きさが、灌漑施設整備についてのある種の不公平をのみこんでしまう程のものであったことを推測させるであろう。中世村落民の共同体的結合への依存は、彼等のおかれた自然的ならびに社会的条件によって直接に強制されていたはずである。たとえばそれは一井谷百姓が「当所の事ハ一夜もしゝ《(猪)》さる《(猿)》おわて《(追)》はかなわす候処お、大勢御座候間、恐申候て、此四五日守おも不仕候」といって獣害の激しいことを訴えたことにもあらわれているのではなかろうか。[23] こうした事情は時代をさかのぼるほどひどかったはずであって、農耕生産の安定化のために村落が支払わなければならなかった努力は想像以上に大きく、自然もまた実に苛酷であったと考えねばならない。一井谷の村落としてのまとまりを要求していたのは自然だけではない。本節で明らかにしたような一井谷地域の内部でどのような村落生活がくりひろげられていたのか、節をあらためて社会的・政治的な側面から、この村の実態を考えてみよう。

(1) 承和一二年九月一〇日民部省符案(『平安遺文』七七号)以下
(2) 同右
(3) 延喜二〇年九月一一日右大臣藤原忠平家牒(『平安遺文』二一七号)
(4) 康平四年七月日丹波国大山庄坪付案(『平安遺文』九七〇号)
(5) 戸田芳実「中世初期農業の一特質」(京都大学文学部読史会創立五十年記念『国史論集』一、一九五九年、後に同『日本領主制成立史の研究』前掲、所収)。ここでくわしく検討はできないが、耕地の不安定性を如実に示す一例として、康平四(一〇六一)年(次頁A図、数字の単位は反・歩)と康和四(一一〇二)年(B図、A現作田　A′年荒　B畠作　B′畠荒を示す。単位は反・歩)の大山庄味淵里の開墾状態を比較しておきたい(『平安遺文』九七〇号、一四八九号)。康平四年の「山」が多く耕地化しているのと同時に、以前の耕地が康和四年に「山」と記されて、灌木の生い茂った自然の状態に逆もどりしたことを推測させている。なお、味淵里は「味淵神社」の現存する現在の「天内」附近に比定されよう。

＊旧稿では以上のように述べたが両者の変動はあまりにも大きすぎる。大山庄条里の現地比定が困難であって、はっきりしたことはいえないが、何かかくされた事情があったかもしれない。

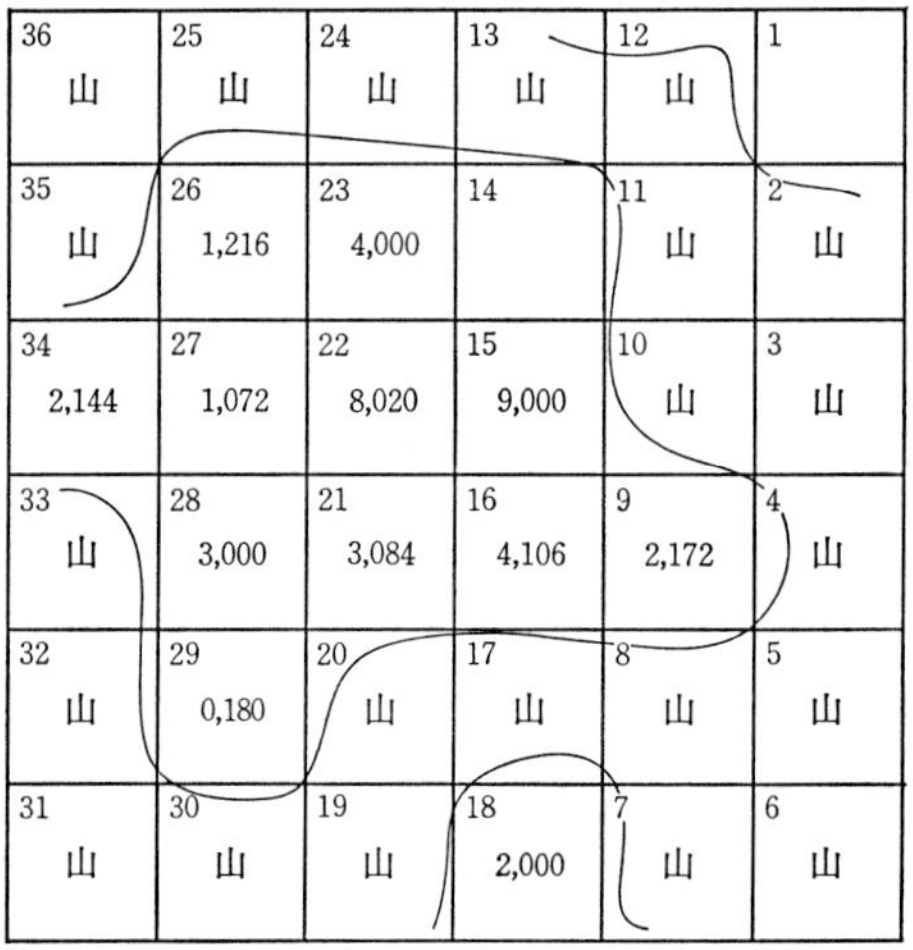

味淵里開墾状態（康平四）（A）

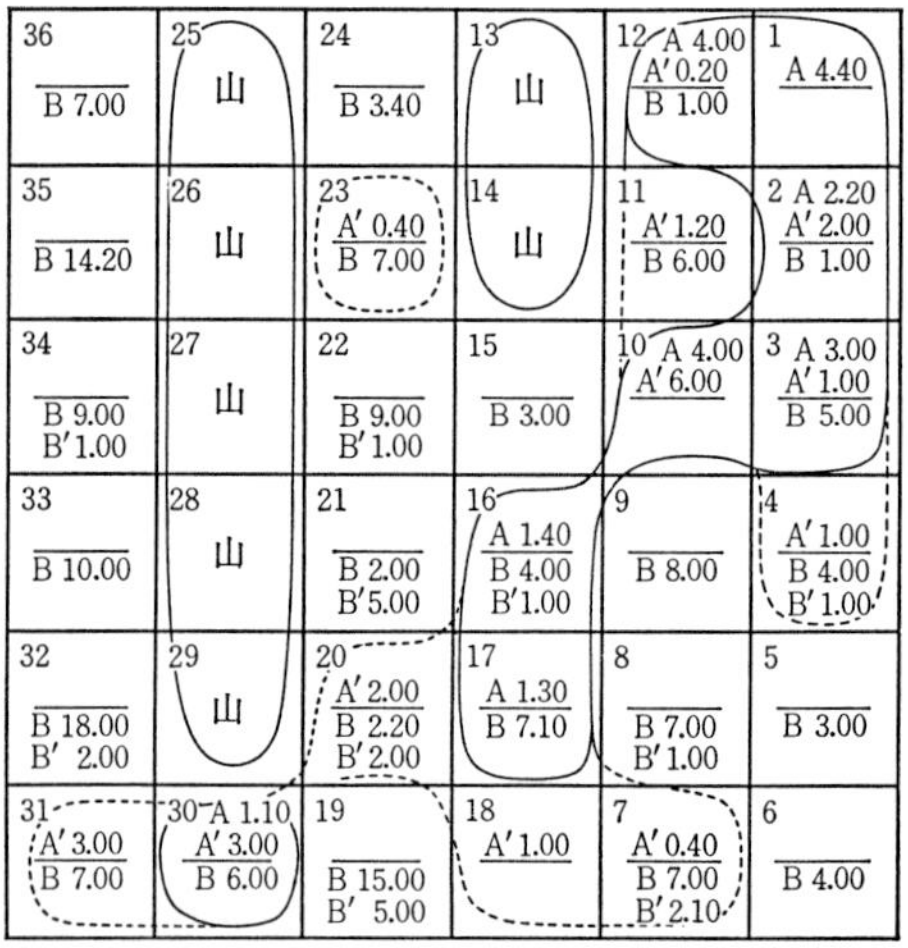

味淵里開墾状態（康和四）(B)

〔備考〕 水田表示は⬭が現作田の坪，⬭が年荒のみの坪を示す．

（6） 永仁三年三月八日大山庄地頭中沢基員分田坪付注文案（『大日本古文書』東寺文書之一、に四一号）

（7） この「下坂」へ通ずる山道が、峠をこえて、高倉部落をそのまま横断し、黒頭峯へむかう途中に「おくかつら」「くちかつら」と呼ぶ急峻な谷間がある。中分状の「東桂越」はこの「おくかつら」に対する「東桂」だったとも考えられる。

(8)　明治一七年の『大山村誌』によると一印谷・高倉の両村にまたがって、千丈畑・千畳畑がある。現在の「千両畑」、中分状の「先生ヵ畑」であろう。
(9)　本書第Ⅷ論文二八九―二九〇頁
(10)　島田次郎「建武の政変」(歴史学研究会・日本史研究会編『日本歴史講座』第二巻、東京大学出版会、一九五六年)二七二頁
(11)　保安三年六月九日官宣旨(『平安遺文』一九六四号)
(12)　文保元年一〇月日大山庄内検取帳(東寺百合文書や七―一三)、文保元年一二月日大山庄内検帳(同文書や七―一三)
(13)　永享九年一一月一二日大山庄内検帳(『大日本古文書』東寺文書之二、に一六六号)
(14)　永享六年九月二七日大山庄旱損下地注文(『大日本古文書』東寺文書之二、に一六〇号)
(15)　(年未詳)九月二九日大山庄百姓中申状(東寺百合文書ノ三四―四〇)
(16)　一井谷の田地を西田井のそれに対して「谷田」と呼んだ例は多いが、一井谷八町二段三〇代、西田井四町七段三〇代、合計一三町二〇代の田数を記した応安四年正月二六日大山庄田数幷年貢名寄帳案(『大日本古文書』東寺文書之一、に一九号)もその一例である。
(17)　享徳元年九月一八日大山庄一井谷百姓中申状(東寺百合文書ノ三四―四〇)
(18)　享徳元年一〇月二日大山庄一井谷百姓等申状(東寺百合文書ノ三四―四〇)
(19)　文保二年六月二二日大山庄一井谷実検注文(東寺百合文書ロ一)
(20)　文保二年六月一四日大山庄一井谷百姓等起請文案(『大日本古文書』東寺文書之一、に七号)
(21)　もっとも、この実検注文の紙継目毎に荘園領主側の裏花押があるが、これは注文が東寺へ運ばれた後、元応元年一〇月に最終確認の意味で付されたものであって、実検注文が領主への年貢納入を保証するために作成されるものであるという本来の性格を示している。
(22)　中世村落の灌漑については拙稿「日本中世の労働編成」(『日本史研究』五六号、一九六一年)改題して本書Ⅵ論文を参照されたい。

(23)　(年未詳)八月一二日大山庄一井谷百姓等申状(『大日本古文書』東寺文書之二、に一一七号)、こうした獣害対策は個々の農家によるよりも、村落の共同の作業によって遂行されることが多かったであろう。今堀日吉神社文書三、四所収の享徳二年卯月二〇日鹿之垣之日記には合計八六の番が結成され、これが一九番、二五番、四二番の三グループにわかれて、鹿垣を作成して獣害に対処したことが示されている。

二　百姓請

圧倒的な地頭領にとりかこまれた鎌倉後期の東寺領丹波国大山庄の三つの地域のうちの一つ、大山庄一井谷で文保二(一三一八)年六月一四日に年貢の百姓請が成立した。年貢の百姓請というのは一般に土一揆とならんで中世における村落結合の存在を最も鮮明なかたちで歴史の表面におしだした一個の政治的達成であるから、一井谷の場合についても、この年の百姓請成立の諸側面を多角的に究明することにより、村落の構成員達の性格をより深く把握することが可能である。

(A) 請申　東寺御領丹波国大山庄一井谷百姓等御年貢斗代事(1)

合八町壱段参十代内

上田参町三反　段別七斗五升

中田参町弐反　段別五斗七升

下田壱町六反卅代　段別四斗五升

右御領者、以㆓下地㆒被㆑切㆓進寺用足㆒之時、段別一色石代旨被㆑定㆑之畢。雖㆑然損亡之時、就㆑申㆓入子細㆒、被

第7表　文保2年百姓請成立による年貢高変化

	斗代	田積		年貢高		%
旧年貢	1石		8丁1反30代		81石6斗	100
新年貢	上　7斗5升	3丁3反	8丁1反30代	24石7斗5升	50石4斗6升	61.9
	中　5斗7升	3丁2反		18石2斗4升		
	下　4斗5升	1丁9反30代		7石2斗7升		

レ下二実検使一之間、云二地下一云二御寺一、非レ無二其煩一、仍任二百姓申請一、所レ被レ定二上中下之斗代一也。然者、於二向後一者、不レ依二旱風水之損亡一、自レ元為二京庫納一之上者、毎年十一月中に可レ令レ運二上寺庫一者也。更寄二事於左右一、雖レ為二一塵一、不レ可レ致二未進懈怠一、若自今以後、背二此儀一申二子細一者（以下起請詞略）、仍起請文状、如レ件

文保二年六月十四日

右馬尉　（略押）

平志やうし　（略押）

次郎志やうし　（略押）

明善　（略押）

この百姓請の成立が一井谷の村落生活のうえに与えたであろう画期的な意義を明瞭にするため二、三の数字をあげてみよう。右の請文に「右御領者、以二下地一被レ切二進寺用足一之時、段別一色石代旨被レ定レ之畢」とある。これは永仁三（一二九五）年の下地中分以来、領家方の公定の斗代が石代であったことを意味するものである。[2]したがって、この時百姓請の対象になった田地八町一反三〇代についていえば、一井谷の従来の年貢額は八一石六斗の計算になる。一方、上田七斗五升代、中田五斗七升代、下田四斗五升代に改定された斗代により、百姓請によって新しく契約しなおされた年貢額を計算すれば合計五〇石四斗六升となり、従来の三八%強の大幅な年貢率の引き下げが実現したことになる。もっとも、この場合、百姓請成立以前の年貢は「損亡之時、就レ申二入子細一、被レ下二実検使一」とか、「損亡之時、百姓就レ歎二申子細一、遂二内検一之条、非レ無レ煩之間」とか記されるように、損亡の言分について、東寺から

実検使が下り、内検を遂げた上、年貢減免を行なっていたのであり、これが「云二地下一云二御寺一、非レ無二其煩一」といわれた理由であった(3)。したがって、実際の年貢高は従来から公定の年貢高八一石六斗をかなり下まわっていたことが予想されるのであるが、それにしてもこの三八%強の年貢引下げのもつ意味はきわめて大きいといわざるをえない。百姓請によるこの年貢引下げによって、百姓等はこれまで毎年のわずらわしい政治交渉によってかろうじて実現しえていた年貢減免を、いまや公然たる権利として確保することを得たのである。この百姓請の契状に署判を加えて、大山庄百姓等は直ちに丹波へ引きかえしたにちがいない。八日後の六月二二日には前節で紹介したごとく、彼等自身の手で実検をとげ、実検注文を作成し、井料の負担額をきめて、みずから村落を管理する態勢を整えつつあったのである(4)。

この年貢の百姓請成立の意味をきわだたせている一つの現象は、これが一井谷でのみ成立し、西田井村では成立しなかった事実である。同じ東寺供僧方の支配するところでありながら、一井谷と西田井村がこのように異なった様相を呈したわけは、荘園領主東寺の政策の立て方に原因があったのではなく、むしろ明瞭にそれをうけて立つ在地の百姓等の側に差異が存したからであった。それを示すのが次に掲げる史料である。

文保二年六月十一日評定(5)

一、大山庄預所就二西田井所務一去年分如二百姓注文一者、十余貫違目在レ之歟。仍、欲レ致二究明之沙汰一之処、重舜不レ可レ背二預所一之由、一庄百姓ニ令レ書二起請文一之間、西田井百姓等変二先日注進一、不レ応二召文一云々。此上者可レ為二何様一哉。就レ之、意見両途。

一義者、就二矢野所務不法之儀一、依レ令二評定一、改而彼庄所務之上者、只因二当庄所務一、被レ召二放之一、可レ被レ補二廉直器一哉。

一義者、依二矢野庄事一、可レ被二召放一者、去春一旦ハ可レ有二沙汰一歟。依二当庄去年所務一、可レ有二沙汰一者、百姓注進㆓与預所申状㆒糺明之後、付㆓是非㆒、可㆑有㆓沙汰㆒哉云々。

一撰義者、両様共不㆑可㆑為㆓難義㆒候上者、宜㆑随㆓多分義㆒歟。仍当座人数中、多分可㆑有㆓改替㆒歟云々。

一、一井谷百姓等、適上洛之上者、以㆓此次㆒、可㆑令㆑評㆓定斗代㆒歟云々。於㆓此義㆒者、無㆓異儀㆒。

東寺でひらかれたこの評定について、まず注目されるのは、これが文保二年六月一四日に成立する一井谷の年貢百姓請の直前という重要な時点における寺家側のうごきを伝えている点である。「一井谷百姓等が、たまたま上洛しているから、このついでに、斗代を評定しようということになった」とこの評定はいっている。一井谷百姓と寺家とのこの斗代評定が年貢百姓請として数日後に結実したことはいうまでもない。しかし、一井谷百姓等は斗代評定のために上洛していたわけではない。彼等はこのとき「適、上洛」していたのであり、東寺は「以㆓此次㆒」て斗代評定を行なったのであって、彼等の上洛の目的は別に存したのである。彼等の上洛の真の目的は預所重舜の非法と関係があった。この評定事書は、預所重舜の非法についてのべ、その「究明之沙汰」のため寺家が大山庄百姓等に召文を発したこと、ところが西田井百姓は重舜におどされて、このとき上洛しなかったこと、ここで預所重舜の改替が決定されたことなどを伝えている。一井谷の百姓は東寺の召文によって、預所重舜と対決するために上洛していたのである。同じ大山庄内にありながら、どうして一井谷と西田井百姓が別個の行動をとったのか、その理由はわからない。しかし両者の行動の差は重大な結果をもたらした。預所重舜に屈服した西田井村では百姓請が不成立におわり、重舜の非法を追求した一井谷では百姓請が成立した。百姓請の成立とはそのまま預所支配の廃止を意味していたからである。

文保二年六月一一日の東寺における右の評定のあと、六月一四日一井谷の百姓請成立、六月二二日一井谷実検注文完成、というように預所重舜排除と、百姓請実施のための施策が矢つぎ早に実施されていった。もちろん、この間には重舜の反撃がある。預所支配と百姓請の関係を最も明瞭に語っているのが、この事件の渦中にあって六月二四日にかかれた円仲の書状である。[6]

大山庄所務間事、内検等其煩候之間、定二斗代一、百姓直進候者、可レ為二公平一歟之由、年来雖下令二問答一候上、不二事行一之処、今年已其儀治定候之間、所務之仁依下無二其用一候上、相二触重舜一候之処、自二真光院殿一、被二補任一候之間、不レ可レ叙二用供僧下知一之上者、対二寺家之使者一、不レ可レ従二所務一之由、令レ下二知庄家一候云々。（下略）

六月廿四日　　円仲

大納言法印御房

大山庄所務については、内検等が煩わしいので、斗代を定め、百姓直進、つまり百姓請にしたから、「所務之仁」は不要であると大山庄をその管轄下におく東寺供僧方は預所＝重舜にふれたというのである。

荘園経営のために東寺から派遣された実務にたけた預所そのものの非法が東寺の大山庄支配を危機においこんでいたのだった。預所重舜は同じく東寺領播磨国矢野庄の経営にもたずさわっており、公文祐深の書状が「凡□□(彼重舜)□□年、矢野庄年貢二百余石令二抑留一之間、所レ被二配置一之二季御談義毎月問答講供僧学衆供料以下大小寺用析皆悉令二闕如一候了。」[7]というごとく、すでに矢野庄年貢二百余石の押領が発覚していた。大山庄における重舜の非法というのは、百姓等の申状[8]によると、

（端裏書）「百姓申状案　重舜放言事」

大山庄百姓等謹言上

欲下早被レ経二厳蜜(密)御沙汰一当庄前雑掌慈門寺公文・大野三郎以下輩被レ申中行放言狼藉重科上子細事

右子細者、前雑掌慈門寺公文去年（文保二年）御年貢悉以乍レ令二収納一、不レ運二送寺家一、結句去二月（文保三年）以二覚儀法師一悉責二取返抄等一、被レ□(称)二庄未進一之間、百姓等捧二連署起請文一、注二進所済之員数一畢。（下略）

ということであった。年貢の押領をごまかすために、自分の配下をつかって、返抄を責取り、庄未進だと称したというのであるから、その庄経営の無法ぶりは、庄民にとってはもちろん、荘園領主東寺の側でも放置しえない性格のものであったにちがいない。預所の地位があやうくなったとき、重舜は自己の地位をまもるため、庄民をおどして「不レ可レ背二預所一之由、一庄百姓ニ令レ書二起請文一」め、西田井百姓がそのおどしに屈したことはさきに述べたが(9)、さらに彼は「自二真光院殿一、被二補任一候之間不レ可レ叙二用供僧下知一之上者、対二寺家之使者一、不レ可レ従二所務一之由、令レ下二知庄家一」(10)めたという。自分は真光院殿から大山庄預所に補任されたものであって、供僧方の命令系統に属するものではない。したがって、供僧方の意をたいした寺家の使者がやって来ても、それに従わなくてもよいと庄民に触れたのである。しかし、これはたんなる口実にすぎなかった。真光院の下知の有無など重舜にとっては、どうでもよいことであった。七月になれば早稲の刈入れの時期にさしかかっていたが、「然重舜此間弥濫二妨庄家一、□(苅)二□(取)早田一」ったといわれ、また「剰不レ叙二用真光院殿之御下知一、倍濫二妨庄家一、苅二取作稲一候条、所存之趣、尤不レ得二其意一候」といわれる(11)。そして同年一〇月一八日、東寺の西院において、重舜は丹波から上洛して来た百姓等と、庄未進の有無につき荘園領主権の面前で対決をとげたのである。六月の百姓請の成立からすでに四カ月余をへた、この日の両者の対決が事件の一つの頂点をなしたものであろう。百姓等が翌一九日にしたため申状(12)によると、その事情は次のごとくであった。

而猶企二参洛一、可二明申一之由、被二仰下一之間、百姓等企二上洛一、於二西院一、遂二問答一之処、彼前雑掌(=重舜)無理之余、為レ塞二自科一、吐二放言悪口一、剰抜二大刀刀一、忽欲レ及二刃傷殺害一之間、依二上方之御制止一、希有而遁二虎口一畢。希代勝事寺家無二其隠一者歟。

事の理非を究明する問答の場において、問答につまって、前後を忘れた重舜が、いわば原告の立場にある百姓等に大刀を抜いて切りつけようとしたというのであるから、その無法ぶりは東寺の領主権を構成する寺僧達をも驚かしたにちがいない。「大山庄年貢勘定之時、重舜狼藉事」について、公文祐深・遍禅などの書状がとりかわされている。[13] 預所重舜の非法は荘園領主権の内部矛盾が顕然化し、その一部が分裂によって領主権そのものに対立し破産するにいたったことを示すものであるが、この危機に際して発せられた百姓等の発言はこの時期の紛争の性格ひいては百姓請の意義を分析する有効な素材になりうるだろう。[14]

凡百姓等数百歳之間、偏奉レ仰二寺家一之処、今如レ此、被二放言一、及二恥辱一之条、難レ堪之次第也。寺家無二取御沙汰一者、誰人可レ有二御哀憐一哉。所詮、不レ被レ申二行厳蜜(密)之罪科一者、土民等於二地下一被二阿党一之条、可レ足二御還迹一歟。若不レ達二愁訴一者、永逃二散庄内一、可レ暗レ跡者也。且為二向後傍輩一、且任下被二定置一之法上、於二慈門寺公文(＝重舜)幷大野三郎以下輩一者、不日欲レ被レ申二行重料一、百姓等不レ堪二愁吟一、粗言上如レ件

十月十九日

百姓等　浄妙法師
平庄司
藤判官代
本庄司
二郎庄司
与一庄司

これは、百姓等が重舜とその代官大野三郎以下輩の放逐を断固として要求した言上状である。重舜が退けられるか、それとも庄民である自分等が永久に庄内を逃散するか、どちらかを東寺がえらぶべきである。これが「数百歳之間、ひとえに寺家を仰ぎ奉って来た」とみずから称するところの百姓等の言い分である。彼等のこの論理は預所をもってする庄経営の失敗に苦慮する荘園領主東寺の利益に合致していた。百姓等が一二月になって再度、右の要求をくり返

しているところからみて、東寺には、事態の収拾につき、なお混乱と動揺が存したらしい[15]。その後の結末は、さだかではないが以上述べたごとき事態の経過から、大山庄一井谷における東寺の百姓請成立がいかにつよく、百姓等の現実の行動によって支えられたものであったかを読みとることはさして困難でなかろう。すでに六月に成立をみた一井谷の百姓請を真に現実のものにしていったのは、その共同体的結合を背景にした一井谷百姓等のあるいは京都で、あるいは在地ですくなくともその年一杯はつづけられた預所重舜とのながい対決であったといわなければならない。西田井村における百姓請が、東寺の要望にもかかわらず、不成立におわったことをみれば、右の事情は一層あきらかであろう。

それにしても百姓は、「凡そ、百姓等数百歳之間、偏えに寺家を仰ぎ奉るの処」「寺家取御沙汰なくんば、誰人御哀憐ある可けん哉」といっている。百姓は寺家(=荘園領主)を仰ぎ奉り、荘園領主は誰人にもましてその百姓を保護し哀憐すべきものとしてここに荘園制的秩序の理想像が描き出されている。たしかに重舜の行なった非法、年貢押領や放言恥辱は百姓の堪え忍ぶべき事柄ではなく、「定めおかれるの法」にしたがってそれは断罪さるべきものであった。荘園領主の保護と哀憐が期待できない場合に「土民等」は当然永久に庄内を逃散して、跡をくらますべきものとされているのである。

ここに百姓等が述べた荘園領主―百姓関係のあるべき姿=理想像こそが預所重舜を失脚に導いた一井谷百姓等の行動理念なのである。そこには当然のことながら荘園制的秩序そのものの不合理性に対する認識は存しない。それは荘園領主権の安泰を年貢の百姓請という一定の形式をもってささえる理念ですらあったといわなければならない。預所重舜の非法は百姓等の内部に直ちに反荘園制意識を育くんだようにはみられない。むしろ、預所重舜は荘園領主東寺にとっても庄民たる百姓にとっても、彼等がそれぞれに安住できると考えた荘園制的秩序の攪乱者としてたちあらわれて、逆に東寺領主権と百姓の一定度の連帯感を自覚させたのではなかろうか。百姓等にとって預所の非法は預所個人の非法としてしかうつらないのであって、荘園領主権は領主権を構成する個々の人間の非法のかなたに神聖にして、おかしがたくそびえていたかにみえる。

（1）　文保二年六月一四日大山庄一井谷百姓等起請文（東寺百合文書や三—五）、なお『大日本古文書』東寺文書之一、に七号に同文書案を載す。

（2）　正安四年の大山庄所務問答条々写（『教王護国寺文書』一九四号）で供僧方は「当庄為二二百石年貢一之条、文書無二其隠一、随而、執行注二進散用状一之、出二石代注文一之上者、卅六石見米ニ切田三町□(六)段下地之条、何可レ称二不足一哉。彼廿丁外、於二五丁下□(地)一者、有二子細一、□(雖)レ不レ載二地頭之請文一、地頭年々抑留物□(千)余石糺返之方ニ地頭避与之条、勿論也。」とか「当庄年貢二百□(石)、□□(下地)二十丁也。此内荒野・見作相交之上者、見米三十六石之足ニ、見作三丁六段難二切出一也。其故者、都下地二十五丁内、荒野八丁七段余云々。為二三分一之荒野一之条、勿□□(論也)。以二此分一、令二支配一者、三十六石ニハ見作二丁四段余ト荒野一町二段余ト可二切出一。」などと称しており、大山庄年貢が石代であったという百姓等の言分をうらづけている。なお右にみえる「荒野八丁七段余」というのは西田井田地を指すものであって一井谷には関係ない。本書二九二頁参照。

（3）　文保二年六月一四日大山庄一井谷百姓等起請文（前掲）、同年月日大山庄一井谷年貢斗代契状案（『大日本古文書』東寺文書之一、に九号）

（4）　文永三年一二月一四日大山庄地頭源基定請文案（『大日本古文書』東寺文書之一、に二号）に「東寺御領大山庄御年貢運上次第」として記される二百石の年貢の内訳を表示

A.　恒例庄立用	10石　　8升7合	5％
大師堂大般若僧膳料	3石4斗8升9合	
一・二宮御神楽用途	6斗	
諸社散米	4斗	
高蔵寺	3斗	
万福寺御寄進	1石7斗6升8合	
御倉開	5斗	
案主給	3石	
B.　寺家御分	63石9斗9升1合	32％
仏正米	7石2斗	
預給米	3石5斗5升1合	
執行御房供米	20石	
小行事給米	10石	
かうしよう給米	12石	
しきさう給米	11石2斗4升	
C.　定残米	125石9斗2升2合	63％
合	200石	100％

しておく。このうちB・Cは二百石のうち東寺へ京進される年貢であって、全体の九五％弱に達している。石代の年貢のうち五％強は「庄立用」として従来から現地で控除されていたわけであるが、文保二年の新斗代による年貢の場合でも、なおこのうちから井料が現地で控除されていたことはさきにみたとおりである。（二五一頁第6表参照）

（5）　文保二年六月一一日評定事書（東寺百合文書し九）

（6）　文保二年六月二四日円仲書状（東寺百合文書や一下）

（7）　（文保二年）七月日公文祐深書状（東寺百合文書や一下）、これは重舜の非法をよく伝えている。

大山庄事重舜申状謹下預候了。就二彼状一散用状一巻進コ上之一。於二所務職事一者、先度如下被レ申候上、百姓直納之条、可レ為二公平一歟之間、令二問答一落コ居庄家一候了。然重舜此間弥濫コ妨庄家一、□コ□〔刈取〕早田□二□〔等候〕、如レ此候者、寺用闕如勿論事候哉。尤濫吹候歟。所詮、先被レ退二庄務一後、重舜所レ申来納与二運上之結解状一、遂二勘定一、有二過上二□早可レ致二償沙汰一候歟。若又、去年々貢所二相残一候者、速可レ被二糺返一候哉。凡□□□〔彼重舜〕年矢野庄年貢二百余石令二抑留一之間、所レ被二配置一之二季御談義、毎月問答講供僧・学衆供料以下大小寺用析皆悉令二闕如一候了。大山庄事、又重雖二参差之子細多候一、被レ閣レ之処、剰不レ叙コ用真光院殿之御下知一、倍濫コ妨庄家一、苅コ取作稲一候条、所存之趣尤不レ得二其意一候。（下略）

七月　日　　　　　　　　　　公文祐深

（8）　（文保二年）一〇月一九日大山庄百姓等言上状（東寺百合文書や三―五）。なお、（文保二年）一〇月一九日公文祐深申状案（『教王護国寺文書』二八五号）紙背に、「一、前預所殿〔被取間〕責返抄事、去二月、、以二覚儀法師一、悉所済之〔令責取後〕返抄畢。以後又六月、、、以〔前預所〕重舜代官大野三郎、少々令二返給一候畢。」とある。さて、この覚儀法師は一井谷の百姓で文保元年一二月の内検帳（東寺百合文書や七―十三）の作成者である。

（端裏書）
「大山損徳取帳　文保元年分 覚義上之」

大山庄一井谷ないけんちやう事

れんくわう谷　平庄司

三反五代　徳一反五代 損二反

（中略）

四反卅五代　徳二反卅五代 損二反　ほくれ谷 ほり田口　かくき

（中略）

同さうてんの分　れんくわう谷　弥五郎

廿五代　徳十代 損十五代

（中略）

一反　徳廿代 損卅代　大谷　かくき

（中略）

文保元年十二月　日　かくき（花押）

預所重舜は代官大野三郎をおき、一井谷百姓覚儀法師を配下に使っていた。この覚儀法師は一井谷百姓のうち預所側について、村落の主導権を失って敗退したものらしい。前節で紹介した百姓請成立後の実検注文の二一人の百姓のうちに覚儀の名をみることができない。（二五一頁第6表参照）

（9）　文保二年六月一一日評定事書（前掲）

（10）　文保二年六月二四日円仲書状（前掲）

（11）　（文保二年）七月日公文祐深書状（前掲）

（12）　注（8）で指摘した百姓等言上状に続く。

（13）　（文保二年）一〇月一九日公文祐深書状（東寺百合文書な四〇—四七）、同日遍禅書状（同文書な四〇—四七）、同日公文祐深申状案（『教王護国寺文書』二八五号）等。

（14）　注（8）、（12）で指摘した百姓等言上状に続く。

（15）　文保二年一二月日大山庄百姓重言上状（東寺百合文書お一—三）

三　村落領主

文保二(一三一八)年に預所重舜と対決し、一井谷に百姓請をもたらした百姓等の中心に藤原右馬尉家安という人物がいた。この一井谷の一人の百姓とその周辺をさぐることによって荘園領主東寺の領主権と村落共同体の関係をさらに具体的に追求することが可能である。東寺領主権の問答の場においてすら、大刀をもって百姓に切りつけたという預所重舜である。その彼が、荘園の現地で、どのような武力的・精神的圧迫を百姓等に与えようとしていたかは想像にかたくない。一井谷の百姓請は百姓等がそうした預所重舜の圧力をはねのけなければ成立不可能だったわけである。右馬尉家安は預所支配を廃絶させ、年貢を百姓請にし、その年貢納入のためのものだとはいえ、彼等自身の手で独自に実検を行ない、注文を作成して、それを互いに確認しあった一井谷百姓等の中心人物であった。西田井村百姓等が重舜のおどしに屈し、起請文をもって預所への忠誠表明をおこなっていたとき、右馬尉家安は平庄司・次郎庄司・明善の三人とともに京都で荘園領主東寺を相手に年貢百姓請の細目を交渉していたのであった[1]。彼は村落的規模における灌排水施設の整備によって、中世における典型的な安定耕地を造成し、この自然の改造を通して、日本における古代から中世への社会転換をささえていた一個の小さな村落共同体の中心に位置していたのである。

しかしながら、この右馬尉家安の姿をおう作業は多少面倒である。彼は村落の代表者として、村落と荘園領主権とがからまりあう中間に立っていた。右馬尉家安のこのむつかしい立場が、彼の行動を複雑にしているからである。最初に彼の存在を示す主たる史料を一括して掲げておきたい。さきにあげた文保二年六月一四日の一井谷斗代契状(史料A)――右馬尉はその最初に署判を加えている――とともに検討してみたいからである。

(B) ゆつりわたす名田事（2）

合壱反十者　在所西谷名田

右件名田者、惣けんけう名田也。この惣けんけう子といふ物なく候あひた平七を子ニする所しち也。この名田を平七ニゆつる所在地面白也。この田年くをけんけう未進する所ニ平七この事をわきまへ候所しち也。この末すへになり候ハわれ人してくれて候と申候ためニかミのいけのさい行殿ニしてたひて候。あとのせうこのためニむらのをとなさた人らまてせうこニたゝれ候。

徳治二年三月廿日

さた人ゆきつねうま

惣けんけう

(C) 丹波国大山庄百姓右馬允家安謹申（3）

領家一円の百姓ニ候上者、いさゝかも御うしろめたなき事仕らす候。きやう後も候ましく候。もしうしろめたなき事候ハヽ、東寺からん幷ニ八幡大井大師三宝の御罰ヲ蒙候へく候。仍状、如件

正和五年五月八日　　右馬允家安（花押）

(D) 大山庄東寺御方住人藤原家安謹言上（4）

欲下早蒙中任二先例一安堵御下知上、当庄沙汰人職間事

右当庄御分田以後、且依レ為二根本名主一、且依二地下故実一、東山預所知行之時、被レ補二沙汰人職一以来、大小御公事、有レ忠更無レ懈、就中、去年新預所下向最前、地下未二合期一、而在住粮米及二闕如一之最中、厳増（＝悪党）代乱入之時者、為二家安秘計一、自二他所一招二寄人勢幷兵粮米一彼是致二其沙汰一畢。忠勤之条、無二其隠一者哉。然者、付二惣別一、可レ預二御恩一之処、預所不レ及二其沙汰一、剰可レ被レ放二沙汰人職一由承之間、愁辞無レ極者也。早被レ優二如此奉公一、如二

日来一被レ下二安堵御下知一者、弥存二忠勤一、為レ致二公平沙汰一、恐々言上、如レ件

正和五年二月　日

(E)丹波国大山庄地頭代平盛継謹言上(5)

欲下□(早)任二傍例一賜中御注進上、当庄預所頼有・実信等致二苅田・刃傷一、重畳罪科難レ遁子細事

右、当庄預所頼有・実信□□□□(代刑部丞馬允)実円等、以二大勢一、今月十□□□打二入地頭方一、致二苅田一之間、件作人菊□(次)郎男、尋二問事子細一之処、馬允聟右衛門三郎無二是非一、抜二太刀一、切二落菊次郎□(男)左耳上一畢。半死半生也。於レ疵者□□(守護)郡□(使)□(五)郎入道被□［　　］□□人等雖レ可レ召□□□□沙汰厳密之最中也。為二御上裁一、□□対論之間、任二雅意一、□二□(苅取)一町余□□(作稲)一畢。凡、於二当庄一者、募二領家□□(年貢)足一、可二分田一之旨、被レ成二関東御下知一之間、去永仁年中、□二□□(去渡下)地一之後、□□□(自)、違乱之□(条)、□(頼)有構二堅固之不実一、田地二町余押領之由、応長［　　］四至堺、定田畠員数、□□□二□一□(御使被差下)、□レ□二□(被実検)下地一之日、雑□(掌)不実、忽可二露顕一之由、捧二□(陳)状一了。(下略)

文保□□□(二)□□日

(F)大山庄条□(条)(6)

(中略)

一、沙汰人馬允在庁申、先雑掌時、号レ宛二給人別五段宛分米一、有限不レ京二進寺用米一事

此条、不レ帯(マヽ)二寺家之御下文一、無窮申状、非二沙汰之限一者也。

(G)注進　太山庄内検取帳事(7)

合

一井谷分

三反五代内〔徳一反五代／（損）ｷ二反〕　れんくわう谷口　平庄司

（中略）

廿五代内〔（徳）ｲ十三代／ｷ十二代〕　行恒上　弥五郎

卌五代内〔ｲ廿二代／ｷ廿三代〕　同所　ゆいな

五代内〔ｲ三代／ｷ二代〕　同所　むまのせう

（下略）

右馬尉が家安という名前をもっていたことは史料Cで彼が自分のことを「丹波国大山庄百姓右馬允家安」と称していることからわかる。そして、この右馬尉家安の姓が藤原であったことは史料Dの家安が「大山庄東寺御方住人藤原家安」といっていることから察しがつく。史料Dの藤原家安は「当庄御分田以後、且依レ為ニ根本名主一、且依ニ地下故実一、東山預所知行之時、被レ補ニ沙汰人職一以来、大小御公事、有レ忠更無レ懈」と称しているから彼が大山庄の沙汰人職に補せられていたことがわかる。ところで史料Fによると、大山庄には「沙汰人馬允」なる人物がおり、先雑掌のときに人別五段の分米を宛給されたと主張していて、大山庄の沙汰人に馬允なる人物がいたことが明白である。ここに大山庄の沙汰人であって、藤原家安という姓名をもち、通常「右馬尉(允)」と称されていた一人の人物の姿がうかんでくるであろう。「右馬尉」「右馬允家安」「藤原家安」「うまのせう」「さた人ゆきつねうま」「馬允」「沙汰人馬允」「右馬殿」[8]などと、この時期の大山庄関係の史料のうちに呼びかえられているのがすべて、一井谷の百姓請そのものを成功に導いた一人の中心人物の多様なあらわれにほかならないことがこれで明らかである。この時期の大山庄をめぐる一見とらえどころもない程に多様な諸事件も藤原右馬尉家安という一人の人物の全体像を復原することによって、彼を結節点として、互いに深い内的連関を有する一つの構造にまとめあげられるようになるのである。

　右馬尉家安は史料Dで「且依レ為二根本名主一、且依二地下故実一」り、沙汰人職に補せられたのだといっている。ところで、彼は史料Bで「さた人ゆきつねうま」と自称し、さらに史料Gによると「行恒上」という地域に田地を保有している状態がみえている。永享九(一四三七)年の大山庄内検帳には「一、行恒名　政所兵衛　八反廿五代」[9]と出ているが、藤原家安の相伝の名はおそらくこの行恒名であったことが推定される。また嘉慶元(一三八七)年の中沢祖道申状によると行恒父子が一院谷(一井谷)の「貞清名」をすてて逐電したことがみえているから、あるいはこれを「貞清名」とも称したことが考えられる[10]。大山庄行恒(貞清)名主藤原家安というのが先祖相伝の伝統的な彼の姿であって、すくなくとも中世の成立期以来の地下故実の伝統を大山庄の根本名主としてほこっていたと考えられるのである。さて、右馬尉家安は正和五(一三一六)年二月に「当庄御分田以来」沙汰人職に補せられたといっている(史料D)。ここにいう「当庄御分田」とは永仁三(一二九五)年の地頭中沢との間の大山庄下地中分をさすか、ないしは正安四(一三〇二)年の執行方・供僧方の分田のどちらかを意味するものであるが、今これをにわかに断定できない。しかし後述のように彼が東寺供僧方と争って東寺内部の大炊教仏と結んだ事情から考えて、永仁三年の下地中分以来、彼が大山庄の沙汰人職に補せられていたと考えた方がより妥当のようである。とするならば右馬尉家安は、下地中分によって地頭中沢の領主権排除に成功した東寺が、庄再編のために最初に抜擢した在地の有力名主であったことになる。「且依レ為二根本名主一、且依二地下故実一」というごとく、右馬尉家安は大山庄の根本名主として、ふるくから在地に伝統的な権威をもってのぞみ、地下故実の伝統的な構造そのもののうちにその存立の基盤をすえた存在なのであった。

　中世前期の荘園村落の上には、一番上に荘園領主権が存在し、その下に地頭を代表とする在地領主の武力支配がのしかかっていたと理解される。しかし、荘園村落の構成員たちもまた武装し、それなりの軍事能力を備えた存在であったことを忘れてはならないのである。近世の領主階級と被支配者を区分するものが前者の武装と後者の武装解除にその現実的基礎が存したとすれば、中世のそれは双方の武装が前提されており、ただ武装の具体的内容にこそ両者の地位を決定する要因が存したとみるべきである。東寺領大山庄にいた一人の「百姓」が藤原右馬尉家安という堂々たる名前をもっていたことは決して偶然ではない。こうした荘園村落の百姓が保持していた戦闘能力を大山庄地頭中沢基員の陳状(11)からひろってみよう。

彼十二日(建治二年一二月)夜半、強盗人打二入于大山庄一之処、土民等令二起合一、禦戦之刻、当庄住人等其数雖レ被レ疵、彼強盗人負手歟之間、脱二捨甲冑一、迯二籠于宮田庄一之由、刁剋之計、雖二告申一之、悪党退散之上者、基員不レ及二罷向一而翼(翌)日十三日触二申于守護御代官一畢。

ここには大山庄の土民等が強盗人乱入に対処しているさまと、地頭基員がその場に居あわせていない事実が語られている。庄内に乱入してくる強盗人の様子を地頭基員はまた「襲二甲冑一、帯二弓箭兵杖一、率二数多大勢一、以二夜半一、令レ乱二入庄内一之条、夜討強盗人之外者、為二何要一哉」(12)といっている。甲冑に身をかため、弓箭兵杖を帯した一群の軍勢を前にして、大山庄の土民軍が必死に防ぎ戦い、疵つくものもあったけれど、強盗人に損害を与えて、これを退散させたというのである。もちろん土民の戦闘力は弱体である。地頭基員は「雖レ然、尩弱之土民等計、令二起合一、禦戦之間、強盗人不レ及二打留一」(13)と称して、地頭領主制が組織する軍勢をむければ強盗人を打ちもらすようなことはなかったと暗に豪語している。地頭の軍事能力が土民のそれを圧倒するものであったという右の事実は一般には当然すぎる程当然である。しかしながら、具体的な事例のなかでは事態はなお複雑であり、地頭とても土民の軍事能力を無視することはとうていできなかったはずである。

こうした荘園村落の軍事的な編成形態をうかがわせるものとして史料Dをあげることができる。ここにあらわれるのは悪党厳増の軍勢の乱入と、これをむかえうつ村落の側の兵粮米と人勢の不足という事態である。この厳増というのは当時大山庄への乱入をくり返した悪党であって、正和二(一三一三)年一二月一三日の東寺衆議執達状[14]で法橋円喜の記すところによると「東寺領丹波国太山庄、号二厳増之代官一、数多人勢乱二入当庄一」といわれ、「於二彼厳増一者、依レ為レ違　勅悪党人一」り召取るべきだともいわれている。一井谷百姓はこの厳増にきびしく対決していたようだが、西田井百姓の方はそうでもない様子である。前稿でふれたように西田井百姓については「仮二地頭之権威一、得二違　勅悪党厳増之語一、令レ忽二緒寺家一」と記されている[15]。地頭中沢と悪党厳増と西田井村百姓と、こうして大山庄支配をめぐる荘園領主東寺の立場もまた困難なものがあったと推定される。一井谷百姓にとっても事態は容易でなかったはずである。悪党厳増は「数多人勢」をもって在地を横行していた。厳増についてこれ以上の詳細はわからない。ただ厳増の在地横行と時期を同じくして、すぐ隣りの近衛家領宮田庄への乱入をくりかえしていた悪党人生西父子の組織する軍勢は相当の規模におよんでおり、厳増についての参考にすることができるだろう。宮田庄の悪党生西については「彼生西以下輩、率二自国他国名誉悪党人等一、打二入当庄一(宮田庄)、日々夜々致二夜討殺害強盗放火種々悪行一」[16]とか「生西父子引二率三百余人悪党等一、去九月廿九日、打二入当庄一、構二城槨一、合戦及二度々一」[17]などと記されている。それは自国他国の名誉悪党人等をひきいる三百余人の軍勢である。「在所不定為二悪党一、伺レ隙令二乱入一」[18]といわれるような機動性にとんだ軍勢が、こうして三百余人も乱入して来ては、通常の村落の動揺はただごとではなかったはずである。大山庄の悪党厳増はこの生西父子程強大なものではなかったとも考えられるのであるが、彼が少なくとも東寺をはなれ、勅命に抗して在地を横行するだけの強さを備えた存在であったことはうごかない。史料Dはこの悪党厳増代の乱入に抗するため、荘園村落が「自二他所一招二寄人勢幷兵粮米一、彼是致二其沙汰一」したことを示している。規模の大きい戦闘にさいして、村落は外部から傭兵を募って、これをその支配下に編成したのである。

荘園村落の軍事的な編成形態をうかがわせるいま一つの事件を史料Eが示している。これは通常の場合とことなって、右馬尉家安等の編成する土民軍が地頭の所領を侵攻し、地頭の代官平盛継がそれを訴えた史料である。史料そのものは虫喰欠字が多く、内容の一部不明のところもあるが事件の概要は次のごとくである。すなわち大山庄の預所頼有・実信の代官刑部丞・馬允・実円等が大勢をもって、地頭方の作田に打入り、苅田を行ない、作人菊次郎男の左耳を切落して半死半生の目にあわせた。下手人は馬允の聟右衛門三郎である。時は文保二年の秋、右馬尉等はなお重舜と対決していた時期である。ところで紛争のあった田地は、永仁の下地中分の後、地頭と東寺の間でその領有が争われていた地域である。右馬尉等の百姓は実力でもってここへ押入り、二町余の作稲を苅取ってしまったのである。地頭代平盛継の訴えをうけた東寺は自分達は事件にかかわりがないと主張した。

丹波国大山庄地頭代盛継掠訴申、当庄預所頼有・実信代刑ア(部)丞・馬允以下事、致ニ苅田刃傷一由事、去十一月九日御催促状到来、承候畢。

抑預所頼有者正和五年他ニ界於京都一、沙汰雑掌実信者非ニ預所一候之上者、不レ召ニ仕刑ア丞・馬允等於代官一候。争可レ致ニ苅田刃傷一候哉。随而、当庄預所未補候。云レ彼云レ是、姧謀之申状候歟。(中略)所詮、召ニ給盛継初度訴状具書一、可レ令レ召ニ進刑ア丞・馬允等一候哉。恐々謹言。

十二月九日　　東寺公文僧祐深 請文[19]

預所頼有はすでに他界し、実信は沙汰雑掌であって預所ではないのだから、現地で刑部丞や馬允を代官に召仕うことも、したがってまた、苅田刃傷におよぶこともありえない、というのである。東寺はしかし事件そのものを否定しているわけではない。それは刑部丞・馬允に直接聞くがよいとしている。このことは東寺のいいのがれであるかもしれない。しかしそのことよりも、なお注意すべきことは二町なにがしかの作田を地頭の手から確保することが、東寺のみならず、百姓等の要求になっていたと考えられる事実である。そして、むしろここでは百姓等の作田確保の欲求が東寺のそれを上まわっていたかにみえる点である。

しかしそれにしても、刑部丞・馬允・実円等が大勢をもって地頭方作田に押入り、二町余の作稲を苅りとってしまったというのは、大変な乱暴である。さきにみたように地頭基員は彼等の軍事力を「尫弱之土民等」と称した。事実そのとおりなのであるが、地頭といえども「尫弱之土民」を無視することはできないのである。

ところで、この地頭作田へ侵入した荘園村落の軍事的編成は、「預所頼有・実信代刑部丞・馬允・実円等、以二大勢一」というように記されており、彼等が複数の人間によって指揮されていたことを示している。預所頼有や実信が背後で彼等を繰っていたか否かは不明であるが、乱入の主体が刑部丞・馬允・実円等の大山庄百姓にあったことは、さきにみたとおりである。ここにあらわれる馬允はもちろん右馬尉家安である。彼はここでは、刑部丞・馬允・実円と併称されて村落の軍勢の首脳部を構成しているが、この百姓軍を一人でうごかしているわけではない。さきの厳増代乱入の際に右馬尉家安は沙汰人として、「為二家安秘計一、自二他所一招二寄人勢幷兵粮米一、彼是致二其沙汰一畢。忠勤之条、無二其隠一者哉」と称しているが、この場合、家安個人の才覚がふるわれたことは事実であっても、それは村落の共同体的結合を背景にし、それをうごかすところに家安の存在理由が存したと考えなければならない。

厳増代の乱入を防いだものを右馬尉家安個人の編成する私的な武士団に求めることはとうてい不可能である。彼個人の私的な武力はさらに矮小であったにちがいない。彼は村落の一員として、また東寺の沙汰人として、村落に結集するなかば武装した百姓等を代表して、村落の武力を左右しえた存在であったと考えられる。

刑部丞・馬允・実円等に率いられて、荘園村落の軍勢が地頭作田におしいったとき、地頭方作人の左耳を切りおとした人物が「馬允聟右衛門三郎」であったと記されていることに注目したい。右衛門三郎を馬允の聟であったとするこの表現の方法からここに小規模ながら家父長的な血縁原理で結集する武力集団の原型が存することを予測させるからである。右馬尉家安は親子・兄弟・一族をこうした家父長的原理で統轄していて、これこそが、彼の私的な武力を構成するものであったと考えられる。村落の軍事編成は刑部丞・馬允・実円等の有力百姓がそれぞれ統率している私的な家父長制的な武力編成をその基礎単位としていたものであろう。預所重舜と対決し、一井谷に百姓請をもたらした一井谷百姓の村落結合というのはこのような武力編成を持ち、時に応じて、村落の外部からも傭兵をつのって、彼等の村を保持していたのである。刑部丞・馬允・実円等が大勢をもって、地頭中沢の作田に打入り、苅田・刃傷におよんだという事実、とりわけ右馬尉家安の聟右衛門三郎が太刀を抜いて地頭方の作人菊次郎男の耳を切落したということは鎌倉後期の丹波国における地頭中沢の卓越した領主権、政治的地位等を念頭に入れるとき、彼等の村落結合のもつ意味が一層明白である。当時の地頭中沢一族は大山庄のみならず丹波一円に所領を分散所有し、丹波国守護を兼ねる六波羅探題南方のもとにあって、しばしば守護代とならんで悪党追捕、大嘗会米催促等にたずさわり、六波羅の奉行人とも家父長制擬制によって特に深い関係をたもって、在地に比類なき勢力を築きあげていたのであった[20]。刑部丞・馬允等のひきいる人勢が局部的な争いであるとはいえ地頭中沢の軍事力に対抗し、それを排除してまで、逆に地頭領の侵攻を企てる程のものであったことは、百姓請成立をめぐる彼等とその村落結合の性格と行動を非常によく理解させるであろう。

右のような「百姓」をどのように把握しながら領主権の安泰をはかるか、という問題は荘園領主東寺にとって大きな関心事としてあったにちがいない。しかし、それにもまして、東寺内部に執行方・供僧方・中綱・職掌・小行事・大炊教仏などといった別個の大小の経済体が出現し、それらが荘園からの得分の配分方法をめぐって互いに激しく争うような事態のなかで、在地百姓の動向は荘園領主権の存続にさまざまの影響をおよぼしていたと考えられる。預所重舜の失脚と百姓請の成立の過程で、重舜と結んだ一井谷百姓覚儀法師の没落があったことはその一つの顕著なあらわれである。(21)応長元（一三一一）年から正和元（一三一二）年にかけて東寺内部で争われた供僧方と大炊教仏の争いもその一つのあらわれとみなすことができる。当時の大山庄の経営をめぐる東寺領主権内部の争いはすこぶる複雑なものがある。大山庄が地頭請であった時期に下地中分を要求して、これに成功し、庄再編の契機をつかんだのは、東寺内部の執行方であった。(22)しかし、その後大山庄得分をめぐって執行方は供僧方の追求をうけるにいたり、正安三（一三〇一）年には「無足之歎、難㆑叶」きことを理由に執行厳伊は大山庄所務を辞退することになり、かわって大山庄は「供僧沙汰」たることになる。このとき執行方へは「見作三町六反下地」が切り出されることになった。以後の大山庄史料に散見する「切田方」のおこりである。やがてこの供僧方に対して大炊教仏の追求がはじまる。

両者の争点の一つは大山庄兵士役の沙汰についてである。大炊教仏の言分は「当寺御仏聖者、自㆓正月㆒至㆓九月㆒、以㆓大山庄之兵士㆒令㆑昇㆑之。自㆓十月㆒至㆓十二月㆒、以㆓大国庄之兵士㆒令㆑昇之処、大山庄分、近季及㆓闕怠㆒(23)」というのである。これに対して供僧方の雑掌は「可㆑為㆓地頭請所㆒之旨、被㆑成㆓関東□(御)下知㆒之後者、依㆑不㆑相㆓綺庄務㆒、代々執行知行之□、敢不㆑及㆓其沙汰㆒者哉。此上者、全非㆓当雑掌自由之緩怠㆒」といっている。(24)地頭請所になって以来、荘園領主東寺は庄務に関係せず、したがって代々執行知行のときも兵士役沙汰はなかったのであって、自分が沙汰しないのも当然だというわけである。応長元年八月にはじまった右の相論はその後両者の間で激しい応酬をくり返すことになるのであるが、大炊教仏は翌応長二年二月になって、こんどは地下沙汰人等と結んで新しい難題をもちだして来た。これが第二の争点である。

東寺諸堂仏聖大炊教仏幷地下沙汰人等謹言上(25)

欲下早任二代々御例一、被二下行一給上諸堂仏聖・沙汰人給付物米事

（中略）

右子細者、自二保寿院御寺務一以来及二十一代一、以二大山庄御季貢十六石五斗弐升内一人給壱石九斗六升加定毎季下行無二相違一之処、当御寺務之時、自二去季一始自二供僧之御中一不二下行賜一之条、不便之次第也。早任二代々之御例一、可レ被二下行一之旨、欲レ被二仰下一矣。仍、粗言上如レ件

応長二年二月　日

大炊教仏は兵士役の要求に加えて、仏聖・沙汰人給付物米の下行を大山庄の地下沙汰人等と結んで要求しだしたのである。大炊教仏と供僧方雑掌のこの相論についても、両者の争いの激しさを伝える関係史料は多いが、その結末は明らかでない。ただここでは庄経営に直接たずさわっている供僧方雑掌をむこうにまわして、寺内の大炊教仏と地下沙汰人等の連携が成立していることに注意したいと思う。ここで東寺領主権を代表して大山庄経営にあたっていた供僧方は、東寺内部の反対派と現地の百姓等の代表とのはさみうちにあったのである。そして、供僧方がその後もつづいて庄務にたずさわっていることからみて、大炊教仏と結んだ地下沙汰人等の地位におそらく微妙な影響が存したであろうと察せられるのである。

ところで寺内の大炊教仏と結んで在地における有利な条件を整えようと画策した大山庄地下沙汰人等のなかに、先述来の右馬尉家安が入っていた。右馬尉家安は事件のあった当時大山庄の地下沙汰人であった(26)。この家安は東寺内部における供僧方と大炊教仏の争いが一応おわったと推測される正和五(一三一六)年二月にその沙汰人職をおわれそうになり言上状を提出して、これに抗議している(史料D)。そして五月に彼は、起請文をかいて卑屈ともみえる態度で、東寺つまり供僧方への忠誠を誓ったのである(史料C)。二月に彼は「大山庄東寺御方住人藤原家安謹言上」といい、

五月には「丹波国大山庄百姓右馬允家安」といっている。「大山庄住人藤原家安」というのは沙汰人としての家安を表現し、ここで彼は自分がたんなる「百姓」ではなく、その家柄を誇る鎌倉武士と同様の形式で自己を表現したのである。(27) このとき彼はここで「地下故実」を述べ、悪党厳増代乱入を防いだ自己の功績をあげて、沙汰人職改替の不当を訴えたのである。五月になって、彼は供僧方の前に完全に屈服していた。ここで、彼は完全な百姓である。「領家一円の百姓ニ候上者、いさゝかも御うしろめたなき事仕らす候。きよう後も候ましく候。もしうしろめたなき事候ハヽ、東寺からん幷ニ八幡大井大師三宝の御罰ヲ蒙候へく候。」とくりかえし述べた右馬尉は彼が東寺の荘園領主権を前にしては、ただたんに一介の百姓身分にすぎぬことをくり返し表明することによって、ただひたすら、荘園領主の恩情にすがろうとしていたのである。しかし、こうした右馬尉の態度も、東寺内部の勢力関係の推移が彼に幸いしなかったからのことである。彼の目は、在地における有利な条件確保のために、遠くはなれた東寺内部の抗争の推移にも注がれていたのである。彼は東寺内部の一勢力と結びつき、彼の動向が東寺内部の抗争に何らかの影響をおよぼしていたのである。

東寺によって地下の沙汰人職に登用された右馬尉は「人別五段宛分米」を給されていたと称している(史料F)。その内容は沙汰人に付せられた五段の給田であったと解される。彼は五段の給田を有して、大山庄東寺方の管理にあたった下級庄官でもあったのである。「大山庄東寺御方住人藤原家安」と称し、彼個人の才覚でもって、兵粮米を算段し、他所の武力をつのって、悪党厳増代の乱入に処した彼は、一個の庄官として一般百姓にのぞみ、ここではむしろ明白に小さな領主である。右馬尉家安は二つの顔をもっている。村落の小さな領主の顔と、たんなる百姓の顔と、中世社会は両者がまざりあい、重なりあっているのである。中世の「百姓」身分は右馬尉のような小領主をふくみ、また彼等をふくむことによって編成された身分なのである。したがって「百姓」身分はその内部に階層差をも、また主従関係をも、さらには搾取関係さえも内包しうるのである。

右馬尉家安は東寺との関係でいえば地下の沙汰人職に登用されて、その荘園制的支配機構の末端に組織された存在であったが、村落の内部での位置はまた別個のものがあった。史料Bは惣けんげうの名田譲状である。一反一〇代のこの名田の在所は西谷と記されている。この西谷が一井谷の内部、長内の裏側の小谷にあたることは前に述べたとおりである。子供のない惣けんげうが年貢につまって、平七に名田を譲るというその内容には特に変ったところもないが、ただその末尾に「あとのせうこのためニむらのをとなさた人らまてせうこニたゝれ候。」とあって、右馬尉家安が「さた人ゆきつねうま」として署判を加えていることに注目させられる。ここには、荘園領主の庄経営をめぐって作成される普通の史料にはめったにあらわれることのない「むら」が明瞭にあらわれている。荘園制下の在地の農民の土地保有を確認するという仕事はむろん法的には荘園領主権の認定なしには完結しえない性格のものであるが、この譲状はそうした枠内にあって、なおそれが在地の百姓等、特に「をとなさた人ら」の独自に構成する地縁的組織＝「むら」の現実的機能の範囲内の仕事でもありえたことを明白に物語っている。この譲状は何かの理由によって、荘園領主東寺の入手するところとなり、したがって現在に伝えられたわけであるが、本来からすれば、東寺の領主権とはかかわりなく、村落内部の世界でのみ、村落に保証されて、権威をもちうる性格のものであったと考えられる。荘園領主権との政治的なかかわり合いの場においてではなく、在地の百姓相互間にとりむすばれる一つの場でのみ、こうした「むら」が明瞭に存在していたことを看取できるのである。この村落はあきらかに「むら」共同体である。そして右馬尉家安はこうした「むらのをとなさた人ら」の筆頭として、この譲状に署判を加えたのであった。彼はここでは「むら」の共同体的機能の中核に位置することが重要なのであって、荘園領主東寺が編成する荘園制的な「職」の体系の一端に、東寺の沙汰人職として登用された彼の存在はいわばその基礎の上に設定された上部の構造にすぎないともいいうるのである。右馬尉の実体は「むら」共同体内部で彼が伝統的に保持しえた実際の権威＝共同体が保証する権威なのであって、荘園制支配機構はこうした彼を沙汰人職という荘園所職の一端に登用することによって、その背後にある「むら」共同体を実際に制御していたのである。右馬尉が「且依レ為二根本名主一、且依二地下故実一」り沙汰人職に補せられたといっているのはまさしく右の関係を表現している（史料D）。この右馬尉の例からおして「沙汰人職」だとか「村々公文職」だとかいう荘園制下の下級荘官にたんなる荘官個人をみてはならないと思う。こうした階層の一部は幕府御家人に組織されえていたのではなかろうか。彼の背後にどのような共同体が存し、それが彼をどのように規制しているか。なお究明すべき部分が多いと思う。

　右の譲状にみえる「むら」の領域については二つの解釈が可能である。永仁の下地中分状が一井谷のことを「池尻村内一井谷」と記していたことを重視すれば、これは「池尻村」全体をさすことになる。しかしながら、この池尻村の内部にあって、一井谷もまた自然の境界によって他と区別された独自の境域をなしていたこと、さらには地頭との下地中分以後、一井谷百姓等が独自の組織をもって、東寺の荘園領主権に対峙し、あるいは地頭中沢と対決し、彼等の手で実検を行ない、彼等の土地保有を互いに確認しあっていたことなどを想起するならば、この「むら」を一井谷のみの村落であったと解することが可能である。この「むら」は公的な用語、都市が農村におしつけた用語ではなく、在地で実際に息づいていた言葉であったはずである。一井谷は明瞭に「むら」の実態を備えていたのであり、池尻村というのは、そうした「むら」の集合体としての「村」であったと解される。一井谷はおそらく、中世における「むら」と称されうるものの最末端の単位をなしていたものであろう。

（1）　文保二年六月一四日大山庄一井谷百姓等起請文（前掲）
（2）　徳治二年三月二〇日惣けんけう名田譲状案（東寺百合文書や一上）

（3）　正和五年五月八日大山庄百姓右馬允家安起請文（東寺百合文書や三―五）

（4）　正和五年二月日大山庄住人藤原家安言上状（東寺百合文書み三二―四八）

（5）　文保二年大山庄地頭代平盛継申状写（『教王護国寺文書』二八七号）。本文書中「当庄預所頼有・実信□□□□□(代刑部丞馬允)実円等」のうち「代」「馬允」の三字は虫食欠字なるも、（文保二年）一〇月九日東寺公文僧申状（東寺百合文書な二三―二四）によりおぎなう。

（6）　（年月日未詳）大山庄雑掌陳状案（『教王護国寺文書』二六三号）

（7）　文保元年一〇月日大山庄内検取帳（東寺百合文書や七―一三）

（8）　文保二年一〇月四日西田井日記（『教王護国寺文書』二七九号）、なお本文書により、西田井にも耕地を保有する右馬尉が一井谷住人なることを確認できる。本書三〇七頁参照。

（9）　永享九年一一月一二日大山庄内検帳（『大日本古文書』東寺文書之二、に一六六号）

（10）　嘉慶元年一〇月一七日中沢祖道申状并具書案（『大日本古文書』東寺文書之一、に四九号）。中沢祖道はこの申状で「去年二月公文所御下向候。皆々雖二召出候一、行恒父子者、以レ次永罷出候。（中略）公文所□(御)散田候間（下略）」と称し、この申状にそえられた具書の筆者は「抑庄家事、てうさん仕候て、さらに無二正体一候間、則下り候て、先百姓を入おきて候。行恒事、守護方より役をかけられ候て、ちくてん仕て候。」といっており、後者が至徳三年二月、大山庄の現地へ下り、逃散中の百姓を還住させて、このときはじめて大山庄に番頭制を施行し、同年二月の大山庄田数名寄帳（『大日本古文書』東寺文書之一、に四五号）に署判を加えた、東寺公文法橋快秀その人の書状であることがわかる。なお、このとき逐電して大山庄から姿を消した行恒父子が、鎌倉末の右馬尉家安といかなる関係にあるかわからないが、いずれにしても、ここに、右馬尉家安の家系の末路を読みとることが可能である。

（11）　弘安元年一一月日大山庄地頭中沢基員陳状（近衛家文書七）。これは地頭基員の言分であって、宮田庄雑掌見寂はこれを否定している。真実がどちらの言分に存するか判断しえないが、この基員の言分の背景に百姓等の武力の存在を推察することが可能である。

(12)　弘安二年二月日大山庄地頭中沢基員重陳状(近衛家文書七)
(13)　同右
(14)　正和二年一二月一三日東寺衆議執達状(東寺百合文書や一下)
(15)　本書第Ⅷ論文三〇五—三〇六頁
(16)　元亨三年八月日宮田庄雑掌良有言上状(近衛家文書七)
(17)　嘉元四年一〇月四日法橋良厳書状(近衛家文書七)
(18)　同右
(19)　(文保二年)一二月九日東寺公文僧申状(前掲)
(20)　大山庄地頭中沢については『大山村史』本文編(塙書房、一九六四年)一〇三—一二九頁を参照。
(21)　前節注(8)
(22)　正安四年正月二五日僧定厳書状案(『教王護国寺文書』一八八号)に「当寺八幡宮理趣三昧供料事、以二大山庄乃貢一、執行致二其沙汰一候之条、経レ年候了。凡当庄代々執行不レ謂二庄家之損否一、二百石〔多毎〕年十一月中可二済進一之条、云二行厳・清寛之請文一、当執行(厳伊)承伏分明之上、当執行守二彼二代請文一(下略)」とある。行厳・清寛・厳伊三代の執行の大山庄経営は弘安五年以来つづけられたが(同年一〇月四日院宣　東寺文書射一—一二)、正安四年に厳伊は大山庄所務を辞退するにいたった。(正安四年正月二六日執行厳伊僧都申状　東寺百合文書む一—二〇)
(23)　応長元年八月日東寺長日大炊教仏申状案(東寺百合文書な四〇—四七)
(24)　応長元年九月日大山庄雑掌陳状案(東寺百合文書な四〇—四七)
(25)　応長二年二月日大炊教仏・地下沙汰人等言上状案(東寺百合文書な四〇—四七)
(26)　史料Dにいう「分田」が永仁三年東寺・地頭間の下地中分であっても、また正安四年の執行・供僧間の分田であっても、応長元—正和元年の大炊教仏・雑掌間の相論当時、家安が地下沙汰人であったことになる。
(27)　「住人」と「百姓」の呼称の差のもつ意味については田中稔氏の御教示をえた。

むすび

鎌倉後期に重点をおいて、大山庄一井谷の村落結合の実態をうかび上らせようとつとめてみた。第一節で考察したように、中世的な農業生産の諸条件、中世における最も先進的・安定的な耕地の造成と維持、そのための灌排水施設の整備等はここでは明らかに「むら」共同体の存在を前提とし、それによってささえられていた。そしてこの「むら」共同体は第二・三節にみるように、中世成立期以来の根本名主層の結合を中核として成立しており、時として彼等をおそう武力的紛争によって、現実に戦闘経験をつみ、またそれによって訓練された武力編成をなしていた。彼等はこうした武力編成を背景にして預所重舜を排撃して、一井谷に百姓請をもたらし、三八％強の年貢高の引下げを実現し、彼等の村落の将来に大きな歴史的可能性をもたらしたし、右馬尉家安がそうであったように、荘園領主東寺内部の派閥的抗争に目をそそぎ、そこに彼等にとって有利な条件のうまれる可能性を読みとっていた。これが、鎌倉期における一井谷の「むら」結合の達成である。この一井谷の事例は、中世前期においては、ある程度特殊な達成であって、これを直ちに一般化しえないことはもちろんである。しかし、例えば、西田井村が預所重舜に屈服したという一井谷と対照的な事例のうちにも、一井谷とはことなった形態での彼等の解放の可能性が蓄積されたと考えることができる。西田井百姓等は悪党厳増と結び、地頭中沢の権威につながることによって、荘園領主東寺の呪術的な束縛から離れたところで、彼等の歴史的可能性の実現をはかっていたのである。一井谷百姓等の勝利が、結局は「百姓等数百歳之間、奉レ仰二寺家一」という事態の再確認につながっていったのと逆の関係ではあったが、彼等の敗北もまた荘園領主寺家を忽緒することによる新たなる勝利への可能性を準備していたのである。当時の村落の動向、その政治的達成の形態はこうしておそらく無限に多様なのであった。そしてこの多様な政治的達成が全体として統合されるところに、荘園制支配と在地領主制展開の歴史的環境が存在したのである。一井谷の「むら」共同体の達成は、中世前期のそうしたものの一つの典型的な事例であると解することが可能である。

本稿では主として一井谷の村落結合の積極的な側面をうかびあがらすように努めて来た。これは研究史のうえで、中世前期の村落共同体の意義・役割についての過小評価が存すると考えたからである[1]。しかしながら、彼等の「村落」の積極面のみを一方的に強調することはまた一つの重大な誤謬をもたらすことになるだろう。彼等のおかれた歴史的環境の酷烈さは村落のあるなしにかかわらず、重要な意義を有していることを認めなければならない。大山庄関係の検注帳の類はその解釈に骨の折れるものであるが、文保元(一三一七)年に作成された二つの内検帳は一井谷の田地を二つに類別して、一方に「さうてんのふん」と注している。田沼睦氏が注意したように、これを「相伝分」と読むとすれば、ここにはおそらく百姓等の強い権利内容を想定しうると考えてよいだろう[2]。と同時にここでは注記のない一般田地に対して一井谷百姓等の所有権が薄弱であったと解さなければならないことになる。それのみか、ここでは「相伝分」の田地の方がすくないのである[3]。この内検帳の解釈にたとえ誤りが存したとしても、さきにもふれたように、南北朝時代になってからも、荘園領主東寺は公文所快秀が現地へ下向し、逃散していた百姓等を皆々召出して、散田をとげ、新たに番頭制を設定して、荘園制支配の再編をとげている[4]。こうした荘園領主の散田行為が実際に行われえた事実の背景に、中世の百姓の側における耕地所有の脆弱性をみなければならないのであって、文保元年の非相伝分田地の大量の存在も決して不思議な現象ではない。もちろん大山庄でも「畠者、為㆓百姓等之敷地㆒之由、申㆑之歟[5]」と記されて、最近の研究が強調する畠地所有が「百姓等之敷地」として彼等の再生産の重要な拠点をなしていたことを評価しなければならないのであるが[6]、それにしても、田地所有における彼等の権利の不安定性はなお、おおえないものが存している。これが、重舜を排斥し、百姓請を実現させ、みずからの手で実検を行った一井谷百姓等のいま一つの側面である。あれだけの政治行動を遂行しえた自立的な百姓等が何故に自分達の再生産の基盤である彼等の耕地をみずからの手に確保しえなかったのか。ここに当時の荘園制権力の支配の酷烈さの特殊な性格と、百姓のおかれた歴史的環境の困難さを読みとることができるだろう。

荘園領主権の支配の苛烈さはある程度までは彼等が保持する武力によって基礎づけられていたにちがいない。預所重舜が常に大刀を帯して庄内を徘徊していたことは、彼が東寺における裁判の場においてまで一井谷百姓にきりつけたというその直情的な行動からして推察されるし、また全くの武力的基礎なしにみずから武装する一井谷百姓等の村落を制御しえないだろうことは明白である。少くとも一井谷百姓の保持する武力に見合うだけの武力を荘園領主東寺は備えていたはずである。

しかし直接的な武力が荘園領主権の主要な基盤であったとは考えられない。あれだけの自立性を有する百姓等が預所重舜を排斥しても、荘園領主権の安泰を信じて疑わなかったとき、彼等は意識の側面で荘園領主権に敗北していたのである。荘園領主権の下でくり返された彼等の伝統的な生存の形式が彼等の意識を呪縛して、それ以外の生存形式の発想を強くさまたげているのである。このような百姓の意識が変革される契機はどこにあるのか。預所重舜との抗争に敗れたかにみえる西田井村百姓の存在のなかにそのかすかな現れを読みとることもまた可能である。彼等の周辺で展開する在地領主制の形成がその一つの形態である。貨幣の力、彼等が無意識にそれを守り、向上させようとする彼等自身の生存、それらの客観的な過程、彼等の宗教的イデオロギー等々、それらのなかに現われる歴史的発展のさまざまな契機について、いまここで直ちに論ずる余裕はない。しかし、彼等がみずからを呪縛していた意識形態の変革過程の追求なしに荘園制下の村落の歴史過程を把握しえないことを感ずるばかりである。

（1）　たとえば本年（一九六三年）の歴史学研究会大会における佐藤和彦氏の報告「鎌倉末南北朝期における領主制展開の要因」（『歴史学研究』二七九号、一九六三年）にもその影響が認められると思う。
（2）　田沼睦「南北朝室町期における庄園収取機構」（『書陵部紀要』一〇、一九五八年）
（3）　第5表参照。
（4）　第三節注(10)参照。
（5）　(年月日未詳)東寺供僧申状写(『教王護国寺文書』一六四号)
（6）　戸田芳実「中世の封建領主制」(岩波講座『日本歴史』6中世2、一九六三年)、河音能平「日本封建国家の成立をめぐる二つの階級」(『日本史研究』六〇・六二号、一九六二年、後に同『中世封建制成立史論』東京大学出版会、一九七一年、所収)

Ⅷ　中世村落における灌漑と銭貨の流通
——丹波国大山庄西田井村——

はじめに

東寺領丹波国大山庄の西田井村という中世の一村落をとりあげ、そこにおける灌漑条件の特質とその変遷を、平安時代の末から室町時代にいたるまでの中世の全時期について具体的に見通しながら、中世村落の商業史へ一つのアプローチを試みたいと思う。[1]

西田井村については、従来からの東寺百合文書、ならびに大山庄に隣接する宮田庄の領家近衛家に伝えられる近衛家文書によって、ある程度の復元も可能であったが、最近になって学界に公表されるにいたった『教王護国寺文書』をこれに加えると、中世における西田井村の情況が、かなり具体的に明らかになってくるようである。なお『教王護国寺文書』の残りが続刊されることによって、南北朝・室町時代のこの村については、なおつけ加えなければならぬことが生ずるかもしれぬが、ここに一応の見通しを述べてみたいと思う。[2]

（1）　銭貨の流通が直ちに商品流通の展開を意味するものでないことは当然ながら、両者が互いに深く関りあう問題であり、村落における銭貨の流通が、そこにおける商品流通の前提をなすことも間違いのない事実である。

（2）　『教王護国寺文書』全一〇巻と絵図はその後、一九七一年までに刊行された。

一　自然的環境

西田井村という村の名称は近世以降の大山の地域に残らなかった。後に述べるような事態から考えておそらくは村そのものが消滅したものと思われる。今、その当否はともかくとして、中世の西田井村の旧域を確定しなければならない。その地形と灌漑水利の諸条件、つまり自然的諸条件の具体的検討を行わなければならないからである。中世における西田井村の境域を示すのは、永仁三(一二九五)年の大山庄下地中分状である。(1)

一、西田井村内田捌町柒段伍代・畠弐町
　四至、北限宮田堺、東ハ河限テ北ヨリ壱町縄手へ切、縄手ヲ西へ岡三郎ヵ家ノ西ニ立二牓示一畢、南ハ宮ノ北ノ参町縄手ヲ限、西ハ立二牓示一畢、此内、田捌町柒段伍代・畠弐町也。

やや判読に苦しむ点もあるが、右の記述から少くとも西田井村が北は宮田庄と堺を接し、東は河を限っていたことがわかるであろう。西田井村の北と東の境に関する右の指摘は、不充分ながら中世のこの村の旧域を推定する重要な手掛りを与えうるものである。すなわち現在は丹南町に含まれる旧大山村にあって、木乃部村等を含む旧宮田庄領域(2)を北にし、かつ東側に河をひかえたような地域といえば、それはおのずから限られてくるのである。現在、旧大山村のなかにあって、右の条件を満足さすような地域は、大山下・東河地・明野の部落のある一帯をおいてほかにありえない。この一帯の東側には、宮田川があって、はるか東北方の山合いから栗柄・坂本・倉本・垣屋・乗竹・上板井・下板井・宮田・高屋・川西等、南北両河内村の諸村落を一つの水系に灌漑しつつ流れ下り、やがて、これは大山宮・石住・高倉・天内・大山上・大山新・一印谷・徳永・長安寺・町田・北野新田・北野等、大山村の諸村落を灌漑して流れおりてくる大山川と合流して、篠山川となって西へ流れるのであるが、この宮田川の流れが大山川と合流する以前に西へ急角度に流路をかえて、西田井村の旧領域とおぼしき東河地・明野・大山下等の地域を抱きこむような形になっている(地図参照)。そして、ここに抱きこまれた地域は、水面より一段と高い台地になっているのが特徴で、そこはたとえ眼下に満々とたたえた流水を見下すことができても、そこから直接に水を引くことの不可能な地形になっているのである。そこは今でもそうであるように、特に中世の技術水準をもってしては、宮田川のはるか上流からの水路による灌漑設備をおいてほかに有効な灌漑方法をもたぬ地形にあったことが明瞭である。中世の西田井村というのは、まさにこのような立地条件をもった村落をなしていたのであり、東堺に宮田川をひかえながら、そこから灌漑用水をうることができず、宮田庄からそれを提供してもらわねばならなかったのである。そこは、大山庄内の他の村村が山麓の谷あいに位置して、山すそから流れおちる自然流水をせきとめて水田耕作を営みえたのとまさに対照的な地帯であったといえるのである。

以上述べたように、大山庄の村落が一般に大山川の水利系統に属していたのに対し、この西田井村のみは宮田川の水利系統に属するのみならず、その用水路はどうしても宮田庄の領域を通過しなければならぬ地形にあったから、宮田庄と大山庄の用水問題というのは具体的にいうと、宮田庄と大山庄西田井村の争いにほかならなかったのである。大山・宮田両庄の用水問題については、宝月圭吾氏の『中世灌漑史の研究』に概略の紹介がされているが、(3)中世村落としての西田井村をあきらかにするのを目的とする本論では、いま少しくわしく検討を加えていきたい。

西田井村の領域とその水利系統に関する以上の推定を史料的に確証するために永仁五(一二九七)年の大山庄公田二五町の結解状の一部を引用したい。(4)

注進　大山庄公田廿五町結解事

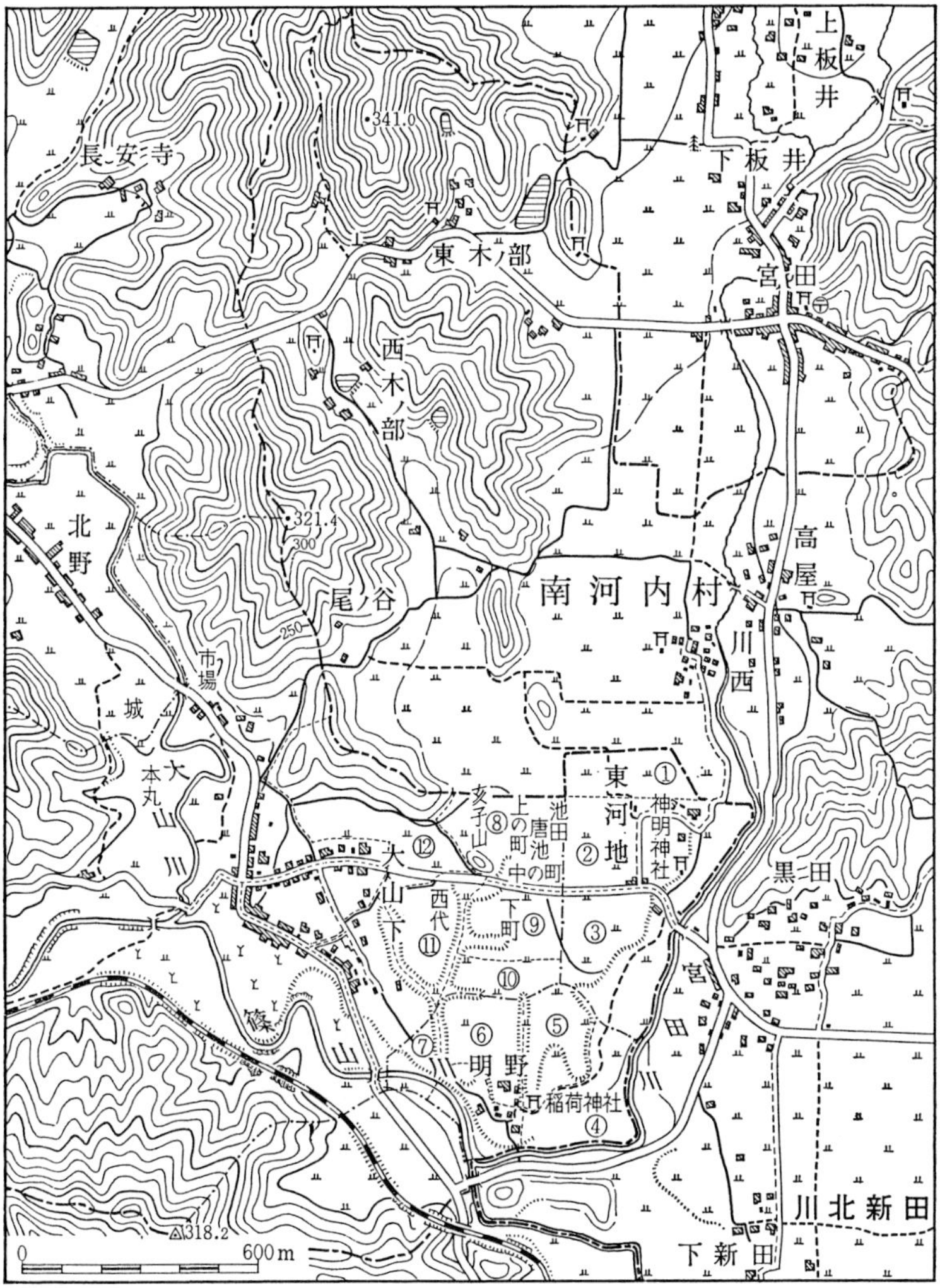

丹波国大山庄西田井村近辺図

〔備考〕 西田井近辺の小字名はそれぞれ，東河地が①浦②中③下，明野が④松本⑤稲荷⑥大北⑦西芝，大山下が⑧上町⑨下町⑩水汲⑪一町手⑫沢である．

除

捌町柒段五代　為二宮田庄一依レ被レ切二落用水一両三年荒了

（下略）

大山庄公田二五町のうち八町七反五代が宮田庄のために用水を切落されて、この三年間荒廃している、というのである。ここで二五町と八町七反五代という数字に特別の意味が存するのである。すなわち、これより二年前の永仁三(一二九五)年三月に、大山庄が地頭中沢と東寺の間で下地中分されたとき、領家側になった田地は、全体で二五町、そのうち西田井村の田地は八町七反五代であったからである。(5) この数字の一致は、右に引用した史料にみえる大山庄の荒廃田が、ほかならぬ西田井村の八町七反五代であることをはっきりと示している。すなわち宮田庄からの灌漑用水に依存する西田井村は、ひとたび宮田庄のために用水を切落されれば、完全に荒廃せざるをえなかったことがわかるのである。大山庄の下地中分が行われて、東寺が現地の管理権を回復したのが永仁三年三月であり、この結解状の作成が同五年一二月であるから、ここに両三年というのは正確に永仁三・四・五の三年間をさし、大山庄西田井村の八町七反五代はこの間宮田庄のために用水を切落されて、完全に荒廃していたものである。

中世を通じて西田井村の田地はよく荒廃した。そして、この絶えずくり返される荒廃が西田井村を他の村々と区別していた。すでに仁治二(一二四一)年、大山庄の地頭請が成立したとき、地頭代正仏はその請文の最後に「但、西田井村荒廃分所当者、打開者、可レ致二沙汰一」といって、西田井村の荒廃田の開発について記しているし、(6) 永仁年間(一二九三—九九)の荒廃については今述べたとおりである。また応永二四(一四一七)年の頃に大山庄代官稲毛修理亮は「宮田方の用水の事、寺家へ申候へとも御沙汰候ハぬを屋形へやう〳〵わひ事なんと仕候て、去々年当庄之用水も落居候」と述べて、この頃にも、宮田庄との用水問題がおきたことを伝えているし、(7) また応永一三(一四〇六)年には代官宗頼が「西田井方かねて申入候しことく、さん〳〵のしたいニ候」といい、(8) 応永二二(一四一五)年には大山庄一井谷百姓等が「西田井方御下地事ハ、一りう(粒)も御年貢沙汰可申候やうも候ハす候。此よしをれん〳〵(連々)なけき(歎)申候へ共、御免なく候間、所せん、西田井方御下地の事ハ、まいらせあけ候」と称し、(9) 永享八(一四三六)年にも彼等は、「西田井事、是又皆荒にて、御下地ニ主もなく候」といったのである。(10)

かくして、西田井村の特殊な用水条件は、この村の斗代にまで影響を与えることになった。文和四(一三五五)年分の大山庄年貢算用状(11)によると、

一井谷分　八丁二反三十代内
　上三丁三反　分米二十四石四斗二升　反別七斗四升
　中三丁四反五代　分米十九石九升六合　反別五斗六升
　下一丁五反廿五代　分米六石八斗二升　反別四斗四升
西田井　四丁七反五代内
　上三町四反五代　分米十八石四斗一升四合　反別五斗四升
　下一丁三反　分米六石二斗四升　反別四斗八升

とあり、大山庄一井谷(現在の一印谷)の斗代が上田・中田・下田の三段階になっているのに対し、西田井村は上田・下田の二段階で、中田が存しない。しかしながら、その斗代をみればわかるとおり、西田井村の上田の斗代五斗四升は、一井谷の中田の斗代五斗六升よりもなお低率なのであって、西田井村には上田がなく、中田と下田ばかりがあるといってしまった方がより適切なのである。大山川の水利系統に属する一井谷と、近衛家領宮田庄の領域を通過して来なければならぬ宮田川の水利系統に入る西田井村が、このような対照的な斗代のあり方を示していることは、西田

井村の荒廃がいかに恒常的な事実であったかということと、そしてまた、それが右の灌漑条件の差に起因するものであることをはっきり示しているであろう。西田井村は中世の荘園制的な領有関係が支配するもとにあっては、社会的・自然的条件の劣悪な、水田耕作には苛酷な環境にとりかこまれた村落であったといえる。

（1）永仁三年三月八日丹波国大山庄下地中分状案（『大日本古文書』東寺文書之一、に―四一号）
（2）田中稔「丹波国宮田庄の研究」（『史林』三九巻四号、一九五六年）によると中世の宮田庄内には、木乃部、栗柄、小坂、板井、興法寺の諸村がみえ、これは大体現在の南北河内村内の大字名になっており、この両村が大体往時の宮田庄の庄域であったとされている。
（3）宝月圭吾『中世灌漑史の研究』（畝傍書房、一九四三年）一六二―一六四頁
（4）永仁五年一二月日丹波国大山庄公田結解状（東寺百合文書マ二一―三八）
（5）永仁三年三月八日丹波国大山庄下地中分状案（前掲）、なお、西田井村の田数は、本文引用史料にみえる。
（6）仁治二年五月日丹波国大山庄地頭代僧正仏年貢請状案（東寺百合文書や七―一三）
（7）（年未詳）九月二四日丹波国大山庄代官稲毛修理亮書状（東寺百合文書ノ三四―四〇）。本書状を応永二四年のものと推定した理由は、文中に「無二左右一御代官改替不便の次第に候」とあるごとく、これは稲毛が自分の代官職改替の命令におどろき、これを歎いたものであるが、彼の代官職改替は、応永二四年八月日の東寺雑掌申状（東寺百合文書チ一―六）その他により、同年七、八月ごろであることがわかることによる。
（8）応永一三年一二月日丹波国大山庄年貢算用状（『大日本古文書』東寺文書之一、に―八三号）
（9）応永二二年九月六日丹波国大山庄一井谷百姓等申状（『大日本古文書』東寺文書之一、に―一〇四号）
（10）永享八年一一月一〇日丹波国大山庄一井谷百姓等申状（『大日本古文書』東寺文書之二、に―一六三号）
（11）文和五年二月二二日丹波国大山庄年貢算用状（『教王護国寺文書』四一三号）、この他、大山庄預所浄円房円良が在任中作成した延文元（同文書四二〇号）、延文二（同文書四二一号）、延文三（同文書四二六号）、延文四（東寺百合文書む二一―二七）、

康安元(『教王護国寺文書』四四二号)年等の算用状はすべて同じ斗代を注記している。

二　歴史的変遷

宝月圭吾氏によって、中世の荘園領主間における灌漑用水分配の一例として紹介された徳治三(一三〇八)年の宮田庄と大山庄の用水契約の成立は西田井村の灌漑史に一段階をもたらしたものである。

すなわち、徳治三年五月二四日に大山庄ではまず宮田庄で作成した井料田避状の文案を検討した後、同月二八日の日付で、東寺の権大僧都定厳と大山庄預所頼尊の署名を付して正式の井料田避状を作成し、これと同日付で作成された宮田庄の用水契状と交換して、和与が成立した(1)。ところで、大山庄の田地一町五反を宮田庄へ避渡すというこのときの井料田避状によると、「右田地は東寺領大山庄西田井村内なり。ここに当庄用水得がたきの間、宮田庄河水之余流を曳かんがため、件田地をもって宮田庄方に避進むるところなり。

大山庄西田井村略年表

年月日	事項	
承安3・4・2(一一七三)	大山庄と宮田庄の用水契約成立する	東寺領
承久3・・(一二二一)	大山庄に地頭中沢が補任される	
仁治2・5・(一二四一)	大山庄に地頭請が成立する	地頭請
建長年間(一二四九―五六)	大山庄地頭基政と宮田庄預所長範の相論	
建治2・12・12(一二七六)	大山庄地頭基員が宮田庄木部村代官西善を殺害	
弘安2・4・(一二七九)	守護代の口入により、大山庄地頭と宮田庄雑掌が和与する	
永仁1・11・(一二九三)	和与破れる	
永仁3・3・8(一二九五)	大山庄に下地中分が成立する	東寺一円領
徳治3・5・28(一三〇八)	大山庄と宮田庄の用水契約成立する	
正和4・・(一三一五)	この頃、西田井村百姓等が代銭納を要求する	
応永22・・(一四一五)	大山庄代官稲毛修理亮が宮田庄との用水問題を解決する	
永享8・・(一四三六)	西田井村百姓等が捨田を行う	
永享9・・(一四三七)	「新池」設置をともなう新しい開墾が始まる	

そもそも彼用水の事、承安三年四月二日大山庄住人等解状のごとくんば、宮田庄之用水を望請わんがために、当庄山野草木をもって、宮田庄より採用せしむべきの旨約諾之処、近年宮田庄と大山庄地頭不和之子細あるにより、草木採用を打止むるの間、用水を打止められ、これについて、田地を避進しめ、和与之儀をなすところなり。草木同じく旧規に任せて、採用せらるべきの旨、契約せしむべきといえども、寺家と地頭基員下地を分領せしめて以来、寺家方の領に於いては、山野草木合期せざるの間、田地壱町伍段を避進しむるところなり。」となっている。ここに、同じ宮田川の水利系統に依存する宮田庄と大山庄西田井村の歴史的な関係が要約的に説明されているのをみることができる。このとき宮田庄から用水の提供をうける代償に避渡された大山庄の田地一町五反が西田井村の田地であったことは、両者の関係からみて当然であろう。さて、宮田庄と大山庄、特にその西田井村との関係は次のごとくいうことができる。

(1)平安時代の末期以来ながく、西田井村は宮田庄から灌漑用水の提供をあおぎ、宮田庄はそのかわりに、大山庄内の山野の草木採取を認められていた。

(2)ところが近年、大山庄地頭と宮田庄との間に争いがおき、大山庄地頭中沢基員は宮田庄の大山庄内における草木採取を禁止し、宮田庄では報復的に灌漑用水の供給を止めてしまった。

(3)しかるに、大山庄では、地頭と東寺の間に下地中分が行われて、東寺はあらたに現地の管理を行うことになったが、すでに山野は多く地頭方にとられ、自分のところだけでも不充分なくらいであるから、ここに井料田一町五反を宮田庄へ渡して、灌漑用水の提供を仰ぐことにしたのである。

以上が、徳治三(一三〇八)年に成立した用水契約の歴史的背景の概略である。

大山庄は西田井村の灌漑用水の提供をうけるかわりに、宮田庄に対し、大山庄山野の草木採取権を認める、というのが両者の間に成立していた本来的な関係である。この関係が成立した時期は、「大山庄草木をもって宮田庄よりこれを採用し、宮田庄河水之余流をもって、大山庄に引懸くべし」とか、「宮田庄之用水を望請わんがために、当庄山野草木をもって宮田庄より採用せしむべし」といった記述が、承安三(一一七三)年四月二日の大山庄住人等解状にあったといい、かつ、これがながく記憶されていたことから考えて、一応、平安末期のこの年に、右の関係がきちんと成立したものと考えてもよかろう。

しかし、その後鎌倉時代になると、大山庄の支配関係に大きな変化が生じ、ために宮田・大山両庄の関係が悪化するにいたった。つまり大山庄には、承久の乱以後、新たに地頭中沢が補任され、さらに仁治二(一二四一)年には、大山庄の地頭請が成立して、大山庄の実質的な支配を行うものが東寺から地頭中沢へと交代されたのである。大山庄の実質的な支配権をにぎって、地頭中沢は山林に対する支配を対内的にも対外的にも強化していったようである。すでに建長年間(一二四九—五六)に大山庄地頭中沢基政は、宮田庄預所と相論を行い、それ以後、宮田庄預所と大山庄地頭は「代々敵仁也」といわれる関係にたちいたった。(2) しかし、宮田庄と大山庄の関係を決定的に悪化させたのは、建治二(一二七六)年の大山庄地頭基員以下による宮田庄木乃部村代官西善主従の殺害事件であった。

宮田庄の主張によれば、同年の一二月一二日、大山庄地頭基員は大勢を率いて宮田庄木乃部村に打入り、古木を伐らせようとしたが、木乃部村住人が制止したので引きかえした。ところが、その時、木乃部村代官西善主従が子細を相尋ねるために出むいて行ったところ、基員は大勢の中に取籠めて、これを殺害してしまったという。これに対して、地頭基員は、「事を古木に寄せ、不実濫訴を致すの条、見寂(＝宮田庄預所)いよいよ重科を招く者也。彼十二日白昼、庄民(＝大山庄民)等薪のため、当庄(＝大山庄)内之伐木事ある歟。領内草木、要用に随って土民等取らしむるの条、何隣庄(＝宮田庄)制止せしむ可けん哉。」と反論している。(3) つまり、地頭基員は、伐木が宮田庄木乃部村の山林で行われたのを否定して、これを大山庄内であったと主張したのである。その真偽のほどはわからないにしても、西善法師殺害事件の背後に、山林原野の支配をめぐる大山庄地頭基員と宮田庄との争いがあったことは充分に想像されるであろう。

とにかく、この西善の殺害は、両者の関係を決定的に悪化させた。そして、宮田庄は大山庄西田井村への灌漑用水を停止した。かくして西田井村にとって最悪の事態が到来した。弘安二(一二七九)年に、両者の関係は一時小康をとりもどしている。すなわち、同年四月、大山庄地頭中沢基員は守護代捧田内左衛門尉宗経にあてて、次のごとき書状を提出した。「宮田庄預所訴申され候西善主従の間の事、御口入として、訴訟を止められ候之条、恐悦無極に候。此上は、当庄山野草木、立野立林之外は、宮田庄より、これを伐られ候といえども、制止に及ぶ可からず候。又宮田庄要水流末、徒らに落来候も徹(赦)し給い候はば、旁本望に候歟。[4]」云々と。地頭基員のこの書状に副えて、丹波国守護代捧田内宗経は宮田庄預所筑前判官入道見寂にこの旨を伝え、[5]見寂は、これを了承する旨、守護代宛に返状を書いている。[6]こうして、弘安二(一二七九)年四月に、大山庄地頭中沢基員と宮田庄預所見寂の間に守護代捧田内宗経の口入により和与が成立し、両庄の関係は一時平静に戻ったが、これもながくは続かなかった。地頭中沢による山林支配の強化がその後もひきつづいて行われたからであろう。すでに永仁元(一二九三)年に宮田庄雑掌は大山庄地頭と法廷において争っている。大山庄地頭が当庄に対して「条々煩」を成すというのである。[7]かくして、大山庄地頭は庄内における宮田庄の草木採取を全面的に禁止し、宮田庄は西田井村への用水を切落して、両庄の間はふたたび最悪の事態に逆戻りした。永仁三(一二九五)年、大山庄の下地中分が成立し、縮少された規模ではあったが、荘園領主東寺がふたたび大山庄現地の管理権を回復するにいたったのは、大山庄地頭と宮田庄の関係が上述のごとく、最悪の事態になって、地頭中沢をもってしては、宮田庄との和解など思いもよらぬことになっていた頃のことである。

(1)　徳治三年五月二八日丹波国大山庄井料田避状案(東寺百合文書や一上)は大山庄の作成になり、同年月日丹波国宮田庄用水契状案(同文書こ三九―七四)は宮田庄の作成になるものである。又、徳治三年の丹波国大山庄井料田避状案(『教王護国寺文書』二二一号)は宮田側で作成した前者の文案である。
(2) 田中稔「丹波国宮田庄の研究」(前掲)、以下に述べる西善殺害に関しても同論文に紹介がある。
(3) 弘安二年二月日丹波国大山庄地頭中沢基員重陳状案(近衛家文書別集二)
(4) 弘安二年四月日丹波国大山庄地頭中沢基員書状案(近衛家文書七)
(5) 弘安二年四月日丹波国守護代捧田内左衛門尉宗経書状案(近衛家文書別集二)
(6) 弘安二年四月日丹波国宮田庄預所沙弥見寂返状案(近衛家文書別集二)
(7) 永仁元年一一月日丹波国宮田庄雑掌僧円全訴状案(近衛家文書別集二)

三　灌漑施設

徳治三(一三〇八)年五月二八日に、地頭中沢をさしおいて、東寺と宮田庄だけで新しい灌漑用水の契約が成立したことは、すでに述べたとおりであるが、しかし、なおこの後数ヵ月にわたって両庄は大山庄から宮田庄へ避渡すべき一町五反の田地の坪付、ならびに西田井村田地の灌漑方法の細部について、屈曲した交渉をくり返している。そして、この交渉の経過をたどることによって、両庄の灌漑設備の実際のありさまを相当具体的に復元しうるのである。文書から中世庄園の灌漑施設を復元しうるというのは比較的少い例に入ると思うので、以下分析を加えたいと思う。

さて、何度も述べるように徳治三年五月二八日に両庄の和与が成立し、西田井村の田地一町五反が宮田庄へ避渡されることになった。ところで、この一町五反の井料田の詳しい坪付は当然その時までに決定されていたのであるが、残念ながらそれが西田井村のどの部分であったか明らかにしえない(1)。とにかく、この坪付のことで問題がおきたので

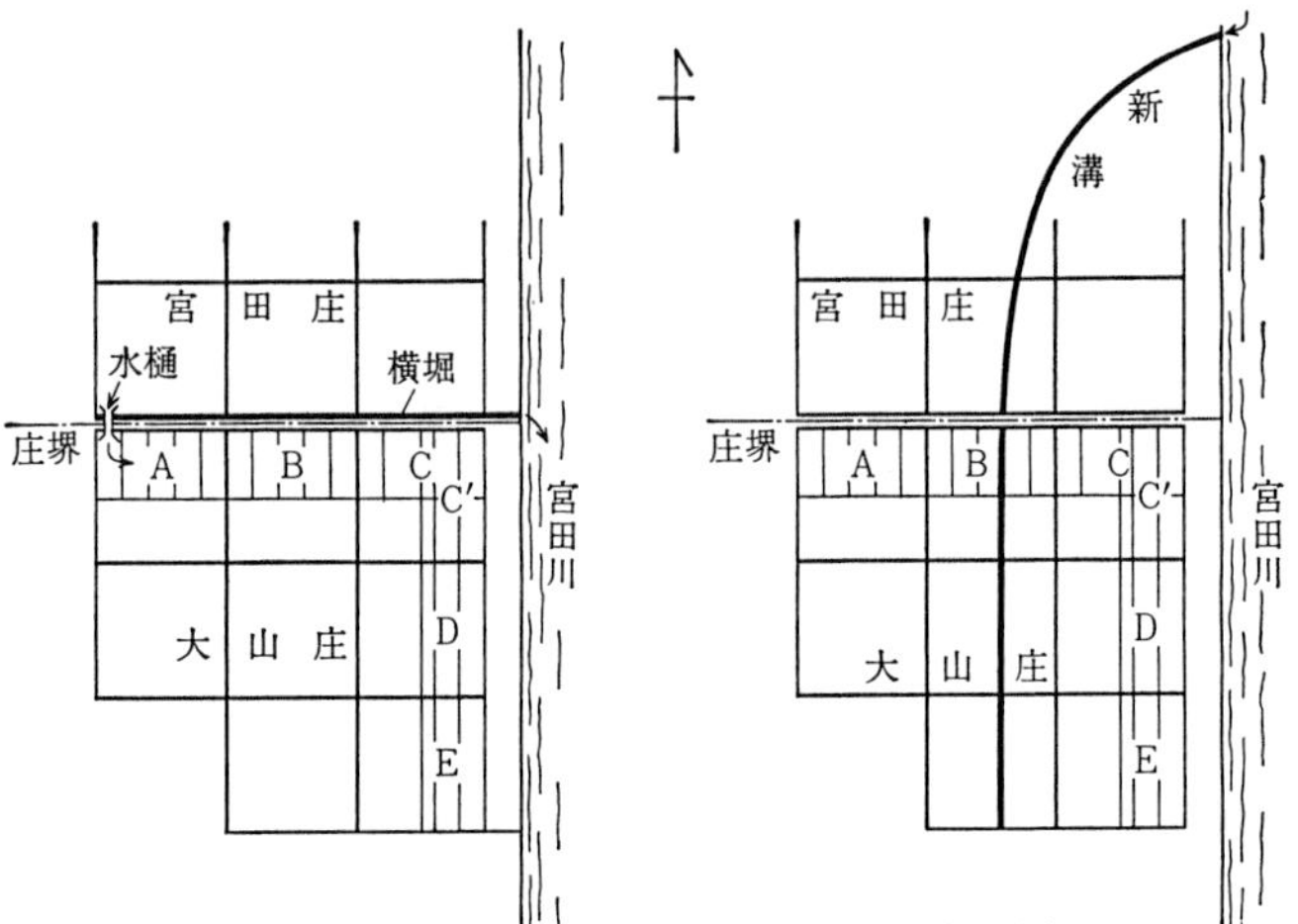

第1図　　第2図

大山庄西田井村・宮田庄堺想定図

ある。まず東寺雑掌頼尊の言うところをみてみたい。(2)

大山庄井料田事、任下被二仰下一候上、於二一町五段一者、宮田庄々堺頭五段之通、竪ニ末まて、東寄一町五反打渡候之処、宮田庄方如下被レ申候上者、庄堺を横ニ一町五反を可二請取一之由、令レ申候。不二請取一候。

つまり東寺雑掌頼尊は「一町五段においては、宮田庄々堺頭五段之通、竪ニ末まて、東寄一町五反」を宮田庄へ渡そうとし、宮田庄では、「庄堺を横ニ一町五反を」請取ると要求している。文意はかならずしも明瞭でないとはいえ、宮田庄が庄堺に沿った東西に長い一町五反の田地(=想定図のA・B・Cの田地)を要求したのに対し、東寺では宮田川に沿って、西田井村の東寄りの南北に長い一町五反(=想定図のC'・D・Eの田地)を渡そうとしていたことがわかるであろう。しからば、両庄が同じ一町五反の田地の地域設定をめぐり、どうしてこのような争いをひきおこしたかが次の問題である。宮田庄の右の要求は灌漑用水の供給に関する次のような方法と一体の関係をなしていたのである。「用水事、当時宮田方如下被レ申候上者、みつひ(水樋)をかけ(懸)て、可二耕作一云々」。すなわち宮田庄から西田井村への灌漑用水は水樋を懸けて提供するというのである。それについて東寺雑掌頼尊が「古老の物共(者)」に尋ねたところ「任ニ先例一、別の井をたて、よこほり(横堀)をうめ(埋)すは、十日とも、ひ(日)のてり(照)候ハん時は、大山庄へ水□(の)き(来)つき候事、ゆめゆめ候ましきよし(由)」を答えたという[3]。すなわち、在地の古老の意見では、昔通りに別の井をたて、さらに横堀を埋めなければ、一〇日も日照りが続けば、大山庄へは水が来なくなってしまうというのである。ここに、宮田庄の主張する水樋による灌漑用水の供給が、横堀なるものを前提にしていることが明らかである。すなわちここに、第1図で想定したごとく、宮田庄では、大山庄との堺に沿って長く東西に、横堀なるものを掘っており、このとき宮田庄から大山庄へ灌漑用水を供するために懸けられる水樋は、この横堀に懸け渡される予定であったとしてよいであろう[4]。そういえば、永仁五(一二九七)年に西田井村の田地八町七反五代が「宮田庄のために、用水を切落されるによって、両三年荒了」と書かれた事実を思い出すのである。「用水を切落す」という表現は、まさにこの横堀へ、宮田庄田を灌漑し終えて不要になった水を落し込んだ事実にふさわしいというべきであろう。以上によってほぼ明らかなように、宮田庄は横堀をそのまま保存し、そこに水樋を懸け渡して灌漑用水を供給することと、その灌漑用水がまず最初にうるおす庄界い沿いの東西に長い一町五反を宮田庄へ避渡すことを要求していたのである。

宮田庄のこうした要求に対して、東寺雑掌頼尊は「此条、用水之習、水のとほしき(乏)時こそ、相互ニ大切の事にて候時に、水口を一丁五段やしなひ(養)候て後、其余流の候ハん時、当庄分の田をやしなひ(養)候事、大ニ可レ為ニ不定一候歟」[5]といって、その不当を難じている。ここにさらに明らかなことは、この水樋が、宮田庄田地から横堀をこえて、大山庄田に水を渡すだけの簡単な装置であり、西田井村では、まず水口の一町五反(＝想定図のA・B・Cの田地)を養ってからでなければ、それより下の大山庄田を灌漑しえないような水系が予想されていたことがわかるであろう。ここに宮田庄が何故に庄界を横に長く想定図のA・B・Cにあたる田地を要求し、逆に大山側が南北に長く西田井村の東寄りの地を竪に末まで、想定図のC′・D・Eにあたる一町五反を渡そうとして争ったかが明瞭である。このような灌漑方法によるかぎり、旱魃がこの地をおそったときには、西田井村の田地は南側から順番に被害にあうのであって、大山庄では旱害の平均と分散化を狙い、宮田庄では被害を大山庄だけにおしつけようとはかったのである。

このような条件下にあって、東寺雑掌頼尊は二段構えで、問題の解決にあたろうとしたのである。「用□(水)事、(中略)、河水の余□□(流許)にてハ旱魃□□□(之時者)、当庄□(の)作□(毛)をやしなひ(養)候事、定難レ叶候歟。且上古両庄和与候□□(ける)時□□(定)ニ自レ上、井□(提)をあけ□(開)□□(られ)ハゝ、満足不レ可レ有二子細一候歟。若其定ニ被レ懸二別井一□□(候者)、従庄堺を何所にて候とも、□一丁五段者、可二打渡一候歟之由、存候。」とある。[6] すなわち、水樋による灌漑をやめて、「上古、両庄和与候ける時」のように、上流から井堤を開け、「別井」を設置するならば、庄内のどこでも一町五反を渡そうというのである。大山庄の古老が言ったごとく、この要求には、当然宮田庄堺にある横堀の廃止が含まれていたであろう。ここに「上古両庄和与」というのがいつのことを指すのか、もちろん正確にはわからないが、ありうべき可能性としては、当然、承安三(一一七三)年の両庄和与を考えるべきであろう。そして同様に、上古の「井」が埋められてしまった時期には、建治二(一二七六)年の大山庄地頭中沢基員による宮田庄木乃部村代官西善殺害の頃が考えられてよいだろう。おそらく、この時に宮田庄では、平安末の承安三(一一七三)年以来、大山庄西田井村への用水を通していた溝を埋めて、新たに庄堺沿いに横堀を掘って宮田川へ通し、宮田庄田の灌漑用水をそこへ落しこんでしまい、西田井村の完全荒廃を狙ったものと考えられる。

徳治三(一三〇八)年の用水契約は、かくして、建治以来、廃絶されていた上古の方法＝溝による灌漑を復活することによって落着をみることになった。「所詮、如レ元、可二直通一之旨、令レ申候哉。以二新溝一、可二堀通一」ということになる。しかしこれは、「此条忽、可レ減二少宮田公田一候。如レ此申承候之上者、非二公田一不作之地候者、雖二新儀候一、可レ随レ仰候之処、有限公田之外、無下可二堀通一之地上候。凡難治事候歟。此上可レ有二御計一候哉」とあって、新溝がどうしても宮田庄の公田を通らねばならず、その処置が宮田庄から求められたのである。[7] しかし、これも「先日治定井料田之外、新溝代事、二段者、今少不足候歟之由、雖二相存候一、如レ此令レ申二和談一候之上者、さも候へかし」ということになり、[8] 大山庄は井料田一町五反のほかに、さらに新溝代として二段の田地をつけ加えることによって、宮田庄域を通って上流から大山庄西田井村に至る新溝の設置を認められ、おそらく宮田庄堺の横堀も埋められて、このときの事件は最終的に落着をみるにいたったものと考えられる。こうして、大山庄西田井村は、宮田庄河水のたんなる余流ではなく、新溝によって、上流から井堤を開けて西田井村へ「直通」する灌漑方法をうるにいたったのである。すなわち、想定図の第1図のごとき灌漑状態から、第2図のごとき状態へ宮田・大山両庄の堺が変更されたと考えられるのである。

(1) 徳治三年五月二八日丹波国大山庄井料田避状案(東寺百合文書や一上)には「避進井料田事、合壱町五段者里坪有別紙」とあって、別にこの井料田一町五反の坪付帳が作成されたことを伝えている。
(2) 徳治三年七月二六日東寺雑掌頼尊書状案(『教王護国寺文書』二一四号)
(3) 注(2)文書、なお『教王護国寺文書』は、引用の部分を「別の井をたてよこ《(竪横)》ほり《(堀)》をうめ《(埋)》すは」と訓んでいるが、本文のように改めたい。
(4) この地域で、横が東西の線を示し、竪が南北を意味したことは、注(2)文書を引用して説明を加えた本文の記述で明らかであろう。従って、横堀が東西に走るものであったことはまず疑いない。そして、東西に走る横堀の所在は庄堺に接していたとするのが最も妥当である。
(5) 年月日未詳東寺雑掌頼尊書状案(『教王護国寺文書』二一五号)
(6) 注(5)文書
(7) (徳治三年)八月二〇日僧道恵書状(後闕)(『教王護国寺文書』二一六号)、同状(前闕)(東寺百合文書や一下)。両者の接続

することは、『教王護国寺文書』の註による。

(8) (徳治三年)八月二二日僧道恵書状(東寺百合文書や一下)

四　銭貨流通

徳治三(一三〇八)年の用水問題は一応おさまったが、その経過は西田井村の農業生産力の低位性の原因を第一節でみたよりも、さらに具体的に露呈する結果になったであろう。西田井村の灌漑用水は宿命的に宮田庄域を通らねばならず、旱魃の脅威は常にこの村に集中的にあらわれたのである。西田井村の斗代が、大山川の水系に依存する地域よりも低率であったのは当然で、この村の水田は常に荒れ、その農業生産力は他村にくらべて特別に低かったのである。この西田井村が、他の村村にさきがけて、いち早く銭貨の流通に深くおかされていったというこれから明らかにする事実は、農業生産力の水準と銭貨の流通状態の相互関係を分析するうえで、きわめて注目すべき現象であるといえよう。農業を中心とする生産力水準の社会的上昇は、社会的分業の展開という、事態を媒介にして、西田井村のごとく農業生産力の低劣な地域を、貨幣流通の最初の犠牲に供するのである。

西田井村百姓等は正和四(一三一五)年頃、新しく補任された東寺雑掌の所務に従わず、種々の要求を新雑掌に出している。新雑掌は大山庄所務のことにつき一一カ条にわたる下文の草案を作成しているが、その最初の三カ条は西田井百姓等に関するものである。(1)

大山庄条□(々)

(1) 一、西田井百姓行岡入道已下輩、不レ従二雑掌之所務一、称レ無二先例一、有限御年貢不二京進一由事

此条先度被ニ仰下一候了。猶以、不ニ叙用一者、急速可レ被レ注ニ進交名一。且無ニ先例一所見、何事乎。無理□□□□□(申状姧曲之至)、令ニ露顕一者、悉令レ改ニ易彼等一、可レ改ニ補穏便之百姓一者也。

(2)　一、同百姓等、以ニ代銭一、可レ弁ニ御年貢一之由事

此条、先雑掌、縦雖レ致ニ非分之沙汰一、無ニ寺家御免之御下文一者、不レ足ニ御信要(用)一、寄ニ事於左右一、令ニ□□(難渋)一之条、非ニ御沙汰之限一、子細同前。

(3)　一、同百姓等、薪已下雑事、不レ致ニ沙汰一由事

此条、雑掌□□□(至于今)、□□□(如此)雑事、致ニ其沙汰一之条、処々之通例也。就随一井谷百姓已不レ申ニ子細一上者、何可レ異レ彼乎、猛悪之条、顕然也。是□ニ□□□(併仮地頭之)権威一、得ニ違　勅悪党厳増之語一、令レ忽ニ緒寺家一故歟。為ニ□□□(向後傍)輩一、殊可レ有ニ厳密之御沙汰一者也。所詮、如レ此悪党同心之族、寺家向背之輩可レ追ニ出御領内一者也。

すなわち、「西田井百姓行岡入道已下輩」は「先例」がないと称して、年貢を京都へ進めなかった、という(第(1)条)。しかし、ここで「無ニ先例一」というのは、西田井村が東寺に対して年貢を払った例がない、という意味ではなく、米＝現物で年貢を払った例がない意味であることは、第(2)条で西田井村百姓等が年貢の代銭納を要求していることからはっきりするであろう。また第(2)条で「寺家御免之御下文」すなわち、東寺が西田井村の代銭納を認めた正式の下文がない以上、この代銭納を許すことはできない、としたところに、この問題に対する東寺＝新雑掌の基本的な態度を知りうるとともに、新雑掌が「先雑掌、縦非分之沙汰を致すといえども」と書きかけて、これを消したところからみて、おそらく先の雑掌の時代に、西田井村では実際に年貢の銭納化が実現されていたものと推定しうるであろう。東寺＝新雑掌は、ここで先の雑掌が代銭納を認めていた事実すらも抹殺したかったのではあるまいか。ともあれ、こうした西田井村百姓等の微妙な政治的立場をあきらかにするうえで興味深いのは第(3)条である。この条は、西田井村百姓等

が薪已下雑事を沙汰しないことにかかるものであるが、ここで一井谷百姓等が彼等とことなり、子細を申さずにこれをつとめているのに注意すべきであろう。ここに、両地域の経済構造の差異が、その政治的立場の相異に反映している事実をみることができるとともに、西田井村百姓等の背景に、地頭と、そして悪党厳増が出没していることも同じく重視してよかろう。この雑掌陳状案には、他に地頭子息田中入道が悪党厳増に同心していることがみえ、ここに悪党厳増・地頭中沢一族・行岡入道已下西田井村百姓等の結託した姿が浮かび上ってくる。(2)

さて、ここに大山庄の西田井村では、正和年間(一三一二—一七)にはすでに年貢の銭納が実現されており、しかもこれが百姓等の利益に合致するものであったことが明らかである。また東寺の新雑掌は百姓等の代銭納要求を拒否し、現物年貢を強制しようとしたことが明らかである。百姓等が年貢の銭納を要求した事例として、すでに暦仁二(一二三九)年に陸奥国において「沙汰人百姓等、私忘二本色之備一、好二銭貨所済一」んだことがあり、(3)また播磨国矢野庄では、明徳年間(一三九〇—九四)に名主百姓等が、銭納を要求し、これを拒否しようとした代官明済を非難している(4)等を指摘しうるとはいえ、この時代にあってその例はあまり多くないのである。しかしながら、鎌倉時代の後期になると年貢の銭納化という事実そのものは各地で相当ひろくみられるようになるのであり、この時代の商品ないしは貨幣流通の性格を究明するため、そうした広範な銭納化の背後にある在地農民層の動向を是非とも具体的に究明していかねばならないのである。この西田井村百姓等の動向は、その意味できわめて興味深いといわねばならない。

西田井村百姓等の年貢銭納要求が、きわめて強く、東寺としてもこれを簡単に無視しえなかった事情は、その後の大山庄年貢算用状をみればよく理解出来るであろう。たとえば、文保元(一三一七)年分の算用状から必要部分だけを摘記すると次のごとくである。(5)

大山庄去年文保元年貢散用事

合

一、一井谷分　定米四十二石三斗二升五合　重舜注進定也

（中略）

一、西田井分　定用途十六貫三百廿八文内　重舜注進分也

（下略）

右にみえる重舜というのは大山庄の預所であり、右の註記はこの数字が彼の注進したものであることを伝えている。

さて、ここに一井谷分の年貢が「定米」で一括されて、石高で計算されているのにたいし、西田井分の年貢は「定用途」と記され貫文単位で計算されている。同じ一通の算用状の記載の基準がこのようにことなるということは、この両者の間に年貢の納入方法に関して差別があったことを示すものにほかならない。すなわち、同じ大山庄内にありながら、一井谷では米＝現物年貢が納められ、西田井村で銭納が行われていたのである。しかしながら、右の事実だけをもってしては、西田井村百姓等が、村落内部の階層のいかんを問わず、直接年貢を銭納していたと結論するわけにはいかないだろう。

第1表　文保元年西田井村年貢納入情況

	百　姓	田数	年貢
		反代	貫文
西田井村百姓	蓮　願	7.00	2.700
	西　願	7.00	2.300
	浄　妙	6.00	2.000
	西道跡弥三郎	4.00	1.800
	はりやうし	2.00	500
	平判官代	2.00	800
	西田井御代官	1.25	650
	四郎判官代	1.00	400
	平　官　酒	1.00	380
	蓮　仏	1.00	380
一井谷からの出作百姓	平　内	2.00	750
	与一庄司	2.00	750
	右　馬　殿	2.00	420
	源　内	1.00	337
	進士太郎	1.00	337
	さいくわす	1.00	325
	藤　太　夫	1.00	316
合計	17人	42.25	15.145

西田井村には幸いにして右の事情を験証するに足る恰好な二通の史料が存在する。二通はと

第2表　文保元年西田井村の田地所有

A 百姓	B 田数	A欄と同一人であることが判明する第1表の年貢納人者	年貢を納入した田数
	反 代		反 代
孫九郎	11.00		
蓮願	7.05	蓮願	7.00
西願	7.00	西願	7.00
上妙	6.00	浄妙	6.00
西道	5.00	西道跡弥三郎	4.00
藤判官代	3.00		
押領使	2.00	はりやうし	2.00
むまのせう	2.00	右馬殿	2.00
与一庄司	2.00	与一庄司	2.00
平太郎	2.00		
源藤次	2.00		
藤官	1.25		
源内	1.00	源内	1.00
与四郎	1.00		
進士太郎	1.00	進士太郎	1.00
平官士	1.00	平官酒	1.00
藤三入道	1.00		
17人	55.30	10人	33.00

もに文保元(一三一七)年分の年貢を預所へ納入したことを記した百姓等の注文であるが、うち一通は「文保二年十月四日西田井日記」の書き出しで、最後は「西田井、田ノ作人分、一井谷百姓等、文保元年御年貢預所殿へ運上注文」となっており、その中間に平内以下七人の百姓が年貢を納入したことが記されており、これが西田井へ出作していた一井谷百姓等の作成した注文であることがわかる。いま一通は「注進、西田井所当米代銭事」の書き出しで最後は「右、百性(姓)等一文・は(半)文をも候はぬ事おも申まいらせて候はハ、大師のハち(罰)をあつ(厚)ふか(深)くかふる(蒙)へく候。文保元年十一月五日、あつか(預)所殿より返抄候日也。文保二年十月四日注進之」となっており、中間に蓮願以下一〇人の百姓が年貢を納めたことになっているが、その名前はさきの一通と全然一致しない。あきらかに西田井村百姓等の作成した注文である。(6) 第1表はこの二通の注文から作成した西田井村年貢の納入情況である。一七人の百姓がすべて代銭納であることに注意されるであろう。つまり、第1表から、一七人の百姓等が四町二反二五代の田地で、計一五貫一四五文の年貢を納入した事実がわかるのであるが、これが西田井村の百姓や田地・年貢総額のうち、どの程度の比率を示すかが次の問題である。ところで、大山庄には、右と同年にあたる文保元(一

三一七)年の内検帳が残っている。(7) この内検帳のうち西田井村の部分を示したのが第2表A・B欄である。記載された人数は一七人で、さきにみたのと一致し、そのうち一〇人は両者共通の名前をひろうことができる。田数は五町五反三〇代で、一町三反五代だけ内検帳の方が多い。しかし両者の間に生じた差の大部分は、一町一反の田積を有する内検帳の孫九郎が、年貢を納めていないのが原因であると考えられるから、第1表の四町二反二五代は西田井村の百姓がすべて銭納を行っていたという結論に差支えないだけの田積を十分にもつといえる。また、同表の一五貫一四五文というのも、預所重舜がこの村の「定用途」として注進した一六貫三二八文にほぼ近く、大体において、西田井村百姓等が村落内部の階層の上下にかかわらず、直接、年貢の銭納を行っていたことは間違いないとしなければならないであろう。

以上によって、水田耕作を中心とする農業生産力の低劣な西田井村の百姓等が鎌倉時代の末、周辺村落にさきがけて、銭納を強く望んでいたことが明らかになったと思うが、これは、西田井村百姓等のうちに階層の上下を問わず特に強く銭貨が滲透していたことを前提にしなければおこりえない事態である。この鎌倉末期に、大山庄では大山市庭が成立して商業の中心をなし、宮田庄には木乃部村の加治大夫安貞をはじめ、種次・枝包等といった「富裕百姓」と称される階層が存在し、「銭貨小袖及諸方質物」を蓄えており、特に安貞のごときは銭二〇〇貫文・米一〇〇石を地頭に要求されても銭の方は即座に支払いうる程の財力を有していたことは、田中稔氏の研究にくわしい。(8) こうした周辺村落の情況を背景に考えるならば、西田井村百姓等が生産性の低い田地を、第1表にみるごとくきわめてわずかしか耕作していなかった事情の一端を理解することができよう。一井谷の百姓等が西田井村へ出作していたように、もちろん西田井百姓等の他村への出作もあったのであるが、それをどれだけ考慮に入れるとしてもそれだけでは、西田井村百姓等の間に特に銭納の要求が強かった理由を理解しえないのである。西田井村で直接証明することはできないが、彼等の一面はおそらく商業・手工業・林業・交通業等のどれかに従事するものであったか、ないしは近郷土豪・富裕百姓の直営田に雇傭される農業労働者であったにちがいない。西田井村の存したと推定される地域の一角に、近世になって「かわた」村が成立するに至ったのも故なしとしないのである。

以上、西田井村で明らかにされうる事態は鎌倉後期の農村における貨幣流通進展の性格に一つの刻印を与えているであろう。一般的にいって、村落に貨幣が滲透するには、社会的生産力水準の一定度の高まりを前提とするのであるが、しかしそのことは何も農業生産力が高くて、富裕であり、かつ本格的な米作地帯から商品流通にまきこまれていくことを意味するものではないのである。中世の村落が階層の上下によって、商品流通への接触を抑制するような法や慣習を強く有していたとは考えにくい。この西田井村の事例は社会的生産力水準の一般的上昇が社会的分業の進展に媒介されて、自然と社会の環境が水稲経営以外の生業を強制するような地域と階層から銭貨の滲透がはじまることをよく示している。そしてまた同じ大山庄内にあって対照的な様相をみせる西田井村と一井谷の事態は、鎌倉時代後期に一般的になる商品流通の進展も、いまだ日本の農村の大部分を占める本格的米作地帯の商品生産化をもたらす段階になかった事実を指し示しているかのようである。

（1）　丹波国大山庄雑掌陳状案（『教王護国寺文書』二六三号）、本文書は欠年であるが『教王護国寺文書』編者の指摘するごとく、正和四年一一月の氏名未詳奉書案（同文書二六二号）と同じく、地頭子息の違乱、悪党厳増と結託した百姓等の違乱に関する東寺側の対策にかかわるものであることからみて、正和四年一一月前後とみてよいであろう。なお、悪党厳増は、正和二年一二月一三日東寺衆議法橋円喜奉書案（東寺百合文書や一下）、正和五年二月日丹波国大山庄東寺御方住人藤原家安申状（同文書み三二―四八）等にみえる。ただこの厳増が東寺預所として文保二年に改易された重舜と同一人であるようなことが証明されるとすれば、本文書の年代が数年おくれることになるが、以下の結論にはほとんど影響しない。

（2）　西田井百姓等は、一井谷百姓等と行動を共にせず、文保二年六月日の大山庄一井谷斗代契約（＝一種の百姓請）にも参加しなかった。彼等は一井谷百姓等ほど徹底的に預所重舜を排撃しなかったようである。文保二年六月一一日評定事書(東寺百合文書し九)、なお本書二五九頁

(3) 暦仁二年正月二二日陸奥国郡郷所当事。(御成敗式目追加九九条、佐藤進一・池内義資編『中世法制史料集』一)

(4) 宮川満「播磨国矢野庄」(柴田実『庄園村落の構造』創元社、一九五五年)一六六頁以下

(5) (文保二年)丹波国大山庄年貢算用状写(『教王護国寺文書』二七三号)

(6) 文保二年一〇月四日丹波国大山庄西田井百姓注進状(二通)(『教王護国寺文書』二七九号)、この文書はともに同じ文書名を付して丹波国大山庄文書集として『教王護国寺文書』二七九号に一括して収められている。

(7) 文保元年一〇月日丹波国大山庄大方分内検帳(東寺百合文書や七一一三)

(8) 田中稔「丹波国宮田庄の研究」(前掲)

五　荒廃と再墾

永享八(一四三六)年に、西田井村はまたしても荒廃した。(1) 大山庄代官中西明全は、この年の年貢算用状に「一、西田井肆町渋段卅代皆荒畢」と記し、(2) 大山庄一井谷百姓等はこの年の一一月一〇日に、東寺が大山庄にかかる出雲宮段銭を負担してくれるように要求して、

一、段銭可レ出にて候ハヽ、今度逐電之百性(姓)并に捨田分ハ主なく候間、自二寺家一一円ニ可レ有二御沙汰一にて候。

一、西田井事、是又皆荒にて、御下地ニ主もなく候間、自二寺家一一(衍)円に御弁あるへきにて候。

と述べている。(3) 引用した二条のうち、さきのものは一井谷に関するものであるが、ここに「捨田分ハ主なく候」とみえ、次の西田井村に関する条で、「是又皆荒にて御下地ニ主もなく候」とあるから、西田井村では、この年に百姓等

の集団的捨田＝村落放棄が敢行されたものとみえる。

百姓等が西田井村の田地を完全放棄した永享八(一四三六)年につづく翌九(一四三七)年の内検帳には、

一、西田井分
　三反　徳九升　当開
　一反　皆損

とあり、(4)すでに、この年新しい開墾がはじまったことを示している。さらに、その翌一〇(一四三八)年になると、大山庄代官明全は、その算用状(5)に

一、西田井　肆町七段卅代内 稲荷田卅代 井料田弐段 除之
　去開　肆段　分米八斗　弐段別弐斗宛
　当開壱町九段　分米九斗五升　段別五升宛
(中略)
　猶荒不弐町弐段
一、請加西田井壱町　分米弐石三斗七升 損亡引定
一、請加川原開壱町　分米参石 損亡引定
一、請加西田井池田壱町壱段内
　去開　六段廿代　分米壱石八斗 損亡引定
　当開　四段卅代　分米弐斗三升 段別五升宛

と記しており、彼のもとで、開墾がさらに進んだことを示している。右に、「請加西田井壱町」「請加川原開壱町」

「請加西田井池田壱町壱段」等とあるのは、旧来の西田井村田地四町七反卅代――永享八年に、百姓等が捨田を行った田地――に加えて、新しい開墾地として設定された田地にほかならない。

かくして、文安元(一四四四)年になると、西田井村は上町・中町・下町と池田・河原田からなる五つの区画に整然とわけられた村落として再現するのである(第3表)[6]。すなわち、永享九年にはじまるこの時の開墾がきわめて計画的に行われたことがよくわかるであろう。その開墾計画というのは、

(1)西田井百姓等が放棄した旧作田四町七反三〇代に新開墾地一町を加え、それを一町九反ずつの三区域にして、上・中・下の三つの「町」を設定する。[7]

第3表　文安元年西田井村の構成

地　名	田　　数	備　　考
下　町	1町9反	内　稲荷田30代
中　町	1町9反	
上　町	1町9反	内　新池5反
池　田	1町0反30代	
河原田	1町	
計	7町7反30代	

(2)さらに新しく、池田一町余、河原田一町を開墾する。

(3)この開墾のために「新池」を設置し、上町のうち五反を、そのための免田とする。[8]

のごとくであった。この計画が実現されると西田井村の田地は四町七反三〇代から七町七反三〇代に増えるはずであった。そして、このときの開墾に際して、「新池」が設置されている事実は、上述来の西田井村の灌漑条件からいって、西田井村の灌漑史に一つの時代を画するものであったといえよう。

西田井村の様相は、永享八(一四三六)年の百姓等の村落放棄と、それに続く右の新たな開墾計画の遂行によって根本的な変貌を示すにいたった。この西田井村の変貌を理解するために、同じ東寺領である山城国上野庄の事例を参考にしてみたい[9]。

東寺は永享一二(一四四〇)年に附近の革島庄の在地土豪革嶋勘解由左衛門尉貞安を上野庄代官に起用し、三三ヵ年計画でその開墾を請負わせたがその時の補任状案によ

ると[10]、

右彼庄、依㆓正長二年八月十六日洪水㆒、井口并溝悉埋、田地皆成㆓白河原㆒、既十三ヶ年之間、御年貢無㆓一粒㆒成㆓亡所㆒者也。然而彼庄者自㆓往古㆒、為㆓名主役㆒、出㆓井料㆒、掘㆑溝打㆓井手㆒事先規也。依㆑之、去永享七年、雖㆑掘㆓井溝㆒、依㆓大水㆒、埋㆑溝不㆑及㆓一作㆒也。其後名主重而不㆑掘㆓井水㆒之間、為㆓本所㆒懸㆓井料㆒可㆑掘之由、雖㆑相㆓触之㆒、令㆓退屈㆒、捨㆓名主職㆒、不㆑出㆓両度（永享十年／同十一年）之井料㆒者也。然間、自㆓本所㆒一円仁以㆓弐百余貫井料㆒、雖㆑掘㆓付今井口仁㆒、井口又塞、不㆑通㆑水之間、作毛又無㆑之。依㆑之、彼庄代管職并捨名主職悉革嶋勘解由左衛門尉貞安永代所㆓宛行㆒也。掘㆓彼井溝㆒、打㆓井手㆒、自㆓正長二年㆒、十三ヶ年之荒田、其外、開㆓田畠㆒、令㆑増㆓本所御年貢㆒様仁令㆓興行㆒、可㆑致㆓忠節㆒也。若捨名主等自今以後、以㆓何証文㆒、雖㆑有㆓訴訟㆒、度々井料不㆑及㆓沙汰㆒之上者、一切不㆑可㆑有㆓許容㆒也。

とあって、革嶋貞安を代官に起用するにいたった事情を明らかにしている。

ここに、上野庄が正長二(一四二九)年以来一三カ年荒廃していること、永享七(一四三五)年に一度名主等が井溝を掘ったけれども失敗したことがみえているが、なかでも彼等が「名主職を捨て、両度（永享十年／同十一年）の井料を出さざる者也」とされているのに注意してよいであろう。なぜなら、この庄では「往古より、名主役として、井料を出し、溝を掘り、井手を打つ先規」であったから、井料の負担に堪えかねた名主等が、みずからの名主職を捨てて、井料の負担を逃れようとした事情を知りうるからである。この名主職を捨てるという行為がさきに西田井村でみた百姓等の「捨田」にあたるものであろう。かくして、東寺は革嶋貞安を代官に起用して開墾にあたらせることになるのであるが、革嶋はたんなる代官ではなくして、「依㆑之、彼庄代管職并捨名主職悉、革嶋勘解由左衛門尉貞安、永代所㆓宛行㆒也。」とあるように、「捨名主職」を悉く、自己の手に集中したうえで、代官になったのである。

永享九(一四三七)年にはじまる西田井村の開墾も全く同様の方式によったことが推定される。たとえば享徳三(一四五四)年における西田井村の土地所有関係は第4表の通りである。(11)

すなわち、総田数六町七反三〇代のうち、高畠が四町四反二〇代を独占し、あと、左衛門以下一一人の百姓の所有地総計がわずか一町五反三〇代にすぎず、これが「散在百姓分」として一括されているありさまである。しからば、この高畠なるものは、いかなる人物であろうか。大山庄の旧来の百姓に高畠なる人物が見当らないのに対し、彼は宝徳三(一四五一)年の大山庄一井谷国役入足地下立用注進状の一節に、(12)

反銭国済納入足事

一、六百文　両納所礼分

第4表　享徳3年西田井村の土地所有

高畠方作分		4町4反20代	
散在百姓分	左衛門	4反	1町5反30代
	南端方	2反	
	道久	1反30代	
	新藤方	1反	
	西方	1反	
	湯屋掃部	1反	
	左衛門太郎	1反	
	大夫太郎	1反	
	道順	1反	
	堀田孫三郎	1反	
	随蔵王	1反	
除田	池	5反	7反30代
	井料田	2反	
	稲荷田	30代	
総田数		6町7反30代	

(中略)

一、二百文　高畠方礼

と出てくる。ここに出る高畠は大山庄の地下百姓等から反銭の国済にからんで礼として二百文を受取っている存在である。おそらく、近在の土豪で守護の被官であったにちがいない。さらに第4表の散在百姓の一員である南端というのも、右の注進状に

一、五百文　十月内藤殿下向御礼

一、二百五十文　八上御礼

一、百文　なんは方へ礼

というように、時の丹波国守護代内藤之貞とならんで、大山庄の地下百姓等から礼を受取る存在であり、高畠と同じく守護被官であったと考えられ、又、新藤というのも、守護細河氏の被官で、宝徳三(一四五一)年以来大山庄賀茂荎代官に起用された進藤修理亮利貞のことであろう。(13) 右のように考えてくると、永享九年にはじまる西田井村の開墾事業がよりはっきりし、また高畠が西田井村の田地を集中的に所有していることの理由もわかってくるであろう。高畠は、上野庄における革嶋と同じように、西田井村百姓等が永享八年に放棄した捨名主職を集中的に継承して、西田井村の開墾を請負った近郷の土豪であったのである。高畠が入るまでに、何人かの土豪が、この開墾を請負ったらしいが、いずれもその開墾の困難さの前に、退却を余儀なくされているようである。今その詳細を述べる余裕をもたないが、大山庄西田井村といい、上野庄といい、東寺が各所領で、こうした開墾方式を採用して荘園制の維持につとめたことが逆に武士勢力の進出をまねき、荘園領主東寺の支配を大きく後退させる結果になったのも、また社会の必然的な展開の過程をなしていたというべきであろう。

(1) 以下の内容は田沼睦「南北朝室町期における庄園的収取機構」(『書陵部紀要』一〇、一九五八年)六四頁でもふれている。
(2) 永享八年一二月一三日丹波国大山庄年貢算用状(『大日本古文書』東寺文書之二、に—一六四号)
(3) 永享八年一一月一〇日丹波国大山庄一井谷百姓等申状(『大日本古文書』東寺文書之二、に—一六三号)
(4) 永享九年一一月一二日丹波国大山庄内検帳(『大日本古文書』東寺文書之二、に—一六六号)
(5) 永享一〇年一二月日丹波国大山庄年貢算用状(『大日本古文書』東寺文書之二、に—一六八号)
(6) 文安元年八月二一日丹波国大山庄西田井内検帳(『大日本古文書』東寺文書之二、に—一八一号)
(7) 注(5)文書に、「当開壱町九段」とあるのは、この永享一〇年に上述の「町」の一つが開墾されたことを示すものである。
(8) 新開墾地の一つに「池田」という地名が採用されたのは、この「新池」を記念するものであっただろう。
(9) 上野庄については、宝月圭吾『中世灌漑史の研究』(前掲)一二一頁以下にくわしい紹介がある。

(10)　永享一二年八月四日山城国上野庄代官職補任状案(東寺百合文書や七―一三)
(11)　享徳三年一〇月一三日丹波国大山庄西田井内検帳(『大日本古文書』東寺文書之二、に―二四八号)、第3表より総面積が一町少いのは、河原田が放棄されたからである。
(12)　宝徳三年一二月日丹波国大山庄一井谷国役入足地下立用注進状(『大日本古文書』東寺文書之二、に―二三〇号)
(13)　「東寺執行日記」宝徳三年一〇月一四日条に「賀茂茎代官補任之状、進藤方へ遣之」とみえる。また、同日記、長禄四年壬九月六日条に「大山庄大方分、毎年廿貫文ニ進藤修理亮利貞請」切之、請人鳥羽壇上ノ星野左衛門四郎也。又切田方三人分同九日請」切之」とあり、進藤修理亮はこの時以来、賀茂茎・大方・切田方代官を合せ東寺領大山庄全体の代官職を所有するにいたるのである。なお進藤が「新藤」と記された例は、同日記文安三年一二月一九日条に、「丹波国大山庄内賀茂茎之事」について「新藤殿」宛の慈宣書状が載せられている。又、進藤が守護被官であったことは文明一四年八月一七日東寺年預俊忠・覚永連署状案(『大日本古文書』東寺文書之二、に―二七九号)に「細河殿被官進藤修理亮」とみえることから推定がつく。

むすび

以上で西田井村に関する論述を終えたい。一五世紀中葉以来、応仁・文明の乱を経過するうちに、大山庄そのものが史料の上から消滅するにいたった。西田井村もその間に大きな変貌を遂げつつ、近世にその姿をとどめることがなかったのであろう。しかし、中世の西田井村は波乱に富み、独自の風貌を備えてひろがっていた。

最も原則的な結論というのは簡単である。農業を中心とする生産力水準の社会的上昇は、社会的分業の展開という事態を媒介として、農業生産力の低劣な地域を、貨幣流通の最初の犠牲に供した、という具体的な事例を鎌倉後期の西田井村でみた、ということである。しかし、銭貨の流通はなにも、農業生産力の低劣さだけを条件としてはじまるわけではないことを、当然のことながらつけ加えておきたい。これは、正確には、自然と社会の環境が稲作経営以外

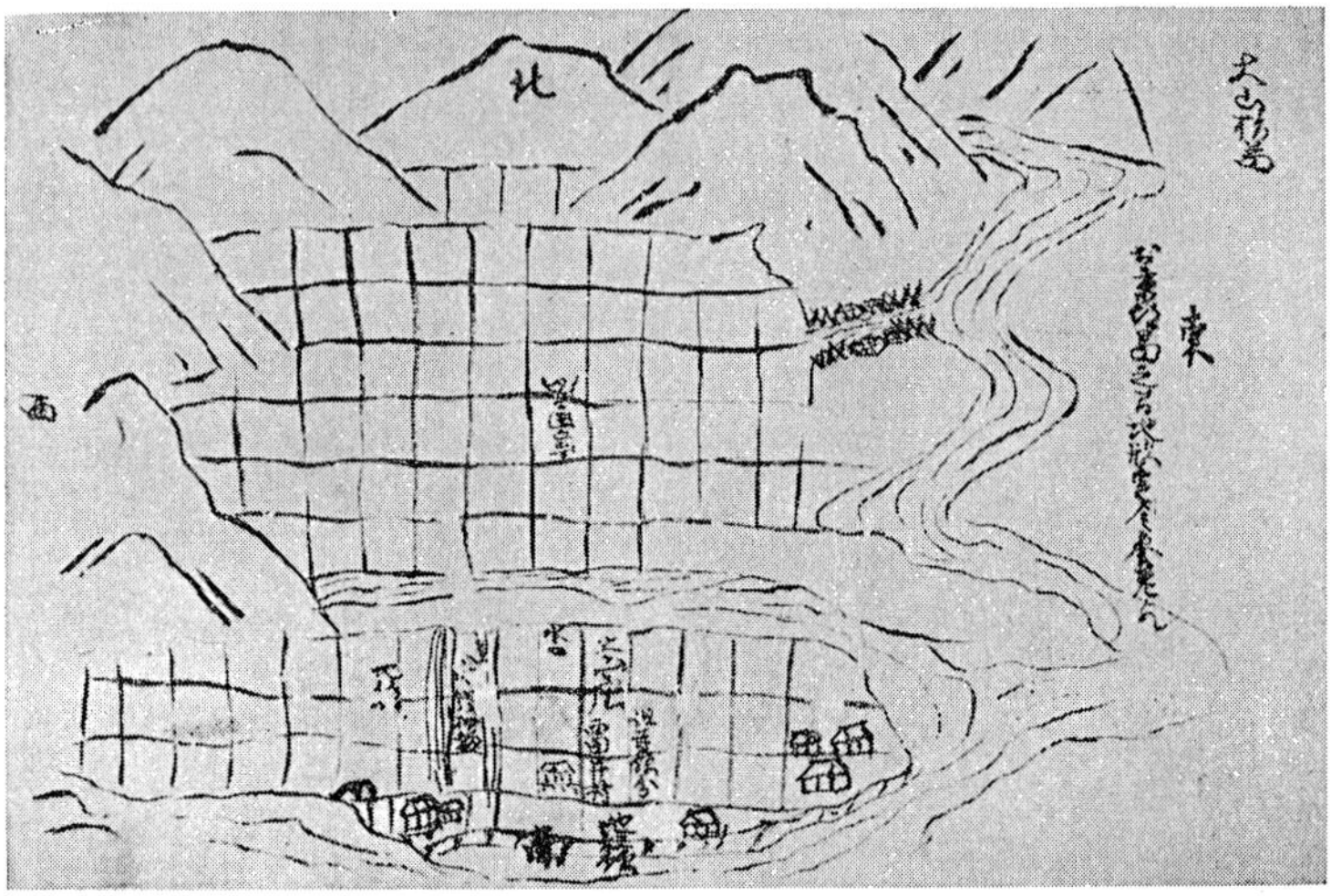

大山庄西田井村指図（京都府立総合資料館）

の生業を強制するような地域と階層が、銭貨をまず最初に吸引する、というべきであろう。西田井村でみた農業生産力の低劣さというのは、右の条件の具体的なあらわれである。さらに、鎌倉時代の後期に一般化する商品流通の進展に関していえば、これがまだ日本の農村の大部分を占める本格的米作地帯の商品生産化とは関係がなかった事情を推定させるのであるが、何分たんなる見通しにとどまり、具体的に論証できているわけではない。

しかし、本稿ははしがきでも述べたように、むしろ西田井村の具体的様相を復元することに主力をおいたものである。溝の方向や、その荒廃や開墾の具体的な様相が果して正鵠を射ているかどうか、いろいろと気にかかることばかりが多い。多くの御批評を賜って、中世村落の研究が緒につけば幸いである。

〔**追記**〕　旧稿発表後、『大山村史』(塙書房、一九六四年)に付せられた「大山地名図」(一九五八年調査)が公表され、現在の大山下の地籍内に池田・上の町・中の町・下町などの地字の残存が確認され、また明野の地籍内に稲荷の地字があって、そこに稲荷神社(明野の鎮守)の鎮座していることが明らかに示された。これらの地字が第五節で述べた永享・文安年間の西田井村再墾のあとを示すことはいうまでもない(三一三頁第三表参照)。本書二九一頁の西田井村近辺図には「大山地名図」による地字を新たに表示しておいた。第五節の記述と対比されれば、永享・文安の再墾の実体をさらに具体化して考えうることと思う。さらに旧稿発表後『兵庫県の歴史』三号(一九七〇年)の口絵写真に、江戸時代の好事家中井俊顕が摸写した徳治三年の「大山庄指図」(芦屋市、黒川古文化研究所蔵『集古群類』)が紹介され、さらにその後『続図録東寺百合文書』(京都府立総合資料館、一九七四年)が、右の中井俊顕摸写図とほぼ等しい指図の現存することを紹介している。ここに掲げたのは、右の京都府立総合資料館所蔵の図である。中井俊顕の図と細部でことなる点があり、中井摸写図には右端に「預所進之、但用水沙汰之時進之、徳治三戊申八月十一日図」とあるほか、西田井村南側の河岸段丘上の右手一軒屋(地頭領)に「岡三郎家」、同じく左手にみえる小高い岡に「猪子塚」の注記が付せられている。原図は明らかに第三節で検討した灌漑施設の概要を示すものであって、そこには宮田川から宮田庄への用水溝、大山・宮田両庄堺の横溝、西田井村に設けられた「水口」などが描かれているとともに、西田井村の南側が川にむかって崖になっている状態もみえている。また現在の東河地の起源を思わす段丘東端の三軒の集落、西田井村の西側の境界線の南に現在の稲荷神社を思わす神社もみえている。中井摸写図にある「岡三郎家」は永仁中分状に記されており(本書二八九頁)、また現在「亥子山」と称する小山が大山下に存する。この書込みがいつのものであるかが問題になろう。原図によると段丘の南の部分は地頭領になっており、またさきの西田井村西側の境界付近で徳治年間に地頭の押領があったことも示されており、鎌倉時代の西田井村の景観的特質が見事に表現されている。

IX　絹と綿の荘園
――尾張国富田庄――

はじめに

尾張国富田庄は美濃・尾張を中心とする東海地域の地域的特色を典型的に体現した荘園であった。荘園経済の様相において、この地域には他とことなったたしかな特質が存し、その特質を把握することによって、中世社会における全国的な社会的分業のあり方について新しい視角を提供することができ、また鎌倉後期における代銭納(ないしは貨幣経済)の展開という周知の事実に、新たな意味づけを行なうことが可能になると思う。

中世社会の地域的特質について、従来の研究は畿内ならびにその周辺地域の先進的な農村のイメージと、東国・九州などいわゆる辺境地域の荒涼たる農村の景観を耕地・山野河川等々をめぐる荘園領主・在地領主・農民のそれぞれのかかわり方に関する具体的な検討を通して漸次、明瞭にしつつある。畿内荘園と辺境型荘園の対置という視角が中世社会全体の構造を明確にし、日本社会の特質にせまる幾多の問題をもたらしたことはいうまでもない。しかし本稿が仮説的に提示するところの東海地域の荘園のもつ一つの地域的特質は従来の畿内型・辺境型の対比ないしはそこから副次的に導き出された中間型といった類別とどこで重なり合うかは筆者にとって、今後の課題である。両者の間には分類の基準のおき方に相異があるのであって、日本全土にわたっての詳細な検討がすすむにつれて、両者の相互関係がより確定されていかねばならないが、さしあたって、単純に中間型という消極的な規定よりも、本稿が東海型として内容規定を行なうものの方が、中世社会を具体化するうえで、より有効性をもっていると思われるので、将来の研究によって改訂されることを覚悟の上で東海地域を中心とする荘園のあり方についての類型設定を試みたいと思う(1)。

富田庄は東海型の荘園であったと断定したが、東海地域の地域的特質を明確化し、それが全国的な体制のなかで占める独自の地位を確定するためには、東海地域の中世荘園の綜合的研究が前提されることはいうまでもない。すくなくとも、尨大な史料に恵まれた東大寺領美濃国大井・茜部庄をはじめとして、醍醐寺領尾張国安食庄・妙興寺領・熱田社領以下、東海地域の諸荘園所領には検討に値するものがまだまだ多く、それらの徹底的な検討を抜きにして、不十分な推定を述べることはできるだけひかえたいが、今後の仕事のメドを立てる必要もあって、一応以上の見通しを持っていることを明らかにしておきたい。これらすべての仕事はそこでみずからの仮説を再検討することをふくめて、今後の課題にしなければならない。本稿が果そうとする富田庄の具体的な事実の検討もそこに至る一つの基礎作業である。

富田庄は東海地方の地域的特質をそなえた荘園であるのみならず、より具体的には次のごとき諸点に関し、それぞれ中世荘園社会の重要な諸断面を示している。これらの諸点に解明の光をあてることが、本稿の直接の目標である。(1)この荘園が平安・鎌倉・南北朝期を通じて、大略、摂関家(近衛家)領であった関係上、ここから、摂関家領荘園の一形態を検討しうること。(2)富田庄の地頭職が北条氏によって伝領され、北条時宗の時代に鎌倉円覚寺に寄進されたといういきさつから、得宗領時代の富田庄の内部構成を検討する可能性が与えられており、得宗領研究の一例を提供するものであること。(3)鎌倉時代末の富田庄絵図によって、平安時代以来の干拓・開墾の状態や、村落の地理的景観につき、さまざまの検討が可能であること等である。

富田庄については、すでに早く『愛知県史』にその要をえた紹介があるが、それ以後、米倉二郎氏の「円覚寺領尾張国富田荘」(2)と板倉勝高氏の「尾張国富田荘を例とせる日本庄園の村落構造」(3)の歴史地理学の分野における二篇が主なもので、歴史学の側では阿部猛氏の「円覚寺領尾張国富田庄」のほかは貫達人・佐々木銀弥氏(4)以下が多少それに関説された程度で十分な検討はなされていない。最近になって、この荘園の主要な史料をしめる円覚寺文書が詳細な校訂を付して『鎌倉市史』史料編として公刊された。『一宮市史』所収の尾張国妙興寺文書とともにこの地域の中世社会研究の基礎がこうして漸次整備されていくのはまことに喜ばしいことである。

一　領家と地頭

中世日本の荘園領主階級は典型的には王朝時代以来の伝統的な権威をうけつぐ都市貴族(王臣・貴族・寺社権門)であって、彼等は荘園の現地をはなれた京都・奈良等の政治都市の居住者たることにその特徴的な歴史的性格を示していた。尾張国富田庄もこの例にもれず、康和五(一一〇三)年に右大臣藤原忠実の家領としてあらわれ(5)、以後中世を通じて、大略、最高の都市貴族近衛家を領主とする荘園として存続した。荘園領主が荘園の現地を離れて京都・奈良に居住している間に、現地で荘園の直接管理にあたったものが地頭以下の庄官=在地武士団であったという説明は、正確をかく点がないではないが、大局把握についていえば、誤っていない。富田庄についても藤原忠実は康和五年に大膳少進平季政なる人物を富田庄の下司職に任じている。このことから、一二世紀の初頭には、この地にも時代の趨勢にもれず他所と同様に下司職を中核に在地武士団が成立していたと考えてよかろう。一二世紀末の全国的な内乱を経て、富田庄の地頭職は北条氏の占めるところとなった。平安時代の当庄下司職と鎌倉時代の地頭職の関係はさだかではないが、他の事例から推して、鎌倉幕府の地頭制度の確立とともに、富田庄下司職の跡が北条氏に継承されて地頭職になったものであろう。北条義時は承元五（一二一一）年に富田庄年貢の請文を領家に提出し、この荘園を地頭請にしている。(6) 北条氏が保持した富田庄地頭職はその後、弘安六（一二八三）年に執権北条時宗が鎌倉円覚寺へ寄進して、円覚寺のものとなる。(7) このようにして北条・円覚寺など富田庄の地頭になったのは尾張国の在地庄官ではなくして、いずれも、中世のいま一つの政治の中心地鎌倉の中枢に位置するものたちであった。

尾張国富田庄をめぐる京都の領家近衛家と鎌倉の地頭北条氏・円覚寺の関係の歴史的推移は、地頭の荘園侵略という定式化された筋書の一つではあるが、尾張国というその立地条件、領家が近衛家、地頭が北条（円覚寺）という領有関係の特殊な条件からして、個別的な検討に値する内容をもつであろう。まず最初に領家と地頭のこの荘園をめぐる収取内容（得分）と、検注権ないし庄務権の実態を可能なかぎり確定して、以下の分析の前提にしたい。

富田庄地頭（北条→円覚寺）の収取内容を考えるうえの基本史料は弘安六（一二八三）年九月二七日の円覚寺年中寺用米注進状(8)と円覚寺米銭納下帳である。(9) これによると、富田庄の年貢は米一、四二八石八斗、銭一、五〇六貫八六八文となっている。この年の三月二五日に北条時宗は尾張国富田庄を円覚寺に寄進することをきめ、執事佐藤業連の奉書をもって、円覚寺奉行人中に宛て、「差二遣実検使一、公私得分委細可レ令二注進一之由」を伝えている。(10) 同年九月二七日に作成された右の二通の史料にみる年貢の数値はこのときの「実検」を基礎にしたものにちがいない。時宗が富田庄地頭職を円覚寺に寄進したのはこの年の七月一六日であるが、その寄進対象を確定するために同年の三月二五日以降、現地の実検が行なわれていたのである。同年九月二七日に確定された円覚寺の寺院経済の大綱は北条氏の意志にしたがって決定をみたものであったにちがいない。右の寺用米注進状・納下帳の記載は、このとき、円覚寺が北条氏からうけついだ富田庄の地頭得分の内容なのである。だからここにみられる円覚寺の得分は多少の変化はあるにしても基

第1表　富田庄領家・地頭年貢対照表

	年度	品目	年貢高	備考
地頭方	弘安6 (1283)	米	1428石8斗	
		銭	1506貫868文	｛ ?　1215貫206文* 　増分　291貫662文 ｛ ?　249貫962文* 　　糸代　20貫500文 　　絹代　21貫200文
領家方	嘉暦2 (1327)	銭	110貫	地頭請分，11月中京進
		?	?	佃3町分，領家雑掌進止

〔備考〕 * 印の品目は史料欠落.

本的には北条時代の地頭職得分を量・質ともに継承していたと考えることができる。したがって、円覚寺による富田庄支配の実態から、逆に地頭北条時代の富田庄における地頭職の諸権限の到達点、ひいては得宗領の実態の推察が可能になる。

これに対して領家近衛家の収取は嘉暦二(一三二七)年に円覚寺(地頭)との間に結ばれた年貢地頭請再契約の条件によって明らかにしうる。その条件は、(1)円覚寺は毎年一一月中に一一〇貫文を京進する。(2)近衛家は荘園管理を円覚寺にゆだねて、年貢未進の訴訟をとりさげ、かつ巡見使の入部を停止する。ただし、(3)近衛家の佃三町は近衛家雑掌の直接管理とするというものであった。[11]

以上みたところから、富田庄の領家・地頭得分(年貢)を対照してみると鎌倉後期におけるこの荘園からの得分が地頭に圧倒的に有利に配分されていることがわかるであろう(第1表)。領家方の年貢は佃の収取分を最大限反別二石とみつもっても、三町で六〇石にしかならず、これに銭一一〇貫文を合せても、地頭分の米一、四二八石余、銭一、五〇六貫余とくらべ、まったく比較にならぬ少額である。このような事態は荘園領主権が強固におよぶ畿内周辺地域の荘園ではおよそ考えられない数値であって、鎌倉後期における富田庄の実質的な領主権の掌握者が地頭(北条→円覚寺)であったことを明瞭に示している。ただし、第1表については二、三の留保条件をつけて考えるべきである。それは(イ)嘉暦二年の領家方得分のデータはこのころ地頭が「承元五年北条殿御請文」に違反して、年貢を対捍するため、領家の訴えがあって、地頭・領家の間に新しく契約しなおされた年貢の妥結額であって、承元五(一二一一)年に北条義時が契約した「承元本請文」の年貢額はこれよりもはるかに領家方に有利な条件になっていたと考えられること。[12] (ロ)富田庄内の北馬嶋は富田庄の飛地になっており、ここの領家職は正応三(一二九〇)年に姉小路三位家(実文)に所属し、「北馬嶋為二富田庄内一之上者、難レ背二惣領例一」といわれるように、ここは惣領=富田本庄と別相伝になっているらしく、ここから考えて、嘉暦二年の領家年貢もあるいは富田庄全体にわたるものでないかもしれないこと等である。[13] こうした条件は第1表にみえる領家・地頭得分における地頭の圧倒的有利という事情に幾分かの緩和を与えるが、それとても、弘安六年から嘉暦二年の間に、北条一門の権威を背景にした円覚寺の年貢が増加こそすれ、減少したとは考えられず、領家・地頭関係における地頭優勢の傾向はますます強くなったであろう。

右の富田庄を対象とする領家・地頭の経済的収取の対比は、この荘園をめぐる両者の力関係を象徴的に示すものであるが、次に荘園経営の主導権をめぐる両者の歴史的推移をみてみよう。平安時代における富田庄の経営については不明確であるが、ここでは一応、康和五(一一〇三)年には右大臣藤原忠実のもとにあって、下司平季政が庄務にたずさわっていたと考えられ、領家の庄経営に対する相当積極的な介入という事態をこの庄をめぐる歴史的な前提として想定しておきたい。[14] 以後の事情は鎌倉時代になって、北条氏が富田庄地頭となり、漸次、領家方を圧倒し、庄経営の主導権を奪取する過程が進行するわけであるが、その過程はほぼ次の三つの時期に区分することができよう。第一期は承元五(一二一一)年以前の段階で、領家近衛・地頭北条が併立しつつも、庄務権は歴史的な伝統にしたがってなお領家方に保持されていたと推定される時期である。この第一期が大変に短いところに地頭の北条氏と領家近衛家との尾張国における対抗関係の特徴が現れている。第二期は承元五年から嘉暦二(一三二七)年にいたる時期である。第二期のはじまりを画する承元五年の北条義時による富田庄年貢の地頭請は、庄経営の主導権が近衛家から地頭の手に完全に移ったことをはっきり示している。嘉暦二年になって、領家雑掌有宗が「但、佃参町者、自レ元依レ為二請分之外一、雑掌進止、今更不レ可レ有二子細一」と述べた際の「元よりの請分」が同じ史料の「承元本請文」にみる「請分」を指すことは文意に徴して明らかであるから、承元五年に(1)富田庄は地頭請、したがって庄務権は実際上、地頭に属すこと、ただし、(2)領家佃三町については従来どおり、領家雑掌が直接管理するという二原則が確立したわけである。[15] しかしながら第二期の特徴は、庄務権についての近衛家からのまき返しが試みられ、地頭・領家の間になお動揺が存して、過渡期の様相を残していることにある。この間の近衛家のこの問題に関する見解・態度を明瞭に示すものに建長五（一二五三）年に作成された「近衛家所領目録」[16]がある。この所領目録は近衛家の各所領を(1)庄務無二本所進退一所々、(2)寄二進神社仏寺一所々、(3)年貢寄二神社仏寺一所々、(4)庄務本所進退所々、(5)請所、(6)大番国々、(7)散所、(8)主殿、におのおの分類整理したものであるが、富田庄は(4)の「庄務本所進退所々」の項に尾張国長岡庄とならんで次のように記されている。

一、庄務本所進退所々

（中略）

美濃国　仲村庄　盛長法師
高陽院領

同国　生津庄　行頼
京極殿領内

同国　富田庄　行有
京極殿領内

同国　蜂屋太田　資平卿

尾張国　長岡庄　西重有　東重房朝臣
高陽院領

信濃国　蕗原庄　姉小路中納言
蔦子中宮領内

つまり、建長五(一二五三)年に、近衛家は富田庄の庄務をみずから進退していると記したのである。右にみえる「行有」は田中稔氏の丹波国宮田庄の預所有範についての考証[17]から推して、当時、近衛家の預所として富田庄の経営にあたった人物だと解さなければならず、右の所領目録によって、行有はまた摂津国榎並上東方・和泉国信達庄の経営にもあたっていたことがわかる。庄務権が近衛家に属するとする右の建長五(一二五三)年の記述は、承元五(一二一一)年以来この荘園が北条氏の地頭請であったとするさきの解釈と合致しないが、地頭請が通例年貢対捍のないことを条件とする以上、地頭方の年貢対捍が発生すれば当然にかつ自動的に近衛家の庄務権が回復されるという本所側の解釈を導き出さずにおかなかったのであろう。[18]

以上のような事実を念頭において、富田庄の庄務が誰れによって行使されていたかを事実に即しておってみよう。まず弘安六(一二八三)年に地頭職が北条から円覚寺へ寄進されたさい庄務権の具体的行使である荘園現地の実検が、地頭方の手によって実施されたことはさきに述べたところである。その後、正応三(一二九〇)年に富田庄内北馬嶋をめぐって、領家姉小路三位家雑掌阿願が地頭代寂入并百姓等と相論し、(1)「百姓募二地頭代威一、弁二色代一之条」と(2)「打二止預所入部一、不三究済二之旨」を訴えたことがある。[19] ここで地頭代寂入の威をかりて領家の年貢(絹)を色代(銭)で納入し、現絹収納のため入部しようとした預所を打止めた主体が百姓であったことに注目させられる。紛争がなければ「預所入部」があって、百姓から直接年貢を徴収していたのであろう。領家雑掌阿願がこのとき「検注事」についても地頭方と争っていることは、検注権についての領家側の積極的な姿勢を示すものである。その後、嘉暦二(一三二七)年に領家雑掌有宗は一一〇貫文の領家年貢京進を条件とする地頭請を成立させたが、このとき、「云二未進訴訟一、云二巡見使之入部一、被二停止一畢」と述べている。[20] 領家方の使者＝巡見使の庄内立入権が放棄されたわけだが、逆にいえば、このときまで、領家方巡見使は庄内立入権をもっていたことになる。こうして承元五年から嘉暦二年にい

第2表　庄務権の推移

第1期		庄務権は領家方に属す
第2期	承元5 (1211)	富田庄地頭請(地頭北条義時)成立
	建長5 (1253)	富田庄の庄務，近衛家に属すという(近衛家所領目録)
	弘安6 (1283)	地頭方(北条→円覚寺)によって富田庄の実検行なわれる
	正応3 (1290)	富田庄内北馬嶋につき，領家(姉小路三位家)の預所入部・年貢徴収・検注につき相論
第3期	嘉暦2 (1327)	富田庄年貢地頭請(地頭円覚寺)再契約，領家方は巡見使の入部権を放棄する 庄務権は地頭方に帰す

たる第二期は庄経営の主導権を地頭方にうばわれた近衛家が、平安以来の富田庄庄務権に固執しつづけたながい困惑の時期として特色づけられるであろう。嘉暦二年の地頭請再契約の成立と、巡見使入部権の放棄とによって、富田庄は第三の時期に入る。庄務権の近衛家からの最後的な離脱によって特色づけられる第三期は、執権北条氏とこれにつづく円覚寺による富田庄支配の一応の到達点であった。そして、両者の力関係はさきの得分比(第1表)に明瞭に表現されつくしているといえるだろう。どんなに多くみつもっても近衛家の得分は円覚寺の十分一にもみたないのである。

南北朝時代になると新しく下からの勢力がのびて来てまた別の様相があらわれる。この点については最後に述べたい。

二　庄内諸階層

富田庄をめぐる領家近衛家と地頭北条・円覚寺の領主権の歴史的推移を現象的にではあるがみて来た。次にこの荘園の内部構成を検討したい。

さきにみたごとく、円覚寺は弘安六(一二八三)年に北条氏から富田庄地頭職をうけついだが、このときの地頭領主権の内容は実質上、地頭請所の下にあって、庄務権を含み、北条氏の意をうけた円覚寺はそれにもとづいてこの荘園の検注を実施したのであった(第2表)。この検注の結果を示した先述の円覚寺米銭納下帳に富田庄の政所・田所・名主・番衆の給分が以下のごとく記されている。(21)

一、政所以下給分事
政所分　斗上米四十七石二斗二升
横江郷名主跡　田一町　屋敷一所
年貢　政所直可二収納一 元名主収納云々
田所 兼公文
給田三丁
雑免十丁　丁別二貫四百文弁外、無二別役一
名主十六人　十二丁八反四十歩
番衆二十人　雑免二十丁 但、丁別二貫四百外無二別役一

ここにみえる政所・田所(兼公文)・名主一六人・番衆二〇人は富田庄の内部構成、庄官組織を知る手がかりであるが、この史料の性格につき、さきに述べた点につけ加えて、次の事実に注意しておきたい。(1)ここに記された政所以下の給分は富田庄全体にわたる記述である。何故なら、この史料は前欠であるが、前に述べたごとく、この記述が米一、四二八石八斗、銭一、五〇六貫八六八文という富田庄全体にわたる年貢に対置されて記載されているからである。したがって、一六人の名主、二〇人の番衆というのも富田庄全体の人数だとして、誤りないわけである。(2)政所分の「横江郷名主跡　田一町」と名主一六人の「十二丁八反四十歩」の記載はともに、政所・名主の給田面積の表示である。なぜなら、右の記述がすべて政所以下の「給分」を示すことが最初の行に明示されており、雑免にはその旨の記

第3表　富田庄政所以下給分一覧(1283年)

	給　　田	雑　免	屋数	斗　上　米
政　所　分	1町	ナシ	1所	47石2斗2升
田所兼公文	3町	10町	?	ナ　シ
名　主16人	12町8反40歩 (8反余)	ナシ	?	ナ　シ
番　衆20人	ナ　シ	20町 (1町)	?	ナ　シ

〔備考〕 政所の田・屋敷は横江郷名主跡．雑免は町別2貫400文のほか別役なし．(　)内は1人宛平均値．

載があるからである。町別二貫四〇〇文を負担する以外、別役を免除された「雑免」でなく、しかも「給分」だというのだから、これは注記がなくても「給田」だと解さねばならない。

以上のような前提に立って、さきの史料を整理して第3表をえた。まず富田庄の名主層につき、次のような解釈が可能になってくるだろう。すなわち、鎌倉後期の富田庄には一六人の名主がおり、それらはいずれも一町程度(一六人の平均は八反余)の給田を保持していた。したがって、彼等の名田面積はすくなくともそれに数倍するものであったと考えるのが妥当であり、このことから考えて、その名田面積が一、二町程度という畿内周辺地域に多い名主層との親近性は想定しにくく、むしろ、質的にいえば九州や東国に多い十数町から数十町歩におよぶ名田を有する所謂辺境型の名主=小地頭層に近い存在であったとすることができる。このことは横江郷名主について検討すればなお明瞭である。

右に引用した史料から、北条氏の地頭職をうけついだ円覚寺が富田庄経営のための政所を現地に設置するにあたり、何らかの理由によって没落し去った彼等名主の一人である横江郷名主跡の屋敷一所と給田一町を継承することによって、それにかえた事実がみとめられる。後にふれる富田庄絵図によると、富田庄は草壁・服織・春田・稲真・新家・富田・鳥海・横江・伊麦・得真・□□・稲村里といった一二個の「里」を中心にし、それに周辺の地を加えて構成されており、ここに「横江郷(里)名主」という呼称が行われていることから、さきの一六人の名主についてほぼ平均して、一つの里に一人の名主が対応するといった程度の関係が成立していたと考えられる。鎌倉末の富田庄絵図の横江里の部分には背景に鬱蒼たる樹木をひかえ、附属家屋を配した堂々たる構えをもった一個の屋敷が、群小の矮屋のかたわらにはっきりと描きわけられているのをみることができる。これこそ、庄経営にのりだした円覚寺が政所を設置したかつての横江郷名主の屋敷跡を示すものと考えうるのである。さきの史料に「年貢、政所直可ニ収納一、元名主収納云々」とある。年貢は元来、名主が収納したが、これを改めて政所が直接収納する形にするというわけだから、富田庄の名主というのは元来、名内の年貢徴収権をもち、これを上級領主(領家・地頭)に納入していたことがわかる。このことは同時に彼等名主層の下に直接の生産者農民が存在したことを示している。富田庄で直接検証することはできないが、辺境地域にあってはこうした直接生産者農民が在家農民として現れることに注意するならば、富田庄絵図にみえる数多くの矮屋の住民等の性格もおおよその見当がつくであろう。後述するように米倉二郎氏以来、これを「民屋」だとして来たが、これに従ってそこに富田庄在家農民の姿を求めることはあながち無理な想定ではあるまい。尾張国にあっても、建保年間(一二一三―一二一九)の春部郡落合郷において絹在家二五宇の存在をたしかめることが可能である。[22]

以上のべたように富田庄の名主というのは、それぞれ在地に蟠居する小領主的性格のものであり、彼等はおそらく平安時代以来、尾張国に居ついて、その領主制を進展せしめつつあった存在であって、本来はその下に在家支配の体制をもち、名内の田地についての排他的な支配権を保持していたと考えられ、さきにみた年貢徴収権もその一つのあらわれだと解される。

富田庄には名主一六人の他に、番衆二〇人が存在する。彼等の雑免田が二〇丁であることからみて、彼等は番衆一人につき一町歩ずつの均等な雑免田給付をうけて「番」組織につながる何らかの公役に従ったものと推定される。富田庄の雑免田は町別二貫四〇〇文の負担があるだけで、他の役は免ぜられている。この番衆の性格については美濃国大井庄の有司との関連が認められよう。中村直勝氏は「荘園の『兵士』に就いて」[23]という論文で、大井庄を例にとって、(1)中世荘園にみる兵士なるものはこの荘園では有司と称せられ、庄内の一階層をなしていたこと、(2)彼等は荘園年貢の輸送・警固という特殊な任務のために組織されたものであったことの二点を明快に指摘された。また清水三男氏は「摂関家大番保」[24]で摂関家大番舎人が年貢輸送・宿直警固のための上番組織たることにおいて、大社寺等の兵士と同性質のものであったことを論証しつつ、(1)彼等が村落上層の地侍的な名主・下級荘官的性質のものであって、(2)一定の給田・雑免田を上番の代償として給付されていたこと、(3)荘園領主と大番舎人の荘園を介在させない直接的な主従関係が摂関家領有権の内容をなしたことなどを明らかにされて、荘園支配における兵士制の意義づけを試みられた。その後、有司をふくめて、大井庄の諸階層は菊池武雄氏や大石直正氏によってくわしく分析されるにいたっている。[25]これらの諸研究が明らかにしたところから次の二点をさしづめ注意しておきたい。(1)建保二(一二一四)年に大井庄有司は下司・検校・別当等の庄官とならび「有司十人十町」と記される給田を保持している。(2)一三世紀末の大井庄には庄官・有司・間人・百姓の四階層がみとめられ、庄官は概ね一町均等、有司は概ね七反均等の屋敷地を除地としてもち、この点で間人・百姓と区別されるというものである。

さて、大井庄の有司と富田庄の番衆の類似性を想定さすものは弘安六(一二八三)年の「円覚寺領尾張国富田荘年貢運上時宿兵士事、被ㇾ仰ㇾ付在所地頭ㇾ畢」という記載である。[26]富田庄年貢を円覚寺まで運上する「宿兵士」が「在所地頭」の役とされたわけであるが、ここにみえる「地頭」はもちろん北条氏から富田庄地頭職を継承したばかりの円覚寺ではありえない。これはむしろ辺境の惣地頭の下にいた伝統的な名主＝小地頭層との関連で解釈さるべきものであって、さきにみた富田庄名主層のことをまず念頭におくべきである。[27]これとともに、一三世紀末葉の大井庄において庄官・有司・間人・百姓の四階層がみられ、この順位は土地所有の規模順位に一致し、庄官は概ね一町均等、有司は概ね七反均等の屋敷地を除地としてもっている事実、土地所有規模・屋敷地規模ともに庄官にややおとり、かつ、一町均等の除田を与えられていた大井庄有司がすなわち兵士に組織されていた点を勘案するならば、雑免田一町を給付された富田庄の番衆二〇人が、富田庄年貢運上のために上番する右の在所地頭つまり「宿兵士」であった可能性がきわめて強いといいうるであろう。ただし富田庄兵士＝在所地頭がこの荘園の名主にあたるか、又は番衆をさすか、今のところ断定はむつかしい。名主と番衆の両者が荘園年貢の運上機構をめぐって、どのような具体的な相互関係に立っていたか、これ以上の推測を許さないからである。また鎌倉後期のこの荘園の実質的な領主が地頭であり、年貢の圧倒的な部分が鎌倉へ送られたことからして、当時の番衆はすでに鎌倉の地頭(北条→円覚寺)によって組織されていたものと考えられるのであるが、同時にまたこの組織がかつて近衛家によって設定されていたものの編成替えであった可能性はもちろん否定しえないであろう(28)。

富田庄には名主・番衆の上に、田所・公文が存在した。鎌倉後期にあっては、公文は田所の兼補するところであって、給田三町・雑免一〇町をもっていた。ところで大井庄では、建保二(一二一四)年に三町の給田をもつと記される大井庄下司の名田(石包名)が建治二(一二七六)年の売券によると、六九町余を占め、下司大中臣氏は私的な武力を組織し、しばしば関東御家人を称していたという(29)。富田庄の田所(公文)についても大井庄下司とほぼ同様の規模が考えられ、彼等は、有力な在地武士団の中核をなして、後に述べる南北朝時代のうごきを準備していたと推察される。

以上のような性格をもつ、田所(公文)・名主・番衆の諸階層が富田庄の現地支配機構に編成されていたのである。彼等は現地で直接生産者農民と対決し、上に荘園領主近衛家や地頭北条・円覚寺の対立抗争を支え、その帰趨を決定づける現地の勢力として存在したのである。南北朝時代になって、田所や名主層が下から独自のうごきを示すにいたると、富田庄における円覚寺の領主権は全面的な崩壊にいたるわけであるが、彼等をまきこんでいた底辺の激動はすでに一三世紀にはじまっていたと考えられる。そのあたりに論点をうつしてみよう。

三　絹・綿と代銭納

領家・地頭などの下にあって、これら上級領主の生産者農民層からの年貢の直接収納をながく拒否していた伝統的名主＝小領主層の存在、予想される在家体制の存続など、鎌倉期の富田庄には畿内荘園にみられない特色ある様相がたしかに観取されるのであるが、一三世紀後半に、この地域は一個の巨大な社会的・経済的激動期を経過した模様である。弘安六(一二八三)年に年貢の政所直接収納がはじまっていたことは、富田庄の伝統的名主層の経験した動揺を示している。なかでも平安時代以来の在地領主であった大井庄の下司大中臣氏の没落は右の変動の端的なあらわれであって、大中臣氏没落のあとをうけて、東大寺がここに積極的な庄経営をこころみ、一三世紀末葉(一二九五年)に大井庄を検注するのであるが、これらの点を分析された大石直正氏の仕事は、この点でも大変興味深い。富田庄も当然同じような歴史をことなった形で経過したはずである。

平安から鎌倉へかけての濃尾平野の諸荘園は一定の地域的特質をおびていた。その特質というのは東大寺領美濃国大井庄・茜部庄の例をまつまでもなく、また醍醐寺領尾張国安食庄を例示しうるばかりでなく、この地域には絹・綿・糸を年貢とする所領が濃密に分布していたという顕著なる事実と関連する。醍醐寺領尾張国安食庄は春部郡安食郷(現在、名古屋市北郊)にあって、庄内川と矢田川の合流点の上手一帯を占めたが、康治二(一一四三)年の立券文(30)によると、矢田川北面の自然堤防上に在家が点在し、そこは大部分が畠地(主に桑畑)に利用され、水田はさらに北側のバックマーシュに存した事情が復原されるというが、[31] そこには年貢として多量の「代糸」が計上されている。同じ春部郡の落合郷について建保年間(一二一三―一二一九)の目録は田一〇町九反、畠三三丁四反小、絹在家二五宇を記しており、ここにも畠地の卓越、年貢として絹を負担したにちがいない絹在家の存在をみうる。[32] さらに杉山博氏の研究によって海東郡北部一帯を占めたと推定される久我家領海東庄についても、正和二(一三一三)年六月の海東上庄年貢未進幷抑留注文によって、その年貢が尨大な絹・糸・綿・銭によって構成されていたことが報告されている(第4表)。[33]
久我家領海東庄のすぐ南、庄内川の西岸に、南を伊勢湾に面してひろがっていた富田庄の年貢もこの例にもれない。美濃国安八郡大井庄(現在、大垣市)ならびに厚見郡茜部庄(岐阜市南郊一帯)も建保二(一二一四)年には前者が疋別七反に定められた所当地子として絹を納めるほか、糸・綿・桑代を負担し、後者も定田について町別二疋の年貢絹、ならびに畠の桑代綿として一、〇〇〇両を納入することになっている。[34] こうした事例はこのほか第5表に示すような諸荘園・所領についての不十分な検出例にも示されている。

第4表 海東上庄年貢未進・抑留物(1300–1312年)

品目	総額	年平均
絹	719疋5丈6尺	55疋余
糸	3432両3分	264両余
綿	16467両3分	1266両余
銭	1813貫316文	136貫余

〔備考〕 杉山博論文による.

美濃・尾張が古来絹の産地として著名であったことは、ここでことあたらしく述べるまでもないことであるが、私はこの地域がたんに絹の名産地であるばかりか、次のような意味の養蚕地域であった点を注意すべきだと思う。(1)これらの地域に絹・糸・綿を年貢とする荘園が濃密に分布しているということはこれがたんに点在する状態を意味するのではなく、それがむしろ通例の状態であったことを示している。(2)中世荘園の貢納物は通例、米を主体とする年貢(所当官物)とその他の雑多な特産品からなる付加税(万雑公事)とからなるが、この地域の荘園にあっては万雑公事のみならず年貢そのものが絹・糸・綿で納入される例がかなりの比重を占めていたらしい。以上二点はこの地域の動向を追う場合に、養蚕ないし絹・糸・綿に関する諸問題を除外した分析は十分な有効性をもちえないことを示している。絹・綿・糸を年貢の主体とする荘園が他の地域に存在しないわけではないが、濃尾平野においては、それがむしろ通例ではないかと想定されるところに他の地域とことなる地域の特色が存したのである。（この点についてはなお今後の検討が必要である。）

平安・鎌倉期における濃尾平野の景観的な特質は木曽川・揖斐川あるいは庄内川などの諸河川の氾濫・流路の変遷などがいちじるしく、旧河床が各所に土砂を堆積させて、その自然堤防上に桑畠(園)を点在せしめ、地域の産業構造が深く養蚕に依存する自然的条件を規定していたことにある。たとえば永治二(一一四二)年に美濃国茜部庄住人等は「於二旧河跡一者、漸々成二桑原一」といって、尾張河(木曽川)の旧河床が桑原に変貌していく様子を述べている。(35)また茜部庄に隣接する大教院領市橋庄住人等は永治元(一一四一)年にこれと逆の事情を「今年大水ニ宅地桑原悉成二大河一、見作田等多流出」と称している。(36)すなわち、ここから抽出されるこの地域の変化は、桑畠→大河→桑畠という循環で最も典型的に把握されうるであろう。水田→大河→水田という循環ももちろん存したであろうし、またそれを無視するわけにもいかないが、それは前者との関連でとりあげるべき問題である。

貞応二(一二二三)年卯月上旬に京を立った『海道記』(37)の作者が津島の渡をこえて尾張国へ入ったとき目にとめたのが、以上のべたごときこの地域の特色ある光景であった。

見ハ又園ノ中ニ桑アリ、桑ノ下ニ宅アリ。宅ニハ蓬頭ナル女、蠶簀ニ向テ蠶養ヲイトナミ、園ニハ潦倒タル翁、鋤ヲ柱テ農業ヲツトム。大方禿ナル小童部トイヘトモ、手ヲ習フ心ナク、タヽ、足ヲヒチリコニスル思ノミアリ、弱クシテヨリ業ヲナラフ有様哀ニコソ覚ユレ。

上の文章につづいて作者がその日、萱津宿に泊ったことが記されているから、ここにみる光景は富田庄のすぐ近辺であったにちがいない。作者はこの一日の道すがら、桑畠にかこまれた園宅地がどこまでも点在し、そこで蚕養にはげむ老女と、園宅地を耕す翁と小童を驚ろきに満ちた新鮮な目でみつづけ、その結果を上のように形象化したものであろう。『海道記』の記述はそうした意味でこの地域の産業構造の見事な形象化であったといえる。『夫木和歌抄』に収める藤原光俊の和歌一首「みのをはり、堺つゝきは植なめて、よむともつきじ、くはのいくもと」もまた美濃・尾張国境地帯を中心とするこの地域の景観を後世に伝えてくれるだろう。美濃・尾張は古代から中世への転換過程で全国的な絹の特産地帯として、うかび上ってくるのである。

さて、こうした地域の一角に存して、富田庄の年貢は何によって納められていただろうか。弘安六(一二八三)年には、すでに一、四〇〇余石の米と、一、五〇〇余貫文の銭になっているが、この銭貨部分が元来は現物納であって、それが後に代銭納に変化したものであることはまちがいない。現物納のときの品目は後に述べるように絹であり、あるいは第1表の史料から部分的に読みとりうるように糸・絹などであった。

以上のような事態のなかで、一三世紀の後半にこの地域の絹・綿・糸などの年貢が銭納化されていった。第5表によって、この地域における一三世紀後半の銭納化現象をまず概括的に把握することが可能である。これは当然、絹・糸・綿の交換過程への流出を意味している。地域の産業が養蚕に依存する度合いが深ければ深い程、上の変化の持つ意味は大きいのである。それはまた当然、この地域を絹の特産地に転化せしめた全国的な社会的分業の動向、特に京都・奈良といった都市における織物生産の動向と密接にかかわる重大な変化でもある。

次に第5表で概括的に把握される代銭納化への転換点のもつ意味を富田・茜部の事例でより微視的に観察するために第6表を作成した。荘園の代銭納については、小野武夫・豊田武・水上一久氏等の研究があり、最近では佐々木銀弥氏の「荘園における代銭納制の成立と展開」が従来の研究を批判的に発展せしめ詳細かつ綜括的に問題を展開させている。[38] 筆者もこの問題につき、丹波国大山庄西田井村の個別的事例をもとに見解の一端を明らかにしておいたが、[39] いまだ充分問題を具体化しえていないので、さしあたり研究史上の問題点は前記、佐々木氏の論文の要点をえた説明にゆずりたい。富田庄は佐々木氏の論文のなかで、茜部庄とともに地頭の側よりする代銭納要求のあった代表的な荘園として分析されているが、その評価について、ただちには従いがたい点があるので、この点を検討し、前記西田井村につづくこの問題についての第二の基礎分析にすえたい。

第6表にみるように富田庄においても、一三世紀後半に年貢絹の代銭納化が実現するのであるが、それは佐々木氏が指摘するとおり地頭代ならびに百姓等の要求が、現絹の収納を求める領家側の主張をおしきったものであった。そして、その転機はおおよそ文永年間(一二六四—七五)に求められる。すなわち、正応三(一二九〇)年の六波羅下知状[40]は、(1)富田庄内北馬嶋の領家姉小路実文の雑掌阿願が「現絹」徴収の先例を証拠だてるために嘉禄(一二二五—一二七)、寛元(一二四三—四七)、文永(一二六四—七五)年間の返抄ならびに庄家送文を提出したこと、(2)さらに六波羅が「爰如二雑掌所進返抄送文等一者、現絹之由、有二所見一」とこれを認めたことの二点を記している。つまり文永年間にいたるまで富田庄北馬嶋の年貢は現物の絹で納入されていたのである。さらに、(3)同下知状は地頭代寂入提出の文永八(一二七一)年富田下庄地頭代あての関東下知状が「代物」、つまり代銭納を認めていたとするから、富田庄においては、文永年間に絹の代銭納をめぐって、相論がおこり、右の関東下知状によって、代銭納を主張する地頭の要求がとおり、絹年貢の代銭納化が実現したことがわかる。正応三(一二九〇)年の事件は右のような先例をうけたもので、このとき領家姉小路家の雑掌阿願が北馬嶋の百姓に対し、「現絹」納入を要求して、現地へ入部しようとしたところ、地頭代寂入の威を借りた百姓等がこれを拒否して相論になり、結局、北馬嶋が富田庄内であって、代銭納化が実現している「惣領(富田本庄)例」に背き難いというわけで、領家方が敗訴したものである。

第5表 美濃尾張荘園年貢の推移

年次	所領	領主	国郡	絹	糸	綿	銭	その他	出典
				疋丈尺寸	両分朱	両	貫	石斗	
?	狩津庄	安楽寿院	尾・山田	65.					安楽寿院古文書
康治2(1143)	安食庄	醍醐寺	尾・春部		67.27				平安遺文 2517
久安1(1145)	茜部庄	東大寺	美・厚見	95.304					〃 2645
永暦1(1160)	中河御厨	伊勢神宮	美・安八	八丈70. 凡絹50.					神宮雑例集
建久4(1193)	一楊御厨	〃	尾・愛智					米 30.	神鳳鈔
〃	野田御厨	〃	尾・〃	八丈 6.					〃
〃	立石御厨	〃	尾・海部	八丈 10.	20.				〃
〃	楊橋御厨	〃	尾・		赤曳糸 10勾			油 0.1	〃
〃	奥村御厨	〃	尾・中嶋					米 10.	〃
〃	伊福部御厨	〃	尾・海部	八丈 6.				米 6.	〃
〃	瀬見御厨	〃	尾・丹羽		采代糸 20勾				〃
〃	高屋御厨	〃	尾・〃		赤曳糸 采代糸 30勾			菓子	〃
〃	酒見御厨	〃	尾・中嶋		采代糸 10勾				〃
〃	千丸垣内御厨	〃	尾・		采代糸 3勾				〃
〃	託美御厨	〃	尾・丹羽		赤曳糸			油1瓶子	〃
〃	新溝御厨	〃	尾・		采代糸 5勾				〃
〃	治開田御厨	〃	尾・	八丈 20.					〃
〃	中河御厨	〃	美・安八	長絹 30.				米 75.	〃
〃	小泉御厨	〃	美・〃	八丈 20.					〃
〃	池田御厨	〃	美・可児	八丈 6.				紙 50帖	〃
〃	下有智御厨	〃	美・武芸	八丈 30. 尺絹 7.				紙 50帖	〃
建仁1(1201)	船木庄十八条郷	法勝寺	美・安八	八丈 18.					醍醐寺文書 183

年次	所領	領主	国郡	絹	糸	綿	銭	その他	出典
				疋丈尺寸	両分朱	両	貫	石斗	
建保 2 (1214)	西部庄	東大寺	美・厚見	100.		1000.			東大寺文書
〃	大井庄	〃	美・安八	161.07					〃
貞応 1 (1222)	小島庄	青蓮院	美・〃	八丈 60.					華頂要略
建長 3 (1251)	堀尾庄	近衛家	尾・中島	30.	40.				参軍要略抄紙背
建治 3 (1277)	大成庄	東寺	尾・海西				20.000		東寺百合文書
弘安 4 (1281)	安食庄	醍醐寺	尾・春部				200.000		三宝院文書
〃 6 (1283)	富田庄	円覚寺	尾・海部				1506.868	米 1428.8	円覚寺文書
〃 8 (1285)	大成庄	東寺	尾・海西				30.000		東寺百合文書
正応 6 (1293)	津布良開発御厨	伊勢神宮	美・安八				100.000		藤波氏経記
永仁 2 (1294)	篠木庄	長講堂	尾・春部				190.000		円覚寺文書
〃 5 (1297)	西部庄	東大寺	美・厚見				606.200		東大寺文書
正安 2-正和 1 (1300-12)	海東上庄	久我家	尾・海部	(55.余)	(264.余)	(1266.余)	(136.余)		久我家文書*
元亨 4 (1324)	大成庄	東寺	尾・海西				62.042		東寺百合文書
嘉暦 2 (1327)	富田庄	近衛家	尾・海部				110.000		円覚寺文書
建武 4-5 (1337-38)	仲村荘下方	〃	美・可児				(17.500)		大友史料**
暦応 2 (1339)	野口石丸保	国衙	尾・春部		20.	6.	20.150		円覚寺文書***
暦応 3 (1340)	仲村下方	近衛家	美・可児			10.	21.	米 2. 大豆 5.816	大友史料
貞和 5 (1349)	妙興寺保	妙興寺	尾・中嶋	1.4	70.	50.			妙興寺文書
文和 2 (1353)	寺本法城寺	国衙	尾・〃				8.740		醍醐寺文書
〃	隠泉寺	〃	尾・丹羽				7.155		〃
〃	国分寺	〃	尾・中嶋				4.780		〃
〃	大神社	〃	尾・〃				4.000		〃
〃	千代社	〃	尾・〃				3.000		〃
〃	福重保	〃	尾・〃				3.400		〃

〃	朝宮保	〃	尾・〃				10.220		〃
〃	草部保	〃	尾・〃				60.000		〃
〃	山口保	〃	尾・〃				120.000		〃
〃	益田保	〃	尾・〃				15.000		〃
〃	額石保	〃	尾・〃				72.000		〃
〃	弥勒寺	〃	尾・				3.955		〃
〃	浅野保	〃	尾・中嶋				15.000		〃
〃	飽津高田	〃	尾・				8.000		〃
〃	鵜鳴保	〃	尾・中嶋				5.280		〃
〃	重安保半分	〃	尾・〃				5.020		〃
〃	篠田保	〃	尾・海東				28.150		〃
〃	小河村	〃	尾・				6.800		〃
〃	赤見村	〃	尾・				6.700		〃
〃	末恒村	〃	尾・				1.000		〃
〃	野口村	〃	尾・春部				5.000		〃
〃	石丸保	〃	尾・〃				20.000		〃
〃	六恩円妙寺	〃	尾・				5.760		〃
〃	同例名	〃	尾・				7.030		〃
〃	得寿名	〃	尾・				16.500		〃
〃	奈良津・北鳴・東得田	〃	尾・				42.000		〃
〃	東中野・野村・小泉	〃	尾・				15.900		〃
〃	栗木・羽高・大塚	〃	尾・				28.100		〃
〃	西中野	〃	尾・				17.000		〃
〃	得田・小牧	〃	尾・				8.000		〃
正平9(1354)		熱田神宮	尾・				1316.000		熱田神宮文書
応安2(1369)		妙興寺	尾・				113.608		妙興寺文書

年次	所領	領主	国郡	絹	糸	綿	銭	その他	出典
				疋丈尺寸	両分朱	両	貫	石斗	
応永14(1407)	上門真庄	長講堂	尾・葉栗	150.	300.				長講堂領目録****
〃	藤掛庄	〃	〃		20.				〃
〃	稲木庄安良郷	〃	尾・丹羽	70.	3000.			漆 2.5	〃
〃	篠木庄	〃	尾・春部	150.	500.				〃
応永14(1407)	野間内海庄	長講堂	尾・智多	130.	220.				〃
〃	深萱庄	〃	美・賀茂	25.					〃
〃	伊自良庄	〃	美・山県	70.					〃
〃	宇多弘見庄	〃	美・武芸	20.					〃
〃	蜂屋北庄	〃	美・賀茂	17.					〃
〃	〃南庄	〃	美・〃	150.	100.	230.			〃
〃	平田庄市俣郷	〃	美・厚見	40.33	22.				〃
〃	〃革手郷	〃	美・〃	10.					〃
〃	〃加納郷	〃	美・〃	10.					〃
〃	〃六条郷	〃	美・〃	50.	100.				〃
〃	〃鶉郷	〃	美・〃	32.5					〃
〃	松庄	〃	尾・				30.		〃

〔備考〕 * 13年間抑留物の年平均額. ** 2年間の平均額. *** 康元(1256〜)以前得宗領の済例か. **** 本目録にみえる篠木庄がすでに永仁2年に代銭納化されていることに注意.

正応の北馬嶋の相論で注意しておきたいのは、相論の当事者としては領家雑掌と地頭代が表面に現れているが、現地で雑掌の入部を拒否しようとしたのが北馬嶋の百姓自身であったことである。明らかに年貢の直接納入者は「百姓」であり、このときの代銭納要求にはこうした百姓の意向が相当強く働いていたと認められる点である。文永年間における年貢絹の代銭納化は、当然、弘安六(一二八三)年にみられる年間一、五〇六貫余におよぶ尨大な額の地頭年貢の代銭納化の前提をなしたにちがいない。ここに富田庄をめぐって、尨大な銭貨が流通しはじめていたことがよくわかるであろう。

富田庄で年貢絹の代銭納をめぐって、領家と地頭代・百姓が対立していたころ、美濃国の茜部庄でも全く同じような問題がもち上っていた。中村直勝氏の研究(41)によると、この荘園では文永二(一二六五)年に絹を代銭でおさめた初見史料をみるのであるが、その後、久しい紛争をへて、永仁五(一二九七)年に絹・綿はすべて色代銭を以て納進する約定が成立している。現物の絹・綿を要求する東大寺と、代銭納を主張する地頭側の対立内容を明らかにする史料として弘安元(一二七八)年の六波羅下知状案を引用してみよう。

第6表　富田・茜部庄における現絹から代銭納入への転換時期

年　　次	事　　項
嘉禄 (1225-27)	
寛元 (1243-47)	富田庄北馬嶋領家年貢現絹で納入
文永 (1264-75)	
文永 2 (1265)	茜部庄絹代銭納初見
文永 8 (1271)	富田下庄の代銭納を認める判決(関東下知状)
弘安元 (1278)	茜部庄，近代絹綿高直
弘安 6 (1283)	富田庄地頭年貢銭 1506 貫文
正応 3 (1290)	富田庄北馬嶋領家現絹要求，敗訴
永仁 5 (1297)	茜部庄絹綿の全面的な代銭納

一、見絹綿色代間事

右雑掌則地頭近年以二減直代物一致二其弁一之上、背二先例一事、十月中参期、或年中或及二明春一令二遅済一之条、無二其謂一、所詮任二仁治二年地頭請文幷貞応領家下知状一、可レ収二納見絹見綿一之由申レ之、頼広亦見絹見綿之条、地頭請文雖レ在レ之、自二貞応一之以来、少々者見物、其残者以二色代一弁来之条、返抄分明也、全非二新儀一、就中近年絹綿高直之間、以二田所当米一令レ買二絹綿一之条、依レ難レ叶、如二当国ゝ領傍例一者、四丈別雖レ為二七百文色代一、至二当庄一者、存二別忠一、四丈別以二一貫四百文一、致二其弁一之間、壱疋別相二当弐貫八百文一者也、全非二減直一歟、以二見絹見綿一可二収納一之由、於レ被レ申者、庄内百姓未雖(等)二一人一、不レ可二安堵一、次参期事、自二十月維摩会一弁始之、或年内或及二明春三四月一之条、為二先例一之旨、陳レ之者云二仁治地頭請所(文)一、云二貞応領家下知一、共以可レ弁二色代一之旨、不レ載之間、任二彼請文一、以二見絹見綿一、可レ令二収納一、近年絹綿事者、米又為二高直一歟之由、雑掌所レ申、雖レ似レ有二子細一、貞応以後成二来色代一事、雑掌不二詮(論)申一歟、就中近年絹綿高直之間、以二田率所当一、弁二見絹見綿一事、庄家不レ可二合(可)期一之旨、頼広申レ之歟、非レ無二其謂一歟、然者以二折中之法一、於レ絹者壱疋別代銭参貫文、至レ綿者以二見綿一、年内所レ致二其弁一之状、下知如レ件

弘安元年十二月八日　　左近将監平朝臣　在判
　　　　　　　　　　　陸　奥　守平朝臣　在判(42)

この史料によると、茜部庄は領家東大寺に見絹・見綿(絹綿の現物)を納入しているが、これは「田所当米」をもとにして購入した絹・綿であって、現地の直接生産ならびに年貢は「米」であったことになっている。地頭側の主張によると、絹・綿の購入価格が騰貴して、所当米販売代金では規定量の絹・綿を調達しがたい故に、代銭納を認めて欲しいというのである。

佐々木氏が注目したのはこの点であって、東大寺は鎌倉中期になって、茜部庄内で絹・綿の生産が衰退していたにもかかわらず、いぜんとして、現実生産とは無縁な貢納物＝絹・綿納入を強制しようとしており、そこへ当時の価格変動、特に絹・綿価格の騰貴が加って、農民負担の過重がひきおこされていた。地頭が代銭納を要求したのは困窮した農民への懐柔策であったにちがいないというのが佐々木氏の考えである。(43) つまり氏のここでの力点は代銭納の成立を実際生産と遊離した荘園領主の現地荘園への貢納物強制とそれへの地頭・農民の抵抗として把握することにある。

しかし、この点について私はすこし変った判断をもっている。

ここでは「近年絹綿高直」つまり絹・綿価格の高騰現象をどう理解するかが問題である。右の弘安相論の下知状には地頭代頼広が「当国之領傍例」について「四丈別七百文色代」であるにもかかわらず、当庄では「存二別忠一」じて「四丈別以二一貫四百文一」て納入していると主張したこと、それにもかかわらず雑掌の側では地頭が「近年以二減直代物一」て弁済することを非難し、地頭もまた「現絹・現綿」で納めようとは決していわなかった事実が示されている。従前の四丈別七〇〇文の比価を一貫四〇〇文に改訂してもなお追いつかない程の絹の値上がりが当時進行していたとしなければならないのである。こうした事情を背景にして考えるならば、年貢負担者にとって「見絹・見綿」をそのまま納入するより、これを一たん交換過程に投じ、かわりに代銭をもって納入する方がより有利だったことは全く自明とせねばならない。佐々木氏の判断は中世における日本の養蚕業の衰退を考える通説的理解によっているが、たとえ茜部庄における荘園領主の貢納強制と現実生産の遊離、貢納年貢米の売却と絹・綿の購入という二重の商品交換を経る現物納のわずらわしさといった右の地頭側の主張をそのまま信用したとしても、この荘園がひとり、現絹・現綿よりも代銭納を有利とするこの地域全体をまきこみつつある巨大な経済的変動の外部に存在したわけはないのであって、地頭代の言葉はその分だけ割引きして解釈しなければならないだろう。富田庄における代銭納への転化はまさにこの事実と関連させて解すべきものである。佐々木氏はここでも庄内川の氾濫と、桑作付の中絶等を茜部庄の場合から類推しているが、私はむしろ事実を逆に把握すべきだと考える。富田庄において、茜部庄とほとんど同時に、現地の側から代銭納要求がおこったということは、一三世紀後半における絹・綿価格の騰貴がどんなに深く、東海地域をとらえていたかを示すものにほかならない。現地の地頭・庄官ならびに農民層は彼等の手になる絹や綿を交換過程に投じ、そのことによって利潤を得ることに魅力を感じていたのであり、荘園領主に対して代銭納を要求し、ながい争いの結果、一三世紀末までにその要求を各所で実現しつつあったことは、文永をすぎるとともに急激にふえるこの地域の代銭納荘園の存在がよく示しているだろう(第5表)。もちろん、荘園領主対現地勢力の具体的な力関係によって現物形態による年貢も残ったことは事実であるが、一三世紀後半の代銭納の広汎化現象が予想外に深く社会をゆりうごかしていたことに着目したい。東海地域にはすでに述べたように絹年貢を主体とする荘園が濃密に分布していた。これらの荘園所領はすべて、茜部・富田両庄で具体化されたような経済的変動の渦中にまきこまれていたのであって、一三世紀後半における絹・綿価格のいちじるしい騰貴は現地の地頭・庄官・農民層の絹・綿商品化の欲求をよびさまし、現物納を要求する領家側との緊張関係の拡大、その結果としての代銭納を各所に成立せしめていったのである。大石直正氏が分析した後述の大井庄における下司大中臣氏領主制の崩壊もこうした事態とおそらく無関係ではありえなかったであろう。前節で分析したような富田庄の諸階層がこのような経済的変動をどのようにうけとめたか明らかにすることはできない。ただ荘園農民は代銭納とは無縁であり、代銭納が実施されても農民自身は依然現物納であったとする小野武夫氏以来の通説的見解は、具体的な事例によって幾多の修正をうけつつも、なお基本的な支持をうけている。(44) 私自身は小野武夫氏以来の考えを一度放棄してみた方が生産的だと考え、別稿において、大山庄西田井村の百姓等が村落内部の階層の上下にかかわらず、直接年貢の銭納を行なっていた事実を紹介した。そこで述べたごとく、中世の村落が階層の上下によって、商品流通への接触を抑制するような法や慣習を強く有していたとは考えにくい。一般的にいって、村落に貨幣が滲透するには、社会的生産力水準の一定度の高まりを前提とするが、しかしそれは何も農業生産力が高くて、富裕であり、かつ本格的な米作地帯から商品流通にまきこまれていくことを意味するものではない。社会的生産力水準の一般的上昇が社会的分業の進展に媒介されて、自然と社会の環境が水稲経営以外の生業を強制するような地域と階層から銭貨の滲透がはじまると推定されるが、このことはただちに、中世の貨幣流通がむしろ辺境地域や山間僻地において最初に顕在化するという見解を導くであろう。(45)

以上みた東海地域の情況はこうした推定に非常に適合的である。と同時に、富田庄においても、『東関紀行』[46]の作者が、

かやつ《萱津》の東宿の前を過ぐれば、そこらの人集りて、里も響くばかりに罵りあへり。けふは市の日になむ当りたるとぞいふなる。往還のたぐひ手毎に空しからぬ家づとも、かのみてのみや人にかたらむとよめる花のかたみにはやうかはりて覚ゆ。　花ならぬ色香もしらぬ市人の徒らならでかえる家づと

と記しているのに徴すれば、萱津の市の日に、手ごとに「家づと」をたずさえて、里も響くばかりに罵りあう「そこらの人々」は、本質的に庶民の姿であって、地頭・庄官といった村落の特定階層のみではありえない。さきの『海道記』の記事にみるこの地域の桑の宅が、老父母と小童からなる小経営の姿を彷彿とさせる点や、大井庄の百姓層が庄官・有司・間人層に比して、はるかに桑畠への依存率が高いらしいことを推定させてくれる大石氏の分析[47]などから、富田庄の直接生産者層も上述のごときうごきに直接的にまきこまれていたと推定すべきものである。そこには当然、貨幣流通にまきこまれた農民層の激しい階層分化と巨大な社会的変動が存したはずである。

四　富田庄絵図

円覚寺には現在重要文化財の指定をうけている「尾張国富田庄絵図」が現存し、米倉・板倉両氏の富田庄研究はともにこの絵図を読むことに最大の力点がおかれている。米倉氏の研究は富田庄絵図と現状との比較研究をはじめて試みたもので、氏はこの絵図の主要部分が縮尺約七、二〇〇分の一という驚くべき正確度で描かれている事実を、条里遺構の存在、村落の位置の不変化(後に移動した江松・富長・賀茂須賀を除く)等によってたしかめるとともに、それ

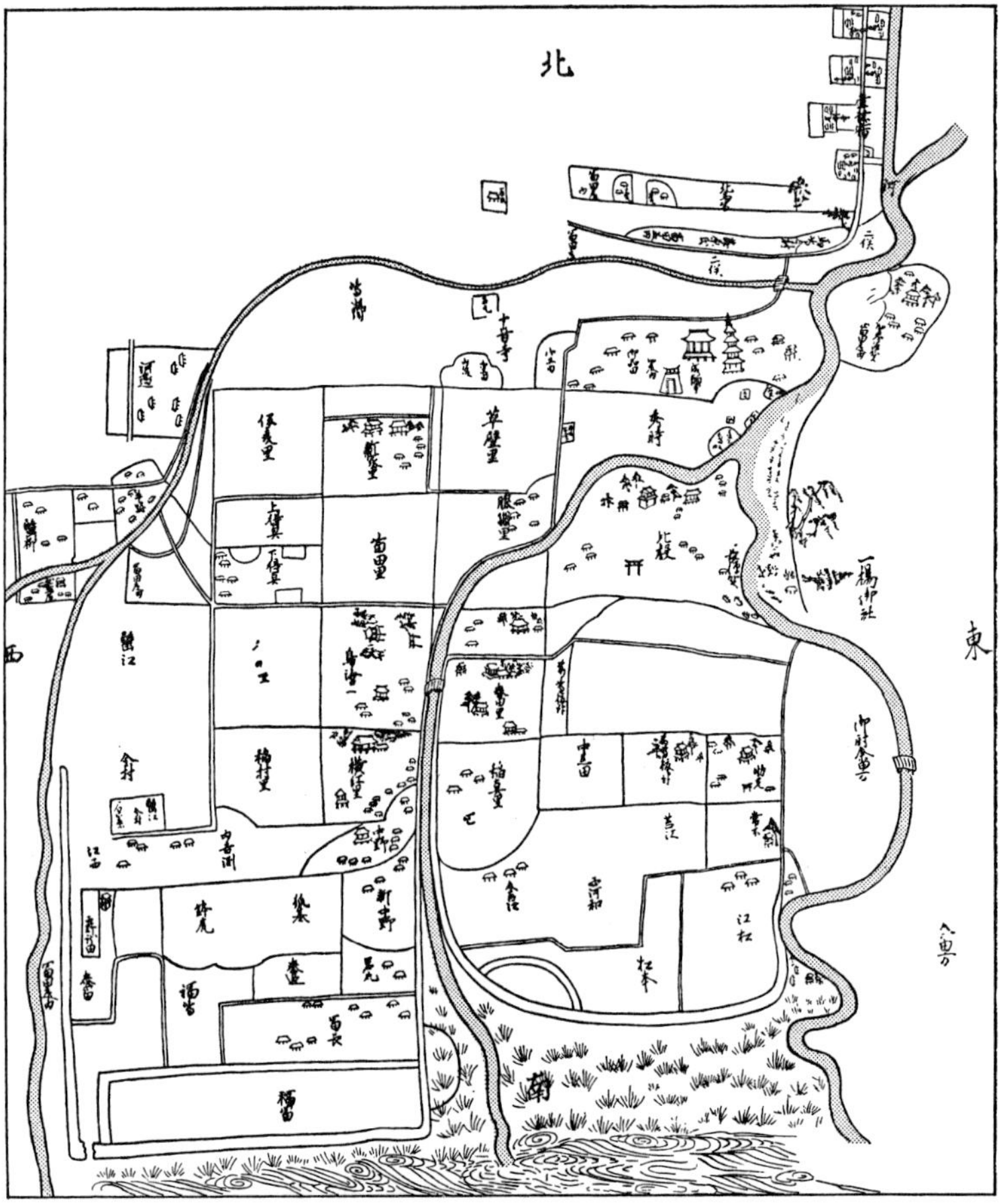

尾張国富田庄絵図

〔備考〕 図の中央左寄りに草壁・服織・春田・稲真・新家・富田・鳥海・横江・伊麦・得真(上・下)・□□・稲村の一二ヵ里，右上方に萱津宿がみえる．現在の戸田川を中心に東の御厨河(現，庄内川)と西の川の間が庄域，海岸にむけて堅固に築いた堤防や橋，神社の鳥居，寺院の塔などが点在し，周辺には北馬嶋・馬嶋今村・二俣などの飛地もみえる．

を基礎にして、河道の変遷、海岸線の移動、築堤干拓、民家・神社等の考察による景観の展望などを論述されて、富田庄研究の先鞭をつけている。[48] 米倉氏の研究を追った板倉氏の仕事は、一楊御厨と富田庄の間で争われた堺相論の論点と富田庄絵図の記載とをくわしく比較検討したもので、(イ)当時の景観復原を試みるとともに、(ロ)それを土台として、絵図に現れた大規模な輪中形式の堤防の性格につき、これが近世以降の洪水よけ輪中と性格を異にし、木曽・長良・揖斐・庄内川の土砂の埋積作用によって形成される lagoon を干拓するために造成された輪中であって、これは tidal delta の形成助長を目的とする沿岸洲の人工的補強＝築堤にほかならないこと、富永・福富・松本・江松などはかかる中世的な技術水準による人工干拓地であること、(ハ)さらに絵図にみえる四類型の家屋のうち、第一型を「民屋」と考えた米倉二郎・小野武夫・『愛知県史』の見解を否定、これが中世封建体制の最末端である下級領主 Lord の館(家)を表わしたものであること、さきの中世的干拓工事の経営主体が、これら下級領主を使役して統制力を拡大していった第四型の「事実上の富田庄領主」であったこと(氏のいう第四型とは前述の横江郷名主の屋敷をさす)、(ニ)横江南方聚落の性格につき、これを「事実上の富田庄領主」＝第四型が、配下の下級領主(第一型)を自己の館の前に集住せしめつつある状態を示すこと、したがってこれを近世城下町のごく初期の形態であると述べて、米倉二郎氏がここを「街村として稍々都市化しつつある」というのを誤りとしてしりぞけている。[49] 板倉氏の論述は、富田庄絵図をもって、封建武士団が一円知行の領主の下に結集されていく過程、地頭武家時代から領域大名時代への転化の裡にある村落構造を現わすものであるとする巨視的な展望に沿ってなされているが、現在の中世史研究の水準にてらしてみれば具体的な事実認識に関する史料批判の不足はおおいがたい。ただ(ロ)の人工干拓技術の中世的形態を近世以降の干拓工事と対比した堤防論に関する部分は貴重な成果を提示されたものとみなしうるであろう。

米倉・板倉両氏の研究は論述の中心になった「尾張国富田庄絵図」についての基礎的分析が十分でないところに問

題がある。これを両氏は富田庄と一楊御厨間の境界争いにさいして作成された絵図だとするが、後に述べるようにこの見解は支持しがたく、また米倉氏はこれを暦応元(一三三八)年、板倉氏は一三四〇年代の作成だと判断しているがこれも誤りである。特に絵図と富田・一楊の境相論のくわしい対比検討を基礎にした板倉氏にあっては右の判断の誤りが全篇をつらぬく欠陥になっている。以下少しく「尾張国富田庄絵図」の作成目的と時期について考証を行なう。

円覚寺では寺家保管の重要文書の目録を正和四(一三一五)年に作成し、文保元(一三一七)年、元応二(一三二〇)年の両度にわたりこれに追加を加え、元亨四(一三二四)年に最終確認を行なっているが、この文書目録に[50]「富田庄絵図」をみない。その後正平七(一三五二)年になって、円覚寺はその後の重要文書三〇点の「円覚寺　新文書渡目録[51]」を作成しているが、そこには、(a)「五通　富田庄萱野堺御使注進　四帖　同絵図」とあるもの、(b)「一巻　富田庄十二ヶ里絵図幷地頭請所訴陳等具書案」とあるもの、(c)「一通　富田庄萱野和与状預所乗賀　一帖　同絵図封裏」とあるもの、以上三種類の絵図が記されている。このうち(a)(c)は萱野の堺争いの絵図であるが、この萱野領有争いに荒尾宗顕・上条篤光等の使者が現地で「新造絵図」を作成したのが暦応元(一三三八)年[52]、富田・一楊双方の和与が成立し、その委細を「絵図」に載せて、預所乗賀が和与状に署判を加えたのが貞和五(一三四九)年であったから[53]、米倉氏は現存の絵図を(a)とし、板倉氏は(a)(c)のいずれかと解したわけである。これにたいし、『鎌倉市史』は(a)(c)を「イマ無シ」とし、現存の絵図は(b)であるとするが、現存絵図に記されたところと当時の萱野領有争いの係争内容との一致が認められないこと、現存絵図は伊麦・新家・草壁・得真・富田・服織・鳥海・春田・稲村・横江・稲真等の一二里を中心とする富田庄全域を表現していて、その内容が(b)の「富田庄十二ヶ里絵図」という絵図名と一致していることなどからして、『鎌倉市史』の指摘が疑いなく正しい[54]。すなわち現存の富田庄絵図は上述の絵図(b)であり、これはもと「地頭請所訴陳等具書案」とともに保管されていたものであった。この事実は現存絵図が富田庄の地頭請に際し、その必要から作成されたものであることを示す。ところで目録作成の正平七(一三五二)年以前に富田庄の地頭請は承元五(一二一一)年と嘉暦二(一三二七)年の両度にわたって成立している(第2表)が、現存絵図の作成年代はさきにみたとおり、正和四(一三一五)年以後、正平七(一三五二)年までの期間であるから、この条件を満足させるものは、嘉暦二(一三二七)年の地頭請以外にありえない。すなわち、現存の絵図は嘉暦二年に富田庄領家年貢を円覚寺が近衛家に対して請負った際に作成されたものである。

さて、板倉氏が「事実上の富田庄領主」だとした横江里の巨大な邸宅(第四型)について、これが横江郷名主屋敷の跡であって、弘安六(一二八三)年以来、地頭円覚寺がここに政所を設置して富田庄経営にあたったものであることはすでに述べた。また板倉氏のいう第一型を氏のように下級 Lord の館だと解するのは無理で(氏は萱野相論の史料にみえる越智村の領主南部弥六の住居がこの絵図で第一型に描かれているとするが、これはもちろん誤解である)、さきに述べたようにこの地域の在家農民＝「桑ノ下ノ宅」を表現したものと解した方が事実に近く、これを民屋だとした米倉氏等の見解を再び採用せざるをえない。ただ、これを富田庄における直接耕作者層の忠実な描写だと観念化してはならないとする板倉氏の指摘はいかされるべきものであって、彼等はあくまでも、貢租負担能力を有する中堅以上の農民であったにちがいない。このように板倉氏の第一型＝下級領主説が否定されるならば、横江南方聚落をもって、近世城下町の初期形態とする板倉説はもちろん成立しがたいことになる。

鎌倉幕府の滅亡は円覚寺の政治的、社会的立場をいちじるしく不利にした。暦応二(一三三九)年に公然たる相論に転化し、貞和五(一三四九)年にいたるまで、収拾のつかなかった富田庄と一楊御厨余田方の萱野をめぐる堺争いは、北条一門という後循を失った円覚寺の相対的な地位低下を条件に生じたものである。現存絵図が萱野争論と直接関係をもたないことが明らかなので、最初に相論内容から想定される境界附近の情況を出来るかぎり具体化してみたい。

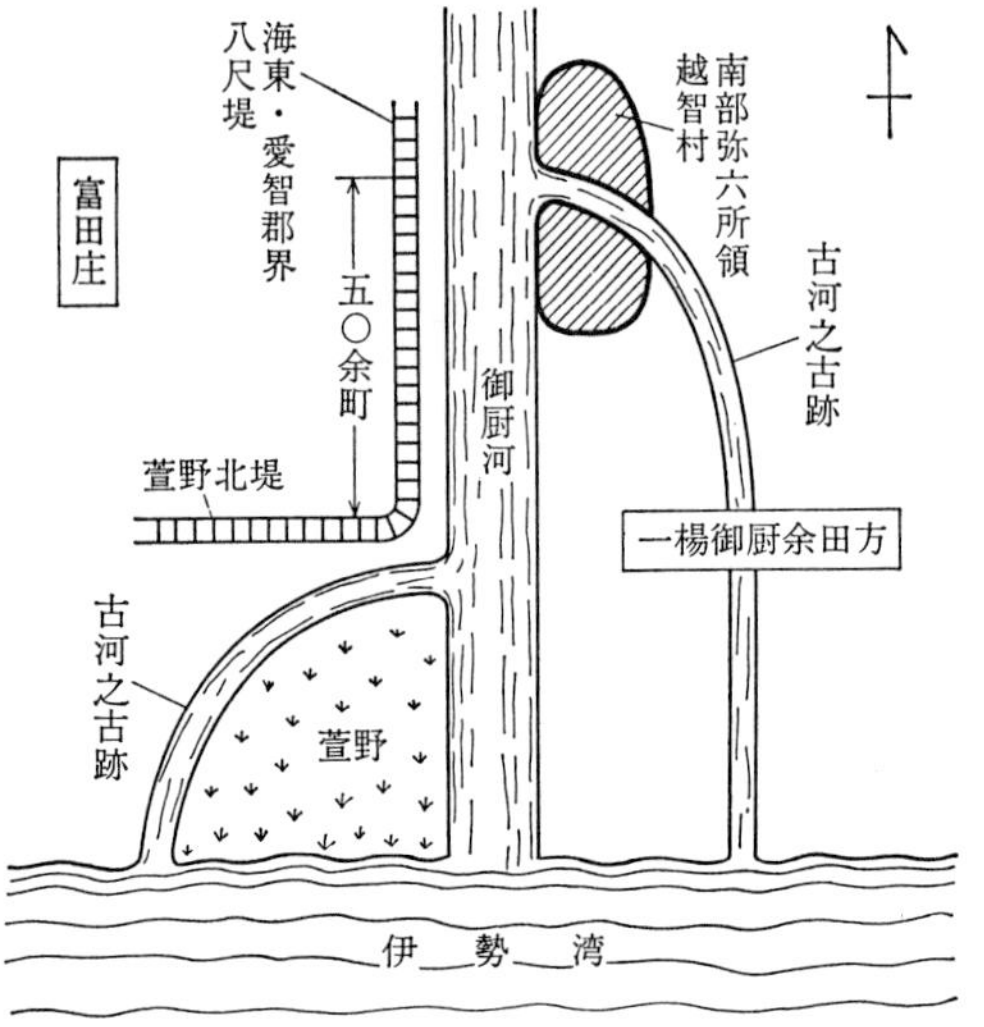

富田庄・一楊御厨余田方堺想定図

次にかかげるのは相論の当事者たちがこもごも述べた見解を関係文書から抜き出して整理したものである。(A、B、C、Eはそれぞれ『円覚寺文書』一一八、一二〇、一二一、一四一号からとったことを示す)

富田庄雑掌　(A—一)於下所二載寛治官符一之四至海東郡幷古河境上者、雖レ無二異論一、(A—二)今相論萱野境者寛治以後、為二新開発萱野一之間、(A—三)守二御厨河之水落一、彼河之以東則一楊方管二領之一、彼河以西則富田庄知行、経二年序一之処、(A—四)元弘以来、寄二事於寛治官符一、掠二申勅裁一、号二古河余流一押妨。

一楊御厨雑掌　(A—五)於二寛治官符四至境一者、無二異論一之上者、尤守二海東郡古河之境一、可レ令二知行一之処、(A—六)限二于御厨川余流一、知行之由、掠申、

荒尾宗顕(使者)　(A—七)於下所レ被レ載二寛治官符一海東郡幷古河境上者、両方雖レ無二異論一、彼所者、非二今相論萱野境一、(A—八)当相論境者、為二寛治以来新開発幷浜須賀生出萱野一之間、海東郡幷古河余流不二分明一

上条篤光(使者)　(B—一)当相論境者、為二寛治以来新開発幷浜須賀生出萱野一之上、(B—二)称二古河之跡分一、南北在レ之、仍海東郡幷古河余流不二分明一、(C—一)尋二究寛治古河往代古跡一候之処、(C—一—一)富田庄雑掌差申古河之古跡者、富田庄与二一楊御厨一両方無二異論一、御厨河々上付彼河東在所在レ之、……或柳生、或野畠候

南部弥六所領、越智村云々（C―一―二）自二彼在所御厨河以東北之端一、迄二于当論所萱野北之堤一、行程五十余町御厨河以西、海東愛智両郡境之道、両方無二異論一、任二往代古跡一、富田一楊田薗所務無二相違一、（C―一―三）如二一楊雑掌良勝差申古河之古跡之在所二者、当論所之萱野之北端、自二御厨川一相分流在レ之、……当論所者……寛治以後新開発之海際浜須賀生出萱野候之間、非下所レ載二寛治官符一之古河古跡上候。

和与状　（E―一）当堺者、海東愛智両郡之堺堤号八尺堤以北者、両方無二異論一、（E―二）於二今論所一者、下那屋在家東江跡中途者、河水落、南者貝砂東古江通所堺定也。於二以西一者富田庄、於二以東一者余田方相互可二知行一者也委細別紙載于絵図

これによると、次のような諸点があきらかである。

(1)河　双方を区切る本流は御厨河（現在の庄内川）であるが、流路の変遷によって、南北二ヵ所に古河跡（分流）を生じている（B―二）。そのうち、北（上流）の古河跡は御厨河の東岸に存し、そのあたりは南部弥六所領の越智村になっており、柳が生えた野畠であるがこれは現在の係争と関係ない（C―一―一）。それに対し、南（下流）の古河跡は萱野の北端にある分流である（C―一―三）。（それは御厨河の西岸についていたはずである。一楊方はこの古河跡を境界だと主張して、萱野をとりこもうとしている。したがって御厨河本流より西にあったはずである）。

(2)堤（道）　旧河道をのこす越智村と萱野北堤の行程は五〇余町（五、四五四メートル余）であるが、このあたり、御厨河の西岸には堤（道）が築かれており、これが海東、愛智両郡の境界をなしており（C―一―二）、「八尺堤」と呼ばれていた（E―一）。この堤はおそらくは堤の高さが八尺（二・四二メートル）であったに相違ない。この八尺堤は富田と一楊余田方の堺をなして、萱野の北堤にいたっているが、この部分では争いはおきていない。

以上の河と堤（道）の位置を図示すれば、富田庄と一楊御厨の堺は想定図のごとくになるだろう。両者が領有権を争

ったのは八尺堤より南方の萱野であって、ここは寛治年間(一〇八七―一〇九四)以後、海岸線の後退によって新たに開発＝陸地化した地域である(A―一、八、等)。富田庄は御厨河の「水落」つまり本流を堺だと称して萱野の領有を主張し(A―三)、一楊余田方は萱野の北で分流する旧河道が境界だと称してこれに反論を加えた(A―四、五、C―一―三)。

相論の中からうかび上ってくる富田・一楊余田方の境界は以上のごとくであるが、次の作業はこれとさきの富田庄絵図を比較してみることである。その際、次の二点に注意すべきであろう。(1)絵図が作成されたのが嘉暦二(一三二七)年、相論が顕在化したのが、暦応二(一三三九)年でその間、わずかに一二年であるから、地形上の変化はほとんど考えなくてもよいであろう。(その間に特別の自然災害や人工的な工事が行なわれていたとすれば、右のくわしい相論に反映するはずであるが、そのような形跡は全くみられない。このことは想定図と絵図の比較の有効性を保証するであろう。)(2)絵図が作成されたのは鎌倉末であり、北条一門の権威を背景にたのんだ円覚寺領富田庄のいわば絶頂時代であった。一楊御厨が勅裁をえて萱野の領有権を主張しはじめたのは元弘(一三三一―一三三四)以来であり(A―四)、暦応以来の相論は鎌倉末期の円覚寺領富田庄の最大規模に対する一楊御厨余田方の攻撃とそれに対する富田庄の反論として展開することを思えば、必ずや富田庄絵図の記載は相論過程における富田庄側の主張するところと基本的に一致するはずである。以上二点に留意して前掲の絵図を検討するとき、まず目につくのは、両所領の境界をなす御厨河が中程で大きく東へ蛇行しているが、その部分の西側に「御厨余田方」と記される相当な面積の土地が存するることである。鎌倉末にしかも富田庄側で作られた絵図が御厨河の西側に一楊御厨余田方の土地があると記す以上、相論当時にあってもこの事情に変更があったとは考えられない。ところで、絵図ではこの御厨余田方の西に南北にほぼ直線の堤防が築かれておりこの堤防は助光・常木・江松・松本から春日里・稲真里などの地域を内部に含む富田庄の巨大輪中の東の部分を形成している。(54) 絵図で見るかぎり、この輪中の東側の直線堤防がこの附近での富田と一楊御厨余田方との間の境界をなしている。この点に留意すると、さきの相論で、越智村附近から萱野北端にいたるまでの五〇余町の両所領境界が御厨河そのものでなく、河西にあった海東・愛智両郡境の堤(道)＝八尺堤であると記されていた事実の意味するところが明瞭になるだろう。この附近で御厨河は東へ大きく蛇行し、南北にほぼ一直線に築かれた堤防との間に相当な面積におよぶ「御厨余田方」の土地を介在させていたのである。この堤防がもちろん八尺堤なのである。こうして八尺堤＝海東・愛智郡境が絵図上で確定されるならば、萱野北堤と萱野の位置もまたおのずから明瞭である。八尺堤は江松の南側で右折するが、これに接続し、海岸にむけて特別堅固に築かれた江松・松本南方の堤防こそが、相論にみる萱野北堤であり、この堤防以南、海岸へひらけた萱の生い茂るさまをしるした部分が「萱野」である。富田庄絵図は、一楊余田方が相論で主張した萱野北側の古河跡を表示していない。嘉暦の地頭請に際して、この古河跡には何の関心も払われなかったのである。絵図から読みとるべきことは多いが、以上のような基礎的な作業によって、この貴重な絵図が幾分読みやすくなったと思う。絵図にみる条里制様遺構の一二カ里に関する検討は富田庄研究の中核をなすべき問題でありながら、今は果せない。ここでは相論の対象となった「萱野」についてのみもう少し述べておきたい。

絵図にみる萱野は一面に野草を生やして、あきらかに未墾地であったことを示している。おそらく、その名のごとく「萱」の原野であったにちがいないが、富田庄と一楊余田方がこれを激しく争った理由を理解するために、この萱野の当時における経済的な利用形態を立体的に考察する必要があろう。この地域でも、美濃国大井庄近辺において、正治二(一二〇〇)年に大井庄が笠縫堤修補の「堤役」負担を拒否しようとした際、美濃国衙が報復措置として、大井庄の甲乙人が国領に入って「刈二草萱一、取二葦萩一」るのを禁止しようとしたことがあるが、(55) この事実は、数百余町の領域を占める大井庄にあっても、当時の庄民の経済的諸活動が庄域内で完結しうるがごときものでありえなかったことを示している。この事情は次に掲げる醍醐寺領尾張国立石御厨の場合にさらにはっきりあらわれている。

立石御厨者、田畠ハ候ハす。皆野にて、三百五十町の下地にて候。三月より六七月まてハ、散在輩野を立、草を苅候。又八月より十月十一月まてハ萱萩を立候。か様の野手を取候て、年貢には備候。如ㇾ此足百四五十貫ハ候らんと申候へとも、年貢とてハ四五十以下候時も候、又それまても候はぬ事も候。雑掌器用に随候て増減不定候。(56)

尾張国立石御厨は三五〇町という広大な領域を占めるが田畠は存在せず、すべて原野であって、三月―六・七月は草苅場になり、八月―一〇・一一月は萱・萩の苅場になるという。苅場を利用する「散在輩」が御厨領域内の居住者であったか否かは分明でないが、御厨が原野ばかりだという以上、彼等の経済活動が御厨内に限定されていたと解することはできない。雑掌はこれら「散在輩」から「野手」を徴収して年貢にあてたというが、その額は百四、五〇貫ないし四、五〇貫であったという。また立石御厨で、散在輩が「野を立」てて草を苅ったと表現されていることは、これがたんなる原野ではなく、良質の草・萱・萩を群生さすために一定の共同体的慣行による原野の手入れと、その上に立つ共同体的占取ならびに利用がここに存したとみるべきである。野手はこの共同体的利用と占取に対して課せられるものを基本としたであろう。中世史料にみえる「立野立林」というのはかかる共同体的占取の対象として特別に設定された山野の領域を意味している。

富田・一楊余田方の争いの対象であった萱野は平安時代以来の「開発」の結果であり、おそらく右のような意味での「立野」であって、それは双方の住民の経済活動の必然的な一環をなしているものと推定される。したがって、この相論はたんに荘園領主相互間の争いのみにおわるものではなかったはずである。そこには荘園制的な秩序による領域と現地の経済的諸活動の領域との相克が内部にはらまれていたにちがいない。前者が後者によって真に克服されねば

第7表　富田庄押領一覧

年次	発給人	奉行	宛先	乱妨人	押領地	文書	史料番号
文和4, 9, 6 (1355)	足利義詮		土岐頼康	土岐頼世	富田庄内北馬嶋并馬嶋・今村・二俣・石丸散在，河崎村等	御教書	156
文和5, 3,27 (1356)	〃	佐々木道誉	〃	軍勢等	富吉加納内河辺・牛踏・蟹柳・鷲尾4郷	〃	157
延文5, 9,17 (1356)	〃	細川清氏	〃	土岐頼世	北馬嶋郷	〃	158
貞治2,12,27 (1363)				富田庄田所子息弥三郎	当郷内		167
貞治4,壬9,5 (1365)	〃	佐々木氏頼	土岐頼康	土岐頼世	北馬嶋	御教書	182
応安1,11,24 (1368)	土岐頼康		伊予入道(土岐直氏)	領家雑掌	富田庄内河崎御品田	遵行状	190
応安6,12,12 (1373)	足利義満	細川頼之	土岐頼康	土岐頼世	北馬嶋郷并馬嶋・今村・二俣・石丸散在等	御教書	203
永和1, 8,10 (1375)	〃	〃	〃	〃	〃	〃	209
永和1,12,12 (1375)	〃	〃	〃	〃	〃	〃	211
嘉慶2, 5,25 (1388)	〃	斯波義将	土岐伊予守(満員)	立河・糟屋・曾我・斉藤・嶋津・富田・各務入道・宇津木・古見弾正・小弾正次郎・猿子弥四郎・神戸新右衛門入道・河村兵衛次郎・奥田得丸以下輩	富田・篠木両庄内名々	〃	297

ならぬ歴史的必然についてこれ以上述べることはやめておこう。

むすび

東海型荘園としての富田庄につき、二、三の点を述べて来たが、以下、簡単に南北朝以降の富田庄を略述してむすびにかえたい。元弘三(一三三三)年八月一六日に富田庄は召返され、中納言三位局に下されているが、(57)これは円覚寺の地頭職が対象であったと解される。翌建武元(一三三四)年七月一一日に後醍醐天皇は円覚寺に対し同寺領富田・篠木両庄の中分をやめ、済例を守り、富田庄領家新待賢門院廉子に年貢を進済させているから、これ以前に、円覚寺地頭職の回復と、領家・地頭間の中分があって、さらにこれが三転したことがわかる。(58)その後建武二(一三三五)年一一月八日の官符ならびに関東安堵によって円覚寺領が安堵され、(59)同三(一三三六)年の足利尊氏の御教書も元弘以来収公の寺領を安堵している。(60)富田庄ももちろんそのなかにふくまれていたにちがいない。建武五(一三三八)年には前年分の年貢につき、円覚寺と富田下庄領家近衛前関白(基嗣)家との争いがあった。(61)これ以後、先述の暦応二(一三三九)年から貞和五(一三四九)年にわたる一楊御厨余田方との相論が続くが、これが解決したとき、円覚寺の富田庄支配は在地の武士団によって公然と侵害されはじめていた。第7表は当時の情況をしめすために作成したものであるが、このうち富田庄内北馬嶋・馬嶋今村・二俣・石丸散在・河崎村等は大体、当時賀茂須賀(鎌須賀)附近で御厨河から分流し、富田庄域を大きくとりかこんで蟹江西方を通って伊勢湾に流入する河の以北に存し、富田庄の飛地になっていたが、まずこの地域が文和四(一三五五)年頃から、尾張・美濃・伊勢三国の守護を兼帯した土岐頼康の弟頼世によって制圧され、遂に回復されなかった事情がうかがえる。また富田庄域の西北方にあたり、やはりさきの河の向側にある富吉加納内の河辺・牛踏・蟹柳・鷲尾の四郷も文和五(一三五六)年に軍勢の違乱をうけており、この頃すでにこの河を境にして円覚寺の力は及びえなくなったらしい。やがて貞治二(一三六三)年富田庄田所の子息弥三郎の押領がはっきりしてくる。弥三郎が押領した「当郷内」というのがどの地域か分明でないとはいえ、富田庄の中心部であったことはまちがいなかろう。こうして円覚寺の富田庄支配は内部から公然と崩れはじめたのである。嘉慶二(一三八八)年に富田・篠木両庄内の「名々」につき「国中物忩之隙」を伺って、立河・糟屋・曾我・斉藤・嶋津・富田・各務入道・宇津木・古見弾正・小弾正次郎・猿子弥四郎・神戸新右衛門入道・奥田得丸以下輩が立帰り濫妨している。これらのうち、富田庄に関係したものがどれであるかわからないが、その数の多さは田所子息弥三郎の押領当時からくらべても、富田庄の崩壊速度がますます速いことを思わせる。彼等の歴史的源流を第二節でみた平安—鎌倉期の富田庄名主層であったとするのは、すこしばかり慎重をかくかもしれぬが、彼等がそれとの関連で位置づけられるべきものであることはまちがいない。こうした地侍が史料の表面に立ち現われるようになったときに地頭円覚寺の富田庄支配の命脈はつきた。応永三(一三九六)年六月五日に円覚寺は尾張国富田庄の当知行分を幕府政所頭人伊勢氏の所領上総国堀代・上郷・大崎の三郷と交換してもらった。尾張国の所領は鎌倉の円覚寺にとって、もはや保持しがたくなっていたのである。(62)

以上、富田庄について考察してきたが、論及しえなかった問題について簡単に指摘しておきたい。第一に富田庄一二カ里の設定時期とそれをめぐる諸関係の考察、第二に輪中形式をとる大規模な干拓工事の進行時期とその工事を主体的に遂行したのがいかなる階層であったかを確定すること。第三に富田庄絵図を住民の経済的・宗教的な実際生活とかかわりあわせて考察すること、その際、絵図上の神社・寺ないしは家屋を聚落のあり方とともに全面的に検討すべきであろう。

（1）従来の研究は、従属労働力の自立度に力点をおく生産関係論と権力の政治的編成の強弱度の組み合せによって地域の類型設定を行ってきたが、この問題はもっと多方面から論じることが必要である。全国的な社会的分業の体制がこの際とくに重要な視角になるだろう。
（2）米倉二郎「円覚寺領尾張国富田荘」（『石橋博士還暦記念論文集・地理論叢』八輯、一九三六年、後に同『東亜の集落』古今書院、一九六〇年、所収）
（3）板倉勝高「尾張国富田庄を例とせる日本庄園の村落構造」（『東北地理』五—一、一九五二年）
（4）阿部猛「円覚寺領尾張国富田庄」（『日本社会史研究』六号、一九五九年、後に同『中世日本荘園史の研究』新生社、一九六六年、所収）、貫達人「円覚寺領について」（『東洋大学紀要』一一、一九五七年）、佐々木銀弥「荘園における代銭納制の成立と展開」（稲垣泰彦・永原慶二編『中世の社会と経済』東京大学出版会、一九六二年、のち同『中世商品流通史の研究』法政大学出版局、一九七二年、所収）
（5）『朝野群載』巻七
（6）嘉暦二年五月一八日富田庄領家雑掌有宗契状（円覚寺文書七四号、『鎌倉市史』史料編二、以下、同文書はこれによる）
（7）弘安六年三月二五日北条時宗執事奉書（円覚寺文書六号）、弘安六年七月日北条時宗申文（同七号）
（8）弘安六年九月二七日円覚寺年中寺用米注進状（円覚寺文書一三号）
（9）弘安六年九月二七日円覚寺米銭納下帳（円覚寺文書一四号）は編者によって、正しく原本第一紙・第二紙の錯簡を訂正されているが、なお前欠であり、この前欠部分に富田庄年貢一四二八石八斗の内訳と、同庄年貢銭一五〇六貫八六八文の内訳の大半が記載されていたことが確実である。年貢銭の記載は現在四行を残すのみであるが、これに続く、上総国畔蒜南庄内亀山郷関係のものでないことは、本文書の全体の構成が①富田庄年貢米銭内訳、②亀山郷年貢米銭内訳、③総計、の順序で執筆されていることが明らかであり、この四行が①にふくまれていることからして、間違いない。
（10）弘安六年三月二五日北条時宗執事奉書（前掲）
（11）嘉暦二年五月一八日富田庄領家雑掌有宗契状（前掲）

(12) 同右

(13) 正応三年九月一二日六波羅下知状(円覚寺文書二二号)

(14) 前掲注(5)

(15) 弘安六年三月二五日北条時宗執事奉書(前掲)

(16) 建長五年一〇月二一日近衛家所領目録(近衛家文書別集一、京都大学国史研究室影写本)

(17) 田中稔「丹波国宮田庄の研究」(『史林』三九巻四号、一九五六年)二三頁

(18) 嘉暦二年に領家雑掌は「於二彼年貢一者、任二承元五年北条殿御請文一、可レ有二沙汰一之処、連々対捍之間、及二訴訟一」と述べている。(同年五月一八日富田庄領家雑掌有宗契状、前掲)

(19) 正応三年九月一二日六波羅下知状(前掲)

(20) 嘉暦二年五月一八日富田庄領家雑掌有宗契状(前掲)

(21) 弘安六年九月二七日円覚寺米銭納下帳(前掲)　注(9)参照。

(22) (建保年間)尾張国落合郷検注目録案(妙興寺文書一号、『新編一宮市史』資料編五)

(23) 中村直勝「荘園の『兵士』に就いて」(『国史学』五号、一九三〇年、のち同『荘園の研究』星野書店、一九三九年、所収)

(24) 清水三男「摂関家大番保」(同『日本中世の村落』、日本評論社、一九四二年)

(25) 菊池武雄「戦国大名の権力構造」(『歴史学研究』一六六号、一九五三年)三章注(18)、大石直正「荘園制解体期の農民層と名の性格」(『歴史学研究』二一五号、一九五八年)

(26) 弘安六年九月二一日尾張国守護書下(円覚寺文書一二号)

(27) これが「現地」を意味する「地頭」である可能性はきわめて少ない。

(28) ここで、長講堂領の各荘園の兵士が尾張国からも京都へ上番していた事実を想起すべきであろう。(建久二年一〇月日長講堂領荘園注進　京都大学所蔵「島田文書」『大日本史料』四編三、補遺、四編六に所収)

(29) 大石直正「荘園制解体期の農民層と名の性格」(前掲)、なお大井庄については「美濃国大井荘」(『岐阜県史』通史編中世、

一九六九年)で私見を述べた。
(30)　康治二年七月一六日尾張国安食庄立券文(『大日本古文書』醍醐寺文書之三、五六一号)
(31)　『歴史地理講座』三巻、朝倉書店、一九五七年、一四八頁以下
(32)　(建保年間)尾張国落合郷検注目録案(前掲)
(33)　杉山博「久我家領尾張国海東荘について」(地方史研究協議会編『東海地方史の展開』一九六二年、所収)
(34)　中村直勝「東大寺領美濃国大井庄」「美濃国茜部庄」(同『荘園の研究』前掲)
(35)　永治二年一〇月日美濃国茜部庄住人申文案(東大寺文書四―一三、『平安遺文』六巻、二四六九号)
(36)　永治元年一二月日美濃国市橋庄住人陳状案(東大寺文書四―一三、『平安遺文』六巻、二四五四号)
(37)　玉井幸助校訂・尊経閣文庫本『海道記』(岩波文庫)なお、この部分の『海道記』の解釈については、戸田芳実「一〇―一三世紀の農業労働と村落」(大阪歴史学会編『中世社会の成立と展開』吉川弘文館、一九七六年)の指摘を参照。
(38)　佐々木銀弥「荘園における代銭納制の成立と展開」(前掲)
(39)　本書第Ⅷ論文三〇四―三一〇頁
(40)　正応三年九月一二日六波羅下知状(前掲)　以下、富田庄の代銭納はこの史料による。
(41)　中村直勝「美濃国茜部荘」(前掲)
(42)　弘安元年一二月八日六波羅下知状案(東大寺文書一三、1/4/62)
(43)　佐々木説は古島敏雄『日本農業技術史』(時潮社、一九五四年)の「養蚕・製織の業は中世後期を通じて漸次衰退して行ったのであるが、資料の上に桑又は綿の年貢が代金納せられているものを見る。之は衰退を一般的傾向とするならば、その地における生産減退の一表現として見られるものではあるまいか」(同上二七九頁)という見解にもとづくものであろう。
(44)　佐々木銀弥氏はこの通説的見解がそのままでは通用しがたいことを強調するのだが、それでも基本的には支持すべきだとする。(佐々木前掲論文、四一四頁以下)
(45)　前掲注(39)

(46)　『新校群書類従』三三一、紀行部、一五巻、所収
(47)　大石直正「荘園制解体期の農民層と名の性格」(前掲)第四表
(48)　米倉二郎「円覚寺領尾張国富田荘」(前掲)
(49)　板倉勝高「尾張国富田庄を例とせる日本庄園の村落構造」(前掲)
(50)　元応二年一二月二五日円覚寺文書目録(円覚寺文書六〇号)
(51)　正平七年二月一八日円覚寺新文書渡目録(円覚寺文書一四八号)
(52)　暦応元年一二月一五日荒尾宗顕請文(円覚寺文書一一七号)、同年月日荒尾宗顕代請文(同一一八号)、同年一二月一八日上条篤光請文(同一二〇号)、同三年九月一六日同請文(同一二一号)、同年月日荒尾宗顕請文(同一二二号)
(53)　貞和五年七月二五日妙法院領尾張国一楊御厨余田方和与状(円覚寺文書一四一号)
(54)　この絵図は堤と川が混乱して印刷されたりしたが、正しくは近年の『神奈川県史』史料編(2)の付図によられたい。
(55)　本書二二四―二二六頁
(56)　(年未詳)尾張国立石御厨注進状案(『大日本古文書』醍醐寺文書之二、三六五号)
(57)　元弘三年八月一六日後醍醐天皇綸旨(『相州文書』山内村住円覚寺大工金蔵所蔵)、応安三年二月二七日円覚寺文書目録(円覚寺文書一六八号)
(58)　建武元年七月一一日後醍醐天皇綸旨案(円覚寺文書八三号)、同一三日尾張国宣(同八四号)、同日目代施行状(同八五号)、同年一一月一八日雑訴決断所牒(同九一号)、同二二日尾張国宣(同九二号)
(59)　建武四年七月一〇日足利直義御教書(円覚寺文書一〇七号)
(60)　建武三年九月一五日足利尊氏御教書(円覚寺文書一〇二号)
(61)　建武五年閏七月一二日散位某奉書(円覚寺文書一一〇号)、同年八月五日前関白家近衛基嗣御教書(同一一一号)
(62)　六月一九日伊勢貞信奉行人書状(円覚寺文書三〇七号)、応永七年七月二五日円覚寺文書渡目録(同三一三号)、その後、室町幕府は永享三(一四三一)年七月一二日に尾張国山田庄(一万部経料所)へ庄務として蜷川越中守親吉を差下している。このと

き山田庄百姓らは強訴逃散のかまえをみせており、幕府は奉行奉書をもって、守護代宛に逃散百姓落着の在所とそれを許容する領主交名の注進とを命じているが、その命令をうけた在所と領主(代官)は次のものである。

富田庄(道家次郎左衛門尉殿)　八事(高田下総入道殿)　柏井・市辺・井戸田(等持院出官)　味鏡(玉泉寺雑掌)　豊場・鳴海(三宝院雑掌)　犬山(林光院雑掌)　豊場(中院殿雑掌)　那古野(今川左京亮殿代)　則武(畠山右馬頭殿代)　松葉(土岐美濃守殿)　熱田(千秋刑部少輔殿)　八事(三上美濃入道殿)　堀江郷(大草三郎左衛門尉殿)　狩津(加治左京亮殿)

富田庄近辺において、室町幕府体制のもと、御料所を中心として一五世紀前半に、農民の逃散禁止＝土地緊縛が公然と主張されるにいたっていることがわかる。封建制の新しい段階がこの地に到来しはじめているのである。(「御前落居奉書」東京大学史料編纂所)

第三部　身分制

問題の展望

中世の領主制と村落の具体像を事実に即しながら、しかもそこにおける法則的なものを把握しようとしてきた第一部領主制・第二部中世村落の論述においては、中世社会の身分制的編成そのものを全体としていかに把握するかについての見通しがまだ不明確であった。中世社会が身分制的編成をとっており、かつまた中世の権力支配がこの身分制を通して具体化されている以上、中世社会の歴史的展開を明らかにするためには、中世の身分を全体として統一的に把握するための方法を具体化する必要がある。

第Ⅹ論文「中世の身分制と国家」ならびに第Ⅺ論文「中世社会のイエと百姓」は前者が『講座』のために、後者が『大会シンポジウム』の問題提起のためにいわば与えられたテーマに即してひきつづいて構想・執筆されたもので、そこで示された私自身の結論の当否もさることながら、ここには多方面の研究者によって検討されるべき諸論点を積極的に提示するという点に、筆者としての意図がこめられている。

身分とは何か、という一見自明な事柄について、私は第Ⅹ論文の執筆にさいし、与えられたテーマに即した解答を、従来の中世史研究のうちに発見することができなかった。第Ⅹ論文の「はじめに」と、第Ⅺ論文の［補1］で述べた身分と階級との原則的な関係についての私見は、あくまでも研究作業上の仮説にすぎないが、中世身分制についての私自身の現時点での基礎的な見解を示している。そこでも述べたように、私はこの問題についての石母田正氏の説明にあきたらないものを感じており、また安良城盛昭氏の最近の「法則認識と時代区分論」が述べるような一つの身分を一つの階級的実体の法的反映と把え、時として身分と階級的実体との間にズレが生じ、やがて身分が階級的実体に照応していくとみる方法にも従えないものを感じる。(1)

ところで第X論文のテーマのもとで、私はまず中世の被差別身分(非人＝キヨメ)を社会の身分制的編成のなかで、どのように位置づけるべきかを、避けて通ることのできない課題だと認識した。下人についての戸田芳実氏、侍・凡下についての田中稔氏の見解を私なりにまとめた部分をのぞいて、この論文の大部分は中世の被差別身分(非人＝キヨメ)の問題をあつかっている。中世の被差別身分を扱ってみて、私はあらためて、大正時代の喜田貞吉氏のこの方面での仕事の大きさを認識した。喜田氏や昭和初期における森末義彰氏のような事実に即した個別研究の蓄積が、戦後は中世史研究の多方面にわたる長足の進歩にもかかわらず、この分野にかぎっていえば二、三のものをのぞいて圧倒的にすくないといわざるをえない。戦後まもなく、林屋辰三郎氏や原田伴彦氏の中世部落史にかんする体系的理解が出て、中世史研究に清新な刺戟を与えたのであったが、それを個別的な研究を通して深めていくような仕事が横井清・三浦圭一・脇田晴子氏などをのぞき全体としてみれば乏しいといわざるをえないのである。私は可能なかぎりそのような弱点を克服して、問題を体系的にとらえようと試みたが、研究水準の制約はいぜんとして免がれていない。ここには、将来の個別的な検討によって、さらに確認されねばならぬいくつかの仮説がふくまれている。その第一は、中世における清水坂非人↓犬神人の京都市中における広汎な乞庭支配権の存在、その排他的独占の状態を想定していることである。彼等が清水寺ないし祇園感神院に所属したことは事実ながら、その存在は個別権門寺社の荘園制的支配の枠内にはおさまりきらない都市的広域的な支配を実現していたと思われる。その意味で、第二に、平安時代の清水坂非人の組織は鎌倉・室町時代の祇園犬神人の前身をなすと判断していることがあげられる。さらに第三として、坂者↓犬神人と河原者＝エタとの分化が中世後期に明確化し、両者の対立・抗争が惹起されたと判断したこと、第四に、以上の清水坂非人↓犬神人の京都市中乞庭支配に対抗して、鎌倉時代末期の検非違使庁と、それにつづく室町幕府侍所の市中検断がこの時期になってあらたに洛中の散所支配をうみ、これら散所の権門寺社への寄進によって、ここにはじめて個別荘園領主の散所支配が一般化せしめられると想定していることなどである。これらの諸点の検証がなお不足していることを認めるについて、やぶさかではないが、私は従来の諸研究がさし示すところを現在の時点で虚心に読みとれば右のような判断が可能であると考えている。

だが従来の研究に従ったために問題をのこした点もある。その一つの例は、私が「穢多」の創出を中世後期のことだと推定した点である。旧稿執筆後私は『小右記』寛仁元(一〇一七)年七月一日条が「一日、丁酉、当季十斎日大般若読経始増暹念賢、不浄人不可来札、令レ立二三箇門一、依レ行二来月賀茂行幸事一、近来処々穢多遍満、仍従二今月一所レ禁二不浄事一也」と記し、また同八月四日条に「今日、取二棄穢冊(札)一令レ立二不浄人不可来之簡一」とある事実を知人の一人から教えられた。一一世紀初頭に、京中貴族の門前に「穢多」を対象として、「不浄人不可来」とかかれた「穢札」や「簡」が立てられていたらしいのである。京中における「穢多」身分の発生は私の予想よりもかなりさかのぼるとみるべきかもしれない。問題の部分を「穢多く遍満す」と読むこともふくめて今後の検討にまちたい。

それにしても日本人の死にたいするケガレの観念がかなり特殊なものであり、現在ではしばしば民族的形質とほとんど見分け難いまでに形成されつくしている事実に、冷静かつ客観的な検討を加える必要があることを、私はこの論文で述べたつもりである。現在でも、多くの日本人はその友人たちを野辺に見送ったあとで、「キヨメの塩」という不思議なものを心の痛みなしに平気で使用している。この点についての日本人の無感覚は歴史的に形成された一つの文化を背景としており、ここに日本文化史の相当に深刻な問題がかくされていることを感じざるをえない。文化的形質は日本人の感覚の領域を支配しており、それは合理的根拠を欠いたもろもろの価値感と結合しやすいからである。(2)

本論文で述べた日本中世におけるケガレの観念の増幅過程の評価については、かつて中田薫氏が試みたような比較史的検討が是非とも必要であるし、(3)またこの問題にかかわった叡尊・忍性の足跡のなかに鎌倉仏教が全体としてとりくんだ歴史的課題がふくまれているように思う。なお付論「奈良坂・清水坂両宿非人抗争雑考」はもともと右の論文の一部分であったが、原稿枚数超過のため『講座』編集委員のすすめできりはなして別に発表したものであり、鎌倉時代初期の奈良坂・清水坂非人の畿内一円におよぶ広域的な乞庭支配の様相を検討している。なお、ここで使用した史料は『講座』の編集委員であった石井進氏が筆写され、第X論文執筆中の筆者に送付された原稿によっている。この機会にあらためて石井氏の御好意に感謝したいと思う。

第XI論文「中世社会のイエと百姓」は第X論文の「はしがき」で述べた中世身分制の検討プランに即して、もともとは中世の百姓について考察しようとしたものであるが、『大会シンポジウム』の準備の時間的制約もあって、石井進・笠松宏至・勝俣鎮夫・網野善彦氏などの仕事が提起している中世のイエ支配権の問題を、とくに、石井・笠松氏の多元的国家の理解に焦点をあわせながら、従来の領主制理論の側で理解するとどのように位置づけられるかを検討しただけにおわっている。勝俣氏の「中世武家密懐法の展開」が意図している問題点や網野善彦氏の「中世における天皇支配権の一考察」が提起する中世天皇制と非農業民との結びつきについての重要な諸論点については、ここではまだふれることが出来ずにいる。(4)ただ笠松・石井両氏による中世の多元的国家論はさきの論文でふれた中世の被差別身分の問題とともに、中世社会の根柢にふれる問題であり、中世身分制の具体的検討に入るにさいして、従来の領主制研究が問題に出来なかった重要な論点として中世史研究の進展のために十分な検討がなされることが望ましい。ここにおさめた二つの論文による中世身分制に関する私自身の概括的な論点整理がそのために役立てば幸いである。

ところで、第三部身分制とくに第X論文は中世成立期の都市問題をあつかっており、本書の日本中世農村史研究の主題からはみ出しているともいえよう。しかしながら、日本中世の荘園制が都市による農村支配の体系としてあり、荘園制研究が中世農村史研究であるとともに、他面中世都市の研究でもなければならぬのと同じように、中世におけるケガレの都市的な構造について述べた第X論文によって、中世農村そのものの歴史的位相が逆に明確に位置づけられる側面もあると考え、あえて本書に採録したものである。

(1) 安良城盛昭「法則認識と時代区分論」(岩波講座『日本歴史』別巻1、一九七七年)七五頁、なお高橋昌明「下人の基本的性格」(『歴史評論』三三二号、一九七七年)九六頁も私と同じような判断を示している。

(2) 王朝貴族におけるケガレの観念の増幅過程が、同時にまたキヨラカサに対する日本的美意識の特殊な形成過程でもあったという歴史的事実を指摘しておくことは無駄ではなかろう。日本の美の伝統に生きようとした三島由紀夫が、文化概念としての天皇に「みやび」の源流を発見し、この「みやび」を美的価値の最高度としながら、これを中心とする衛星的な美的原理としての「幽玄」「花」「わび」「さび」について語り、かつ「みやび」とテロリズムとエロティシズムとの関連を説きながら、天皇への美的陶酔のうちにその衝撃的な死をむかえたという事実は、日本文化のこうした無気味さの端的な現れにほかならないであろう。三島は次のように語っている。「『みやび』は、宮廷の文化的精華であり、それへのあこがれであったが、非常の時には、『みやび』はテロリズムの形態をさえとった。すなわち、文化概念としての天皇は、国家権力と秩序の側だけにあるのみではなく、無秩序の側へも手をさしのべていたのである。もし国家権力や秩序が、国と民族を分離の状態に置いているときは……変革の原理として、文化概念たる天皇が作用した。」(同『文化防衛論』新潮社、一九六九年、五六頁)、「文化上のいかなる反逆もいかなる卑俗も、ついに『みやび』の中に包括され、そこに文化の全体性がのこりなく示現し、文化概念としての天皇が成立する、というのが、日本の文化史の大綱である。それは永久に、卑俗をも包含しつつ霞み渡る、高貴と優雅と月並の故郷であった」(同上、五九頁)など。三島にとって天皇とは「国と民族の非分離の象徴であり、その時間的連続性と空間的連続性の座標軸」としてとらえられる(同上、五五頁)。だから三島自身「私は先ごろ仙洞御所を拝観して、こののびやかな帝王の苑池に架せられた明治官僚補綴の石橋の醜悪さに目をおおう」(同上、傍点、筆者)のであり、また「文化概念としての天皇制は、文化の全体性の二要件を充たし、時間的連続性が祭祀につながると共に、空間的連続性は時には政治的無秩序をさえ容認するにいたることは、あたかも最深のエロティシズムが、古来の神権政治に、他方ではアナーキズムに接着するのと照応している。」(同上、五六頁)というのである。三島にとって天皇とは、最深のエロティシズムやアナーキズムとの区別もつかぬほどの美的陶酔の対象であった。第Ⅹ論文で述べたようなキヨメられた天皇から出発して、卑俗をもふくみこんでのびやかに霞みわたる「みやび」としての天皇にいたる価値の上昇転化のうちに、私たちは三島の天皇への憧憬が、新しいさまざまの価値をそこに付加していった事情を読みとることが出来るだろう。京都の市中から病魔を払うために、真夏の照りつける天空高くつらぬき立つ祇園御霊会の長刀鉾の剣先きが、その山鉾巡行にさいして決して京都御所の方向をむかないように配慮されているという祇園御霊会をめぐる京都市民と天皇との中世以来の親しい関係が、犬神人《つるめそ》を介して、年ごとによみがえり続けていたという事実のなかにも、私は三島をして右の美的陶酔へと誘い込んだ日本中世成立史の陥穽の片鱗をみるように思うのである。

(3)　中田薫「古法と触穢」(『国家学会雑誌』三一巻一〇・一一号、一九一七年、同『法制史論叢』第三巻、一九四三年、所収)

(4)　勝俣鎮夫「中世武家密懐法の展開」(『史学雑誌』八一編六号、一九七二年)、網野善彦「中世における天皇支配権の一考察」(『史学雑誌』八一編八号、一九七二年)

X　中世の身分制と国家

はじめに

前近代社会における身分編成とは人間の社会的諸活動が恒常的に遂行される場合の内的な人間諸力の編成原理にその存立の基盤をおいている。その社会的諸活動とは農業・漁業・狩猟などの生産的諸活動から芸能・軍事さらに政治・宗教にいたるまでさまざまの段階が区別されうる。身分とはそのような各段階の社会的諸活動の遂行主体として自己編成をとげた集団の内部規範にその成立の根拠をもつものである。

日本の中世社会を念頭において、そのような身分制的編成をとって特定の社会的諸活動を遂行する大小さまざまの社会的諸集団＝組織の典型を列挙してみると、およそ次のような諸段階に区別されるであろう。

(1)イエ　(2)ムラ　(3)党・一揆・座・衆・武士団　(4)権門貴族・幕府(武家)・権門寺社　(5)国家

ムラにはムラの、また党には党の独自の内的な身分編成が成立している。その他も同様である。イエ内部の家族関係は直接には身分ではないが、内部に下人・所従などの隷属身分を包摂することにより、それ自体が身分制的編成に転化しつつあることはうたがいない。ところで右に列挙した諸集団は五段階に区分されている。前近代社会のイエは(古代的編成はしばらく問題外にするならば)それ自体が生産諸活動の基礎単位であり、かつすべての(2)以下の社会集団の基礎単位である。このイエの身分制的な表現形態は典型的には中世の百姓身分に求められるであろうが、このイエを(1)として、(2)―(5)は社会的に上位のものが下位のものを(数字は逆であるが)その集団内部に包摂し、位置づける関係にある。従来の研究との連関でいえば(1)は直接生産者　(2)は中世村落　(3)は在地領主制と商工業座　(4)は権門(荘園領主)　(5)は中世国家の諸問題にほぼ対応している。

ところで問題は組織=集団相互の位置づけの関係である。それぞれの集団には内部の生活規範・政治規範が生きている。イエにはイエの、またムラにはムラの人間諸力の編成や生活規範があって、これが絶えず外部からの干渉を排除しようとしている。最近とくに強調されるようになった中世の百姓の自立的性格はそのようなものである。(1) イエにはイエの、またムラにはムラの自然との戦いがあり、それにうちかつことなしに彼等は存立しえないのであるから、そこに成立する内部の生活規範や身分的編成は外部からの政治的干渉によっては容易に変更されえない自律的性格を本来的に備えている。(3)の党・一揆・座・衆・武士団等々は社会的分業の進展に深く基礎づけられたものから、軍事的・政治的編成の表出にいたるまでさまざまではあるが、これらはいずれも社会的分業を基礎とする政治的な編成形態をとって現れる。ここには従来の領主制研究が開拓した諸問題ばかりでなく、最近網野善彦氏がいうような中世の職人の諸集団がふくまれる。(2) 中世においては兵の道もまた芸能であった。(3) ここにも政治的支配や軍事的目的、商業や手工業生産、芸能等々の集団自身の生存をかけた目的のために、それぞれの内部に厳しい規範が成立している。それら集団の内部に身分制的序列が存在したことも疑いない。(4)の権門貴族・幕府(武家)・権門寺社はいうまでもなく、(1)、(2)、(3)の諸関係を内部に編成しながら、国家権力を直接、間接に掌握し、社会の最上層部分を構成している。このうち、大衆的編成をもつ寺院はより複雑であるが、権門貴族・武家は家産的支配秩序を形成している。そして(5)の国家こそ、それらすべてを通じた最高の政治的編成として諸集団を統轄、編成し位置づけている。いわば諸身分の最終的な編成形態を示す。

このうち、武士(団)は拡大されたイエであり、そこにはイエのもつ本来的な内部規範が強固に存続して、武士(団)の自律的性格を規定している。鎌倉の武士(団)における親権の強固さは上位にある幕府法といえども容易にその内部干渉を許さないのである。(4) 幕府(武家)はこのような武士団の権門化である。幕府内部への干渉は幕府の首長によって強く拒否される。ここには武士団以来の内的規範が強固に保存されている。御家人制や、幕府法の成立はこのような極度に拡大されたイエとしての幕府(武家)の内部規範の表出であり、そのもとにおける身分編成の問題である。これに対し権門貴族の家産制支配も拡大されたイエとしての形態をとるが、そこにおける家司制や諸家侍、雑色以下の身分制的序列には権門相互の規制＝国家の規制が強くはたらき、内部法の独自的性格ははるかに稀薄である。ここに都市に集住する官司制的貴族としての面目がある。

いっぽう、党・一揆・座などは拡大されたイエの系列には属さない。これらはすべて各段階のイエ相互の結合の形態をとっている。この意味でムラに近似することもあるが、その本質は社会的分業の進展に基礎づけられた編成であり、その内部に身分的階層的序列をふくんでいる。寺院や神社が宗教上の理由によって、さらに強固な内部規範をもって、外部からの干渉を排除していたことはいうまでもない。

さて、以上の諸組織における内部規範、したがってまた身分編成はもともとは自己完結的であったに相違ないのであるが、その組織の対外的権威の度合いに応じて、その内部規範やしたがってまた身分編成が外部世界でも尊重されることになる。組織の対外的権威とはまた諸組織の相互的な信頼と了解の関係にほかならない。したがって諸組織の活動を社会的視野でとらえれば、そこには対立する諸組織の内部規範や身分編成の相互了解がさまざまのかたちで成立することになる。かかる関係の一般的定在のために、内部規範は相互に自己を相手に似せようとする。すなわち内部規範・身分編成の相互自己規制である。つまりAのムラのオトナとBのムラのオトナとはもはや区別のつかない共通の身分的表象をもつようになる。あらゆるところに同じようなムラが成立し、同じような職人の座的結合が成立する。やがてそれらは一般法として定在化されるようになり、身分は何か外的なもの、たとえば国家に淵源するかのような外貌を呈するようになる。だが、一般法はもとをただせば右のような内部規範の総括された形態にほかならぬのである。むろん、総括されたとたんにそれは外在的なものに転化する。だから国家等がこれをいかに総括したかが最大の問題になる。

中世の複雑な身分制の問題を総括的に把握するために、黒田俊雄氏は四つの身分系列の概念を導入している。(5) 第一は村落生活、第二は荘園・公領の支配、第三は権門の家産的支配秩序、第四は国家秩序である。さらに黒田氏は身分成立の諸契機として(1)共同体　(2)社会的分業　(3)階級関係　(4)国家の四つを提示している。黒田氏の右の提示と、その上にたつ整理によって中世の諸身分は《制度的な現象面》のみでなく、《身分体系の中世的な特質》把握への展望が与えられている。黒田氏はそこで、各段階における身分について述べたあとで、中世の身分の基本構成を総括しながら(1)「貴種」身分（権門として政治権力を掌握）(2)「司・侍」身分（(1)に服従・奉仕しつつ支配階級を構成）(3)「百姓」身分（独立の人格であり、被支配身分の圧倒的多数）(4)「下人」身分（経済的・階級的には農奴または奴隷、人格的隷属に身分の本質的特長がある）(5)「非人」身分（身分外身分）の五つを提示している。むろん、これは国家的規模において総括された形態である。

中世身分成立の本質的契機は諸集団の内部規範のうちにある。私は黒田氏の提言に学びながらも、中世社会の諸身分系列が本来社会的諸活動のための諸集団の内的規範として成立し、それがさらにすべての組織をつらぬく一般規範へと転化していくという中世社会における身分制成立の基本的プロセスを特に重視すべきであると考える。黒田氏の右の提言があるにもかかわらず、五段階にわたる社会的諸集団の典型を列挙し、そこを出発点として中世の身分編成を解明しようとするのはそのためである。このことは同時に、社会的に上位の一般法はたえずより下位の組織＝集団によって了解されることなしに下部へ浸透しえないという中世法の構造的特質を重視するということでもある。ただ身分制研究の実態はいまだ中世の諸身分についての制度的な現象面の究明が必要な段階である。右に記したような概括的な整理はいまのところ制度的現象面の追究を自己反省するためのたんなる覚え書き程度を出るものではないが、それにしても中世身分制研究の将来にはかなり明るい見通しが生まれていると考える。

一　侍・百姓凡下・下人所従

1　三　身　分

最初にかかげたように、鎌倉幕府はそれ自体が身分制的編成をとって社会的（政治的）諸活動を遂行する社会的諸集団のうち、権門貴族・寺社とともに⑷の段階に位置している。しかも幕府はその支配領域の大きさと対外的権威の卓越とによって、⑸の国家とならぶような地歩を占めて数多くの諸集団に君臨している。このような点からして幕府法のなかには中世社会のもつ身分制的特質がさまざまのかたちで翻案され、投影されているにちがいないのである。

鎌倉幕府法の世界においてはまず第一に侍に対して凡下が、そして第二に奴婢雑人に対して百姓が対置されることが多い。前者についていえば、貞永式目一五条が謀書罪科に関して「侍に於ては所領を没収せらるべし。所帯無くんば遠流に処すべき也。凡下輩は、火印於其面に捺さるべき也」（傍点引用者、以下同様）とあるほか例が多い。[6] また後者に関しては式目四一条の「奴婢雑人事」の規定が「大将家之例に任せて、其沙汰無く十箇年を過ぎれば、理非を論ぜず改沙汰に及ばず」としているのに対してそれとならぶ式目四二条の「百姓逃散の時、逃毀と称して損亡せしむる事」は「年貢所当之未済有らば其償を致すべし。然らずば、早く損物を糺返せらるべし。但し、去留に於いては、宜しく民意に任すべき也」としている。つまり幕府法では奴婢雑人が一〇年を限度とする旧主人への人格的隷属によって、百姓が年貢納入責任を限度とする去留の自由によってそれぞれ特色づけられているのである。(7)さしあたっては幕府法内部だけのことだとはいえ、ここにみる奴婢雑人には百姓にそなわっていたイエを基礎とする自立的性格が大きく失われてしまっていることがわかる。

ところで幕府法の凡下とは普通「甲乙人・雑人などと同じく侍身分を除いた一般庶民の総称」だとされている。(8)一方、式目四二条の百姓とは領主の支配下にあって田畠を耕作し、年貢所当を納入する「諸国住民」すなわち一般庶民を指している。幕府法がいう凡下と百姓とが言葉もちがい、もともとの語義もことなるとはいえ、実態的には多くの面で重なりあうことはいうまでもない。

以上、一、二例示したように幕府法の内部には、中世の社会的諸身分として、国家権力の中枢をにぎる最上層部分をのぞけば、(1)侍　(2)百姓・凡下　(3)下人・所従(奴婢)の三者が抽出できる。きわめて単純な規定であり、またとくに目あたらしい点はないかもしれぬが、さきにも指摘したように幕府が包摂する部分はきわめて大きい。そこにはイエ、ムラ、武士(団)をはじめ、党や座なども包摂されている。(9)そこに成立しているのは幕府の内部法だとはいえ、相当広範囲にわたる中世諸身分の相互規範の特殊幕府的編成であったにちがいないのである。

2　侍　と　凡　下

そのような意味をもつ三つの身分の一つ、侍についての現在までの通説的な説明を笠松宏至氏は「幕府法上、侍とそれ以下の身分的差別は明確」であるにもかかわらず、「当時、侍がどのような社会的標識をもって区別されていたかは明らかではないが、被物の相違がその最も著しいものであったと思われる」とする。[10] 侍身分の社会的標識とは何か。このもっとも肝心の部分がかならずしも明瞭にしがたいのである。従来の中世の身分制研究が肝心のところでいま一つ具体性と迫力を欠くのはここの部分の不透明さに起因する点が多い。

だが、田中稔氏の最近作「侍・凡下考」はこの点について体系だった考察を行い、鎌倉幕府法における侍・凡下の区別は彼等が朝位朝官を帯するか否かによっていたことを明らかにし、将来への明確な見通しを与えることに成功している。[11] 侍の範囲を確定する上での困難は、これを幕府法の内部だけで処理しようとしたためである。侍は単純に幕府の内部規範のみで成立したものではなく、幕府と対立する諸権門、さらには公家法そのものとの相互調整によって、幕府内部に生かされた身分だったのである。たとえば、追加法一四五条は御家人がその私領を凡下輩へ売却することを禁じているが、そこでは「凡下之輩幷借上等」のみならず、たとえ「侍已上」であっても、「非御家人」に対しては凡下同様売却してはならぬとしている。ここには幕府法が包摂する御家人社会の外側に、凡下・借上身分ばかりか、侍已上の存在が前提されているのである。このように侍と凡下との区別は幕府法の外部にもあったのである。問題の焦点はここで当然公家法の世界にむけられねばならぬ。幕府法の身分諸規定は公家法の身分規定を前提とし、それらを了解することによって独自に再構築されたものである。

幕府法の内外における侍と凡下の区別はその検断沙汰と服装規定にもっともよくあらわれている。田中氏が示すところによると、幕府法では侍に対する刑罰は所領没収等の財産刑に特色があり、凡下は同じ犯罪に対して「召禁」「召籠」の禁獄や、火印を面に捺し、片鬢片髪を剃り、指を切る等、直接に肉体に苦痛または損傷を与える体刑が特色になるという。第1表は田中氏の研究によりながら侍に対する財産刑、凡下に対する体刑を対比したものである。

ところで『平家物語』は、以仁王の侍であった長兵衛尉信連が六波羅の清盛の屋敷の大庭に引きすえられて糺問をうける場面をのせている。そこで信連は「宮の御在所は〔中略〕しりまいらせ候はず、たとひしりまいらせて候とも、さぶらひほんの物の、申さじとおもひきッてん事、糺問におよンで申べしや」といって以仁王の所在をあかさなかったという。(12) 侍品の者の糺問拒否の一例であるが、田中氏は鎌倉時代後期の在地の慣習法のなかに「侍品」のものは拷問をうけないとする法理が存在したことを示している。正和五(一三一六)年ごろと推定される文書が示すところによると、近衛家領丹波国宮田庄預所為成が、大山庄地頭中沢尊蓮(基員)の子息直基の大袋大犯の咎を明らかにするため、尊蓮の「下人」である弥六入道を拷問せよと主張した。すると尊蓮の側では弥六入道は「侍品仁」であって為成の言分は悪口之咎にあたると反論し、為成もまた「凡下」の弥六を「侍品」だと称するのは拷問によって直基の所犯が露顕するのを恐れた希代の奸謀だとしている。この両者の訴陳のやりとりをみれば、侍品のものは拷問を免れることができるとする法理、すなわち、一般的な了解事項があったことがわかる。(13)

ところでこのような拷問免除の規定は幕府法の外部では、一二世紀中ごろ、ないしそれをややさかのぼるころに成立した『法曹至要抄』、さらに中原章任(一三一九年歿)撰で、鎌倉後期の成立にかかる『金玉掌中抄』のなかに明瞭にみえている。すなわち『法曹至要抄』上六〇条不拷訊事条は「官位有る之者、及び僧侶、五位以上の子孫」は拷訊(問)を免除されており、『金玉掌中抄』不拷訊人事条に「近代の僧侶、五位已上の子孫」があげられている。田中氏は『金玉掌中抄』に「有官位之者」がみえないのは伝写のさいの書き落としであるとするが、その推測は正しいとみてよい。公家法にみえる中世成立期の拷問免除規定は「有官位者」およびそれに準ずる者をさすと判断されるのである。

こうして鎌倉時代における侍身分とは有官位者すなわち朝位朝官を帯する者と系譜的に密接な関連をもっとする田中氏の結論が導き出される。寛喜三(一二三一)年の公家新制が「六位已下諸司諸衛之輩」の狩衣の裏に美絹著用を禁

第1表　侍・凡下に対する罰則規定

罪　名	侍	凡　　下	出　典
殺　害 （〃）	死罪・流刑・所帯没収	 ⓒ斬罪	式目 10 条 追加法 704 条
刃　傷		ⓒ伊豆大島（流罪）	追加法 704 条
殴人咎 （打　擲）	ⓐ所帯没収（無所領者流罪）	ⓓ召禁其身 ⓒ禁獄 60 日	式目 13 条 追加法 704 条
辻捕女 （辻　捕）	ⓑ百ヶ日出仕を止む ⓐ百ヶ日籠居	ⓓ剃除片方鬢髪 ⓔ剃除片鬢片髪・召籠	式目 34 条 追加法 186 条
密懐他人妻	召所領半分，出仕を罷む （無所帯者遠流）	ⓖ{名主之輩過料 20 貫文 百姓過料 5 貫文	式目 34 条 追加法 292 条
謀　書 （不実濫訴）	ⓐ没収所領（無所帯者遠流） 没収所領（無所帯者流刑）	ⓒ捺火印於其面 ⓓ召禁其身	式目 15 条 追加法 699 条
窃　盗	ⓐ遠流	（初度）捺火印於其面 （三度）誅	追加法 706 条
博奕（四一半・雙六・目勝）	召所職所帯	ⓕ遠流	追加法 233 条

〔備考〕 史料上の用語はⓐ侍，ⓑ御家人，ⓒ凡下，ⓓ郎従以下，ⓔ雑人，ⓕ下賤之族，ⓖ名主之輩・百姓を示す.

じ、また「諸家侍之外、凡下之輩」の大口(袴)着用を禁止したのは、前者が侍、後者が凡下に対する公家としての服装規定であった(14)。

　このような侍の定義は『職原抄』の説明によく合致する。ここで北畠親房は「五位六位侍」と称することは「古体」ではないが「近日之俗」に准じて号するのだとしながら、弘安の書札礼が「五位六位下北面」と書き、公家で「諸司官人」と称しているのが侍のことであるとする。さらに親房はこれに続けて「凡そ侍と称するは親王大臣以下諸家格勤之名也」との一般論を述べて、譜第を賞じ、放埒を賤しむ事は古来の儀であり、世の名家は重代の侍を撰び仕い、武士はすべて源平両家に属して譜第と称するとしている。親房の説明は京都朝廷の官位制的序列が鎌倉幕府法の世界においてもまた了解され、京都・鎌倉両政権の身分制を外在的に示す社会的標識になっていたという歴史的現実を前提にしていたと考えるべきである。

中世成立期の侍身分とは公家法の立場からいうと「有官位之者」を示したのであるが、このような階層の一一世紀中ごろの存在を示すものとして、和泉国における暴悪不善輩の居住停止を訴えた国守正五位下菅原朝臣定義の奏状をあげることができる（『平安遺文』六八一・六八二号）。彼は和泉国が狭小であるにもかかわらず所在の荘園四五カ所、その内、免田九八〇余町、寄人一二八〇余人におよび、残るところは在庁官人書生等を加えてわずかに二七〇余人しかおらず、ために新立荘園ならびに寄人を停止されたいと訴えていた。彼はこのような情況のよって来るゆえんとその対策を、「五位以下諸司官人以上、多く以て部内に来住し、伴類眷属自ら悪事を成す。或は諸家之庄園に立寄りて国務に対捍し、或は平民之田畠を押奪して私領を構成す。（中略）凡そ暴悪不善之輩、国内に住するの間、強窃二盗放火殺害連綿絶えず、（中略）仍て此輩を住ましめず、須く境外に退出すべし」と訴えたのである。一一世紀中ごろの寄進型荘園形成の底流が、かかる五位以下諸司官人以上として一括される特定の階層によって担われていた事実はきわめて興味深い。ここに、五位のものをもふくめて中世社会の骨格を形成した在地における侍身分の源流が見事に露呈されているからである。彼等は都市と農村との間を往きかいながら伴類眷属をひきい、権門の荘園に入りこみ、平民と対立して、その田畠を奪い、私領を形成して、領主制への動向を明確にしつつあったのである。在地領主制を内部に包摂して成立した鎌倉幕府法の世界にかかる官司制的原則が持ちこまれた歴史的事情がよく理解できるであろう。

このような侍身分に対置されるのが凡下である。凡下には「聡明叡心の御企、凡下是非すべからずといひながら」（『保元物語』上、新院御謀叛思し召し）などのように天皇ないし院以外のあらゆる部分をさす広義の用法も存したが、通常は侍と対置される意味での一般庶民が凡下である。ただ凡下の原義は侍以下のもの一般であるから、中世の人格的隷属民たる奴婢（下人・所従）もまた凡下である。たとえば観応元（一三五〇）年の播磨国矢野庄例名内是藤名名主職をめぐる相論で、慶若丸が「彼実円法師は、当公文母儀買得相伝せしむる下人又五郎入道の子也。凡下尫弱之奴婢等を以て、御家人重代之所職を黷さるべけん哉」と述べたのに対し、実円が祖父日替田五郎左衛門尉長範・親父又五郎長弘法師がかって名越遠州（教時）の家人だったことを述べて「遷替之比は名字其隠無き侍也、何ぞ凡下之奴婢として、当公文母儀買得相伝下人之由、不実を構え出し、上聞を掠め奉るべけん哉」といっている。[15] ここでは凡下は買得相伝下人＝奴婢身分をふくんでいる。しかし、下人・所従（奴婢）については幕府法上、明確なラインが敷かれているから、概念上の区分にさいしては凡下と下人・所従（奴婢）とを区別した方が便利である。以下の用例はこの原則によりたい。

幕府法が凡下をもっともくわしく示しているのは、鎌倉中における凡下輩の騎馬を禁じた追加法三八三条であって、そこでは凡下の内訳を「雑色・舎人・牛飼・力者・問注所政所下部・侍所小舎人以下、道々工商人等」の語で示している。彼等は鎌倉市中において騎馬を禁止されるという共通項でひっくくられる人々である。ここに列挙されたのは雑色・舎人・牛飼・力者、幕府諸機関等に勤務する下級職員以下、あるいは手工業者や商人などである。鎌倉における騎馬は凡下の輩をのぞく侍身分にのみ許された特権だったわけである。

凡下はまた御家人になる途をとざされていた。追加法五六二条は九州における御家人身分の安定と組織化を意図した安達泰盛の政策に出る弘安改革の一環であって、[16] 九州の御家人たちは、そのとき父祖以来の御家人役勤仕を証明する守護人の状があれば、あらたにその名主職安堵の下文を下付されたのであったが、これも彼らが侍である場合に限られたのであって、凡下之輩についてはこれが適用されていない。つまり御家人社会は侍身分のものだけでかたちづくられるとする原則がここでも貫徹されたのである。凡下に対する身分差別は公家法・幕府法共通の了解事項だったことがここにも示される。

式目第一三条殴人咎条以下は侍と郎従以下とを対置しており、前者には所帯没収の財産刑、後者には禁獄を規定している（三八一頁表）。鎌倉幕府法がいう郎従は凡下身分に属していたのである。ここでいう郎従とは頼朝の直接の家人ではなくして、幕府の地頭御家人を主人に仰ぐ頼朝の陪臣をさしている。しかし、京都の権門貴族の立場からいうと北条氏以下の幕府御家人はすべて頼朝(将軍)の郎従である。九条兼実は文治国地頭設置要請の内容を「件北条丸以下郎従等相分けて五畿・山陰・山陽・南海・西海諸国を賜る」云々(『玉葉』文治元年一一月二八日条)と記しているし、また『愚管抄』は源氏将軍の血統がたえて、九条頼経が将軍になった事実をさして「此武将ヲミナウシナイハテ、誰ニモ郎従トナルベキ武士バカリニナシテ、ソノ将軍ニハ摂籙ノ臣ノ家ノ君公ヲナサレヌル事」と表現している[17]。

宝治元(一二四七)年に幕府は「訴訟人座籍事」を定め、裁判のさいの着座の場所を侍は客人座、郎等は広庇、雑人は大庭としている。幕府内部の身分序列を明確に示す有名な史料であるが、意味はなかなか難解である。この条項は一見、侍と郎等とが峻別されたことを示すようでもあるが、同じく郎等(頼朝の陪臣)であっても侍身分にあるものだけは客人座に着座し、その他の郎等が広庇に席を与えられたともとれるし、また逆にここでいう侍は御家人の意で客人座は独立の御家人にのみ許される席で、郎等(陪臣)はすべて広庇だともとれる。さらにまた、この郎等は広庇とはいえ、屋内の一室に席を与えられ、大庭におかれる雑人とは格段の扱いをうけている。幕府法の雑人は通例は一般庶民＝凡下を意味するのであるから、ここにいう郎等とは陪臣ながら、右にみた式目一三条にみえる凡下＝郎従以下とは区別された侍品のものであったとも考えうる。(なお笠松宏至氏はこれを北条氏の裁判機関のものと解している、日本思想大系21『中世政治社会思想』上、四四三頁)。延応二(一二四〇)年以来、幕府は郎等任官を禁止しているが、この郎等は任官以前に侍身分に属していたのであろう(追加法一三〇、三〇八条)。

凡下が御家人になれなかったのと逆に、重代之御家人であっても、所領を失えば御家人身分から事実上転落したと判断される。式目第三条は大番役催促・謀叛・殺害人等の御家人役の規定であるが、そこに「重代之御家人たりと雖も、当時之所帯無くんば駈催す能はず」とある。所帯もなく、また御家人役をも勤仕しないものは現実の社会ではもはや御家人とみとめられなかったであろう。その点で、名字をもつものは侍にかぎられていたとする田中氏の指摘は大変興味深い。越中国石黒庄の地頭重松名について、「下作人の名字を注付畢」（『鎌倉幕府裁許状集』上、一二七頁）とあるように名字の語はかならずしも侍の名字だけをさすとはいいがたいが、さきにみたように矢野庄の実円はみずからの家系を「名字、其隠無き侍也」と称していた。ここではかくれのない名字をもつことが侍身分の指標にされ、かつ御家人領の領有資格の根拠にされているのである。また時代が降るが応安三（一三七〇）年に多田院で「名字有る御家人」と「凡下族」とが対置され、殺生禁断に違犯した場合、前者が所帯名田等の収公、後者が出家の後、領内追出とされている。ここにみる御家人とは多田御家人を指し、凡下と対置される侍身分とみてよく、名字と侍との不可分の関係を示唆する（「多田院文書」）。さらにまた天文二二（一五五三）年に、近江国犬上郡中の百姓が多賀神社の神事を遁れんがために、名字を蒙って新侍になったことがみえる（「多賀神社文書」）。「名字の地」を有するとはたんに居住の地の意味ではなく、彼がその地を支配する領主の一員であることを示す社会的指標でもあったのである。

　ところで凡下は消極的規定であるが、これを内容的に規定するのが百姓の語である。だから現実の社会生活の場である荘園やムラにおいて一般庄民は主として百姓として現れる。ここで百姓は権門の所領支配に包摂されて年貢・公事を負担するほか、さまざまの政治的支配をうけるのであるが、もちろんこの場合の百姓は個人としてではなく、家族の形態をとって、つまり一つのイエとして把握されている。このイエとしての百姓の存在が中世の法体系あるいは中世社会の構造にはかりしれぬほどの影響を与えていることはいうまでもない。

　この百姓は荘園制的土地所有の体系でとらえられると、百姓名として現れる。そして百姓名はさらに地頭・下司・公文名などの庄官名と区別されている。（いうまでもないが、百姓のすべてが百姓名なのではない。散田作人＝小百姓は名主ではないが、むろんその名のとおり百姓である。）[18] さて、庄官クラス以上は百姓なみの公事を免除される特権を有していた[19]。たとえば建治二(一二七六)年に若狭国御家人等は太良庄末武名について「当名は往古の御家人領として、百姓名に非ざるの処、百姓公事を宛てられるの条、謂無き次第也」と称している。公事は年貢とことなって、生の人間労働＝夫役の徴発をその基本的要因とする収取体系である。ここでは御家人が直接問題になっているが、御家人をもふくめて、一般に庄官名の田地は雑事免であって肉体的苦痛をともなうような人夫役をふくめて、百姓なみの公事を免除されていた。さきの侍身分に対する拷問免除規定と共通の性格で把えられるであろう。(大筋は右の通りであるが、もっとも百姓名の名主でかつ侍身分のものがいなかったか否か明確でない。)

荘園において年貢・公事を負担する百姓名はこうして荘園制支配の根幹を支えていたのであるが、中世の浪人が、ひろくいえば百姓身分に属した事実に注意したい。越中国石黒庄の相論を裁決しながら幕府は「平民内逃死亡不作損亡の跡者、預所・地頭相共に浪人を招居え、両方召仕うの事、傍例たるの間、改沙汰に及ばず」とし、さらに「但し、平民跡を以て百姓に語付けず、或は地頭之を引籠み、或は同下人等に宛作らしむるの条、公役懈怠之基也。早く停止せしむべし」(『鎌倉幕府裁許状集』上、一三七頁)と述べている。ここで平民と百姓が同義であるのはいうまでもないが、浪人は荘園に「招居」えられて百姓になるのである。この点は中世の浮浪を考えるさいの重要なポイントである。

備後国大田庄では荘園領主に年貢・公事を負担する百姓名を土名ともいい、その百姓を平民百姓とも土名百姓ともいっていたが、この荘園では彼らのほかに地頭支配下にあって荘園領主への公事を免除された地頭雑免の百姓がおり、彼らは地頭佃の耕作や長日菜料など一般の土名百姓が負担しない夫役を課せられていた(大日本古文書『高野山文書』之八、一九四三号)。大田庄では荘園領主に属する平民百姓(土名百姓)と地頭に属する地頭雑免百姓に百姓身分が大きく二分されていたのである。むろん両者の地位に根本的な差異があるわけではなく、領家・地頭による荘園支配の分割によって派生的副次的な変型がみとめられるにすぎない[20]。

以上みたように、中世成立期における侍と凡下・百姓とは王朝国家の官位の有無によって区別され、侍身分に属するものは、通例、体刑や拷問を免除され、荘園にあっても庄官として、多くは夫役等の肉体労働をともなう百姓なみの雑公事を免除されるという特権的な立場にあったとみることができる。これに対して、百姓・凡下は右のような特権に浴さず、年貢・公事を負担して「公役勤仕之基也」といわれる存在であった。しかし彼らと下人・所従との間に横たわっていた一つの明確な区分をあいまいにしてはならない。とくに石黒庄でみたように中世の浮浪そのものが、百姓身分の喪失と直結するものでない点は中世社会の性格規定にさいし多くのことを示唆するであろう。

3　下人・所従

侍、百姓・凡下につづいて、下人・所従を問題にしなければならない。中世における「下人」の用例は多義的であり、また時代による変遷もいちじるしいから、これを一括して論ずることは正しくない。ここで問題にするのは百姓・凡下と区別されるようなイエ内部の私的な人格的隷属民を意味している。このような「下人」の用例は中世後期になって一般化してくるが、すこしさかのぼって下人の用例を整理しておきたい。(21)

下人のふるい用例は公家法の世界にあらわれる。つまり天暦元(九四七)年の公家新制によって手作布の使用を禁止された「諸衛舎人・諸司幷院宮諸家雑色以下人」をさす場合である。(22)（もっとも諸衛舎人は供節の日は手作布を許された。）つまり律令制の諸官衙ならびに院宮諸家の舎人・雑色以下の人々である。『吏部王記』天暦元年一一月一七日条は、右の公家新制を「下人の猟衣は手作布を用うるを得ざれ」と記し、また『貞信公記』天暦二年正月一四日条は「先日、定める所の下人の手作布を着するの事、制すべきの状」云々と書いていて、この当時右の人々のことを「下人」といいならわしているさまをうかがわせている。この下人は手作布の使用を律令国家の公家新制によって禁止される身分である。彼等はまた天暦元年令で「板築荷担之類、奴婢僕従之徒」とも称されているが、むろんその実態は奴婢などではなく、後の凡下につながる身分である。『玉葉』の治承五年四月二一日条が「常陸国下人」の言として平清盛死後の頼朝の東国経営の進展を伝えた例や、『明月記』嘉禄元年三月一二日条が「南京下人説云」として尋常の家々の女子を掠取っていた奈良北山の濫僧長吏法師の追捕の話を伝えた例などこのような下人の用例は数多い。彼等は王朝貴族の目からみて下人とされるもので、具体的には諸衛舎人・諸司幷院宮諸家の雑色クラスをその上限とするが、むろん在地にあっては富豪之輩をもふくむものであったにちがいない。説話の世界などでは下衆などといわれることが多く、いわば下衆型下人の用例とでもいえようか。

第二の用例は『高山寺本古往来』第四書状の主人(おそらく富豪田堵)が「家用乏少」の稲を「一両駆使並所部下人等」に班給したと述べるような下人である。この下人は主人から稲を班給されて「所部下人」と称されており、主人に対する従属の関係にある。さきの「院宮諸家雑色以下人」と重なる部分もあるが、両者はおのずからことなり、主人との人格的な結びつきを特色とするような「下人」である。丹波国雀部庄地頭大宅光信は、彼の父清重が梶原景時追討の功によってこの荘園を与えられたときのことを「梶原追討之時、高橋合戦之忠に依り、親父清重□□(当庄カ)地頭職を賜る之間、遼遠少所たるに依り、下人一人を差遣わす之刻、僅に池河辺荒廃田畠少々、本司之跡と号して分給之間、地頭得分有名無実也」と述べたことがある(『鎌倉幕府裁許状集』下、一〇頁)。この下人は地頭代官として、一荘の経営をまかされていたのである。従者型下人といってよかろう。

ここであつかうのは右の下衆型下人や従者型下人のことではない。鎌倉幕府法が奴婢雑人、下人・所従などのかたちで「百姓」と区別して扱っている存在、つまり奴婢型下人のことである。このような身分、すなわち債務・売買・譲与その他の関係によって百姓身分を喪失し、主人に対する人格的隷属に入るものは、その名称こそ奴婢・下人・所

従その他多様であろうとも、古代以来一貫して存在しつづけたことは疑いないところである。(23)

中世の在地領主のもとには多数のこのような下人・所従がいた。(24) たとえば建治二(一二七六)年の大隅国噌唹郡の領主散位建部清綱の「所従抄帳」には合計九四人の所従がおり、清綱はこれを嫡子清親以下一六人に譲与している。また弘安五(一二八二)年の正八幡宮所司覚順処分帳には覚順の所従の前歴がさまざまに記されている。たとえば倉犬女については「此女者、加礼川百姓弥太郎別当所従也。然而、彼弥太郎別当と聟千手王両人シ天、鎮守祭田作天、勤めずシ天逃失畢、又桑代絹并所当米、弁ぜずシ天失了。仍て其代に召取り、家中に服仕者也」とあり、彼女は主人弥太郎別当の年貢公事未進の代に召取られた債務奴隷であった。同じく倉太郎丸は父弥藤太検校が所当米と米桑代を弁ぜずして死んだと書かれており、これも年貢所当未進の賠償物である。

しかし所従のなかには養子縁組や婚姻によって所従身分を脱するものもある。たとえば前述の覚順処分帳の字犬子は「字犬子においては、養子たるにより、暇を給候畢。後日沙汰有るべからず、既に覚順之放文取候畢」とあり、養子縁組によって覚順の放文をとり所従身分を脱却した例であり、また建部清綱抄帳の竹女は「暇に於ては、永く放免畢」と記され、竹女の息千歳丸は庄司居薗を一期分財産として譲与されている。竹女は清綱の妾となって所従身分を放免され、子息千歳丸にも一期分の財産が譲られたとする水上一久氏の推測はおそらく正しいであろう。同じ抄帳には直与房の妻となって所従身分を脱却した月无の名もみえている。以上摘記したような例をふくめて、中世の説話類にみえる人身売買のありさまなど、こうした奴婢型下人の存在はすでに早く水上氏が明らかにしているところである。彼らは多くの場合引文によって主人に隷属し、放文によって解放された下人所従であり、百姓とことなって、去留の自由をもたず、主人の人格的支配の下に属していた。彼等は通例「買得相伝下人」などといわれて多少とも上述来のイエを破砕された存在であって、中世のあらゆる組織＝集団がその存在を事実上容認していた存在である。日本における中世領主制もその支配の一環として彼らを包摂していた。

以上述べたように侍と百姓・凡下と下人・所従とは国家的規模において現実化していた中世社会の三つの基幹身分であったということができる(この三者のうえに国家権力を直接、間接に掌握する権門貴族がいたことはいうまでもない)。百姓・凡下はもともとただの人であったが、彼等のうち、官位あるものが侍として、債務その他による独立身分の喪失者が下人・所従として、百姓・凡下から区別されるという仕組みになっていたのである。このような構造をもつ中世社会そのものはさらに複雑な諸身分によって構成されているが、それらは右の三つの身分のさまざまな変型として位置づけられうると考えられる。所属集団の宗教的権威を背景とする神人・供御人・寄人などは多く凡下・百姓の諸変型として把握されうるであろう。それらのすべてを詳述する余裕はないが、節をあらためて中世における非人(キヨメ)について、右の点をすこしく具体化してみたいと思う。

二　キヨメの都市的構造

1　ケガレの前史

中世の身分制研究の一つの重要なテーマに非人(キヨメ)の問題がある。非人・キヨメ・河原者・坂者・エタ・カワタ・声聞師・猿楽・乞食などさまざまの名称と職能からなる中世の被差別身分は侍、凡下・百姓、下人・所従のうち凡下の一つの特殊的形態であり、その組織形態は商工業などの座と全く共通している。この方面の研究としては喜田貞吉氏を頂点とする一連の大正期の蓄積、その後の森末義彰氏等の仕事をへて、戦後の林屋辰三郎・原田伴彦氏等の業績がうまれ、その後、渡辺廣・野田只夫・熱田公・横井清・三浦圭一・脇田晴子・網野善彦・黒田俊雄などの諸氏の研究が相ついで出されている。[25] これらの諸業績はすでにかなりの蓄積に達し、それを中世社会の身分制全体のなかに正しく位置づけながら、理論的・実証的な研究の深化をはかるのはかなりの努力を要するようになっている。

とくに、近年、中世の非人身分について黒田氏がこれを身分外の身分として位置づけたのに対し、網野氏が黒田説を否定している。[26] 両者の見解の対立はかなりの問題をふくんだものと考えるが、ここでは一つの試みとして、中世におけるケガレの観念をごく一般的に考察することにより、都市を中心とするキヨメの構造を歴史的に明らかにしつつ右の問題を考えてみたいと思う。分析の中心はしたがって京都と奈良におかれる。この面について横井氏はケガレの観念と仏教思想との関連について興味深い論点を提示している。[27] ここでは横井氏の問題提起をうけつつも、そこでは事実上欠落させられている三つの視角、中世の天皇と都市と神祇とがこのケガレといかなる連関で結びついていたかが問題の焦点にすえられることになる。

中世のさまざまな被差別身分は承平年間(九三一—九三八)成立の『倭名抄』の「屠児和名恵止利、牛馬を屠り、鷹鶏を取るの義也」の説明にはじまり、鎌倉時代後期の『塵袋』の「キヨメヲエタト云フハ何ナル詞ハソ。根本ハ餌取ト云フヘキ歟」云々の説明、さらには文安三(一四四六)年成立の『壒嚢鈔』の「河原ノ者、ヱツタト云ハ何ノ字ソ。エッタト云付也。常ニハ穢多ト書ク」云々や、文安元(一四四四)年の『下学集』の「穢多《エタ》、屠児《トニ》也。河原者《カハラノモノ》」などの説明をへて、一七世紀初頭の長崎ポルトガルのキリスト教宣教師による日本語文典および辞書の説明にいたっている。[28] パヂェスの『日葡辞書』は、

エッタ　チャウリともいふ。他の職務もあるが、(とくに)死んだ馬や牛の皮をはいだり、皮でいろいろな品物を作ったりする職務をもつある種の賤しい人びと

チャウリ（長吏）　死んだ獣や牛の皮をはぐもの、または癩病人の監督をする長
カワラノモノ　カワヤともいふ。死んだけものの皮をはぎ、癩病人の取締りを任せられたもの
カワヤ　靴職人や足袋職人の家。靴屋自身。死んだ獣や牛の皮をはぐ仕事をもち、カワゴを作る人

またロドリゲスの『日本大文典』は、

七乞食　日本人が物貰いと言っているもの。又は日本で最も下賤な者共として軽蔑されているものの七種類、即ち猿楽・田楽・ささら説経・青屋・河原の者・革屋・鉢こくり
カワラノモノ　刑罰を執行する者、又はエッタ

と書く。中世末期に被差別身分は七乞食と総称され、そこには猿楽・田楽・ささら説経・青屋（青や藍の染物師）・河原者・革屋・鉢こくりなどさまざまの職種がふくまれ、さらにその中心であるエタ・長吏・河原者などは、斃牛馬の処理権と皮革業、癩病人の管理、刑罰執行などの職業によって特色づけられていたのである。中世の被差別身分が中世特有のある種の歪められた社会的分業の展開に深く規定されつつ成立していることが想定されうるであろう。

このような中世の被差別身分を古代的な奴隷制範疇で読みとろうとしたところに林屋説の大きな欠陥があることはすでに黒田・横井両氏が指摘するとおりである。(29)彼等が古代において身分的に賤視されていたから、彼等の職業が賤しいとされたのだとして、差別の職業起源説や宗教起源説をしりぞけた林屋氏の論理はそれなりに明快ではあったが、しかし中世的被差別身分の成立をきわだたせるものは古代の奴隷制ではなくして、中世特有のケガレの観念による凡下・百姓身分へのある種の選別であったとせねばならぬ。とくに『壒嚢鈔』などは河原者を説明して「常ニハ穢多《エタ》ト書ク、ケカレヲホキ故」云々と記し、「餌取躰《エトリテイ》ノ膩《キタナ》キ者也」と書いてケガレとキタナサを強調する。最初にケガレの観念の歴史的形態について前提的な考察を行うゆえんである。

すでに古代律令国家ははやくから死穢を国家的管理のもとにおこうとしていた。大化二年三月甲申条のいわゆる薄葬の詔は庶民の死に言及しつつ「庶民亡なむ時には、地に収め埋めよ。其の帷帳の等《ごとき》には麁布を用ゐるべし。一日も停むること莫れ。凡そ王より以下、庶民に至るまでに、殯営ること得ざれ。凡そ畿内より、諸の国等に及《いた》るまでに、一所に定めて、収め埋めしめ、汚穢しく処々に散し埋むること得じ」という。また喪葬令皇都条には「凡そ皇都（謂、天子の居る所也）及び道路（謂、公行之道路は皆是）の側近に、並びに葬り埋むる事を得ざれ」と規定している。律令国家が天皇の居処である皇都を中心とし、皇都の各地方への延長をなす公行の道路、さらにそれら道路をとりかこむ諸国そのものに死穢のおよぶことを忌避しようとしていたことが明らかである(30)。皇都とその延長としての道路、さらに畿内から諸国にいたる国々へと、天皇を中心として内から外へと順次外へひろがっていく国家のキヨメの構造がここに明瞭に意図されていたのである。庶民の死にさいして「一日も停むること莫れ」といい、また畿内・諸国で葬地を一定せよとしていることは死穢の拡散を避けようとする律令貴族の心的傾向を明確に語っている。

しかし、このような古代国家の天皇とその都市を中心とするキヨメの構造は延暦一三(七九四)年の平安遷都を契機とする新しい国家体制の創出過程において、さらに一段と強化されていった。すでに延暦一一(七九二)年八月丙戌に山背国紀伊郡深草山の西面における埋葬が禁止されているが、その理由は「京城に近きに縁る也」と記されている(『類聚国史』巻七九)。さらに翌一二年八月丙辰にも京下の諸山への葬瘞ならびに樹木の伐採が禁止され(同前)、延暦一六(七九七)年正月には、山城国の愛宕・葛野郡の人が家のかたわらに埋葬することを禁じて次のような禁令が出ている(『日本後紀』)。

山城国愛宕葛野郡の人、死者ある毎に、便ち家の側に葬り、積習常となる。今は京師に接近す。凶穢避くべし。宜しく国郡に告して、厳しく禁断を加うべし。若し犯違有らば外国に移貫せよ平安京の造営にあたり、京域の母胎をなした愛宕・葛野両郡において、庶民は死者を家の側に葬るのを習慣としていたという。彼等の生活感覚は「凶穢、避くべし」というただならぬ決意のもと、天皇とその居処たる皇都からの死穢の追放を強行しようとする律令貴族とはきわだった相違を示していた。違反者を外国へ移貫せよとまで命じた右の禁令から畿内の浄と外国の穢とが明確に対比できるのであって、律令貴族のケガレの意識が彼等の国家の構造的理解と密接不可分の関係にあったことがよくわかるであろう。

このようにして、平安京域から閉めだされた死穢は、京域の外側にあってその東西を迂回する鴨川と桂川の河原に集中せしめられるようになっていった。承和九(八四二)年一〇月一四日の勅は左右京職東西悲田に料物を給わり、「嶋田及び鴨河原等」の髑髏五五〇〇余頭を焼斂せしめており(『続日本後紀』)、同一二三日には、太政官が義倉物を悲田に宛てて、鴨河の髑髏を聚葬らしめている(同前)。嶋田と鴨の二つの河原が髑髏の集積地として登場するが、この当時、かかる地域は京職―悲田院の管轄下にあったのである。

やがて貞観一三(八七一)年律令政府は平安京域の西を流れる桂川の二箇所の河原を葛野郡と紀伊郡の葬送之地として設定するにいたった(『類聚三代格』巻一六)。その場所は葛野郡においては五条荒木西里、六条久受原里で、京域の西南端をかすめるようにして東方向へと大きく迂回する桂川と西の京極大路とにかこまれるひろい河原の地であった。また紀伊郡は十条下石原西外里、十一条下佐比里、十二条上佐比里で、さきにみた葛野郡の葬地のやや下流、京域の道祖大路を出はずれたひろい桂川の河原である。佐比里の佐比はもちろんここが塞の河原であったことを意味する(31)。貞観一一(八六九)年一二月八日には佐比大路の南極橋のところに九原送終の輩が柩を置いたことがみえ、ここは以前から京中百姓の葬送の地であった(『三代実録』)。ところで、この二つの河原を太政官符は「是れ、百姓葬送之地、放牧之処也」と記す。しかるに愚暗之輩が競って「占営」を好むため「人便を失う」というのである。王臣家・百姓の私的分割(占営)が進行し、そのために百姓葬送地としての公的国家的性格が否定される傾向にあったのである。そこで政府は(1)原則としてこの地における私的占取を禁止し、(2)葛野郡嶋田河原ですでに耕作されている熟地、紀伊郡上佐比里における百姓のもとからの居住地については人別二反以下は制限外とし、(3)以後における四至外の葬斂を一切禁止した。この三点を総合すれば、これはあきらかに百姓葬送地の設定・確保(そこへの妨害排除)と、葬送地以外への死穢の拡散防止を意図した政策的意図に出るものであったということができる。

一方、鴨川の河原のあたりにおいても葬送地の地域的限定が行われたとみてよいであろう。『河海抄』に引用された「延暦遷都記」によると愛宕の地が葬所に定められたのは平安造都の一環だったと伝えられているのも考えあわされよう(32)。

キヨメの構造の中心は天皇であったが、それとならんで京域からの死穢の放逐に強くかかわったのが賀茂の神である。すでに大同元(八〇六)年三月の桓武天皇崩御にさいして、最初は葛野郡宇太野の地が山陵にぎせられたにもかかわらず、賀茂の祟によって京の西山・北山をはじめ各処で火災がしきりにおき、紀伊郡柏原の地へと山陵計画の変更が行われた(『日本後紀』)。さらに承和一一(八四四)年鴨川の上流で遊猟の徒が「屠割之事」をするため鴨上下大神宮の神域が穢れるとし(『類聚三代格』)、また、貞観八(八六六)年九月には賀茂御祖神社に近いというので愛宕郡神楽岡の辺側之地における葬斂が禁止される(『三代実録』)。さらに貞観四(八六二)年には伊勢神宮への祭使の路次に人馬骸骨が多く横たわり、汙穢の掃除のために近江・伊賀・伊勢の国に対し、目以上の国司一人の祗承を命じている(『類聚三代格』)。

ここには死穢に関する律令貴族の肥大化した観念が存在していた。そのことは『延喜式』の諸規定のなかに、まざまざと読みとることができる。すなわち、まず『延喜式』神祇三臨時祭において、一つの強権的規定に遭遇する。

凡そ、神社四至之内、樹木を伐り、及び死人を埋蔵することを得ざれ

神社の四至内に、特別の感情をいだかぬままに、死者を埋葬してはばからないという習慣は、日本の庶民が死穢の観念にとらえられるとともに消滅した。しかし『延喜式』の右の規定は王朝貴族の死穢の観念にそぐわない自然の庶民感覚が長い歴史的生命を保ちつづけていたことの一つの証左である。神社の四至内における死人埋葬の禁圧は都市的環境がもたらす疫病や災害、さらには悪気への恐怖をおりまぜながらこうして国家的なキヨメの構造の庶民生活への貫徹を意図していた。だが、『延喜式』は右の規定とならんで、いま一つの衝撃的な規定を伝えている。

凡そ、鴨御祖社南辺者、四至之外に在りと雖も、濫僧・屠者等、居住することを得ざれ

鴨川と高野川とにはさまれる鴨御祖社の四至の南辺とは、むろん二つの川の合流点の南にひろがる鴨の河原を意味している。承和一一(八四四)年の屠割之事に従う上流の遊猟之徒ではまだ明確でなかった鴨の河原における濫僧と屠者との出現を右の史料は明確に伝えている。濫僧と屠者に対するこの差別観が律令貴族特有の生活感覚だったか、あるいは都市の民衆の一部をとらえ始めていたかはわからない。三善清行が「意見封事」で諸国百姓の濫悪のものを「形は沙門に似て、心は屠児の如し」と称したのが延喜一四(九一四)年であった(『群書類従』雑部)。日本の社会全体からみればまだほんの極点にすぎなかったにちがいないが、おそくとも一〇世紀初頭には中世的被差別身分の原型がこの鴨川の地に成立していたことだけはまちがいない。

ケガレの観念について、横井氏の研究が出るまでの部落史研究がこれに注意をむけながらもながいあいだ本格的な分析をおこたって来たのは不思議な事実である。部落問題研究所編『部落の歴史と解放運動』(新版)のなかに、古代の陵戸が雑戸に近い性質をもちながら、賤民の中におかれた理由として「死を忌む固有神道の思想にもとづく」云々とする記述がおりこまれている。ここでいう「死を忌む固有神道の思想」とはいったい何であろうか。しかも横井氏

の貴重な触穢についての分析ですら、ややもすればケガレをして「原始が保っていた深い祈りの世界」へと埋没せしめる傾向におち入っているのである。[33] ケガレとはそのようなものであろうか。

すでに、横田健一氏の『日本古代の精神生活』[34]や高取正男・橋本峰雄両氏の『宗教以前』[35]などは死穢にたいして過敏でなかった日本の農民について、くりかえし述べている。王朝貴族の肥大化したケガレの観念、死穢過敏症が神と神の子である天皇に対する貴族の責任感に由来する後来的なものであったことも高取氏が右の著述で明瞭に指摘するほか、かかる観念の肥大化が律令制の解体過程の所産であることは横井氏をもふくめて多くの研究者によってすでに指摘されている。[36]

本居宣長が『玉勝間』で「から国の官」が神事と喪事とを「かね行ふ事」を問題にしながら[37]「生《イキ》たると死《シニ》たると、浄《キヨ》きと穢《キタナ》きとのわきなくして、皇国のこゝろより見れば、いとも〳〵穢《ケガ》らはしき国俗《クニワザ》なりけり」と述べたような浄と穢についての特殊日本的観念から歴史の学問はまず自由でなければならぬ。[38]

死にさいしての服喪がもともと「汚穢之義」ではなくして、「思慕之義」であり、死者に対する「其の悲しみ慕うの至情に因《よ》る」ものであることは幕末水戸藩の儒者会沢安が『下学邇言』に述べるところである。また賀茂真淵が『古今和歌集打聴』に「はゝがおもひにてよめる」という凡河内躬恒の哀傷の歌に註して「父母の喪はおもひといえり」と書き、会沢安もまた「故に喪を呼んで於茂比《オモヒ》と為す」といっている。『詞花和歌集十雑』にも侍賢門院安芸の「子のおもひに侍ける比、人のとひて侍ければ読る」歌がのせられており、天子が父母の喪に服する諒闇が「みものおもひ」であったことなどもあわせ考えるべきである。[39]

喪はむろんウシナウであり、人の死を、あるいはまた柩そのものを意味する。『魏志』倭人伝は「始め死するや停喪十余日、時に当りて肉を食わず、喪主哭泣し、他人就いて歌舞飲酒す」とある。『古事記』天若日子の死にさいしての喪屋における日八日夜八夜の遊びについて「哥楽《うたひあそび》て、其人を復《また》此ノ世に還りたまへと、招禱る意」であると『古事記伝』が指摘する。日本の民間習俗にながく行われた死者の蘇生を願う素朴なタマヨバイと同じ行為である。『魏志』倭人伝の哭泣と歌舞飲酒の十余日は「停喪」なのであって、これが終ってのちに死人は葬られるのである。

江戸時代の学者は「忌」と「仮」の区別についても言及している。「上古ノ書ニ忌ノ日数ノコト見エズ、服仮ト云テ仮ハ暇ナリ、禁廷ニ出朝スル者ニ喪中ハ隙ヲ許シ給フ、暇ヲ忌ト為スハ近世ノ事ニテ大ニ人ヲ惑セリ」と。[40] 喪が死者の復活をねがう愛惜の思いであり、服仮とは死者への思いにひたり、心の安静をとりもどすための官人たちの休暇期間を意味する。これをケガレに対する忌と混同するのは人を惑わすことだと江戸時代の学者はさまざまの混乱をともないながらも指摘するのである。

『日本書紀』皇極元年五月丙子条は大使として日本に来ていた百済義慈王の子翹岐夫妻が、その児の死を「畏ぢ忌みて(中略)喪に臨まず」、戊寅に人を遣して石川に葬らせたことを伝えているが、このことを『書紀』は「凡そ百済・新羅の風俗、死亡者有るときは、父母兄弟夫婦姉妹と雖も、永《ひたす》ら自ら看ず。此を以て観れば、慈《うつくしび》無きが甚しきこと、豈禽獣に別《こと》ならむや」と記している。喪の原義が「慈」の感情と一体であったことを示すとともに百済・新羅と日本の古代貴族のケガレの観念のあざやかな断絶を示す一挿話である。

ケガレの観念のふるい形態について、さらにふれておきたいのは、忌(イミ)とケガレの関係である。現在ではイミとケガレがもともと不可分のものであったように「辞典」の類にも説明されることが多いが、これは疑わしい。もちろん忌《イミ》は同時に斎(イミ)である。イミとは神に所属する意である。「斎鉏《イミスキ》をもちて斎柱《イミバシラ》立てて」(『祝詞』大殿祭)の斎鉏は神事に使われる神の鉏を意味し、「斎服殿《イミハタドノ》にまして神御衣織らしめたまひ」(『古事記』神代)も同意である。大和朝廷の斎蔵《イミクラ》とは神の蔵であり、斎部《イムベ》氏は神に仕えた。忌火《イミビ》・斎火は神への供物を煮たきするため火鑽《ひきり》によって得た神聖な火である。「辞典」によると「い・み（忌み・斎み）」のイはユユシのユの母音交替形だという。つまりユニハ（斎庭）のユであり、ユダネ（斎種）のユである。「青柳の枝切りおろし斎種《ユダネ》蒔きゆゆしき君に恋ひ渡るかも」（『万葉集』三六〇三）の君は神に奉仕する神聖な君である。だからイミの形容詞形イミジが「イミじき絵師」（『源氏物語』桐壺の巻）「匠らイミじく喜びて」（『竹取物語』）などのように、神にふれるがごとくの意をこめて、大変立派な絵師だったり、大そう喜んだりの意になるのである。イミの語源にはケガレと固有に結びつくような内容はこめられていないと考えるのが、正しいのではないだろうか。

『日本書紀』皇極元（六四二）年七月戊寅条は、当時の庶民が雨乞いにさいして「村々の祝部《はふりべ》の所教《をしへ》の随《まま》に、或いは牛馬を殺して、諸の社の神を祭《いの》る。或は頻《しきり》に市を移す。或は河伯《かはのかみ》を禱る」といった習俗をもっていたことを伝えている。このような雨乞いの習俗はその後もかたちをかえて延暦一〇（七九一）年に伊勢・尾張・近江・美濃・若狭・越前・紀伊国の百姓が牛を殺して漢神を祭るのを禁じ（『続日本紀』延暦一〇年九月一六日条）、さらに同二〇年にも越前国で屠牛祭神が禁止されるなどのかたちで現れている（『類聚国史』一〇巻雑祭条）。佐伯有清氏は右にみえる漢神を中国においてすでに一般化していた祟りの神、怨霊の神だとし[41]、林屋辰三郎氏はここに雨乞いから怨霊への神格の転移をみている[42]。いずれにせよ『播磨国風土記』讃容《さよ》郡の条にある、妹玉津日女の命が「生ける鹿を捕り臥《ふ》せて、その腹を割きて、その血に稲を種《ま》き」、そのため「一夜の間に、苗生《お》ひき」ということになり、この苗を殖えて競争相手の大神をしりぞけて「汝妹《なにも》は五月夜《さよ》に殖ゑつるかも」といわしめたため、ここを五月夜《さよ》郡となづけた話や、同賀茂郡雲潤《うるみ》里にのせる「宍の血をもって佃くる」という話からうかがいうる日本の古い時代の農耕習俗のながい生命力を以上あげた諸事実は否定しえないのである[43]。中世はそれらが侵蝕される過程でもあった。

2　甲乙丙丁の穢

王朝貴族の内部に発動するケガレの観念の肥大化がいかなる歴史的由来をもつものであったか。そこに肉食を忌む仏教思想の影響や、陰陽道の教説などがさまざまにからまっていたことはいうまでもないであろう。そのことを全面的に考察することはそれぞれの専門家にまかせなければならないがただ私はここで、ケガレの観念の歴史的転形にとって、貞観六(八六四)年の格には確実に姿をあらわし(『拾芥抄』下)、さらに『延喜式』に完全な形をみせる二つの規定が決定的な役割を果したであろうことを指摘しておきたい。一つはケガレの発生と伝播(展転)に関する甲乙丙丁の区別の設定であり、いま一つはケガレの消滅に関する日数の限定の規定である。

凡そ、甲の処に穢有り。乙、其の処に入る。着座を謂う。下亦同じ。乙及び同処の人皆穢と為す。丙、乙の処に入る。只丙の一身を穢と為す。同処人は穢と為さず。乙、丙の処に入る。人皆穢と為す。丁、丙の処に入る。穢と為さず。其の死葬に触たらむ之人、神事月に非ずと雖も、諸司幷諸衛陣及び侍従所等に参著することを得ざれ

ケガレは甲乙丙と触れるにしたがって感染し拡散していく。規定の後段にあるようにこの拡散はとくに諸司・諸衛陣・侍従所等律令制官衙におよんではならないのである。ケガレにおかされてはならないものは何よりもまず天皇とその政治であった。ここにケガレの政治的特質があった。

凡そ、穢悪に触るるの事、忌む応《べ》き者《は》、人死卅日を限る。葬る日自り始めて計う。産七日。六畜死五日。産三日。鶏は忌の限に非ず。其の宍《シシ》を喫らば三日。此官は尋常に之を忌む。但し祭時に当れらば、余の司皆忌む。

人の死が三〇日、出産が七日、六畜の死が五日、出産が三日、宍を食すると三日のケガレだという。(44) 本居宣長が「さて死《シニ》を穢《ケガレ》とすることは、神代より然り、されどもそれも、日数のかぎりの定まりしは、後なるべし」といっているよ

うに、かかる規定が後世のものであることは江戸時代以来くり返し説かれて来た。ここには国家によって制定され体系化された新しい妄念としてのケガレがその新しい姿をみせている。ケガレの日数の限定はその後も賀茂・石清水以下の諸社によっても独自に制定されていくが、全体として、国家的な集中と統制とをうけていたことはいうまでもないであろう。

ケガレの発生と拡散の序列を規定する甲乙丙丁の穢と、そのケガレの解消を意味する穢の日数の限定とが結合せしめられるときケガレの国家による管理が確定する。ケガレはいまやその第二の段階に入り、人間なら誰しもがいだく死へのごく自然の恐怖心ではなくなった。

第二段階のケガレの例はまったくおびただしいものがあるが、たとえば天慶八(九四五)年八月に内裏が死穢に触れたことがある。これは侍従藤原頼忠が死穢のある故右大将藤原保忠の家に到り、甲者と同坐し、翌日内裏へ参着したため、内裏が丙所となり、そこへ到着した公卿以下が丁穢となったのである(『本朝世紀』)。また長治元(一一〇四)年四月、六角堂に小児の死骸があるのに気づかず、民部卿(源俊明)家の女房が参詣して穢にふれて帰宅、さらに斎院長官長兼が民部卿家へ立ちよってから斎院へ参ったため丁穢が伝わっている(『中右記』)。すべては気がつかないうちに穢れているのである。さらに嘉承二(一一〇七)年正月三〇日、尾張国の死人骸骨が兵衛尉家季の京宅にもたらされたが、事情を知らない家人が出歩いて万人の許に行向ったため、ついに丙穢が世間に遍満する(『中右記』)。

ケガレはいまやその現実的基盤をはなれてはるかに飛翔しはじめるのである。それを国家が明法家の勘文や先例を動員しつつ管理するのである。延喜九(九〇九)年六月一〇日、中院中門の内の狐の死にさいして、外記が先例はこれを穢にしているというと勘申したにもかかわらず、奏聞の結果は穢にしないという。「是れ、六畜之外にして、式に載せざるの故也」(『扶桑略記』)というのである。延喜一〇年には内裏淑景舎の死穢にさいして、内膳司の忌火御飯の供進が定められた。内膳司の旧記に先例がなく、司が判断を求めたのであるが、停廃の先例がないという理由で「禁中、穢あるの時、猶之を供す」ということになった(『江家次第』七、六月忌火御飯)。だが、甲乙丙丁のケガレの範囲を細目にわたって決定することは大変な作業になる。まずケガレの開始について、「五体頗る温気有りと雖も、絶気を以て、死期となすべし」(『拾芥抄』)、「死人者《は》、気の止まるを以て、穢の始となす。畜類も同じ。」(『太神宮文保記』)、あるいは「穢物は見《ミツ》付《ケル》を以て、穢の始となすと雖も、兼ねて臭香あらば、香を以て触穢の始と為す。掃除より日数を満すべき也」(同前)。またケガレの空間の確定については「諸穢には皆大内別の司は各穢也。禁中に引かず。禁中の穢又諸司に引かず」(『禁秘抄』)。さらに、触穢人と同船した場合にケガレの感染があるかないか。船に乗りあわせても立ったままで岸におりた場合はどうか。腰をおろさなければケガレぬのではないか(『太神宮文保記』)等々。このようなことを間違いなく正確に判断していこうとするのであるから、複雑かつ怪奇な様相をますます濃くし、明法博士の判断もたえずゆれうごくことになる。ケガレは国家によって管理されはじめた瞬間から、判断のしようのないものに転化しているのである。

　穢の事、律令に載せず。式より出づ。明法博士の申状、更に信用すべからず

と、仁平二(一一五二)年四月皇后宮の触穢の甲乙丙丁の解釈にふれて述べた『宇槐雑抄』にみえる左大臣頼長の言は、ことの本質にふれてまことに痛烈である(『群書類従』雑部)。

三〇日の忌のことはすでに貞観六(八六四)年の格にみえる。おそらくは九世紀に淵源し、一〇世紀に入って延喜年間を一つの画期として、ますます錯雑し、肥大化をとげた王朝貴族のケガレの観念はその後もさらに膨脹しつつ、中世社会に流れこんで来たのである。それは王朝貴族の日記をひもとけば明らかである。さきにケガレの日数が「掃除」の時点から計算して満期になるとされた事実にふれた。とするならば『延喜式』が「人死卅日を限る。葬る日自り始めて計う」としていた事実が意味をもってくる。ケガレの解消は死の瞬間からではなく、葬る日からはじまるのである。大化の

薄葬の詔が王以下の殯を禁止し、庶民の死にさいして「一日も停むること莫れ」といっているのもこの意味である。ケガレの「掃除《キヨメ》」はこうして人の死の「葬送」と完全に重なり合うのである。葬送法師・掃除法師としてのキヨメの史的形成は王朝貴族を中心とする右のようなケガレの観念的肥大化を背景として成立した。ケガレの甲乙丙丁の別を記した『延喜式』に鴨御祖社南辺の河原からの屠者・濫僧の追放が規定されているのは偶然ではあるまい。

ケガレの観念の第二の肥大化の波は一一世紀以降にあったのではなかろうか。延久元(一〇六九)年七月一八日に内膳司の饌、諸国の御厨子所贄、後院等の御贄を停止し、二二日に御厨子所預をして、はじめて精進御菜を進めしめていることは、その一つのあらわれとみることができる(『帝王編年記』巻一八)。翌延久二年二月一四日に近江国筑摩御厨をながく停止して、同年の同国日次御贄を止め、また高砂御厨の魚を停廃して精進物を供せしめたのも同様である(『扶桑略記』)。一二世紀初頭の『江談抄』が正月の御歯固用の鹿猪の代りに、近代は雉を用いていると記すことも注意される(『群書類従』雑部)。

三　中世前期の非人(キヨメ)

1　都市と農村

国家のもつキヨメの都市的な構造は、こうして日本の社会の一部に目ざめ、いまだ「差別」を知らぬ広汎な社会と対立しながら、逆にこの社会を確実に侵しはじめていた。すでに早く渡辺廣氏がそのことにふれ、また横井清氏や網野善彦氏が最近の一連の研究で力説するように一三世紀にいたるまで、庶民の世界は網人・贄人・鷹飼・鵜飼・駕輿丁・雑供御人さらには傀儡師や非人・散所の人々などに対する後世のような差別の感覚をしらないのである。(45)「差別」はははじめ都市のものであった。中世的被差別身分の形成史はこうして京都と奈良とを結ぶ特定の地点に集中するのである。しかし近年にいたるまで、従来の研究はこの点について、かなり無頓着であった。その最大のものは奈良坂非人の本寺興福寺を東大寺と誤っていたこと、建治元(一二七五)年の叡尊と京都の坂非人との結びつきを奈良坂非人と間違ったことなどである。渡辺氏の仕事はきわだった綿密さを示しこれらの誤りを正している。(46)

斃死した牛の処置にあたる「河原人」がはじめて明瞭な姿をみせるのは『左経記』長和五(一〇一六)年正月二日条である。この日、源経頼は或人が元正の料に労飼していた牛が斃死したところ、「河原人等」がきて牛を剝取り、さらに腹綿のなかの黒玉(牛黄)を持去ったことを聞きおよんでいる。武士のことを「屠児」「屠膾の類」とよび、武士の「身の業」を「人ヲ罰《ころ》シ畜生ヲ殺ス」ことだとするのが平安初期の動かしがたい社会的通念であったにしても、(47)ここには、それ以上にたしかに斃牛馬の処理を業とする河原人が京都の地に姿をみせはじめる。

摂津国小屋寺で、社の祭りが近いことを理由に「イカデ穢ルベキゾ」といって死人に近づくことを拒否した「郷ノ者」の存在、穢の間三〇日を死人の出た鐘堂に近づかなかった寺僧と鐘撞法師(『今昔物語』巻二九—一七)、病気がおもくなって「家ニテハ殺サジ」と兄に追出され、頼っていった清水の辺の昔の友達にも「ココニテハエ殺サジ」と断わられ、鳥部野の畔のかげに「浄ゲナル高麗端ノ畳ヲ」敷いて死んでいく尾張守某の近親の女(『今昔物語』巻三一—三〇)、蔵人式部丞貞高が殿上の台盤の上にうつぶして急死したさい、食事の最中であったにもかかわらず「皆立チ走リテ向タル方ニ走リ散」ったという同僚の王朝貴族たち(『今昔物語』巻三一—二九)など、ケガレの観念の浸透のさまを示す諸事象である。

だが、陸奥国から京へ上る旅人が途中で馬を死なせ、その処置を従者にまかせたさいのわらしべ長者と従者との問答、「皮ヲダニ剝バヤト思ヘドモ、剝テモ旅ニテ何ニカハセムト思テ守リ立テル也」(従者)、「皮剝テモ、忽マチニ干得難カリナム。己レハ此ノ辺ニ住メバ、皮ヲ剝ギテ可レ仕キ事ノ有ル也」(わらしべ長者)。こうして布一疋と死馬との交換が成立する。『今昔物語』『宇治拾遺物語』から『古本説話集』にいたるまでひろく採録されているこの「わらしべ長者譚」には、特定地域の斃牛馬処理権をもつ河原人の存在は想定されていない。中世の農村にはまだそのような正常な世界がどこにでもあったと考えられるのである。(48)

2　清水坂と奈良坂

平安時代から鎌倉時代へかけての京都・奈良の非人問題の背景には興福寺と延暦寺とが大きく影響している。

京都清水坂の「坂者」がはじめて明確な姿で登場するのは長元四(一〇三一)年三月一八日の『小右記』が「清水坂下之者」に塩(米)を施給したことを伝える記述である。ここで「坂下」とある事実を見逃しえない。(49) この地点は後世の六道の辻、鳥部野への入口にあたり、珍皇寺・愛宕寺・六波羅蜜寺などが立ちならんだ一角になり、大和大路に面して、中世後期に活躍した祇園犬神人(つるめそ)の居住した弓矢町の所在地になる。平安末・鎌倉時代の清水坂非人と鎌倉後期以降の祇園犬神人が系譜的なつながりをもつことは疑う余地がないと判断される。

清水坂非人は保元三(一一五八)年九月七日に中山忠親の「先妣」の「周忌御正日」の仏事の最中に現れ「施米」を乞うている。忠親の側では、かねて支払ってあるとして追返している(『山槐記』)。

だが中世前期における非人のあり方がやや明瞭になるのは鎌倉時代に入ってからである。すでに承久の乱以前にはじまり、寛元二(一二四四)年の相論にいたるまで数十年にわたってくり返された奈良坂と清水坂両宿非人の武力衝突をふくむながい抗争は、清水寺―清水坂非人を通しての興福寺と延暦寺による、京都市中支配権をもふくめた畿内近国一円にわたる非人支配権をめぐる争いにほかならなかった。奈良坂は大和の守護権を掌握する興福寺を背景にして、大和国七宿の非人支配権を掌握したばかりか、伊賀国から南山城をへて清水坂をその輩下におさめようとしていた。これに対して清水坂の非人は内部分裂をくりかえしながらも、京都を中心として、山崎宿から河尻の小浜宿(摂津河辺郡)まで、京都と瀬戸内海航路とを結ぶ幹線交通路をおさえ、さらに紀ノ川流域の山口宿(那賀郡)から紀伊・大和国境の真土宿までさかのぼって、ここで奈良坂と衝突している。このほか近江国、丹波国の非人も清水坂支配に属したらしい。

これら非人の集団は長吏によって統率され、座的な編成を示していた。とくに注目されるのは奈良坂非人等が寛元相論において六波羅の法廷に対して殺害犯人たる清水坂・真土両宿長吏等の身柄引渡しを要請している事実である。非人身分の犯罪人(下手人)は非人自身が裁くという原則が彼等の存立を支えていたにちがいない。これを非人裁判権の自立的性格とでもいいえようか。(50)

奈良坂と清水坂とが六波羅においてきびしい対立をつづけていたころ、西大寺の叡尊と忍性とが新しい活躍を示しはじめていた。『感身学正記』によると延応元(一二三九)年に叡尊は忍性と会い、翌仁治元(一二四〇)年から両人を中心にして大和七宿非人宿での文殊菩薩像の供養が開始される。(51)延応元年に叡尊に会った忍性は亡くなった母の一三年忌にあたって、「七喩の文殊を図し奉り、当国七宿に安置し、毎月二十五日に一昼一夜不断の文殊宝号を唱せしめ」るつもりだと答えている。この七宿はさきに奈良坂非人等がその支配を主張した大和国の七宿のことであったにちがいない。その供養のさまは、(1)仁治元(一二四〇)年三月、額安寺之西辺之宿で忍性は叡尊をまねいて文殊尊像の開眼供養を行う。(2)同二年一一月一八日、三輪宿で同じく文殊の開眼讃歎　(3)同三年正月二五日、和爾宿の文殊供養　(4)同年三月二五日、北山宿文殊供養　(5)寛元元(一二四三)年二月、額安寺西宿でかさねて文殊供養　(6)同月二五日、大路堂市庭で当宿等四箇宿の文殊供養　(7)二九日、かさねて三輪宿文殊供養　(8)寛元二年二月二五日、今里野に仮屋を構作して諸宿文殊を奉請して斎粥を調儲けて、一千余人の非人に供し、馬司の乗詮(舜蓮房)が発願した惣供養をおこなう。(乗詮は「非人宿ごとに文殊を安置し」て、「七宿別」の供養のあとで惣供養を遂げるため父母親友にすすめて四恩講をはじめていた。)　(9)やがて和泉・河内へ進出した叡尊は、寛元四年一〇月二五日、河内国の土師寺(道明寺、南河内郡)において河内一国諸宿文殊供養をとげる。

文永六(一二六九)年三月二五日に叡尊は奈良般若寺の西南の野を点じて、あまねく非人を集め「無遮大会」を設け生身文殊(=非人)の供養をとげた。そのときの叡尊の願文は奈良坂のあたりを「爰に一霊場あり、称して般若寺と曰う。南に死屍之墳墓ありて、亡魂を救う媒となり、北に疥癩之屋舎ありて、宿罪を懺いるの便を得る」(文永六年三月二五日叡尊願文)と書き、『感身学正記』は「当寺(般若寺)の西南野五三昧北端を点じて、施場となす」と記している。すなわち、般若寺の西南に死屍之墳墓=五三昧の地が位置し、その北端すなわち般若寺よりの地が、このときの無遮大会の施場となったわけである。

叡尊は建治元(一二七五)年八月、京都を支配する坂の非人らの願いをいれて、黄比入道寂妙の家におもむいて非人宿の塔供養を行っている。辻善之助氏はこの坂の非人を奈良坂非人だと解している。渡辺氏がすでに指摘するように叡尊はこのとき山城国久世郡美豆郷の浄住寺を足場にして行動していること、この坂の長吏ら七人の起請文のうちに京都の上下町中のことがみえ、また彼らは自ら称して「当坂一所」「当坂非人」云々といっているところからみて、この坂とは、京都を支配した坂、すなわち清水坂のことであったと判断しうる。[52] 浄住寺をたって中食以前に寂妙の家に着き、中食以後非人塔供養をつとめたという時間的経過も適当である。

京都の坂の非人らは叡尊の供養を請いながら、このとき四カ条にわたる起請文を書いて、「過分義」を停止すると誓ったが、そこに彼等の一三世紀後半の歴史的形態が明瞭に看取される。

(1) 諸人葬送之時、山野に於いて随身せしむる所の具足者《は》罷取ると雖も、其物無しと号して、葬家に群臨して、不足を責申の事、停止せしむべし

(2) 堂塔等供養幷に追善の仏事の如きの時、施主、涯分の施物を送り預くるに於ては、子細を申すべからず、若《も》無《し》音之時者、縦、罷向い施物に預るべきの由、申すと雖も、施者の意楽に相随い、過分義を停止せしむべし

(3) 癩病を受くるの者、之在《これあ》るの由、承及之時者、隠便の使者を以て、子細を申触るるの時、自身幷に親類等、相計はしめ、重病之上者、在家之居住、始終相叶べからざるに依り、罷出者《ば》子細有るべからず。然らざれば、長吏として涯分の志を致さ者、向後其煩を止むべし。此義に背き過分用途を責取り、数多の非人を付し、呵嘖をなし、恥辱を与うるの事、停止せしむべし

(4) 重病非人等、京都之習、他の方便なきに依り、上下町中に於て、乞食を致すの時、諸人として過言詈辱を致すの事、停止すべし

すなわち、第一条は葬送のとき山野において「具足」を自己のものとする権利が坂の非人らにあったことを示している。「具足」の内容は死者の衣裳・葬礼の調度・供物の類を指すことは他の例からも明らかである。死者の家族たちは葬送をつかさどる坂の非人らに対して何ほどかの捧げ物をしなければならず、その義務が果されない場合には、彼らは集団をなして葬家へおもむき、彼らの当然の権利を主張することが多かった。第二条は堂塔供養・追善の仏事にさいしても、坂の非人等が施主から相当の施物をうけとる権利を有したことを示す。これもまた『山槐記』の記述でその実例を示した。第三条は癩病人が非人集団のとりしきる世界に入れられていたことを示す。もしも病人が「在家之居住」(家族との同居)を続けたいと望むならば、かれらは非人の長吏に対して何がしかの代償(志)を支払わねばな

らなかった。第四条は次にかかげる和泉国取石宿の非人らが「住居家癩病人、路頭往還癩病人」に対して一切干渉せず、「彼意」(本人の希望)にまかせるといっていたことを考えあわすならば、清水坂長吏の支配下に入る非人らが京都町中を乞食してあるく重病非人らに過言詈辱をあびせないことを誓ったものと解しておきたい。過言をいたす主体としてみえる「諸人」を「一般の民衆」と解して、ここに差別意識の浸透をよみとる横井氏の解釈もあるが、ここは和島芳男氏のように「非人」自身だったと解しておきたい(53)。

ここで想起されるのは、同じく叡尊が弘安五(一二八二)年一〇月和泉国取石の非人宿で徴した起請文である。すなわち一〇月二二日に久米田寺をたって大鳥長承寺へむかう途次、取石という非人宿があり、三カ条の起請文を捧げて西大寺長老(叡尊)に供養法の勤修をたのんだ。その起請文は叡尊の要約によると「堂塔供養の時、狼藉を停止すべし、又、居家に住する癩病人、路頭往還の癩病人は目に見、耳に聞くと雖も、一切子細を申触るべからず」というものであったが、その末尾で、彼等は「以前三カ条、西大寺長老(叡尊)片時之入御を申請《う》けんがために、此誓状を捧ぐ。向後、若、違乱せしめば、当国中取石宿非人経廻之分所々に於ては、地頭守護御方々に相触れられ、乞庭を止めらるべき也」といっている。すなわち、和泉国中に取石宿の非人が経廻する所々が特定されており、この所々が「乞庭」といわれて、非人等の違乱がないかぎり、地頭や守護がこれを黙認することになっていたのである。「乞庭」の権利は俗界の権力たる守護・地頭の了解事項だったわけである。したがってこの乞庭をたんなる施場だとする横井氏の解釈には従えない(54)。

さきの坂の非人らが、重病非人らの京都上下町中における乞食を妨害しないと誓った事実と、和泉国取石宿の非人らがかれらの経廻する和泉国中の所々=乞庭において、住居家癩病人、路頭住還癩病人の存在を容認し、一切子細を申さぬと誓った事実とは重なり合うにちがいない。京都上下町中は清水坂非人らが支配する彼等の乞庭だったにちがいないのである。それが近江、丹波、摂津、紀伊などの宿々を支配する清水坂非人の地位にふさわしい情況であることはいうまでもない、寛元相論にいたるまでの奈良坂と清水坂との激しい戦闘は畿内一円にひろがる広域的な乞庭の支配権をめぐる両者のきびしい抗争なのであった。

四　中世後期の非人(キヨメ)

1　「エタ」身分の成立

中世の政治において、最も清浄でなければならぬのは天皇であった。『禁秘抄』上にのせる「毎日御祓事」は主上着御の「御衣」は夜に入ると、蔵人がこれを給わり、高遣戸で所衆に伝え、返上の時も蔵人が奉るとする。こうした上古の毎日の「御贖物」の供は後代は「御撫物」にかえられ、陰陽師の家に遣わして祓をするようになったという(『禁秘御鈔階梯』(55))が、いずれにせよ天皇は日々清浄であらねばならなかったのである。この清められた天皇とその政治は中世後期になって被差別身分に奇妙な分解をもたらした。これが「穢多」の創出である。(56)そのことを端的に示すものがおそらく『建内記』正長元(一四二八)年六月一〇日条の記事であろう。

禁中 川原者穢多事也参入。石木 御庭事に召仕わる。不浄之者として、然るべからざるの処、去年より停止せられ、散所者 声聞師事也を召さる。珍重□

このときになって、禁中の作庭(石木)に穢多である川原者が不浄の者として参入を停止され、あらたに散所者(声聞師)が召されることになったという。この史料は河原者(エタ)と散所者(声聞師)の区別を示すことだけが重要なのではない。禁中は『延喜式』以来の甲・乙・丙・丁のケガレを拒否したばかりでなく、いまやそのケガレを祓うべきキヨメそのものをエタとして放逐しようというのである。ここにはじめて不浄なる穢多(河原者)と不浄ならざる散所者(声聞師)とが登場する。そういえば、鎌倉末の河原者の存在形態を生き生きと描き出した『天狗草紙』のエタ童は京都四条の河原者であった。(57) 彼らは京都の乞庭を支配する坂の非人ではないのである。横井氏が指摘するように『下学集』の「穢多、屠児也。河原者」あるいは『壒嚢鈔』の「河原ノ者、ヱッタト云ハ」云云の記事が示すようにエタは河原の地に集中してあらわれ、散所者(声聞師)との分化を明瞭にしはじめるのである。(58)

右のような動きのなかで中世前期にきわだった存在であった奈良坂と清水坂を中心とする畿内近国の非人組織は一四世紀に入る前後から新しい様相を芽生えさせはじめる。

2　五ヶ所・十座の声聞師

まず大和においては、元亨四(一三二四)年に北山非人と河上の横行との争いがみられる。この年、東大寺の年預所は伊賀国黒田庄沙汰人百姓等に宛てて下文を発し「諸国諸庄宿々非人等」を庄内へ入立てず、永く「乞場」を停止せよと命じている。ことのおこりは東大寺の「東南院家領」をその「住所」とする「河上横行」と興福寺に属する「北山之非人」とが闘乱をおこしたさい、東大寺の命令によって「河上横行」が城郭を構えず、住宅を退出したところ、勢いにのった「北山非人」らが「横行退散之次」に乱入し、「数宇之住宅」を焼払うという狼藉におよんだというのである。東大寺ではこの北山非人らの行為に激怒し、「非人之党類に至りては、永く庄に入立つ可からざる之由」を一擯し、「当寺領之諸国諸庄に於ては、乞場を停止せしむべき之由、衆儀事切れ畢。」云々ということになった。(59) 喜田氏はここにみえる河上横行を後世の河上声聞師の祖先だと推定し、猿楽・アルキ白拍子などの七道者のなかに「アルキ横行」なるものがいたことを指摘している。私もかつての喜田氏の推論が正しいと考える。ここで特長的なことは後になると興福寺大乗院門跡に所属するようになる河上の声聞師の祖先たちが、鎌倉時代の末にはまだ東大寺に属していたことである。河上横行と争った北山非人というのはもちろん前述の奈良坂非人を指している。第二に注意されるのは、興福寺に所属する北山非人の河上横行に対する乱暴への報復措置として、東大寺領全荘園への「諸国諸庄宿々非人等」の全面的な立入禁止、すなわち「乞場」停止が行われた理由である。伊賀国黒田庄への命令はその一つのあらわれにすぎなかった。北山(奈良坂)非人はこのときもまた大和・伊賀をはじめとする畿内近国の各所において、広域的な宿の支配権を掌握していたのである。本宿たる北山非人の奈良における非法狼藉がただちに東大寺支配下の全所領における宿々非人等の乞場停止となって現れたのはそのためであった。

以上のように解するならば、元亨四年の北山非人と河上横行の争いは、七道者(芸能者)として、一般の非人から分化をとげつつあった河上横行が、東大寺に依存しつつ、本宿たる北山非人の支配から離脱し、自立をとげようとしたために惹起された紛争であったと推定することが可能である。

一四世紀に入ると山城の宇治猿楽が大乗院門跡の庇護下に奈良の天満社神事に進出しはじめる。彼らはやがて大乗院門跡管下の諸社を中心に大和国内で興行を行うようになるが、とくに元亨二年八月の天満祭では他国猿楽の進出をよろこばない当国(大和)猿楽の訴訟にもとづいて衆徒の武力行使が行われている。[60] ここに大和一国の猿楽集団がその姿を明確にあらわしている。ついで一五世紀になると大和国の被差別身分の動向は五ヶ所・十座の声聞師にもっとも明瞭にうかがうことができるようになる。この点を喜田、森末、熱田各氏の研究を参照しながらみてみよう。[61]

五ヶ所・十座というのは奈良における声聞師の組織である。彼等は興福寺のなかでもとくに大乗院門跡との関係を深めており、一乗院門跡に所属した先述の北宿(奈良坂)の宿者との対立が激化している。奈良坂非人の系譜をひく宿者と五ヶ所・十座の声聞師とは一五世紀に、それぞれ大和一国の守護権を分有した一乗院・大乗院両門跡を背景にして激しく争ったのである。

このことをもっとも明瞭に示す事件が、寛正四(一四六三)年の五ヶ所・十座と北宿の争いである。事件は奈良の幸郷にある「鉦タタキ屋」に北宿のものが乱入、その身柄を召し取ったことからおこる。一乗院門跡を背景にする北宿の自立的な検断権の発動であったが、この幸郷が大乗院門跡の直轄地である南里の所領だったこともてつだったのであろうが、五ヶ所・十座の法師原(声聞師)がこれに抗議し、衆中ならびに大乗院門跡をうごかして「金タタキ」を召返させたのである。(62) このことだけなら北宿と五ヶ所・十座の日常的な紛争以上のものでないようにもみえるが、ここにいま一つ、重要な事態が進行していた。それは七道者を支配するのは北宿であるか、それとも五ヶ所・十座であるかの問題である。つまり北宿が金タタキに対する検断権を放棄して、その身柄を五ヶ所・十座に返還した事実は鎌倉時代以来の北宿(奈良坂宿)の歴史的後退を示している。「七道者共ハ、悉く以て、十座・五个所之進退之由、申披くの故也。宿者は更に以て綺を成すべからざるの故也」と記されている。七道者とは何か。『大乗院寺社雑事記』には猿楽・アルキ白拍子・アルキ御子・金タタキ・鉢タタキ・アルキ横行・猿飼の七つの雑芸があげられている。こうした七道の雑芸者を統轄するのが五ヶ所・十座の声聞師の組織にほかならなかった。

ところで、この五ヶ所・十座というのは、いずれも奈良中の声聞師の組織であり、三条大路を堺にして北里が十座、南里が五ヶ所の声聞師を組織している。「奈良中唱門事ハ、七郷、或は一乗院領、東大寺領以下在々所々ニ有之。北里分者十座と号し、南里分は五个所と号す」(『大乗院寺社雑事記』文明一〇年六月五日条)とある。

五ヶ所・十座のうち、より早く、北宿(奈良坂)支配からの分離をとげたのは十座の声聞師であったと思われる。彼らの根本之住所は二カ所であって、芝辻子郷と河上がそれにあたるという。「当門跡寄人十座法師原者、根本之住所両所也。芝辻子郷七郷之内、少々一乗院家御領中也。河上東大寺東南院御領中」とある(同前、寛正三年八月一三日条)。このうち芝辻子郷に注記された七郷というのは寺門領の七郷のことである。したがって、十座の声聞師の住所は芝辻子郷が寺門領であり、その一部は一乗院家領、河上が東大寺東南院領に属していたのである。にもかかわらず彼等は当門跡すなわち大乗院門跡の寄人に組織されていた。元亨年間に東大寺に属して、北山非人と争った河上の横行は、その後、東大寺をはなれて大乗院門跡の寄人に転身をとげていたのである。

芝辻子と河上の二ヵ所を根本住所として自立をとげた声聞師の組織十座は大乗院門跡(ないし興福寺)に所属して大和一国における声聞師を支配するようになった。「十座に於ては、当国中数十个所之唱門之座頭也。国中下知悉く以て、十座自《よ》り之を相触る」(同前、文明一〇年六月五日条)とある。ここで「唱門」というのはさきにみた七道者の雑芸者と同一の実態をさすとみてよいであろう。七道者=声聞師の、非人組織(宿者)からの分離が進行しているのである。十座についてはいま一つ、見落せない事実がある。彼らは右の文章につづいて「寺門四面之大払治等也」と記される。奈良坂非人が鎌倉時代に「本寺最初、社家方々之清目、重役之非人等也」といっていたこととひきくらべるならば、そこにおける興福寺の掃除(キヨメ)の役をめぐる両者の歴史的抗争がおのずから読みとりうるであろう。

十座の声聞師が北宿(奈良坂)から分離したあとで、おそらく五ヶ所の声聞師が十座からさらにわかれたと考えられる。『雑事記』は十座については「十座においては衆中と門跡(大乗院)と共に以て之を召す」(文明一〇年六月五日条)、あるいは「寺門大儀之時召出し、之を仕う。衆中自《よ》り同じく之を召仕う。寺門と門跡と相持の者也」(同前、寛正三年八月一三日条)と記し、これが興福寺寺門ならびに大乗院門跡の相持であったことを強調するが、五ヶ所については他の介入を許さず大乗院門跡のみの直属声聞師であったとしている。「五个所に於ては唯門跡計之を召仕う」(同前、文明一〇年六月五日条)、「五个所事、別段ノ知行、余方と為て、召遣わざる在所也。一向当門跡自専重職領也」(同前、長禄二年一〇月一五日条)とある。奈良の南里は大乗院の所在地であったばかりでなく、その所領が濃密に分布し、いわばその直轄区域である。彼らは元来木辻子・西坂・京終・貝塚・鳩垣内の五カ所に住んでいたが、大乗院直轄区域の声聞師としてあらたに再編成されたと推定される。『雑事記』が、五ヶ所の由来について「是ハ朝夕、京田舎以下召仕用ニ別而南里之唱門之座を立故也。唯門跡奉公用計也」(文明一〇年六月五日条)と記すのはまさに右の事実を語っているであろう。

大乗院門跡を背景にするこの五ヶ所声聞師の勢力伸張は目ざましかった。康正三(一四五七)年に五ヶ所は単独で北宿と争い、奈良南里における北宿の乞食支配権(乞庭)そのものをも否定するにいたっている。このとき、「鵲郷」の「明教ノ跡ノ乞食」と「東南院郷」の「乞食」とが喧嘩をしたのであるが、五ヶ所は北宿の伝統的な乞食支配権をしりぞけて、大鳥居から南の乞食は五ヶ所が、北は北宿がそれぞれ進退するのだと称している(同前、六月一五日条)。大鳥居というのは春日神社の鳥居で三条通の正面に立っている。鵲郷も東南院郷もともに南里にあって大乗院門跡領であった。一乗院門跡を背景とする北宿(奈良坂)の凋落ぶりがうかがえるであろう。

3　散所法師と犬神人

一方、京都においては、すでに清水坂非人が一三世紀中ごろには祇園感神院に属して、山門の京都支配の一環に編成されつつあって、興福寺を背景とする奈良坂の退潮ぶりをうかがわせるが、さらに一四世紀になると、各寺院へのキヨメ(掃除)の散所法師の寄進が目だちはじめてくる。最も顕著なあらわれは文保二(一三一八)年の後宇多上皇の教王護国寺への一五人の近辺散所法師の寄進である。[63] この寄進によって、一五人の散所法師は他役を免除されて東寺の掃除(キヨメ)を担当することになったのである。しかし、王朝国家の市中支配権はいぜんとして強くはたらき、右の他役免除も十分な保証にならなかったらしい。東寺の散所法師は最初、信濃小路猪熊面西頬にいたが、嘉暦二(一三二七)年には万劫法師・十念法師らが法勝寺池堀役を拒否しようとして散所長者亀菊法師と争い、長者の訴えにより、後醍醐天皇の綸旨があって、池堀役を勤めさせられている。法勝寺などの池堀役に動員される広汎な散所法師が存在し、これを散所長者亀菊法師が統轄していたのである。この後、南北朝・室町時代に入ると、康永二(一三四三)年一〇月足利直義は東寺掃除散所輩の他役を免除、さらに康暦二(一三八〇)年義満は再度他役免除の御教書を与えている。このように東寺の散所法師は院宣や幕府御教書によって東寺の長日掃除役に宛置かれていたが、全面的な他役免除にはなかなか到達しえなかった。室町時代には侍所の管轄下におかれて仙洞御所、禁裏、幕府、東山山荘等の築地役をはじめ幕府奉行人、諸大名、三条坊門八幡宮、相国寺などの築地役等に徴発されており、せっかくの他役免除も「公方大儀公用之御時」には適用されていない。

中世後期の諸権門寺院の散所法師の存在には使庁―侍所とつづく、京都市政権の存在が大きくはたらいているのである。こうして東寺散所はやがて明徳五(一三九四)年に大悲心院敷地に進出し、また応永一八(一四一一)年には南小路散所の他役停止・寺家掃除・築地を専らにすべきことが「公方」として決定されている。さらにくだって応永三四(一四二七)年には東寺最勝光院に柳原散所がおかれる。いっぽう相国寺にかんしては寺領御霊所東西散所が義満時代の寄進であり、門前北畠柳原散所は長禄二(一四五八)年に足利義政の寄進によって成立する。なお石清水八幡宮の境内散所法師が延慶元(一三〇八)年にみえ、北野社に属する西京散所も姿をみせはじめる。散所は声聞師であり、不浄なる河原者とは区別されるという前述の事態とひきくらべるならば、これらの散所が一四世紀以降京都の各権門に寄進所属せしめられていることは興味深い。

このような散所の掃除法師の動きに対応して、かつて清水寺に属した清水坂非人が祇園感神院に属して犬神人として登場するようになる。感神院に属するようになった後も、彼らが清水坂の西に住み、弓矢ならびに弓弦をつくって市中に売りあるいた存在であったことはすでによく知られているとおりである(64)。

感神院犬神人が確実に姿をみせはじめるのは文応元(一二六〇)年の日蓮の『立正安国論』に「去元仁年中〔中略〕法然墓所、感神犬神人に仰付け、破却せしむ」の記述あたりからである。法然墓所の破却は嘉禄三(一二二七)年であるが、このころから文応年間(一二六〇―一二六一)にかけては犬神人の成立期であったと考えられる。

祇園犬神人の起源は延久の太政官符による四条五条の河原田畠の祇園への寄進、ならびに康永三(一三四四)年の感神院所司等申状にみえる「四条以南五条以北河原田畠者、延久以来社恩として非人に宛賜之間、犬神人と号して祭礼以下諸神事に相従う所也」の文言とによって、延久起源説がとられているが、私はこれを疑わしいと考えている(『八坂神社文書』下、一三三三号)。『小右記』長元四(一〇三一)年九月二六日条にみえる「祇園四至葬送法師」も意味がすこしとりにくいが、これは清水坂に住む犬神人ではありえない。感神院の前身は貞観一八(八七六)年興福寺の僧円如によって創建された祇園天神堂であると伝えられる(『八坂神社記録』上、五七四頁)。これが興福寺の手をはなれ、官符によって延暦寺に属するのは天延二(九七四)年だといわれるがその背後にはこの地をめぐる南都・北嶺の複雑な抗争が伏在するであろう(『日本紀略』同年五月七日条)。江戸時代の記録に「犬神人は元来清水地主権現使者也。宮地掃除之役也」とある(『八坂誌』坤所引「更々俗日記」)。清水地主権現とは現在の清水寺境内の地主神社のことであり、愛宕郡八坂郷に鎮座するふるい神格であって、貞観の垂迹以来、祇園林に鎮座する感神院とはことなる。

また祇園犬神人は坂者であって河原者ではない。すなわち貞治三(一三六四)年三月一四日に田楽と犬神人が喧嘩、田楽が馬から打ち落とされて殺されたとき『師守記』は「田楽人は当座に殺害せらる。坂者は疵せらると云々」と書き、『東寺執行日記』は「新座田楽幸夜叉、坂物の為に殺害せらると云々」とあって、犬神人がいずれも坂者(物)といいかえられているのは早く喜田氏が指摘したとおりである。応安四(一三七一)年四月四日の『後愚昧記』はこの犬神人と川原者(河原者)との騒動をくわしく伝えている。それによると、数十人の犬神人が智恵光院へ押寄せ、川原者が処置した死者の衣裳を差し出すよう要求、放火をもっておどしをかける。寺の側では用途を少々さし出すことで勘弁して欲しいというが、叙用せず、数刻退散せずという事態になった。これに対し「川原奴原」の側が智恵光院を見継ぐべしと称し、「多く以て甲冑を帯して集会」、ために犬神人が「彼威」に畏れをなして退散したという事件である。これは智恵光院に居住していた佐川某という土佐国の武士が時の執事細川頼之の命に背いて誅伐軍勢をさしむけられたさいの戦死人の死体処置にかかわるものであるが、犬神人と河原者とは葬送支配権をめぐってここで明瞭な対抗関係を示している。『後愚昧記』同日条は、侍所において犬神人と河原者が「番問参」し、後者が「理致之由」すなわち勝訴したのだと伝えている。このように犬神人が河原者と区別される坂者であったことが確実ならば、彼等の祇園社への帰属は一三世紀以降のことであったとするのが正しいであろう。

南北朝・室町時代の感神犬神人は祇園の執行の指揮下にあって、山門の洛中における検断権行使とくに住宅破却を担当した。すでに康永四(一三四五)年の天竜寺供養への臨幸を阻止しようとして、山門は夢窓国師を遠流に処し、天竜寺は犬神人によって破却すべきだとしていたし(「天竜寺供養山門嗷訴一件」)、応安元(一三六八)年の南禅寺との争いにさいしても京都のみならず「畿内近国」を相催し、犬神人等を発向させてこれを速かに破却せんとしている(「応安嗷訴記」)。

このような権門寺社の紛争のみならず、正平七(一三五二)年二月には、梨本庁務法眼の要請で六角堂大弐阿闍梨のところへ派遣された犬神人は負物の件で住屋を壊つために使われ、さらに樋口町・源氏町の地子難渋の件については、宮仕による催促がまず行われ、それでも解決しない場合に彼等の出動が命じられている。犬神人が山門検断権の最後の手段だったのである。さらに同年閏二月には六角堂敷地内三条面の在家一宇の地子未進につき、別当安芸法眼任憲がこれを検封したところ、武家の権威をかりて彼封を切捨てるものがあったため、二〇人ばかりの犬神人が出動して六角堂寺僧四、五人とともに、その住宅を破却したこともあった。建仁寺によって塞がれた宮辻子路次をもとのとおりに撤却する作業、法花宗住所破却(二月二九日)、一向衆住所の破却(閏二月二日)、仏光寺破却(閏二月一五日)など山門検断権の最終強制執行たる住宅破却のための最尖兵として使われている。彼等が山門所属の洛中洛外の警察力として独自の地歩を占めたことが明らかであり、ここに南北朝以降の特色がみとめられよう。このような犬神人のうごきは幕府の洛中支配と対立せざるをえない。正平七年四月に幕府は犬神人の洛中検断停止をおこなっているほどである。また社内常行堂のほとりに犬が食わえ込んだ死人の足の取りかたづけ(同閏二月二五日)、座主宣命近日による掃除への動員(一二月一五日)、上北少路室町宮内大輔益成妻女の他界のさいの輿(正月二六日)、大宮大納言跡の葬礼具(一一月一二日)の要求なども、この時期における犬神人の活躍の諸断面である(『八坂神社記録上』「社家記録」三)。

山門による洛中洛外の警察力であったと同時に、犬神人は祇園会の神幸を先導していた。だが注意すべきことは彼等が神輿を直接担ぐことはなかったと判断される点である。貞治四(一三六五)年六月一四日に武家の命令で「穢多」が少将井神輿をかついだというので、「神慮測りがたし」と非難めいた記事がみえる(『師守記』)。犬神人は右のエタ＝河原者ではなかったが、それでもなお、その役目は神幸の道路を清浄にたもつための掃除にほかならなかった(『八坂神社文書』上、一二四六号)。近世の諸記録にみえるところからもそのことがうかがえる。

江戸時代のはじめ、新しい年を迎えると、元日の寅時(午前四時)に、犬神人が内裏の奥深く、日華門の外へ参上し、毘沙門経の文句を訓読に唱えるのが慣例であった(『八坂誌』坤所引「諸国図会年中行事大成」)。日華門とは内裏の最も奥まった一角、紫宸殿の庭の左の入口である。天皇は同じ時刻に清涼殿東庭へ出て四方拝を行っている(『年中行事秘抄』)。

天皇と犬神人との一年のはじめの意味ぶかい出合いである。同じ日の未明に、京都の市中でも民家の門ごとに犬神人が毘沙門経を訓読してまわっている(『八坂誌』所引「雑談抄」)。翌二日の夜になると、祇園犬神人らは愛宕寺に集り、牛王加持の秘法を行う。この秘法を世間では「天狗酒盛」と称していた。すなわち、夜になると犬神人らはまず愛宕寺の方丈(客殿)に集り、南北二行に列座して酒宴を行う。その座で倍木《へぎ》を持ってする舞があり、宴が終ると彼等は本堂すなわち「牛王加持之場」へおもむき、手に「牛王杖」をもって、本堂の門扉といわず床壁といわず敲く。そのとき彼等は法螺を吹き、太鼓を打つが、そのあいだに寺僧等が「牛王」を貼りつける。「是れ皆、悪気を攘うの謂也」とあり、その行儀は迫力にみち、喧騒をきわめたものであったらしい(『雍州府志』『日次紀事』)。だが、もっとも注目すべきことは、この場で六月におこなわれる祇園会の犬神人の役務分担が決定されたことである。「正月初二日、洛外坂弓矢町愛宕寺にて、弦指会合して太鼓を打ち、酒宴をなす。此日祇園会の弦指上首を定む、其外祭礼の時の六人、俗に棒の衆と云、是等を選み定むるなり。俗に天狗酒もりと云ふ。」(『八坂誌』所引「神礼記」) こればかりではない。祇園感神院の弦指(犬神人)らは、正月上旬には毎日、京の市中で懸《け》想文《そうぶみ》を売って歩いた。彼らは男女間の懸念、良縁、富貴、売買の利、君臣の遇など庶民のあらゆる願いをかなえるべく、呪文をとなえて符(懸想文)を授けて歩いたのであり、人々は一四日の爆竹(三毬杖)の火祭にこの符を焚して一年の幸福を祈ったのである。彼らは「身に赤布衣を着し、頭に白布巾を戴せて、頭面を覆い、わずかに両眼を露わして」いたという(『雍州府志』)。

やがて六月七日・一四日の祇園会の祭礼の日に、犬神人らは神輿の先導をつとめる。「各甲冑を着け、神輿の遊行に先んじて、大路を疾駆して、臭穢不浄之物有らば、則ち之を取去る。死屍之類に至りては猶然る也。」あるいは「古《むかし》、感神院犬神人、祇園会祭礼日、神幸に先じ、前路の不浄物を取棄つ。若し死屍有らば則ち之を携え、他所に埋む」(同前)と。こうして犬神人らの年中行事は天皇とその市民とのための平安な一年のために捧げられていたのである。

祇園会を先導する犬神人のなかにはつねに白頭巾に赤い布衣の六人の棒の衆がいて人目をひいていた。伴蒿蹊の『閑田耕筆』に「祇園会の神輿を守護し、頭を白布にて包み、棒を携て先導せるもの六人、次に甲冑を帯たるもの許多行烈す」とある。大正一二(一九二三)年の喜田貞吉氏の「つるめそ(犬神人)考」執筆の直接のきっかけが、同年の東本願寺法主現如上人(光瑩)の葬列を先導した「白巾」の頭巾に「緋の衣」、手に「八角の長い樫棒」をもってつったつ「宝来」ないし「弦練作《つるめそ》」の存在であったことも忘れ難い。祇園会の神幸を先導しながら彼らが手にした樫棒は正月二日の夜に愛宕寺本堂の門扉床壁をたたきすえて悪気を追い払ったかの「牛王杖」であったにちがいない。犬神人らは牛王杖の威力でもって道路に横たわる一切の臭穢不浄之物を払いすてて神輿を先導したのである。

こうして犬神人は京都という都市そのものと結びついていたのである。彼らは普通の日に祇園境内を巡って死屍をかたづけるばかりでなく、「他処」においても「死人」を埋むることを仕事とし、「毎年、諸寺院之墓地を巡察し、新葬之跡有らば則ち其の寺院に就いて葬埋之料を請う」(『雍州府志』)のであった。市中墓地の巡察権、新墓地の埋葬料請求権が京都の町からケガレを取りさるための彼らのキヨメの仕事の一環だったことはいうまでもない。彼らは中世以来、ケガレの観念におかされた天皇ともそしてまた市民とも深く結びついてきたのである。

むすび

以上不十分ながら、中世の非人について考察した。彼等の存在はあきらかに社会的分業の展開に規定されている。その組織の原理的なあり方は声聞師や宿の非人にみるごとく中世の「座」とすこしも変らない[65]。犬神人らは感神院に属しただけでなく、同時に山門西塔釈迦堂の寄人でもあった(『八坂神社文書』上、一二四六、三五三号)。その意味からいえば、中世の非人は凡下・百姓の一つの特殊な形態であったともいえる。しかし、日本中世の社会的分業の編成形態はたんに自然史的過程ではなくして、中世特有の政治の構造によって強く規定されていた。中世を通じてみるとき中世の非人(キヨメ)の職能はおよそ上図のような連関の上に成立していたといえよう。

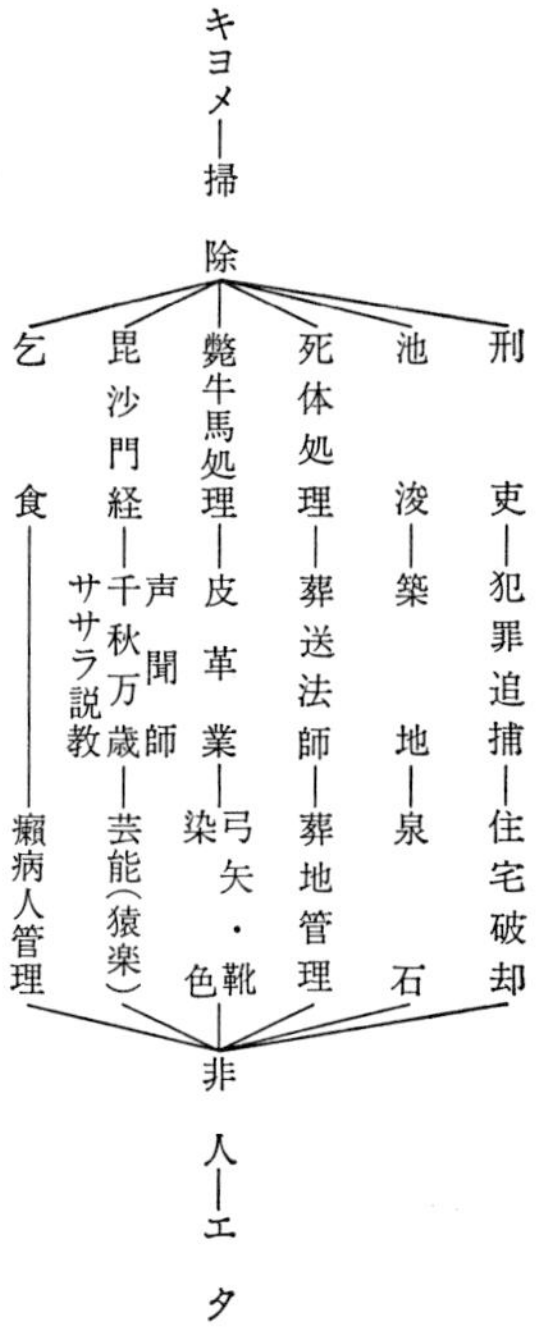

つまり右に図示したようにキヨメ＝掃除を中心とする一つの特殊な連関が中世の社会的分業の編成の内部に成立しているのである。ここにかかげられたような職能がすべてさまざまに連関しつつ中世の非人身分をかたちづくっていたのである。そしてこの連関の成立がケガレの観念の中世的形態とわかち難く結びついていた。逆にいえば、ケガレに対するキヨメ＝掃除が本来は個別のこれらの職能を一つに結びつけていたのである。本稿で述べたのはこのことにほかならない。

かくして、時代が降るにしたがって非人は黒田氏がいうように身分外の身分の外観をとるにいたるといわねばならない。このような連関は都市を中心にしてひろがりはじめた。そしてこれが日本の農村をとらえていく具体的過程は本稿ではまだ検討の対象にのぼっていない。しかし、中世後期にはあらたに「エタ」身分を創出した都市中心の差別構造の深化についてはすでに述べたところである。このような都市中心の差別構造の深化は、外部にむけてはこれを徐々に地方へ拡散していったにちがいないのである。このようなうごきのなかで、近世幕藩権力下において、差別があらたに再編され、農村地域をも完全に把えるにいたったのである。ここにはじめて被差別部落が成立すると予想される。右に述べたのはその前史である。

(1) 永原慶二・山口啓二氏の対談「日本封建制と天皇」(『歴史評論』三一四号、一九七六年)における山口氏の発言など。
(2) 網野善彦「中世前期の『散所』と給免田」(『史林』五九巻一号、一九七六年)は給免田制と職人、名田制と平民百姓の対応関係を指摘し、これを中世の社会的分業に基づく二大身分だとする。
(3) 高橋昌明「武士の発生とその性格」(『歴史公論』八号、一九七六年)が近年の諸見解をまとめて新しい論点を出している。
(4) 笠松宏至・羽下徳彦「中世法」(岩波講座『日本歴史』中世2、一九六三年)三二三頁
(5) 黒田俊雄「中世の身分制と卑賤観念」(『部落問題研究』三三輯、一九七二年、のち、同『日本中世の国家と宗教』岩波書店、一九七五年、所収)。この論文は中世の身分についての今後の研究の出発点にすえられるであろう。
(6) 佐藤進一・池内義資編『中世法制史料集』第一巻「鎌倉幕府法」(岩波書店、一九五五年)。以下、幕府法は同書による。
(7) 本書、第Ⅳ論文一〇五―一〇六頁、藤木久志「戦国期の権力と諸階層の動向」(『歴史学研究』三五一号、一九六九年)、同「室町戦国期における在地法の一形態」(『聖心女子大学論叢』三一・三二号、一九六九年)、両論文とも改題の上、同『戦国社会史論』(東京大学出版会、一九七四年)総論三章、各論Ⅱ二章に所収
(8) 『中世政治社会思想』上(日本思想大系21、岩波書店、一九七二年)一六頁
(9) 網野善彦「荘園公領制の形成と構造」(体系日本史叢書6『土地制度史』Ⅰ山川出版社、一九七三年)二四五頁
(10) 『中世政治社会思想』上(前掲)一五頁
(11) 田中稔「侍・凡下考」(『史林』五九巻四号、一九七六年)、以下の侍・凡下の分析はこの論文に負うところが多い。
(12) 『平家物語』上、巻四、信連(日本古典文学大系32、岩波書店、一九五九年)二八九頁
(13) 丹波国宮田庄預所為成重訴状案(「近衛家文書」七、『大山村史』史料編、六〇二号)
(14) 水戸部正男『公家新制の研究』(創文社、一九六一年)一九一―一九二頁
(15) 観応元年六月日矢野庄名主守高子息慶若丸重訴状(「東寺百合文書」ト六一―七五)、同年月日同庄内是藤名名主僧実円重陳状(同前、ヶ一―七)

(16)　上横手雅敬「弘安の神領興行令をめぐって」(柴田實先生古稀記念『日本文化史論叢』一九七六年)
(17)　『愚管抄』(日本古典文学大系86、岩波書店、一九六七年)三三二頁
(18)　中世村落を媒介として成立する中世農民の二類型である名主と散田作人(層)の存在、ならびにそこに成立する公的・領域的支配を私はかりに「構成的支配」と名づけて定式化した(本書五六―五八、一八四頁)。そこで私は佐藤進一氏の「統治権的支配権」の語を借用して右の「公的・領域的支配権」の意味で混用して使ったが、やや厳密を欠いていた。論理的次元を明確にするため、領主支配に包摂される以前の純粋なムラ段階に適用される「統治権的支配権」の語は撤回する。
(19)　松岡久人「百姓名の成立とその性格」(竹内理三編『日本封建制成立の研究』吉川弘文館、一九五五年)
(20)　大田庄については、河音能平「平安末期の在地領主制について」(同『中世封建制成立史論』東京大学出版会、一九七一年)、河合正治「西国における領主制の進展」(『ヒストリア』一号、一九五一年)他参照。
(21)　下人の位置づけについては民科京都支部歴史部会一九七四年一〇月例会での戸田芳実「初期の下人について」から示唆をうけた。戸田氏の研究の公表が望まれる。
(22)　水戸部正男、前掲書、二七頁
(23)　磯貝富士男「日本中世奴隷法の基礎的考察」(『歴史学研究』四二四号、一九七五年)は奴隷制の視角で中世の下人・所従を位置づけようとしている。筆者と位置づけはことなるが、条文の文脈そのものの読みは同感する点が多い。
(24)　以下の素材は水上一久「中世譲状に現れた所従について」(『史学雑誌』六四編七号、一九五五年)、同「中世における人身売買について」(『北陸史学』四号、一九五五年、両論文はのち同『中世の社会と荘園』吉川弘文館、一九六九年、所収)にくわしい。
(25)　最近の研究史の簡潔な整理はやや感性的にすぎるきらいはあるが、たとえば網野善彦「中世前期の『散所』と給免田」(前掲)一―五頁などを参照。
(26)　網野善彦「非人に関する一史料」(『中世史研究』創刊号、一九七六年)九四頁
(27)　横井清『中世民衆の生活文化』(東京大学出版会、一九七五年)Ⅲ「差別と触穢思想」

(28)　黒田俊雄「『七乞食』と芸能」(『日本史研究』四一号、一九五九年、のち同、前掲書、所収)
(29)　黒田俊雄「中世の身分制と卑賤観念」(前掲)四八頁、横井清、前掲書、二四六頁
(30)　和田萃「東アジアの古代都城と葬地」(大阪歴史学会『古代国家の形成と展開』吉川弘文館、一九七六年)によると、この道路は古記の解釈では大路＝山陽道をさすという。義解の解釈とはことなるが、ケガレ観念の深化が読みとれて面白い。
(31)　京都の葬地に関しては森浩一「古墳時代後期以降の埋葬地と葬地」(『古代学研究』、一九七〇年)を参照。
(32)　『河海抄』は「をたきといふところにいかめしうそのさほうしたる」の文章に「桓武天皇平安城に遷都の時、此地を諸人の葬所に定めらる見延暦遷都記」と注している。
(33)　横井清、前掲書、二六八頁
(34)　横田健一『日本古代の精神生活』(講談社、一九六九年)
(35)　高取正男・橋本峰雄『宗教以前』(日本放送出版協会、一九六八年)二九―四六頁
(36)　堀一郎「死霊の管理と民間信仰」(同『我が国民間信仰史の研究』(一)創元社、一九五三年)二四三―二五五頁
(37)　『本居宣長全集』第一巻(筑摩書房、一九六八年)五九頁
(38)　近世以降の農村習俗を素材にした柳田国男の業績にもこの点では何か大きな錯覚があるのではなかろうか、たとえば『日本の祭』のうち「物忌みと精進」などをみよ。なお谷川健一「祭場と葬所」(『展望』一九七六年五月号)は、戦後の柳田が右の欠陥に気がついていたと述べている。
(39)　『古今和歌集』哀傷、にはこのほか「おもひに侍りける年の秋」あるいは「おもひに侍りける人を、とむらひにまかりてよめる」歌などが多い。
(40)　正司考祺『天明録』(日本経済叢書XIV)八四頁
(41)　佐伯有清「八・九世紀の交における民間信仰の史的考察」(『歴史学研究』二二九号、一九五九年)
(42)　林屋辰三郎『中世芸能史の研究』(岩波書店、一九六〇年)四九―五二頁
(43)　横田健一、前掲書、二二―二三頁

(44)　『本居宣長全集』第一巻(前掲)一二六頁
(45)　渡辺廣『未解放部落の史的研究』(吉川弘文館、一九六三年)一八〇―一八六頁、横井清、前掲書、網野善彦「中世前期の『散所』と給免田」(前掲)
(46)　渡辺廣、前掲書、四三、一五五、一六一頁
(47)　高橋昌明、前掲論文
(48)　『今昔物語』巻一六―二八、『宇治拾遺物語』巻七、『古本説話集』下、第五八
(49)　なお『今昔物語』巻二〇―三五、には「白癩」になり、寄るべのなくなった男が「清水坂本の庵」に住んだことがみえる。
(50)　この事件については、網野善彦「非人に関する一史料」(前掲)と次の付論「奈良坂・清水坂両宿非人抗争雑考」を参照。
(51)　叡尊・忍性についての記述は主に『西大寺叡尊伝記集成』(奈良国立文化財研究所史料、第二冊、一九五六年)による。
(52)　辻善之助『日本仏教史』第二巻　(中世篇之一、岩波書店、一九四七年)二二八―二二九頁、渡辺廣、前掲書、一六一頁
(53)　横井清、前掲書、二二六―二二七頁、和島芳男『叡尊・忍性』(吉川弘文館、一九五九年)七八頁
(54)　横井清、前掲書、三〇一頁
(55)　安永五年版本　京都大学図書館蔵
(56)　旧稿のこの部分については本書三六九頁参照。
(57)　梅津次郎「天狗草紙考察」(『美術研究』第七四号、一九三八年)
(58)　横井清、前掲書、二三一頁
(59)　喜田貞吉「大和に於ける唱門師の研究」(『民族と歴史』四巻一号、一九二〇年)
(60)　森末義彰「宇治猿楽」(同『中世の社寺と芸術』畝傍書房、一九四一年)二六頁
(61)　次にかかげる二つの事件については森末義彰「中世寺院内に於ける声聞師の研究」(『日本宗教史研究』隆章閣、一九三三年)にくわしい。なお熱田公「中世大和の声聞師に関する一考察」(『部落問題研究』三輯、一九五八年)参照。

(62)　以下の中世奈良の地域的考察については小野晃嗣「興福寺と座衆との関係」(『日本宗教史研究』前掲)、永島福太郎『奈良文化の伝流』(中央公論社、一九四四年)

(63)　散所については主として森末義彰「散所」(『中世の社寺と芸術』前掲、所収)による。なお林屋辰三郎「散所―その発生と展開―」(同『古代国家の解体』東京大学出版会、一九五五年)その他。

(64)　祇園犬神人については多少の誤りもあるが喜田貞吉「つるめそ(犬神人)考」(『民族と歴史』九巻四・五・六号、一九二三年)が詳細で便利である。なお野田只夫「中世賤民の社会経済的一考察」(『京都学芸大学学報』A. No. 14、一九五九年)

(65)　森末義彰「中世寺院内に於ける声聞師の研究」(前掲)

付論　奈良坂・清水坂両宿非人抗争雑考

一　奈良坂・清水坂非人相論

鎌倉時代の中ごろ、寛元二(一二四四)年に、奈良坂非人と京都清水坂非人とが、はげしい相論を展開したことがある。すでに今をさる五〇余年以前、一九二〇年に喜田貞吉氏が「寛元二年奈良坂・清水坂両所非人の訴訟に就いて」(『民族と歴史』四巻四号)でこの事件を紹介して以来、中世の被差別身分の研究によく言及される有名な事件であるが、事件の経過や背景については案外不正確な記述がながくくりかえされて来た。中世の身分制に関連して、最近この史料を検討する機会があったので、ここに私なりの位置づけを試みて批判を仰ぎたい。この点でかなりの正確さをもつ記述としては渡辺廣氏の『未解放部落の史的研究』(吉川弘文館、一九六三年)をあげることができるが、最近の網野善彦氏の「非人に関する一史料」(『中世史研究』創刊号、一九七六年)の記述は新史料を紹介してきわめて正確であり、以下の記述など氏の仕事を前にしてはほとんど意味をなさぬような気もするが、氏の言及されなかった点も存するので貴重な紙面を借りることにする。

奈良坂・清水坂非人相論で、くり返し間違った扱いをうけて来たのは奈良坂宿の本寺興福寺を東大寺と誤認したことである。(1) 中世大和の守護権を掌握した興福寺とそうでない東大寺との国制上に占める地位の差は大きい。(2) どちらにしても巨大な権門寺社であることに差はないといった程度のごく大雑把な把握で事を済ましていたのでは、これからの中世の非人研究の発展はのぞみえない。実際に中世国家の構造上に「非人」を位置づけようとするならば両者の差は重大である。中世における「差別」の究明には何よりもまず正確な事実についての行きわたった理解が必要なことはいうまでもないであろう。

（1）　これは喜田貞吉氏の勘違いに遠因するが、『大日本史料』補遺五編之一七（五編之一八に合綴、一九五六年）、『部落史に関する綜合的研究』史料第四（柳原書店、一九六五年）、新版『部落の歴史と解放運動』（部落問題研究所、一九七一年）三三頁など。

（2）　永島福太郎「大和守護職考」（『歴史地理』六八ノ四、一九三六年）、同『奈良文化の伝流』（中央公論社、一九四四年）三八頁

二　事件の経過

奈良坂と清水坂の非人相互の抗争の背景には京都の清水寺をめぐる南都興福寺と比叡山延暦寺との主導権争いがあった。事件の背景として、建保元（一二一三）年一〇月の時点における清水寺法師二〇人ばかりによる清水寺の山門への寄進計画があったことは忘れてはならないであろう。もともと清水寺は興福寺の末寺であった。『明月記』は右の清水寺法師のうごきを「是、乞食法師等謀書云々」と記している。(1) さらにもう一つ、『皇帝紀抄』が元仁元（一二二四）年三月二五日に奈良坂非人が清水坂へ発向し、合戦になって死者が出たと伝えていることも見落せない。

事件の経過は錯雑して読みとりにくい。喜田氏以来、相当の混乱があり、渡辺氏も経過そのものについてはその誤りを正していない。この点で信頼がおけるのは最近の網野氏の仕事だけである。私も網野氏にならって史料の文面を追いながら事実経過をまず述べてみたい。素材になる史料は次に掲げる四点である。できれば原文と対照させて読んでいただきたい。(2)

(A)『古事類苑』政治部　佐藤家文書　寛元二年三月日　奈良坂非人初度陳状(東京大学史料編纂所謄写本「江藤文書」で補訂)
(B)神宮文庫所蔵　寛元二年四月日　奈良坂非人陳状案(前欠)
(C)春日神社文書　年月日未詳　奈良坂非人陳状案断簡四通(C1〜4)
(D)宮内庁書陵部所蔵　古文書雑纂　年月日未詳　奈良坂非人陳状案断簡一通

文中読みとった史料を示すため、その末尾に(A)(B)の記号を挿入した。(C1)〜(C4)は刊本の排列順である。

第一段階　(ア)清水坂の先長吏法師は阿弥陀法師・筑前法師・久奴嶋の河内法師・山崎の吉野法師・野田山の因幡法師・丹波国金木宿の筑後法師・堀河尻の大和法師・文殊房ら八人(八人は「長吏之下座」である)と清水坂の主導権を争い、彼らに排斥されて打殺されようとした。(イ)急を聞いて数多の勢をひきいて上洛しようとした河尻小浜宿の長吏若狭法師(清水坂先長吏の「惣後見」)と薦井宿の長吏吉野法師(清水坂先長吏の「合聟」)は、淀津相模辻で山崎の吉野法師(さきの八人の一人)にさえぎられ、兵具を奪われて、身柄だけを釈放され、宇治路をへて奈良坂へ落ちた(C1)。(ウ)当時、清水坂に見住していた土佐法師(薦井宿長吏吉野法師の子)は危険をさけてここを脱出、奈良坂長吏(播磨法師)をたより(C1)、残して来た長吏の安否を知りたいと歎く。(エ)奈良坂の使者越前法師・備中法師が事情をさぐったところ、清水坂では長吏は逃亡したが、奈良坂とは今後とも不審なくやっていきたいといっていた。(オ)この報らせをうけた三人(小浜宿若狭法師・薦井宿吉野法師とその子土佐法師)は大いに悦び「御恩は罷蒙候了」といった。(カ)三人は小浜宿へ帰ることになったが道中が危険だというので、越前法師が若小法師原を具足して送っていった(B)。(キ)役目をおえて奈良坂へもどった越前法師は、小浜宿に籠居中の清水坂先長吏が、寺家(興福寺)から清水寺別当御房へ申して「今一度、清水坂ヱ帰リ候ハムスル様、計テ給候ヱ」と云っていたと報告する。(ク)奈良坂では二条僧正

(雅縁)が寺務のとき(建久九年一二月二〇日—承元元年正月、承元二年二月一一日—建保元年一二月二四日、建保五年一一月(治一年)、承久二年正月一六日—貞応二年二月七日、『興福寺寺務次第』)に陳状をささげ、さらに清水寺別当東室法印にも対面して、先長吏の還住がかなえられた(B)。

(ケ)清水坂への還住がかなえられることを聞いた先長吏は大いに悦んだが、「清水坂では(例の八人らが)城郭を構えて、自分を入れぬよう結構しているが自分は無勢である。大和国宿々之勢を催して還住の御計があれば嬉しい」という。(コ)そこで「奈良坂」から「宿々之勢」を催して、「北山之宿」から「勧修寺越」に「観音堂向」の「杜山」に進入した。(サ)この奈良坂勢におそれをなして、その日のうちに久奴嶋の河内法師(寛元年間の清水坂二臈法師の父)、夜になって六人が「落天付」(降参)いた(以上、七人)。(シ)今一人の阿弥陀法師は長吏の敵人として「祇園を号し候て、祇園林へ籠居」したが、奈良坂勢は「延年寺之引地」[3]へ進出し、五〇日の間そこに「敷居」て、重ねて東室法印に訴え、隠岐法皇(後鳥羽)の宣旨があって、遂に先長吏は清水坂へ還ることが出来た(D)。(ス)一方、阿弥陀法師はたえられずして遂に祇園林を出て、近江国金山宿へ籠居し、ここで城郭を構えて「近江国宿々」をしたがえたが、これもまた、奈良坂勢によって責められた(B)。(セ)また、先長吏が小浜宿に籠居中、奈良坂との交渉にあたった摂津法師がその功績によって大田宿の長吏に補せられた(B)。

第二段階　(ア)その後、清水坂先長吏は、清水坂所住の非人吉野法師(山崎宿か薦井宿か分明でない)・伊賀・越前・淡路法師等を追放した。(イ)彼等は奈良坂宿の播磨法師を頼り、その助力をえて奈良からともに上洛、両者衝突し、清水坂先長吏が殺害される。右の淡路法師は奈良坂播磨法師の妹聟である。

第三段階　(ア)やがて清水坂では紛争の第一段階当時は「清水寺の寺僧」であった先長吏の息子(当長吏)があとをついだ。奈良坂と清水坂との関係は決定的に悪化した。(イ)先の淡路法師が清水坂の猛悪謀反を糺そうとしたのを怒って、仁治元(一二四〇)年三月二一日に清水坂当長吏は悪徒らと相語らい、淡路法師を損害させた(A・B)。(ウ)このとき当長吏と同心していたのは真土宿の長吏(近江法師)であった(C4)。(エ)豆山宿も真土宿も一乗院僧正御房の所領であったが、豆山宿の浄徳法師(真土宿長吏近江法師の聟)が奈良坂にそむいたのがきっかけで、真土宿長吏近江法師まで本寺北山宿に背いて、自分のところを清水坂之末宿だといいだした。(オ)しかし真土では弟の法仏法師がこれに反対したため、近江法師が清水坂長吏としめし合せ、打手の使二人(甲斐法師・摂津法師)を紀伊国山口宿までつかわし、山口宿二﨟蓮向法師の病気見舞だとだまして法仏等をおびき出し、これを殺害する。一方、近江法師の指図で淡路法師(「近江法師太郎子」とあるが関係未詳)が真土宿で法仏の妻子二人を殺す。仁治二(一二四一)年七月九日のことである。(カ)真土宿を押領し、法仏を殺害しながら、清水坂は奈良坂に「和合」を申入れた(C3)。(キ)奈良坂では「北宿」から「寺家政所」(興福寺)に言上して、裁許を仰ごうとしていたところ、清水坂は真土押領・法仏殺害を訴えた奈良坂の訴訟を「指塞」ごうとして、奈良坂非人が清水坂へ打入り放火したと無実の訴訟を企て、清水寺の「寺解」を副えて、六波羅に訴え出た。(ク)六波羅の法廷において奈良坂は、陳弁につとめた(C1)。

右の史料はすべてこのときの陳状である。奈良坂の反論によると清水坂の罪状は五カ条からなる。(1)法仏等を殺害したこと、(2)真土宿を押妨したこと、(3)法仏の死を自害だということ、(4)奈良坂が清水坂へ打入ったと無実をいい、(5)放火をしたと無実を構えること(C4)。

以上のように事件は三つの局面を経過する。第一は清水坂先長吏と阿弥陀法師との清水坂の主導権をめぐる争い、第二は奈良坂の力をかりて清水坂をおさえた先の長吏が、清水坂内部の抗争にまきこまれ、奈良坂からの干渉を排除しようとして命をおとす事件、第三は、あとをついだ清水坂当長吏が奈良坂との抗争を激化させて大和・紀伊両国の境にある真土宿を配下におさめようと画策した仁治の段階である。網野氏もいうように第一段階は、後鳥羽の院宣が出ているから承久乱以前である。この段階で祇園林(感神院境内)に籠居して、延年寺まで進出した奈良坂勢と五〇余日対峙し、抗しきれずして近江国金山宿へ逃れていった阿弥陀法師の背景に、京都支配の確立につとめる山門の影響があったことはいうまでもない。彼が「祇園を号」した正確な意味は分明ではないが、ここに後世の祇園感神院に所属する坂非人すなわち犬神人の先駆的形態をみることができよう。建保元(一二一三)年に清水寺そのものを山門末寺に寄せようと画策した清水寺の「乞食法師」のうごきと、これは一本の線でつながるとみてよいであろう。同年一一月一六日、乞食法師らのうごきをおさえて、清水寺をもとのごとく興福寺の末寺とする宣旨が出ていたにもかかわらず、宇治に群集し、乞食法師が書いた山門への寄進状そのものの手交を強硬に申入れた別当僧正雅縁こそ、阿弥陀法師の追放と先長吏の清水坂還着に積極的にうごいた興福寺別当雅縁その人であったことも偶然ではあるまい(『仁和寺日次記』[4])。

奈良坂長吏播磨法師がひきいる大和国宿々の非人の軍勢(?)の京都への進出経路は北山宿—勧修寺越—観音堂向の杜山—延年寺引地となっている。このうち勧修寺越とは勧修寺から今熊野へ出る山越えの古道ないしは渋谷越を指すのであろうがおそらく前者であろう。観音堂は清水寺の観音を指すのであろうから、向いの杜山とは清水の舞台を真正面に見渡すことのできる阿弥陀峯(鳥辺山)の北斜面の一角であろうか。大和一国の非人等はここへ進出して前方の清水寺を見据えながら、清水坂へ圧力をかけ、阿弥陀法師を孤立へ追いやったのであろう。最後の延年寺は清水の坂の入口、坂をのぼりつめたあたりである(『京都の歴史』2付図)。祇園林にたてこもった阿弥陀法師に対して、清水の坂の上には奈良坂非人が、そして坂の下には清水坂非人が群居して、きびしい五〇余日の対決が続いたと考えられるのである。

(1)『明月記』建保元年一〇月二四日条、この事件については『大日本史料』四編之一二、同年八月三日、六日、九月二八日、

一〇月一六日条等

（2）　史料について、石井進氏からは(A)の江藤文書と(D)の筆写原稿を送っていただき、また田沼睦氏には(D)の、また服部旲氏・西山克氏には(B)の写真入手につき便宜をはかっていただいた。なお(D)は網野氏の前掲論文で全文紹介された。なお(C)は刊本によっている。

（3）　この引地は敷地の意であろうか。ひとしの混乱である。ごく最近まで、京都の街角では「ひちや」と大書した質屋の広告がよく目についた。

（4）　『大日本史料』四編之一二、八五四頁

三　本宿と末宿

奈良坂と清水坂とは、京都と奈良とを結ぶ大路の南と北に位置していた。二つの宿が背景におう奈良と京都という二つの中世都市、それを結ぶ交通路支配など、中世国家におけるキヨメの都市的な構造がここにも示されていると考えるが、以下、右の事件の経過ならびに寛元相論の論点のうちから二、三気づいたことを列挙してみたい。

(1)奈良坂宿は本寺興福寺を背景にして大和七宿を末宿とする本宿の地位にあった。奈良坂の非人は「当国(大和)七宿者、本寺奈良坂之末宿と為て、既に年序久しく積る」(A)という。奈良坂がひきいる大和の七宿には和邇宿、額田部宿、三輪宿、真土宿がふくまれる。(1) 渡辺氏はこのほか西京宿と越智宿をあげている。(2)（この奈良坂は般若寺越の現在の奈良坂である。現在の油坂も奈良坂といったが、後者に属する芝辻は十座の声聞師の根本居住地ではあるが、この相論にみえる奈良坂非人と直結しない。(3)）ところで奈良坂はみずからの訴訟を「北宿」より寺家政所に言上といい、また清水坂へ放火したとする清水の言分をひきながら「北山」より放火云々と記している(C1)。奈良坂のことを北

山(宿)・北宿ともいっているという渡辺氏の指摘の正しさを私もまたここで確認しておきたい(4)。

清水寺に所属する清水坂非人は、清水寺が興福寺の末寺であったから動揺がたえなかった。奈良坂と争おうとする清水坂非人のなかから山門との結びつきを強めようとするうごきがたえず顕在化するゆえんである。奈良坂は清水坂をさして「彼者、末寺清水寺一伽藍之清目歟。是者本寺最初、社家方々之清目重役之非人等也」(B)といっている。

大和ばかりでなく伊賀国も奈良坂の支配圏であった。奈良坂には清水坂の非人が書いた連判起請文がとってあって、そこには「大和国・伊賀国之宿は、何事有りと雖も、交わるべからざる之由」が記載されていた(C3)。

当時の宿支配にはほぼ国ごとの支配圏が設定されていたようにみうけられる。大和・伊賀のほか、清水坂を追われた阿弥陀法師が金山宿に退去して「近江国宿々」を従えた事実があるし、その他叡尊に対する和泉国取石宿非人の起請文にみえる「和泉国中経廻の所々」や、河内土師寺における「河内一国諸宿文殊供養」などは宿支配が一国単位のまとまりをもっていたことのあらわれであろう(『感身学正記』)。

ただし、畿内近国の宿は奈良坂・清水坂の二大本宿をもとにする本末関係によって個別的に結びつけられており、一つ一つの宿をめぐって両者が争っている。大和・紀伊両国の堺真土宿の争いは右の経過に明らかであるが、伊賀国杵木屋宿は社領西山庄内にあって、往古から寺家・社家の下文のもとに北山が知行する末宿であったにもかかわらず、清水坂が進止権を主張したし(C3)、山城国菱田宿(相楽郡)も立宿以来奈良坂知行の宿であるのに清水坂が知行を主張した(同上)。

以上を勘案すると、清水坂は京都を中心として、山崎宿(吉野法師)から河尻の小浜宿(若狭法師、摂津河辺郡)まで、京都から瀬戸内海航路への幹線交通路をおさえ、ここからさらに紀ノ川流域の山口宿(那賀郡)を末宿とし(C4)、さらにそれをさかのぼって紀伊・大和国境の真土宿において奈良坂と衝突している。近江国金山宿や丹波国金木宿の事例からこれらの国々も清水坂の支配下にあったとしてよかろう。逆に南山城は奈良坂の力が強かった。先述の菱田宿のほか、和束宿も興福寺領であったし(禅定寺文書一)(5)、『金沢文庫古文書』の施行人数注文(同七輯五七四九)にみえる北山宿・和爾宿・カモサカ・エヒノ宿・コマノ宿・額田部宿・西京宿・脇森宿・ヤマサキ宿・竹鼻宿・今宿・井出宿・ワツカ宿などの列挙が、大和・山城における奈良坂支配の宿々であるとする解釈がもし許されるならば、南山城における諸宿の支配も時代によって変動が激しかったのかもしれない。

(2) 渡辺・網野両氏がいうように宿の組織は完全な座的構成である(6)。各宿は一人の長吏によって統率され、清水坂と山口宿にみられるように臈次の組織を有する。右の紛争の第一段階における清水坂のトップは九人であった。長吏法師・阿弥陀法師・筑前法師・河内法師(久奴嶋)・吉野法師(山崎)・因幡法師(野田山)・筑後法師(丹波国金木宿)・大和法師(堀河尻)・文殊房がこれにあたる。括弧内は彼等の出身地であり、陳状にある右の順番は彼らの臈次順記載であろう。最初、阿弥陀法師以下八人が結束して先の長吏を追い出したが、奈良坂勢の逆襲にあって、まず河内法師が、つづいて筑前法師以下七人が脱落し、二臈とおぼしき阿弥陀法師だけは祇園林にたてこもっている。両者の争いは清水坂長吏の地位をめぐる争奪戦であったと判断できよう。

清水坂のトップ・クラスは末宿から清水坂へ詰めていたらしい。山崎の吉野法師は淀津相模辻で小浜宿若狭法師・薦井宿吉野法師を捕捉殲滅させた。彼が清水にいながら「山崎吉野法師」と称されるのは山崎宿がその本拠だったからにちがいない。右にみえる久奴嶋・野田山・丹波国金木宿・堀河尻の各法師も同様であろう。清水坂長吏と小浜宿、阿弥陀法師と近江国金山宿の結びつきも同様であったかもしれない。薦井宿吉野法師の弟土佐法師も清水坂に現住していた。清水坂は畿内近国に散開する非人諸宿からの代表者が集まる彼らの上部組織だったのである。

さらに注目されるのは長吏クラスの非人の婚姻関係である。清水坂先長吏と薦井宿吉野法師は合聟、豆山宿浄徳法師は真土宿近江法師の聟、清水坂淡路法師は奈良坂長吏播磨法師の妹聟などである。ややことなった形ではあるが小浜宿の長吏若狭法師は清水坂先長吏の惣後見である。畿内各地域の宿の長吏クラスは相互に婚姻関係によって複雑に結ばれている事情がわかる。

宿には若小法師原がいて、戦闘に参加している。非人内部の階層的序列である。

(3)長吏の地位は形式的には本寺の補任によって決定された。しかし、それが同時に実力でかちとられるものであったことは事件の経過をみれば明瞭である。宣旨の下付とてその例外ではない。非人組織の内的規範の強烈さが貫徹しているのである。

(4)同時に注目したいのは非人裁判権の存在である。非人組織が自検断の権(内部検断権)を保持していたことは室町時代にも例証があるが、この点は相論の過程でもっとも印象深い事実である。奈良坂非人等は六波羅の法廷において清水坂・真土宿の両長吏の身柄引渡しを要請しつつ「彼等を召取り、当宿に賜わる可し」(A)、あるいは「此両人於召し、奈良坂之非人等之手に於て、殺害之罪科を糺明之後、狼藉炳誡之禁断を加え、所当之罪科に行わんと欲す」と称している(B)。奈良坂非人の言分は犯罪者を処罰して欲しいということではない。非人の裁判権は非人組織に任せて欲しいというのである。この主張が六波羅における奈良坂非人の主張の根底にあった。彼らの上には荘園制的な支配関係がおおっているのであるが、その根底にある非人組織の自律的性格は重視してよい。

(5)非人の職能はキヨメである。奈良坂非人らがみずからのことを「本寺最初、社家方々之清目、重役之非人等」と自称し、清水坂の非人をさして「末寺清水寺一伽藍之清目」だといったのは非人自身の自己規定の言葉としてかけがえのない重みをもつ。鎌倉時代の『塵袋』が「キヨメヲエタト云フハ何ナル詞ハソ」との設問を行なっていたのに対し、室町時代の『壒嚢鈔』は「キヨメ」を「河原ノ者」に入れかえた設問形式をとっている。ここに、キヨメ→河原者→

穢多という中世における「差別」の拡大過程がはっきりと読みとれるであろう。『壒嚢鈔』段階になって「穢多ト書ク。ケカレヲホキ故ト云」「餌取躰《エトリテイ》ノ膩《キタナ》キ者也」と書いて不潔感をかくそうとしないのは中世後期になってますます拡大するケガレの観念の肥大化の表現である。

(6)ところで元仁元(一二二四)年三月の奈良坂による清水坂攻撃ののち、嘉禄元(一二二五)年三月に奈良北山濫僧の長吏法師が艶言を発して尋常の家々の女子を掠取っていたため、住所焼払の追捕をうけ、斬首されるという事件がもち上っている(『明月記』)。この時期の長吏法師は宿の非人を統率する一人を指すのが一般であるから、この北山が奈良坂をさすという先述の結論からするならば、これは奈良坂長吏播磨法師の没落を示す事件だとしなければならない。清水坂先長吏に追われた「手切非人等」は播磨法師存生中は大和国中にいたが、死去の後は国中を追出され、紀伊国山口宿に居たと伝えられている(C4)が、このことも、右のように考えればよく了解できる。清水坂先長吏の死は元仁元年三月、奈良坂長吏播磨法師の死は翌嘉禄元年三月の可能性が強いのではなかろうか。

(7)なお、兄近江法師の謀計によって殺害された真土宿の法仏法師が豆山宿・真土宿はともに一乗院僧正御房の所領であって、本寺北山宿(奈良坂)に背くのは正しくないといっていた点に注意される。一五世紀になると北宿(奈良坂)は一乗院門跡の所領としてあらわれ、大乗院門跡に属する五ヶ所・十座の声聞師と争うようになるが、すでにこのころから奈良坂は一乗院との結びつきを強めていたのではないだろうか。ただ最後の二点についてはなお後考をまちたい。

以上、両坂非人相論から二、三の点を考えてみたが、この相論にはまだ意味のとりにくい点が多く残っている。史料が大部分前欠や断簡でその接続具合の検討も不十分である。とくに『春日神社文書』所収の断簡をくわしく調べることができればまだまだ明らかになる事実が多かろうと思う。このような点については、大方の御教示をえて、考えなおしたいと思っている。

それにしても、無縁の僧が清水観音の助けで、「清水ノ下ノ方」に住む「乞食ノ首」の美しい「娘」の「聟」になり、「聟ノ僧モ、人モ不交《マジラフ》マジカリケレバ、其レモ乞食ニ成テゾ楽ク」暮らしたことを伝える『今昔物語』巻一六―三四話などは、あきらかに「人マシロヒモセヌ」(『塵袋』)ところの清水坂の乞食(＝非人)とその首《かしら》の平安末期の姿を伝えているとみてよいであろう。[7] 治承三年五月に祇園御霊会の馬上役をめぐって、祇園大衆と清水寺僧との間に合戦・放火の闘乱があったこと(『百錬抄』)など、上述の問題に関して検討しなければならぬ素材は多いようである。

(1)　本書第X論文
(2)　渡辺廣『未解放部落の史的研究』(吉川弘文館、一九六三年)一五七頁、一六四頁
(3)　本書第X論文四一三―四一四頁
(4)　渡辺廣、前掲書、一五七頁
(5)　文永九年一〇月日山滝寺雑掌言上状(『部落史に関する綜合的研究』史料第四)一六九頁
(6)　渡辺廣、前掲書、一七一頁、網野善彦「非人に関する一史料」(『中世史研究』創刊号、一九七六年)九四頁
(7)　永原慶二「富裕な乞食」(同『日本中世社会構造の研究』岩波書店、一九七三年)

XI 中世社会のイエと百姓

はじめに

中世社会の全体像を明らかにせよというのが、シンポジウムの準備委員会が私に課した課題である。とてもそのような課題に答える能力はないが、最近の中世史研究にあらわれた顕著な動向について、多少感ずるところがあるのでそのことを述べて討論の素材にしていただきたいと思う。

最近私は「中世の身分制と国家」というテーマで考察することがあったが、いろいろ考えあぐねたあげく中世社会における身分制を検討するために、さしあたって五つの段階の社会的諸集団＝組織を区別し、それぞれの内部に成立している身分制的編成を検討してみる必要があると述べた。五つの段階とは (1)イエ (2)ムラ (3)党・一揆・座・衆・武士団 (4)権門貴族・幕府(武家)・権門寺社 (5)国家、のことであるが、私がこのようなかたちで五段階を区分したのは中世の諸身分を抽象論としてではなく、全体との関連を見失うことなく、しかもなるべく事実に即してこれを個々に把握できるように配慮したつもりである。(1) 私は右の論考で、中世の被差別身分についてのやや具体的な考察を行った。本報告はそれをうけて、(1)のイエ、ならびにその身分制的な表現形態である中世の百姓身分に焦点をあてながら、そこから考えられる中世社会の特質について、従来の研究史をふりかえりつつ、問題の所在を探ぐろうとするものである。

〔補1〕　なお、中世の身分制について論及する場合、身分と階級との関係についてもふれなければならないであろう。私自身は右の論考において、中世ないし前近代社会における身分と階級との関係について何程も述べるところがなかった。正直なところ、この点についてはいまだ明確な結論をもちえない状態であるが、さしあたっては矢木明夫氏の労作『封建領主制と共同体』によって示された氏の見解に従っておきたいと思う。氏の解釈は主として石母田正氏の見解に対する批判になっており、両者の見解の対立には前近代社会を理解するうえでの根底的な問題がはらまれていると考える。中世の下人・所従は奴隷であるか農奴であるかといったような議論にわけ入ろうとするさい、中世史の研究者がつねに遭遇せざるをえない一種のとまどいも、おそらく身分と階級の関係についての右の問題が未解決であることと直接かかわっているように思う。矢木氏の批判によると、石母田氏の階級と身分にかんする見解は「階級とは特定の歴史的社会の生産関係、その時代の主要な生産手段に対する所有関係によって規定された社会集団」というように規定される。このことにとくに問題はないと思うが、石母田氏は身分について「身分は階級関係が政治的または国家的な秩序として固定された階層的秩序」であるとする。つまり、石母田氏にあっては身分とはまず最初に階級関係があつて、それが政治的または国家的な秩序として固定化されたものだということになる。だから石母田氏が階級と身分とを対比的にとらえるとき「階級関係が経済的秩序に根ざすのに対して、身分秩序は発達した形では多くの場合に法制的な関係として存在する」というように説明されることになる。ここには「発達した形」とか「多くの場合」とかさまざまの限定が付されているものの、矢木氏が石母田説を「階級関係は経済的秩序に根ざすが、身分関係は法制的関係として存在する」と要約するような理解が石母田説にはたしかに存している。矢木氏が批判するのはこの点であって、石母田氏は「身分のうち法制化されたものだけを身分とみる」、あるいは「法制的身分に重点をおく結果、身分それ自身の本質と史的形態の把握がなされない」という矢木氏の発言が生まれてくる。(2)つまり石母田氏は身分制成立の根拠を階級関係に還元ないし代位させて理解しようとするため、身分制の成立と解体を決定する固有の条件を独自に追究する視角が欠除しているというのである。このような見解の上に立って矢木氏は「封建領主制という階級支配は、身分関係を通じてなされ、身分関係は共同体に固有な物質的再生産の組織としての生理的自然的分業遂行における社会関係である」と自説を要約している。(3)

現在のところ、私は「封建社会では生産手段の所有関係は身分関係としてあらわれざるをえない」「階級関係はそのままで現象していない」とする矢木説の方が、階級関係をいきなり実体として把握する石母田説よりも事態を正確に把握していると考えている。(4) このような点については、もちろん確信があるわけではないが、中世の身分制について発言した前掲拙稿で不明確なままに回避していた問題について、右の点を付言し、さしあたっての学説上の立場にしておきたい。

最初に述べたように、近年、中世史研究の内部で注目すべき一連の論点が提起されている。その主なものは中世のイエ支配(勝俣鎮夫、石井進氏)、公界(笠松宏至、網野善彦氏)、中世＝多元的社会ないし国家論(石井進、笠松宏至氏)などである。これらの諸研究は高度な実証能力をほこりながら、日本の中世社会の性格を把握する上で、それぞれ重要な史実を発掘しつつあり、それらの成果によって中世社会に関する歴史像はいちじるしく鮮明度をましつつあるといってよい。さらにいえばこれらの諸研究は通例の実証研究のレベルをはるかにこえており、表面にあらわすかいなかは個人的な差があるものの、いずれもが中世社会に対する体系的かつ個性的な理解(ないしその可能性)を背景においているのが特長である。(5)

ところで、これらの一連の新しい諸研究はさまざまの体系化の可能性をひめながらも石母田正・永原慶二氏にはじまり、戸田芳実・河音能平氏などにうけつがれて来たかつての領主制理論にもとづく中世史理解の枠組みに対し、重大な疑惑を表明しつつあるといってよかろう。そのような疑惑のおもむくところ、これらの研究は近代人の浅薄な合理的判断をこえたところに存在する民衆や天皇の中世特有の存在形式を確実にまさぐりつつあるようにみうけられる。そうしたなかにあって最近とくに目立つのは、その一部にみられる中世＝家父長制的奴隷制論に立つ安良城盛昭氏の学説へのいちじるしい接近である。このような点からみて私どもは一〇、一一世紀以降を日本の封建社会成立の過程であるととらえたかつての理論的仮説の枠組みをいま一度再点検し、現段階における研究課題を出来るだけ明確にする必要にせまられているともいえる。石母田氏以来の領主制理論を継承しつつも、私自身はここで封建制成立、ないしは中世社会分析におけるみずからのかつての理論的枠組に従って、最近の問題を整理することにしたい。

一　イエと百姓——成立以前

中世の百姓とイエの成立について考えようとするとき、古代との対比はかかせない作業である。このシンポジウムは日頃その専門を異にする研究者が多様な分野にまたがって、たがいに討論の場を設定することにその目的があると信ずるから、私はここで、最近の古代史の業績の一つに依拠しながら論をすすめてみたい。依拠する業績の可否については、討論で専門家の教示をえたい。

奈良時代にあって、イエとは何であったのだろうか。この時代に建造物を指すもっとも一般的な語は「ヤ」であり、「イホ・ムロ・クラ・トノ」なども用いられたが、「イヘ」はこういった個々の建造物を指す言葉ではなかった。「イヘ」はカド(門)を備え、カキ(垣)で囲まれ、いくつかの建物が立つ一構えのすまい全体をさし、ヤケ(宅)が敷地と建物という一区画の施設を意味するのに対し「イヘ」には家族という人間集団が背景に結びついているという。(6)

木村徳国氏の「イヘ」の語義についての右のような見解を援用しながら、吉田孝氏の論文「律令制と村落」は奈良時代のイエ(以下、本文は「イヘ」をイエと記す)について、大変興味ある見解を示している。(7)

吉田氏の中心的な論点の一つは、奈良時代にあっては庶民レベルのイエはまだ「はっきりした社会的単位」として成立していなかったとする点にある。(8)「かれらにも妻子とともに住み日常的な農耕の単位となっていたイへはあったが、それはまだ社会的にも空間的にもはっきりとした範囲をもたない不安定で流動的なもの」だと氏は推定するのである。[9] 吉田氏はかかる観点からして、有賀喜左衛門氏の『日本上代の家と村落』や和歌森太郎氏の『国史における協同体の研究』などの、奈良時代に庶民レベルのイエが社会的単位として確立していたとする見解を否定している。[10]

ところで吉田氏は律令国家形成前の国制の基礎単位として「氏《うじ》」を想定し、これを父系の血縁集団であり、朝廷から姓《かばね》を与えられ、氏上《うじのかみ》のもとに直系・傍系親族、非血縁の従属民、奴婢を従えた社会集団であったと説明しながら、この「氏」の解体の過程をイエの成立と関連づけて次のように説明する。律令官人制は氏上にかぎらず、「氏」内部の有力な家長層の登用によって成りたっていた。つまり、律令国家の形成過程で「氏」は、個々の家に分解しはじめ、家長層が個々の家々を形成していったというのである。[11] このような成立の順序からみて、奈良時代前後にはイエ・ヤケの成立はまだ在地首長と上層農民にかぎられていたと説明されるのである。[12]

つまり吉田説では、(1)八世紀前後のウジの解体の進行　(2)在地首長・上層農民＝有力家長によるウジ内部のイエの形成　(3)基幹的な農民層＝中下層農民＝庶民レベルのイエの未成立、の三点が想定されている。有力家長層のイエの形成によるウジの解体＝形骸化が進行しているにもかかわらず、いまだみずからのイエを確立しえていない不安定で流動的な一般農民層が、中世の百姓の歴史的な出発点をなすと想定されているのである。

吉田氏の第二の論点は、奈良時代におけるゲルマン的共同体、ないしは地縁的共同体(中世末期のごとき)は存在しないとする点にある。これは第一の論点からみて当然の想定であるが、氏は、(1)古代の集落ないし共同体をさす日本語は「サト」と発音されており、われわれになじみの深い「ムラ」は朝鮮系統の比較的新しい言葉であったこと、(『万葉集』では「ムラ」の語がない)、(2)この「里」(サト)は一方で、行政組織として制度化された人の集団(五〇戸＝一里の里)を意味するとともに、その五〇戸＝一里の里にふくまれるいくつかの集落のうちの、中心集落の呼称でもあったこと、(3)これに対し、「村」は中心集落以外の主な集落の呼称であったらしく、漢字の「村」が中国魏晋時代以来、古い集落に対する「二次的な開拓村」の意味であったことにも注意がむけられている。(『播磨風土記』の宍禾郡比治里は中心集落のほかに、宇良村、比良美村、川音村、庭音村の四村と奪谷、稲春峯をふくんでいた)。④かくして、里(郷)にも「漠然とした範囲」はあっただろうが、「一般に里がはっきりした境域をもっていたとは思われない」[13]ことをあげている。

このほか、吉田論文には河音能平氏の『日本霊異記』を素材にしての家長《いえおさ》と家室《いえとじ》の並列についての研究や、唐令の同居共財の原則の上にたつ、成長した兄弟相互の家産分割法であった戸令応分条が、日本令においては性格を一変して、親から子への遺産相続法とならざるをえなかった事情を指摘しながら、唐のそれとの対比における日本のイエの成立状況や奈良時代前後の双系的な家族形態を指摘するなど注目すべき論点が多い。これらの諸点についても検討しなければならぬが、ここでは当面、第三点として、吉田氏が、中世への見通しとして、戸田芳実氏のいう、一〇世紀末ごろの「田堵」(堵＝垣)の成立、すなわち「垣内」[14]を定住の核とする基幹的農民が公領・荘園の一般的な構成要素になるという事実を提示している点に注目したい。戸田氏の「一〇―一三世紀の農業労働と村落」[15]は、卯の花の垣根に囲まれた農民屋敷地・園・垣内について、これが個別経営の根拠地としての強い所有権をもち、一種の聖域としての不可侵性をおびていたと説明している。

このような百姓のイエの景観的・時代的特質については近年の考古学的発掘をもふまえて、近い将来漸次明らかにされていくであろうから、それらの成果にまつ部分が多く、実証的にも方法の上でもなお多くの問題が残るにちがいないが、右の吉田論文の示すところからみても中世におけるイエと百姓の成立を基本的にみてこのあたりに求めることが可能になってくると考える。[16]その意味で、右の吉田論文が古代史研究においていかに位置づけられるのか、古代、中世共通の討論をつみ重ねたいと考える。

二　ヤシキとヤシキ神

中世のイエと百姓の実態に迫るためには多方面の試行錯誤が必要であるが、次に民俗学研究の成果に学ぶという意味でここでは直江廣治氏の『屋敷神の研究』をとり上げて検討してみたい。(17)

直江氏は全国各地にわたるヤシキ神をくわしく比較研究して、まず第一に屋敷神の類型として、(I)部落の各戸ごとにヤシキ神を祀る各戸屋敷神、(II)部落のうち、本家筋の旧家にだけ祀っていて、一般の家では祀らない本家屋敷神、(III)本家のヤシキ神を同族全体で祀る一門屋敷神の三類型を析出している。すなわち、(I)各戸型　(II)本家単独型　(III)一門同族型とでもいう三類型の祭祀形態である。さらに氏は第二に、右の各類型の歴史的変遷の形態を考察して、(α)(III)一門同族型→(II)本家単独型→(I)各戸型の変遷のコースがみとめられるとともに、(β)(III)一門同族型・(II)本家単独型→地域神への昇格のコースがあることを指摘し、前者(α)をヤシキ神の分化の方向、後者(β)を拡大化の傾向であるとしている。第三点として氏は、ヤシキ・カドなどのコトバの意味を追究しつつ、右のような歴史的変遷のさらに前提にある古態＝祖型として「本家を中心とする分散式大家族」とそのヤシキ神とを想定できるとされ、その古態＝祖型としての「本家を中心とする分散式大家族」の歴史的形態として、まず奈良時代の郷戸を提示され、つづいて、このような形態の中世にいたるまでの農村における広い分布を想定されている。(18)

以上のように整理できる直江氏の仕事のなかで、さしあたり問題にしたいのは、第三の「本家を中心とする分散式大家族」を奈良時代の郷戸、ないしはその中世における残存形態であるとみる氏の説明を、文献史学にもとづく中世史の研究水準にてらしてその妥当性を再検討することである。直江氏が提供された貴重な民俗学の素材が、歴史をどこまでさかのぼることが出来るか、一、二検討を加えてみたいと思う。

まず第一に、ヤシキとは何かという問題である。ふつう、もっとも常識的には「家屋を構える一区画の土地」をヤシキというのであるが、日本の各地で、右の常識にあてはまらないヤシキの用例が多いと直江氏はいう。すなわち福島県のある村(田村郡山根村)では山と山との谷あいをサクといい、そのサクに成立した小部落のことを「ヤシキ」といっている。そしてこのヤシキは通例数戸ないし十数戸からなり、あまり多くなりすぎた場合には二つのヤシキに分かれる。そしてこの「ヤシキ」は有力な同族をふくむとはいうものの、必ずしも同族のみで成りたっているのではないのが実状で、正月・盆のヨリアイをはじめ、不幸・祝儀の冠婚葬祭にさいし、互いに協力しあう生活共同体をなしている。直江氏は全国各地の事例を挙示しつつ、ヤシキの古い意味を同姓集団ないし同族の居住区域、あるいは地域結合のことであったと結論づけている。

ヤシキとならんで氏が言及するのがカドというコトバである。それによるとカドが門を意味するのは後世の変型であって、現在でもカドの用例には、①農家の前庭、宅地内にある作物の乾燥場や作業場　②戸外ないしオモテ　③一セットになった墓地と屋敷地の全体(愛知県北設楽郡振草村)　④村の一軒前のこと、一区画の屋敷地をもち、数代そこに住むことが必要、インキョはカドと認められず、オモヤと合わせて一つのカドをなす。(愛媛県南北宇和郡)　⑤屋号のこと、などがあるという。したがってここから判断して、カドとはもともと(a)《住居を中心とした一区画の屋敷地》、ないし(b)《屋敷および附属の耕地からなる一単位の農場》を意味したのであろうと推定される。直江氏はこの推定のうち(a)の意味は確実だとされながらも、(b)についての断定は現在のところさし控えたいと慎重にいわれている。氏の慎重さに敬意を払いつつも、中世在地領主の門田・門畠の存在、近世以降作男・抱え百姓などをカドないしカドヤと呼んだ諸事実などからみて、氏の(b)の想定はカドの古い形態を的確にさし示していると判断して差支えないと考えられよう。九州各地のカドウチ（近所のこと）やカド入り、カド山の存在などカドとヤシキとの親近性は直江氏の指摘どおり、きわめて濃いものがある。[19]

だが私は右のヤシキやカドに関する直江氏の分析から、中世史家になじみのふかい中世の百姓名（在家農民等）をさらにさかのぼる古い形態を想定することは出来なかった。この点で特に興味をひいたのは広島県比婆郡東城町宇山字有頭の中組の名の組織である。氏の紹介によると、ここは有頭名（本山三宝荒神、氏子五戸）、石河内名（荒神、氏子三戸）、増谷名（荒神、氏子二戸）、金原名（荒神、氏子六戸）、畔原名（荒神、氏子一戸）という五つの名があり、（　）内に示すごとくそれぞれ数戸の氏子がそこにふくまれていて、名ごとに名頭《みょうがしら》がおり、また各名頭の持地内に荒神（ヤシキ神）が祀られているという。例えば有頭名の名頭は屋号を清永というが、ヤシキ神は清永の持山の小高い部分にあって、祭日は新暦一二月一〇日で、氏子の輪番頭屋制で営み、付属の荒神山の収入でその費用を弁出している。名ごとに存在するヤシキ神、名頭を中心とする各氏子の生活共同体としての名の存在など、ここには中世的形態とのかかわりがたしかに存在している。[20]だが、名の生活共同体的構成が中世的形態そのものであるのか、それとも外観だけはふるい形式をのこしながら、その内容は後世の変容をうけて、中世とは似ても似つかぬものになっているのか、さしあたっては判断すべき基準をもちあわせていない。これらについてもさまざまの立場からたしかめてみたいことの一つである。

なおくわしくはふれえないが、小野重朗氏の研究が示している南九州の門の内容分析とその位置づけ、名頭家（株、本家）のもとに共同の内神（ウツガン、ヤシキ神）を祀る四―六戸の家グループの居住区画たる門（ヤシキ）の存在と、そこにおける典型的な一門同族型ヤシキ神の実在とは氏の言葉どおり、かつての血縁的同族集団を想定さすに十分ではあるが、これとても中世の名（百姓名）にまで確実にさかのぼるという十分な心証はいまだえられ難いように思う。[21]

ただ名の研究は経営形態や課税単位としての名の分析に集中しがちであり、生活単位としての名の検討はなお全般的に不足していると思われる。この点は近世史の専門家の協力をえて、さらに明確にする必要があろう。

直江氏の業績については、すでに河音能平氏が一〇・一一世紀摂関時代の富豪層(大名田堵)と一般農民層(小名田堵)とが律令制古代村落を克服した新しい隣人共同体=村落共同体(二度目に構成された共同体)を形成していたとする見地から、その富豪層・一般農民層の屋敷地のかきねに卯の花が白く咲きみだれ、その家において「四月神祭」「氏神祭」がおこなわれている情景、さらに一一月にも「神祭」がおこなわれた事実に言及しつつ、この四月・一一月の「家のまつり」を直江氏のいう屋敷神の歴史的起点、すなわち一門屋敷神の神事であったとする見解を提出している。他方、河音氏は摂関期農村には村落共同体の共同の神事としての「郷ノ御霊会」といわれた御霊・疫神をまつり遷却する夏祭があったことを指摘している。(22)私たちは河音氏の見解を念頭におきながらも律令制下の「庶人宅神祭」の存在をもふくめて、(23)「四月神まつる家に卯花あり」の家、「まつる時さきもあうかな卯花は猶氏神の花にぞありける」の氏とはいかなるイエでありウジであったのか、このことをより具体的に掌握する必要にせまられているといわねばならないのである。(24)あとで報告される原口正三氏の考古学的発掘から知りうる中世村落の形態分析とも合わせて検討してみたい。(25)

三　百姓と地頭支配

ところで、いよいよ本題の中世の百姓についてである。右に述べたように将来の究明にまつ部分が多いとはいうもののこれらの百姓が一一・一二世紀以来、地縁的結合を強めつつ、荘園村落(中世村落)を形成し、荘園領主・在地領主に対する抵抗を強めていった具体相については、従来多くの研究者によって説かれて来たことであり、また最近では関口恒雄氏の「中世前期の民衆と村落」が従来の研究を要約しつつ、このことを述べているのでそれにゆずりたい。とくに関口論文は永原慶二氏の散居型村落(Einzelhof)の想定による山あいの谷田に展開する百姓名の孤立的性格の強調を具体例をもって批判しているので是非参照されたい。(26) なお矢木明夫氏も右の永原説にみえる中世村落の景観基準による類型把握を方法的に批判するが、私も氏の永原批判に基本線で賛成である。(27)

さて、すでに述べたように私は、中世社会を構成し、かつ独自の身分制的な編成をとって現れるあらゆる集団を(1)イエ、(2)ムラ、(3)党・一揆・座・衆・武士団、(4)権門貴族・幕府(武家)・権門寺社、(5)国家、というたがいにことなる五つの段階にわけて、それぞれの特質を考察することを提唱した。そして、それらすべての基礎にある(1)のイエの身分制的な表現形態として、中世の百姓身分が位置づけられうること、中世の百姓の自立的性格の背景には、彼等自身が居住するイエの自立的性格が横たわっていたと予想されるのに比し、主人の人格的支配の下に属していた下人・所従(奴婢型下人)は、去留の自由をもたず、多少ともみずからのイエを破砕された存在として現れることを指摘しておいた。(28) 本報告の意図は、右のような私の見通しを、いますこし具体的に、事実の上においても、また方法としての有効性の点についても検討する点にある。

ところで最近、日本中世のイエ支配について積極的な発言を続けているのが石井進氏である。(29) 私は石井氏によって領主制支配の原理として位置づけられ、かつ展開されている領主のイエ支配の分析方法に示唆をうけながら、これを中世の百姓の自立的性格の基盤としてのイエの問題として把えなおそうとするものである。いわば在地領主のイエから百姓のイエへと分析の視角を転換させて、中世社会論を展開しようというわけである。

1　地頭一円地の百姓

中世社会における百姓の地位(法的地位)を最初に地頭一円地において定型化してみたい。

鎌倉時代における地頭領主権の内容は多様な変化をみせている。私見によると文治二(一一八六)年六月における西国三七カ国の国地頭制の停廃は日本における領主制発展の荘園制との癒着のコースを最終的に決定づけたものであって、以後の領主制は西国はむろんのこと、東国や鎮西にあってもすべて右の歴史的刻印と無関係ではありえない。今、そのことを詳述する余裕はないが、そうした領主制のなかにあって、本所領家の荘園領主権を介在させていないいわゆる地頭一円地において地頭の領主権はもっとも強烈な支配を所領の百姓におよぼしていたと考えられる。(30)

鎌倉幕府法のなかに地頭一円地法とでも称すべき一連の法令が存在する。たとえば『吾妻鏡』宝治元年一一月一日条は、

(A)又今日評定、被二仰出一云、雖レ為二地頭一円之地一、名主申二子細一者、依二事之躰一、可レ有二其沙汰一云々

と記す。地頭一円之地において、名主の側に提訴権を認めるか否かが問題になっていたことがわかるが、同一一日条にも、

(B)今日、地頭一円之地名主百姓訴訟事、被レ定レ法云、開発領、無二過失一者、任二道理一、可レ有二御成敗一云々

と記している。幕府がこのとき、地頭一円地における紛争処理のための立法措置をとったことをまず確認しておきたい。

ところで史料(C)の式目追加第二六九条はその内容からして右にいう地頭一円地法の最たるものであると考えられる。

(C)一、雑人訴訟事

百姓等与二地頭一相論之時、百姓有二其謂一者、於二妻子所従以下資財作毛等一者、可レ被二糺返一也、田地并住屋令レ安二堵其身一事、可レ為二地頭進止一歟

ここにいう雑人訴訟とは「百姓」と「地頭」との幕府裁判所における対決をさしている。そして、右の規定は百姓が勝訴した場合にとられるべき措置として、(1)地頭は百姓に対し、抑留していた百姓の妻子所従以下資財作毛等を糺返せねばならぬ、(2)田地ならびに住屋に百姓を安堵するか否かは地頭の進止(自由)とする、という二点を定めている。私が右の追加二六九条(C)を地頭一円地法だと判断する理由は(2)によって地頭がたとえ敗訴した場合でも田地・住屋の処分権が地頭に帰属することが明らかにされているからである。普通の意味の本所領家領においてはかかる規定は考えられない。[31] この規定により、地頭一円地において地頭が百姓に難題をふきかけ、妻子所従以下資財作毛等を押取り、田地・住屋を奪うという強力支配を貫徹しようとしていたことがうかがえるが、それにしても、ここに、地頭・百姓間の次のごとき財産権の分割状況がよみとれるであろう。

百姓財産……妻子・所従以下・資財・作毛等

地頭財産……田地・住屋

右の規定によるかぎり、地頭一円地の地頭はその自由意志でもって百姓から田地と住屋を没収し、領外へ追放する権限を有したことになる。妻子・所従以下・資財・作毛等はたしかに百姓に所属していたが、ここでは百姓にそなわるイエ支配の自立的性格はいちじるしく侵害されて現れている。[32]

だが私はここで(C)と関連して、いま一度(B)の史料をふりかえってみたい。この条文が意味するところは二様に解しうるであろう。一つは「地頭一円之地の名主百姓の訴訟について法が定められた。それが名主百姓の開発領であるならば、特別な過失がないかぎり、地頭は勝手にこれを没収してはならぬ」という意味にとる場合である。いま一つは

この「開発領」を地頭の開発領だと解し、二字おぎなって「雖レ為二開発領一……」とし、さきの史料(A)と同意ととることも不可能ではない。第一の解釈が可能ならば百姓と地頭の財産分割は次のようになり、百姓の自立的性格はかなり強く表現される結果になる。

百姓財産……（妻子・所従以下・資財・作毛等
　　　　　　（百姓の）開発領

地頭財産……（百姓開発領以外の）田地・住屋

(B)の解釈に問題が残ることは認めねばならぬが、(D)の河内国橘嶋庄にかかわる弘長元（一二六一）年一二月の追加法四〇六条はさらに強烈な名主百姓の存在をうかび上らせている。

(D)河内国橘嶋庄地頭代右衛門尉為保申、名主百姓等、沽二却有レ限名々庄田一由之事、訴状副二具書等一遣レ之、子細見レ状、為二住人身一、不レ令レ知二地頭一、田地売買之条、事実者、所行之企、太無二其謂一、早尋明、糺二返彼下地等一、可レ被レ全二所当公事一也、且自今以後、可レ被レ停二止公田沽却一之状、依レ仰執達如レ件

弘長元年十二月廿七日　相模守（政村）左京権大夫

陸奥左近大夫将監殿

すなわち、幕府は右の裁決で、河内国橘嶋庄において「名主百姓等」が「住人身」として、「地頭」に知らしめず、「田地」を「売買」することを禁じたのである。名主が田地売却について地頭の承認を必要とするというのであるから、この荘園の下地進止権はあきらかに地頭に属し、典型としてみればおそらく前述の「地頭一円地」にあたると推定しうるであろう。このような地において名主百姓の自由なる「公田沽却」が抑圧されていたことを知るのである。

しかし、これは面白い材料である。注目すべき現象はここでは訴人が地頭代右衛門尉為保であり、訴えられたのは

名主百姓等である。この荘園では地頭(代)の側が「名主百姓等」を実力で禁圧しえず、彼等の「公田沽却」を幕府法廷へ訴え出たのである。橘嶋荘が地頭一円地だという確証はないが、すくなくともこの荘園では地頭が庄務権を握っていたにちがいない。地頭の強力な支配が想定されるこのような中世所領においてすら、そこにおける紛争が地頭(代)のみによっては解決されえないような規模と性格をもちやすかった事実が、ここに反映されている。

以上述べたように、地頭一円地ないし地頭庄務権の所領においても、鎌倉時代の名主百姓が地頭との間に紛争をまきおこし、幕府法廷における訴訟当事者として現れてくるのである。そこには彼らの自立的性格が反映されているとみなければならない。

2　本所領家領の場合

鎌倉幕府の地頭所領の多くが、右のような地頭一円地とはことなり、上に本所・領家の領主権を介在させたいわゆる本所領家領であったことはいうまでもない。このような本所領家領における地頭権限もまた多様であるが、そこには文治二(一一八六)年の国地頭制停廃によって規定づけられた本司跡以外の地における地頭の庄務不介入の原則が、彼らの領主制展開の出発点に存していた。(33) 地頭領主制における庄務不介入の原則とは現在謀叛人跡(＝本司跡)をのぞく外は、(1)加徴課役の宛行　(2)検断の張行　(3)惣領之地本(下地)に対する干渉　(4)在庁官人郡司公文以下の公官等を責煩わす、という四点にわたる「地頭綺」の禁止のことである。四点の中心はおそらく(3)の惣領之地本への干渉禁止、通例の用語を使用すれば地頭の下地進止権の否定におかれていたと判断されるであろう。このような地頭の比較的早い例として、周防国都濃郡得善・末武保地頭筑前太郎家重についてかつて述べたことがある。(34) 家重は所領内に居住する「在庁書生国侍等」をみずからの「家中」に服仕せしめて「公役」を勤仕せしめず、国衙の「勧農」を妨げたとして、非法を糾弾されている。

本所・領家領（一般の国衙領をもふくめて）における地頭権限（領主権）が地頭一円地におけるよりも、はるかに限定されて現れるのは、みやすい道理であろう。このような所領に住む名主百姓等に対し、地頭の強権が発動されようとする場合、名主百姓等は通例、住人百姓等解（訴状）を本所・領家に提出し、彼らの立場を代弁しつつ、領家の雑掌が地頭の荘園侵略（新儀非法）を幕府へ提訴したのである。だが中には百姓が直接、地頭と法廷で対決している例もある。前者の例として若狭国国富庄、後者の例として若狭国太良庄をあげることができる。

(E)可レ令三領家・地頭等二分逃亡百姓在家幷田畠等一事

右、壊二取逃亡人在家一、引二籠其田畠於地頭名田一事、百姓之訴状尤有二其謂一、随又地頭可レ存二公平一之由、已以承伏畢、而以二逃亡人之屋敷一可レ為二領家進止一之旨、雖レ令レ申、逃亡百姓出来之時、在家有二二宇一者、領家・地頭相半而招二居浪人一、互可レ存二公平一也(35)

右に掲げたのは国富庄における承元元（一二〇七）年の領家と地頭の相論を裁決した関東下知状の一節であるが、百姓逃亡のさいの在家・田畠＝屋敷の処分に関する右の訴訟が「百姓之訴状」をもとにして提起されたものであることは文中に示されたとおりである。同じく国富庄において蚕養の時節に百姓を地頭方に狩仕うことを禁じた右の裁許状の一節である次の(F)も同様に「百姓解」にもとづく訴訟であった。

(F)一、可レ令三停二止蚕養時狩二仕百姓於地頭方一事

右、如二百姓解一者、蚕養之時、令レ停二止他役一者、公物之弁無レ煩歟云々、如二地頭陳状一者、十余年之間、随二要節一雖レ仕無二其訴一云々者、所詮、同可レ依二彼例一也(36)

国富庄においても、次の太良庄においても、地頭非法の中心の一つは百姓に対する過（科）料銭の賦課としてあらわ

れる。(37) しかも、国富庄における建保四（一二一六）年の裁許状は、(G)(H)にみるごとく地頭過料銭の賦課が、百姓とその縁者を債務奴隷化（百姓身分の削奪）しようとする地頭の強烈な志向によって支えられていたことを示している。(38)

(G) 一、百姓依二無実一令レ行二過料一事

右、如二同状一者、雖レ無二指犯過一、触レ事責二取過料一、剰其身并縁者等悉令二引取一云々者、罪科之輩出来者、糺二決犯否一、可レ致二沙汰一之処、触レ事行二過料於土民一之条、甚不二穏便一、早可レ令レ停二止非法一矣

(H) 一、百姓字紀太男犯科間、自余輩欲レ令レ懸二被管一事

右、如二同状一者、件男企二盗犯一、令二逃去一之間、称二同意之由一、不レ誤之輩、令レ引二其身於地頭方一畢云々者、犯人逐電之後、雖レ為二縁者一、贓状不二露顕一者、争不レ糺二犯否一、猥可レ処二罪科一哉、証拠不二分明一者、早可レ令レ安二堵彼輩一矣

このような地頭領主権の志向に対して、幕府の裁決は犯否の糺明と証拠主義とを強くおしだしていた。寛喜三（一二三一）年四月二〇日の追加第二一条盗賊贓物事は、「已依二贓物之多少一、被レ定二罪科之軽重一畢」と記して右の幕府の原則を示している。すなわち(1)銭百文、二百文以下の軽罪は一倍の弁償、その身は安堵、(2)三百文以上の重科は一身の科、ただし三族之罪には及ばず、親類妻子并所従等は本宅居住を許す、などである。(39)

このように、地頭検断権の行使に関しては、犯罪事実の糺明（事実審理＝地頭の裁判）→処罰という手続きが要請されていたにもかかわらず、(G)(H)において「糺二決犯否一、可レ致二沙汰一之処、触レ事行二過料於土民一」とか「争不レ糺二犯否一、猥可レ処二罪科一哉」とされていることからわかるとおり、地頭は右のごとき手続きなしにいきなり恣意的な検断権行使＝処罰の強行におよぶのがむしろ通例であったとしてよかろう。このような地頭検断権の発動は、さしあたっては過料銭の取立てにあったらしいが、それが直ちに百姓の地頭に対する負債に転化し、親類縁者を身代とする百姓

身分の喪失＝債務奴隷化の方向をとるものであったことは、右の国富庄の事例からも、また大隅正八幡宮所司覚順の所従倉犬女、倉太郎丸などの事例によっても明らかである。[40] 地頭にとって、百姓身分に対する債権こそが百姓と下人・所従とをさえぎっている厚い壁を越えるべき、たしかなよりどころとして現れた事情を知ることができよう。[41]

こうして鎌倉時代における地頭の百姓身分に対する支配にはなお大きな限界が付されていた。本所領家領にあっては、名主百姓の抵抗はつねに、荘園領主を介して幕府に提訴されたし、地頭一円地にあっても幕府法廷における雑人訴訟は決して少くなかったと判断される。[42]

宝治二(一二四八)年の追加法二六五条は主従の対論を禁止している。

(I) 一、主従対論事　宝治二　七　廿九評定

右、去年冬比有二御沙汰一歟、於二自今已後一者、不レ論二是非一、不レ可レ有二御沙汰一歟

すくない例ながら、地頭と百姓とが法廷で直接争っている事実は、百姓が地頭の従者ではなかったこと、すなわちその主従制的支配権＝イエ支配の外部の人間であったことを示しているといえよう。[43] 右の(I)の規定は地頭百姓間に適用されるものではないのである。

3　地頭独立国論の検討

ここで地頭独立国論と称するのは笠松宏至氏の「中世国家論をめぐって」で示された所説のことをさしている。氏はこの論文のなかで鎌倉時代の末ごろ、下野の御家人であった宇都宮氏が、領内統治のために制定した成文の法について言及しながら、「そこから描きだされる宇都宮氏の支配圏は、まさにさながら一つの独立国であるといってよい」と述べ、宇都宮氏における借金や出挙米の利率決定、刑事・民事にわたる領内裁判の管轄と訴訟手続きの完備などを

指摘して、宇都宮領内の民衆にとって宇都宮氏が唯一の公方であったとする考えを述べている。[44] 右のような笠松氏の地頭(在地領主)独立国論の実証的な裏づけは氏の「中世在地裁判権の一考察」その他でなされている。そこで氏は正治二(一二〇〇)年五月の陸奥葛岡郡の畠山重忠、正和三(一三一四)年の豊後矢坂下庄における地頭多井良氏、永仁五(一二九七)年の安芸沼田庄の地頭尼、長門紫福郷の地頭三善某、嘉暦年間(一三二六―一三二九)の紀伊三上庄内重弥郷の事例、さらに右の宇都宮の弘安式条、豊後大友氏の「新御成敗状」とその「追加」四四カ条、さらに筑前宗像氏の法令などを挙証しつつ「地頭が一定のルールに従った裁判を、上部権力から何等掣肘されることなく主宰していた」事実を示された。[45] 笠松氏があげた諸事実からして地頭ないし在地領主のもとにおける中世の在地裁判の存在自体はまったく疑う余地のないところになった。「宇都宮氏の主宰する裁判の内容が、単に警察権に付随した刑事裁判権の如き限定的なものではなく、所領内の(中略)凡ゆる階層の凡ゆる紛争を解決する目的と能力を保持していた」(傍点筆者)と述べる笠松氏が、宇都宮の支配圏を独立国だと(もちろん修辞上の誇張がふくまれているにちがいないとしても)結論づけるのもむりからぬように考えられる。[46]

もし、笠松氏の想定が正しいとするならば、そこにおける百姓身分の地位、その自立的性格はいかなるものであろうか。次にこのことを考えてみたい。ところで笠松氏は相良家の戦国家法にみえる公界の沙汰(論定)の意味を解釈しつつ、「公方」に対立する「地下」が「広範な自治権を前提とする『公界』として認識されていた」ことを述べ「中世における各種裁判権の重層関係」を指摘している。[47] 私は笠松氏の研究に学びながらそのことを「社会的に上位の一般法はたえずより下位の組織=集団によって了解されることなしに下部へ浸透しえないという中世法の構造的特質」を示すものであると考えてみた。[48] また笠松氏はそれに関連して日本の中世における特質として「権力の拡大・浸透の手段として裁判権の掌握をそのテコに用いる事が殆んど行われなかった」事実を「西欧中世の社会との大きな違い」

として指摘している。(49)

笠松氏はさりげなく書いているがこれは重要な事実だと思う。よく引用されるように日本の中世にあっても「獄前死人無レ訴者無ニ検断一」という中世ドイツ社会と同様の法諺が存在していた。(50) 中世農民の紛争処理には当然自力救済主義がつらぬかれていたと考えなければならないであろう。このことは宇都宮領内においても例外ではありえない。たしかに宇都宮家式条第五〇条は犯科人出来の場合の「私沙汰」を禁止し、これを宇都宮氏が管轄する「検断所」へ召渡すべきであると定めている。(51) だが一般的にいって日常的な在地の世界での紛争が荘園村落の邑老・故老＝村落領主らを中心とする在地の紛争処理機関の役割であったことは疑うことが出来ないであろう。もちろん在地で処理しきれない紛争が宇都宮氏のもとへ持ち込まれたことは右式条の第三九条が訴訟のさいの連署、すなわち「一味の儀」による集団提訴を禁止していることからみてもまったく疑いえないところである。がしかし、そこへもちこまれる紛争の質と量とがきわめて限定されたものであったことは宇都宮の場合にあっても幕府裁判の場合と同じであったのではなかろうか。宇都宮領内の百姓らは彼らの当面する紛争を宇都宮氏が解決してくれるか、それとも幕府へ出訴すべきか、そのための方策をめぐって慎重に判断していたにちがいない。笠松氏の地頭独立国論は氏自身の「中世における各種裁判権の重層関係」という基本的視角からみても、また、裁判権の掌握を領主権拡大のテコとしなかった点に特色をもつ日本の中世権力のあり方からみてもバランスを欠く結論だと考えるのは私の妄断であろうか。

さらに笠松氏は「幕府がその雑人訴訟に対して一貫して消極的且閉鎖的」であったとする氏の判断を支える史料として『吾妻鏡』建長二（一二五〇）年四月の

(J) 雑人訴訟事、諸国者可レ帯ニ在所地頭挙状一、鎌倉中者就ニ地主吹挙一可レ申ニ子細一、無ニ其儀一者、不レ可レ用ニ直訴一

をあげる。(52) 笠松氏は右の規定をもって、雑人が幕府へ提訴するためには地頭挙状が必要であり、地頭はいつでもこの

挙状の発給をとどめることができたのだから雑人の幕府への提訴権はないに等しい、という判断を示している。(53) しかし私は氏の判断に従うことはできない。実際問題として多くの場合、地頭が挙状を発行する右のようなケイスは、複数の地頭所領にまたがるがごとき訴訟が多かったのではなかろうか。同一所領内の紛争ならばさしあたっては在地の諸機関で、それでなくても大部分が地頭のもとで処理されたのであって、それでも処理しきれぬ部分のみが、地頭挙状を付して鎌倉へ送付されたとみるべきであろう。だから地頭が紛争の当事者としてあらわれるさきにみたような雑人訴訟のケイスにあっては、地頭挙状が必要とされるようなことは事実上ありえなかったにちがいない。建長二年四月の『吾妻鏡』の記事はこのような限定を付して解釈されねばならぬと考える。笠松氏の右の解釈は在地の実態にどうしてもなじまないように思えるのである。

いずれにせよ、笠松氏による地頭独立国論の強調と、中世における裁判権の重層関係の主張とは氏によって意識されていないのかもしれないが、互いに相容れない解釈である。正しいのはむろんその後者である。そしてそれと密接に連関するところのいま一つの氏の主張、日本中世の領主権力に、裁判権の掌握をテコとする領主権拡大の形跡がきわめて薄弱であるとする解釈に、私は日本における中世領主制の存立形式を見事にとらえた氏の炯眼をみるものである。中世の百姓身分が自己にまつわる紛争の解決を彼らの前にあるいかなる機関にまかせるかについて、相対的に自由な選択権を有していたことと、右の領主制の日本的特質とは表裏一体の関係に立つのはいうまでもないことである。

〔補2〕　相良氏法度一八条にみえる「公界」を郡中惣の所衆談合(合議体)の意味であるとした笠松宏至・勝俣鎮夫氏の仕事にふれて、石母田正氏は「公界＝所衆談合的な公が、中世に存在したということは、日本の思想史上、忘れてはならない事実である」(日本思想大系21『中世政治社会思想』上　六一八頁)と高く評価している。だが右の相良氏法度一八条の「公界」は正しく郡中惣＝所衆談合を意味したのであろうか。この解釈は二人のうち、主として笠松氏の仕事にかかるようであるが、氏の論述をみると、公界を相良権力(その法廷)だと解したのでは右の条文の意味がとりがたいという一点から導かれた演繹的解釈法になっている。氏の読み方は同氏前掲論文六五頁に記されているが、すこしことなった読み方も可能だと思うので次に原文とともに記してみたい。

(K) 諸沙汰之事、老若役人江申出候以後、於二公界一論定あらは、申出候する人道理也とも、非儀に可レ行、況、無理之由、公界の批判有といへ共一身を可レ失之由、申乱者あり、至二自然有一慮外之儀一者、為二道理一者不運の死ありといふとも彼非義たる者の所帯を取て、道理の子孫に与へし、所領なか覧者ハ妻子等いたるまて可レ絶、よく〳〵分別有へし、殊更其あつての所へ行、又は中途辺にても惣而面に時宜をいふへからさる事(『相良氏法度一八条』)

諸々の沙汰は、老若役人に出訴(即ち相良氏の権力機構が受理)した後に、公界(相良氏の法廷)に於て、(無理と)論定されたならば、出訴した人間が道理だと考えても、非儀(道理なし)にあつかわねばならない。いわんや「無理であるとの公界の裁定があっても一命を奪ってやる」などと申し乱す者がいる。(このような次第で)自然、思わぬ事態となり道理の者に不運の死がおとずれるような場合がおきたとしても、彼の非儀たる者の所帯を没収して、(本人がいなくても)道理の者の子孫に与へるべきである。所領がない場合には、妻子等にいたるまで処刑されよう。よく〳〵分別して慎重に行動すべきである。ことさらに、相手の居所へ押かけたり、または路上であっても、直接相手にむかって事の理非をいいかけてはならない。

右のような解釈をとるならば次に掲げる相良氏法度七条と本条との関係がかなり明快になるように思う。

(L) 四至境其余之諸沙汰、以前より相定候する事ハ不レ及レ申候、何事にても候へ、其所衆以二談合一相計可レ然候、誠無二分別一子細を可レ有二披露一、無理之儀被二申乱一候する方ハ、可レ為二其成敗一也(『相良氏法度七条』)

すなわち(K)(L)ともに一貫して、戦国大名相良氏の領国経営の進展情況を反映している。つまり両者に一貫する法意は相良領内における私合戦＝私闘の禁止措置である。領内の紛争事項は当事者同志の武力をもまじえた直接的交渉によってではなく、何事によらず「所衆談合」の結果にまたねばならぬ。それでもなお解決不可能な紛争のみ、最高権力たる相良氏の裁定へ移管されねばならぬ。もしもそれに従わなければ、相良氏が直接成敗する、というのが(L)の法意であり、紛争→所衆談合→披露という裁判手続の系列が設定されているのである。(K)は以上の手続きをうけて「老若役人江申出」たのちの「公界論定」を主題にしているのだから所衆談合→披露以後の相良氏の法廷をさしていることは疑う余地がない。(L)が規定するように、相良氏の法廷は所衆談合をへても、なお「誠無二分別一子細」だけが披露されるのであって、披露の後になっても、なお所衆談合が併行して開催されたとする笠松氏の理解は、右の(L)の手続上の規定と矛盾をきたしているのではなかろうか。すくなくとも右の「公界論定」を石母田氏のように評価するにはもうすこし慎重でありたいと考える。(54)

四　多元的国家論とイエ支配

1　石井進説の検討

笠松氏にみられる地頭独立国論と系統を同じくしながら、中世社会に対する新しい分析視角として提起されつつあるのが石井進氏のイエ支配の独立・不可侵性の議論である。石井氏は中世社会に生起した諸事象をあげ「その根源にはイエ支配の独立・不可侵性があり、それこそが日本中世社会の分権的・多元的構造の中核をなす」という。ではイエ支配とは何か。氏の説明を聞いてみよう。

私はその(イエ支配の)典型を地頭級の武士団に求め、承久の乱後の新補率法の地頭の得分を参考にしつつ、①中核にある家・館・屋敷(軍事的要塞、農業経営の基地、そして手工業や交通のセンター)、②周囲にひろがる直営田(下人・所従などの隷属民を使役、佃・正作・門田等)、③さらに周辺部の地域単位(庄・郷・保・村などで、地頭の職権を行使して支配)という三重の同心円をもって説明し、その内部により小規模なイエをふくみつつも①の拡大発展、③の外円部全体の吸収を目ざすものであると図式化した。(55)

まことに明快な説明であるが、氏みずから言及しているごとく、これは全体として「領主制説」的色彩の強い図式になっているのが特長である。そしてこの図式には方法上の重大な問題点がかくされていることを指摘しなければならない。

問題はイエ支配の三重の同心円のうちの③外円部の理解にある。石井氏の説明ではやや不明確さを残すものの、この③の外円部が①②とおなじく領主のイエ支配の圏内にあると理解されている。(「その内部により小規模なイエをふくむ」ところの領主のイエ支配は「③の外円部全体の吸収を目ざす」というのは、氏のイエの輪郭が二重の構造をとっていることを示している)

だがここが私見とことなる点である。私の判断によれば、③の外円部は領主のイエの外側にひろがる支配圏である。①は領主の家《イエ》と館《タチ》と屋敷《ヤシキ》であり、②は直営田と下人・所従によって表示される。この両者が領主のイエ支配の内部にあることはまちがいない。しかし③の庄・郷・保・村などの庄園所領には多くの一般農民すなわち自立的な百姓が居住するのである。彼等は領主のイエの外側に存在したと考える方が、中世社会の実態にはるかに即した理解である。

かつて私は、中世の領主制支配をⓐ《中核にある》主従制的支配権と、ⓑ《それをとりまく》公的・領域的支配権(統治権的支配権)というたがいにことなる二つの局面の有機的連関において把握すべきであるという試論を提示したことがある。[56] この私の提案は二元論であるとして学説的に整理され[57]、批判の対象にされてきた。[58] そのような批判に私は従うことができないのであるが、この機会に石井氏の右のイエ支配の理解との対比を通して、かつての私見を再度位置づけておきたい。

すでに説明するまでもないと思うが、石井氏の①②が私のいう主従制的支配に、そして③が統治権的支配に相当するのである。石井氏のいうイエ支配とは、したがって、私がいう領主制支配成立の基軸たる主従制的支配の景観論的表現による具体化として意味をもつということになる。私がかつてこの大会で中世村落の二重構成を論じ、そこにおける名主と散田作人層との対比を分析し、さらにその後、村落を媒介として成立するところの「構成的支配」と、そこにおける村落領主の形成、さらに「構成的支配」の階級的転化形態としてあらわれる在地領主の統治権的支配権の問題を、中世領主の領域支配形成にいたる論理序列の問題として提示しようとした事実が右のように整理することによって、石井氏のイエ支配の理解にも生かされてくるであろう。①②と③とを同じイエ支配の問題として一括処理しようとする石井氏にあっては中世領主におけるイエの内と外との区別があいまいなのである。[59] 私見によれば、主従制的支配には領主のイエを基点とする領主支配の論理が、そして統治権的支配には中世村落の形成を契機とする中世成立期農民の対抗の論理がそれぞれに内在するのであり、右の二つはいわば領主と農民との歴史的対抗の全局面が中世史の主軸たる領主制展開の内部に生きて貫徹していたことの反映なのである。

2　イエ支配権と領域支配権

中世村落の歴史的達成の上にたち、それを否定的に媒介したところに成立する中世的領域支配の形成、すなわち中世領主の統治権的支配の問題が分析の視座から欠落しているというのは、しかしながら石井氏だけの欠陥ではない。「農の論理」を欠くというその欠陥は、かつての鈴木良一氏の批判をしりぞけた中世領主制論の構築者である石母田領主制論そのものにも共通する欠陥であった。私はくり返しそのことを述べて来たつもりであるが、前述の笠松氏による地頭独立国論は百姓のイエの論理を欠いたところに成立する欠陥の最も典型的な形態であると考える。

〔補3〕　永原慶二氏は「日本封建国家論の二、三の論点」(『歴史評論』二六二号、一九七二年、のちに同『日本中世社会構造の研究』所収)において、私のいう「構成的支配」を批判された。右の論文で永原氏は主として封建王権の機能やその基盤を主題にされているが、そこにおける氏の説明を私なりに整理すると次のようになる。

封建国家においては、封建領主階級が位階制ヒエラルヒーを構成しており、その頂点に国王が位置する。この位階制ヒエラルヒーが主従制であって、王権の基盤の一つとして位置づけられる。だが王権の属性たる土地・人民支配＝領域支配的側面は右の主従制からは直接ひき出すことはできないのであって、そのためには主従制とはことなる要素が必要である。この王権の領域支配者的側面を支える基盤＝諸要素としておよそ次のようなものがある。

(a)　非所領的契機＝公共的機能の遂行

(a)1　経済的側面＝流通諸機能の掌握

自給的性格の強い村落共同体と諸侯の支配領域＝領国の再生産構造をともに支える外的諸要因、外部との交換＝商業、流通、交通路、交換手段としての貨幣などの支配・維持機能の王による掌握

(a)2　法的側面

法の制定、王権による統一的身分体系の設定、裁判権の掌握

(a)3　対外的(?)側面

異民族の侵攻に対する防衛＝平和維持機能の掌握

(b)　所領的(?)契機＝先行国家の枠組の利用

全国土(諸侯領をふくむ)に対する上級領有権＝全国土支配の論理(鎌倉幕府による国衙機構の掌握、室町幕府〈義満など〉にみる公家＝朝廷への接近・温存など)

つまり氏が封建王権の領域支配者的側面の基盤として指摘するのは王権による(a)の公共的機能の遂行と(b)の先行国家の枠組利用とに大別される諸要素である。このような立場から、氏はこの問題を、封建制支配における「家父長制的支配」と「構成的支配」

というようなスタテイックな支配形態の二元論から説明されるべきではなく、むしろ歴史的に形成される封建国家が必然的に先行国家体制を梃子としつつ、みずからの王権を強化するという運動法則にかかわる問題として理解すべきであるとされている。(前掲書六三一―六三七頁)

私は右の永原説が領主制形成における構成的支配の役割に関する私の説明に矛盾するとはかならずしも理解しない。さらにまた、何よりも事実の問題として、日本の中世王権の形成過程で、永原氏の指摘されるような諸事実・諸要因が実際にはたらいたことは誰しも否定しえないところであると思う。ところで、右の点を確認したうえで、なお右の永原説が領主制形成における推進的要因としての「構成的支配」の位置づけについての私見を否定するという性格のものであるならば、ここに一、二の疑問点を提示しておきたいと思う。氏が指摘される諸要因のうち、(a)の公共的機能の遂行についてはとくに問題はない。問題は(b)の封建王権の形成における先行国家の枠組の評価である。これは抽象的一般的に論ずるよりも、具体的に論じた方がわかりやすいであろう。私の判断によるとこの問題は最終的には日本の中世成立過程における天皇(制)の歴史的役割の問題に帰着せざるをえないと思う。そして、この中世天皇(制)の存続問題の周辺に、王朝都市京都の歴史的転生や、それを形づくる権門貴族寺社の動向、ならびに彼等の経済的基盤をなす荘園制的土地所有体系の形成と廃絶の問題、さらにはそれらを補完するものとしての供御人・寄人などの非農業部門の掌握の問題などが、相互に有機的な連関をもって存続していることもまた明らかである。中世の天皇(制)はこのような具体的諸連関の中心に位置するのであって、ここには先行国家の枠組といったような抽象的次元では容易にその全容を捕捉しがたいような生きた諸連関が存続している。このようにみると、永原氏のいう封建制の推進要因としての先行国家の形式的枠組が、官位制度・国衙機構・公田・職の体系などの個別の局面についてはともかく、具体的にどの部分をさすのか、歴史過程の全般にわたるものとしては、その輪郭がいま一つ明瞭にしがたいのである。さらにつけ加えたいことは、永原氏の右の図式的理解においては、古代から中世への転換をにない、かつ封建制形成の主体的要因として現れる封建領主制の歴史的位置づけが、かえって不明瞭になっている点である。日本の封建領主制は中世をになう歴史的主体として存在しながらも、現実の歴史過程のなかで先行国家との関係において実際にはきわめて複雑な現れ方をすることは認めねばならないのであるが、それにしても、この領主制にとって、先行国家(律令国家)はその枠組をもふくめて、何よりもまずその歴史的な打倒目標として存続するとみなければならないであろう。これが基本構図である。石母田正氏以来の領主制理論の根幹はここにあるといってよいと思う。この基本視角を否定するならばいざしらず、それでないかぎり封建領主制の歴史的形成こそが古代から中世への歴史的転換を主体的にになっているのであって、この基本構図の内部においてのみ、部分的・局部的な旧来の国家的枠組の利用が実現するとみなければならないであろう。鎌倉幕府成立の基盤としての地方国衙の問題ももちろん右の例外ではありえない。すなわち永原氏のいう先行国家の枠組の利用にもとづく、全国土支配の実現というのは封建王権形成史の全過程の内部でみれば、一般法則の問題としては、副次的問題であって、日本の中世史にとって右の関係が過大にあらわれるとすれば、(たとえば天皇制・職の体系等々)それは日本中世史の特殊的課題の問題でなければならない。先行国家の枠組利用による領域支配の実現という具体的課題の説明でもって、中世国家形成の基底をなすところの封建領主制における領域支配形成の過程に代位させることはできないと考えるのは以上のような理由にもとづくものである。

石井氏のイエ支配の図式化には右に述べたような欠陥が残っているが、しかし、イエ支配の概念そのものは中世史の具体的分析にとって、きわめて有効な概念であるにちがいない。私はここで、従来の主従制的支配と統治権的支配に対応する領主支配の景観構造的把握のための一対の概念として、イエ支配と領域支配の対比が可能であると考えるものである。

以上のようにイエ支配と領域支配の両者が位置づけられるとするならば、中世とくにその前期社会の全面をおおうイエ支配の独立性・不可侵性の強固な存在は、日本における在地領主支配の狭隘性、その領域支配権の未成熟と関連する一個の現象であったと解しうるであろう。

日本中世の領主制にとって、さきにも述べたように所領の一般「百姓」は領主のイエの外にいたのである。この把握こそが時として幕府の法廷において、地頭と理非を争う中世の「百姓」身分のより正確な位置づけである。ここでは念のため一つの例を追加してみよう。鎌倉幕府法追加第四二六・四二七条である。

(M) 一、農時不レ可レ使ニ百姓一事　文永元

夏三ヶ月間、私不レ可レ仕レ之、但領主等作田畠蚕養事、為ニ先例之定役一者、今更不レ可レ有ニ相違一、

一、可レ止ニ百姓臨時所済一事

有レ限所当之外、臨時徴下事、永可レ停ニ止之一、

以前両条、存ニ此旨一、可レ令相ニ触其国御家人等一之状、依レ仰執達如レ件

文永元年四月十二日　武蔵守

相模守

諸《某》国守護人

日本の在地領主は先例の定役以外は夏＝農時の三カ月間、百姓夫役を禁止され、また年間を通じて規定の所当(年貢)以外の臨時の徴下＝百姓所済を禁止されている。これは領主の人格的支配＝イエ支配に包摂されている下人・所従(奴婢型下人)には考えられない事態である。中世の下人・所従は百姓とことなって、去留の自由をもたず、主人の意志に従って家中に服仕せねばならなかったのである。以上のような私の判断でみると、荘園領主の家産支配文書である「〇〇家政所下　△△庄住人百姓等」で表現される領主支配の位置づけもイエ(領主)→イエ(住人百姓)の支配としてとらえられることになる。

ところで石井氏にあっても、中世前期における領主のイエ支配の③外円部における支配の未熟さ、領域支配圏の未確立と、後期におけるその確立とは、歴史的事実としてむろんのこと認識されている。(60) しかし、石井説の特長は前期から後期へのこの転換を「イエ支配の領域化」という言葉でとらえるところにある。そして、中世後期から近世への

日本社会の道程のうちにあって、中世的なイエの自立性が否定されていくことを、敵討などにみる自力救済的慣行の変質、喧嘩両成敗法の天下の御法度化などをあげて説明しながら、「イエ支配の領域化の成熟がかえって個々のイエ支配の自立性を否定してゆくという、一見逆説的な過程」について述べている。しかしこの過程は逆説的でも何でもない。私にいわせれば、それこそがイエ支配＝主従制的支配権を基軸として成立した日本の領主制が、中世を通じて公的・領域的支配を一貫して強化していく順当な過程に他ならないのである。

む　す　び

最後に中世王権の歴史的性格と百姓のイエとの関係につき以上述べたところから導かれる諸点にふれて結びにしたい。中世の百姓身分の自立的性格はこれまで領主に対する人格的自由の一点において明確に把握され、下人・所従(奴婢型下人)の人格的隷属民と区別されて来た。だが今、領主のイエ支配権という視角から中世の百姓身分をとらえなおすならば、それは領主のイエ支配権からの自立として位置づけられることになる。

こうして、中世の領主制支配はその領域支配という局面からこれを観察した場合、きわめてマバラな穴だらけの支配であったことが明らかであろう。領主制支配のマバラな穴をかたちづくっていたものこそ、石井氏によっても指摘される百姓ないし村落領主(層)自体に備わる固有のイエ支配の存在であったにちがいない(61)。

領主制支配の内部に喰い込み、自己の存在を主張している村落領主(層)や百姓(層)の固有のイエ支配の存在こそが、中世王権の社会的基盤であり、中世国家の中央集中的構造を規定づけた歴史的要因であったことは、すでに多くの研究者によって指摘されていることであり、私自身もくり返し述べているので、ここでくり返す必要もないと考える。笠松・石井氏の説明とは逆に、中世社会、とくにその前期の社会を濃厚におおっているイエ支配権の強さは、一方においては領主権の狭隘さ、脆弱性の原点として存在したと把握されるのである。

何度もくりかえすがイエ支配権の濃密さは一義的に中世社会の多元的性格の基盤として存在したのでもなく、また地頭(在地領主)の自己完結的な領域支配(地頭独立国)を保証したわけでもない。中世のイエ支配が同時に中世社会における政治権力の中央集中的構造の基盤としても働いていたことは上述のとおりなのである。そもそも、中央集中的契機と多元的契機とを互いに相容れない原則のように考えていたのでは中世社会の実態に接近しえないことは石井氏の右の論述をおうことからだけでも容易に読みとりうるのではなかろうか。現実の多様な中世社会の展開過程を、中央集中か多元的かといったような固定観念で裁断し、これを平板化するようなことは、中世史研究の現実の研究成果にそぐわない。中世社会はそれ自体が多元的であるが故に、中央集中的構造を強くおびるような、そういういわば立体的な柔構造をもつ組織形態の社会であったというのがすべての出発点である。私達はこのような中世社会の特質を、前掲石井論文が整理・指摘している諸事象からも明瞭に読みとりうるであろう(62)。

以上みたように、中世前期の領域支配は多くの面で未成熟さを残しているのであるが、それでもこれを逆にいって、中世前期の在地領主が領域的支配権を欠いていたと理解することも、当然誤りである。中世史研究の内部に芽生えた最近の顕著な一つの傾向に、中世を家父長制的奴隷制社会であるとしたかつての安良城盛昭氏の学説に対するいちじるしい接近がある。たとえば網野善彦氏は『蒙古襲来』のなかで、このことを明瞭に述べ(63)、さらに最近石井進氏が前掲「中世社会論」のなかで、右の網野氏の文章を引用しながら、さらに明確に安良城説への接近をはかっている。そこで指摘されている歴史的事象は、一三世紀後半にはじまる農民の土地保有権ならびに下人・所従の土地占有権の強化、地縁的共同体＝村落の成立と強化、成熟した農業社会のはじめての到来、自立した商工業と農業、前提となる貨幣流通、都市と農村との分化——総じていえば「未開の最後の組織的反撃と文明の最終的勝利の過程」なのである。

網野氏の場合はまだこれは「民族史的次元での転換」であった。だが石井氏にあっては、中世後期の地縁的結合に立つ「成熟した農業社会」とは、一三世紀後半にはじまり、一五世紀後半以降の戦国動乱、さらに太閤検地をへて近世社会へとつらなるそれ以前の日本社会の諸画期の何れよりもはるかに深く大きい社会変革への序曲として位置づけられる(64)。ここにはかつての太閤検地論争における小農自立のテーマが新しく把握されなおされているのをみることができる。

網野氏の野性的魅力に富んだ歴史把握を無味乾燥な論理の問題に焼き直してしまうことには、私とてもいささかの躊躇がないわけではないが、しかし論理は冷徹である。石井・網野両氏の論理には中世成立過程における日本の農民のあらゆる前進、中世村落の形成と百姓のイエの成立の問題、さらにその達成を否定的に媒介する在地領主制の展開等々の、従来の中世村落史と領主制研究が構築して来た研究の諸過程が、欠落せしめられていることを指摘しないわけにはいかない。この問題を欠落させた歴史の枠組が必然的に安良城氏の家父長制的奴隷制社会説への傾斜を強くするのは論理の必然である。

前にもふれたように中世前期の領主制はイエ支配権の狭隘な性格におおわれ、その領域支配はマバラで未成熟であり、王権(あるいは幕府権力や荘園領主権)の介入を許さざるをえない性格のものであった。しかし、そこには庄・郷・保・村の形態をとって、明確に中世所領が成立していた。中世における職の体系を成立せしめているものこそ、上述の形式における中世所領の形成にほかならないのである。

中世成立過程における開発領主の登場、寄進型荘園の形成――これらは中世的所領の確定される過程であり、古代史との対比でいえば八世紀以来のウジの解体過程において自立しつつあった家長層のきびしい自己淘汰をへて再編された新しい性格の地域権力、さらに古代から中世への歴史的転換を担った在地の直接生産者農民の自己変革――つづめていえば中世村落の形成がここに存したにちがいない。ウジという共同体の庇護を失った中下層農民がこの過程にいかにかかわっていたか。これらの点についてはすでに少なからぬ業績がつみ重ねられており、これらの業績を基礎にしてさらにこの問題を全面的にときあかすことはむろん将来の中世史研究の課題でもある。中世における百姓のイエの成立をめぐって二、三の点を指摘した本報告はそういった問題を検討するさいの論点整理を志ざしたものである。

以上で今日の報告をおえたい。準備の不足から中世の百姓のイエの周りを徘徊したのみで、肝心の百姓自身のイエの内部に立ちいり、その家族形態や内部の生活規範の歴史的特質などについて論ずることはまったくできなかった。ただ最近の研究動向にあわせて、いいふるした旧説を再点検しただけで、事実の検証の上でも、理論の骨組みとしても何ほどの進歩もない報告に終ったのはまことに心残りであるが、あとの討論で不十分なところを具体化していただければ幸いである。石井氏をはじめとして引用させていただいた諸氏の業績につき、私のいたらなさから、思わぬ曲解・誤解があるかもしれない。それらの点もあとの討論で指摘していただければ幸いである。

(1) 本書第X論文三七三頁
(2) 矢木明夫『封建領主制と共同体』(塙書房、一九七二年)四三頁
(3) 矢木前掲書三六頁
(4) 矢木前掲書三五頁
(5) これらの諸研究と、その史学史上の位置づけについては石井進「中世社会論」(岩波講座『日本歴史』8中世4、一九七六年)の紹介を参照。
(6) 木村徳国「鏡の画とイヘ」(大林太良編　日本古代文化の探究『家』社会思想社、一九七五年、所収)
(7) 吉田孝「律令制と村落」(岩波講座『日本歴史』3古代3　一九七六年)
(8) 吉田前掲論文一九三―一九四頁、注36

(9)　吉田前掲論文一五五頁
(10)　有賀喜左衛門「日本上代の家と村落」(同著作集VII、未来社)、和歌森太郎『国史における協同体の研究』上巻(帝国書院、一九四七年)
(11)　吉田前掲論文一五三―一五五頁
(12)　吉田前掲論文一五〇頁
(13)　吉田前掲論文一六三頁
(14)　戸田芳実「律令制からの解放」(『日本民衆の歴史』2、三省堂、一九七五年)
(15)　戸田芳実「一〇―一三世紀の農業労働と村落」(大阪歴史学会編『中世社会の成立と展開』吉川弘文館、一九七六年、所収)
(16)　なお、吉田孝氏が律令制の条里地割施行の主体を、大化前代のウジではなく、それらの解体のなかから生じた有力家長層の再編成による二次的共同体であって、これらは郡よりも小さな規模のものであったとされること(一七三頁)、あるいは二〇人程度からなる残存戸籍の戸口数が官人の理想モデルの戸であったとして、これを田堵と接続せしめようとされる点(一七八頁)など、中世の側からみても検討すべき課題が多いと考える。
(17)　直江廣治『屋敷神の研究』(吉川弘文館、一九六六年)
(18)　直江前掲書二五九頁
(19)　直江前掲書二七二―二七五頁
(20)　直江前掲書二三五頁
(21)　小野重朗「門、その民俗的構造」(『地方史研究』8の1、一九五八年)
(22)　河音能平「王土思想と神仏習合」(岩波講座『日本歴史』4古代4、一九七六年)
(23)　『令義解』天神地祇条
(24)　『紀貫之集』巻三
(25)　原口正三「考古学からみた古代・中世の集落」(『日本史研究』一七六号、一九七七年)

(26)　関口恒雄「中世前期の民衆と村落」(岩波講座『日本歴史』5中世1、一九七五年)

(27)　矢木前掲書一一七頁

(28)　本書三七三—三七四頁

(29)　石井進『中世武士団』(小学館　日本の歴史12、一九七四年)、石井前掲論文

(30)　拙稿「文治国地頭の三つの権限について」(『日本史研究』一五八号、一九七五年)四九頁

(31)　むろん、これはもっとも普通の形態のことである。実際にはもうすこし厳密に扱われねばならない。(a)本所領家領であるが地頭に下地進止権が帰属する所領、(b)地頭請の所領、(c)本所領家領荘園内にある地頭名・地頭給田畠などの場合にどのような処理をされたか検討する必要がある。なお追加法一〇四条は、「一、武士召取犯人住宅事、為レ鎮二狼藉一、雖レ被レ召二取其身一、至二住宅資財一者、別当殿触申、可レ為二保官人沙汰一、於二辺土一者、相二触本所一、可レ為二彼沙汰一也」としており、京中における検非違使別当・保官人、辺土における本所の住宅支配権を前提にしている。

(32)　以前、私はこの追加法二六九条にみえる百姓を鎌倉時代の地頭所領の百姓として無限定にあつかったが、これは本文に述べたごとく地頭一円地ないしそれに準ずる地域の百姓に限定しなければならない(本書第Ⅳ論文一〇六—一〇七頁)。

係争事項	非法の性格
①百姓名麻地幷畠7反300歩	地頭押領
②茜藍代銭1貫200文	新儀課役
③飼屋雑事用途	〃
④二石佃	〃
⑤佃米盗取→科料11貫文(勧心・時沢・真利)	科料銭
⑥召人逃亡→科料3貫文(時沢・貞国・為安)	〃
⑦地頭下知と称して乞食に道をつくらす　→科料3貫文(時沢子重弘)	〃
⑧地頭に不利な証言→科料10貫50文(勧心)	〃
⑨大豆苅取盗犯→科料1貫文(勧心子息藤次冠者)	〃
⑩用水を落す→科料1貫500文(時沢姉聟延員) 3貫文(地頭又代官下人)	〃
⑪市庭で銭を求む→科料1貫100文(後藤次真恒)	〃
⑫百姓竜光の逃亡	沙汰の限にあらず
⑬地頭代多々	非分の煩
⑭地頭代(定西)の放言	沙汰の限にあらず
⑮百姓屋敷内の親類下人の各別在家役	新儀課役
⑯大嘗	〃
⑰百姓申詞前後相違	沙汰の限にあらず

(33)　拙稿「文治国地頭の停廃をめぐって」(横田健一先生還暦記念『日本史論叢』一九七六年)五七八―五八〇頁
(34)　拙稿「国衙領地頭の一形態」(『日本歴史』一五八号、一九六一年)六三頁
(35)　承元元年一二月日関東裁許状(『壬生新写古文書』)
(36)　同右
(37)　寛元元年の太良庄の相論は訴えた側が百姓の勧心法師等であり、訴えられたのが地頭若狭四郎忠清の代官定西であったが、一七カ条にわたる右の相論を内容別にみると右表のごとく、七カ条が百姓に対する過(科)料銭賦課、五カ条が地頭の新儀課役、三カ条が放言その他のささいな事項で、六波羅が「沙汰の限にあらず」として裁決の対象にしなかったもの、残りは地頭の田畠押領一カ条と地頭代の員数が多すぎる件一カ条からなっている。圧倒的に過料銭賦課が多い。
(38)　建保四年八月一七日関東裁許状(『壬生新写古文書』)
(39)　このほか盗犯の規定は追加法二二、二九、二六三、二八四、七〇六、七三五条にもみえるが、このうち二六三条は再犯は小過であっても重科と同じく一身の咎ときめ、二八四条は一身の咎＝重科を六百文以上に改定し、三百文以上五百文以下は科料二貫文とし、贓物は被害者へ返すことをきめている。
(40)　本書第X論文三八九頁
(41)　本書第IV論文一〇五―一〇六頁
(42)　鎌倉幕府の雑人訴訟については佐藤進一『鎌倉幕府訴訟制度の研究』(畝傍書房、一九四三年)三八―四三頁
(43)　石井進氏は幕府法における主従対論の禁止を当時の主従関係における主人の従者に対する絶対優位の関係を示すとみたかつての通説的説明に反論を加え、これは幕府が、御家人の従者に対するイエ支配権を承認したものであって、将軍と御家人との主従関係は通説とは逆に絶対服従の関係ではないと述べている(石井前掲論文一〇三―一〇四頁)。石井氏が言うように、この規定は幕府が御家人のイエの内部問題に対して干渉できないことを示すわけであるが、同時に地頭(御家人)所領の百姓が、地頭(御家人)のイエに包摂された右にいう従者でなかった事実もまた見落すべきでない。
(44)　笠松宏至「中世国家論をめぐって」(読売新聞社　日本の歴史、別巻『日本史の発見』、一九六九年)一一八頁

(45)　笠松宏至「中世在地裁判権の一考察」(宝月圭吾先生還暦記念会編『日本社会経済史研究』中世篇、一九六七年)五八頁
(46)　笠松前掲論文五五頁
(47)　笠松前掲論文六三―六六頁。なお〔補2〕参照。
(48)　本書第X論文三七七頁
(49)　笠松前掲論文六六頁
(50)　中田薫『法制史論集』第三巻(岩波書店、一九四三年)一〇八九―一〇九一頁
(51)　佐藤他編『中世法制史料集』第三巻　武家家法I。以下、宇都宮家式条は同書による。豊田武氏は本式条の弘安六年制定説を否定するが、しばらく『中世法制史料集』の解題に従っておく。
(52)　『吾妻鏡』建長二年四月二九日条
(53)　笠松前掲論文五三―五四頁
(54)　旧稿では史料(K)の文章そのものだけでいえば、公界を相良の法廷とみても文意が通じるのではないかと判断したが、その後、網野善彦氏から書出しの部分を「……老若、役人江……」と読点を打ち「……老若＝公界の成員が相良氏の役人へ……」と読むのが適当であるとの指摘をいただいた。網野氏のこの読み方によって笠松説にあった不自然さはかなり解消されるように思う。公界とはイエの外(世間)を意味し、イエ支配権の及びえない領域を意味する。問題は公的・領域的な支配権(統治権的支配権)が公界に対してもつ特殊で複雑な関係をどう理解するかであろう。(同『無縁・公界・楽』平凡社、一九七八年、一〇六頁)
(55)　石井前掲論文三四九頁
(56)　本書第II論文五四―五八頁
(57)　網野善彦「中世前期の社会と経済」(井上・永原編『日本史研究入門』III第三章、一九六九年)、藤木久志「中世後期の政治と経済」(同上第四章)
(58)　入間田宣夫「領主制―土地所有論」(シンポジウム日本歴史6『荘園制』学生社、一九七三年)、七四―七九頁は短い文章な

から、戸田芳実氏の所説の継承発展のうえに立って、私のような理解の仕方に対する、具体的でかつ大変すぐれた批判を展開している。私は氏の批判に学ぶところが多かったが、中世的な領域の形成を領主支配の展開のなかからのみ説明しようとする基本的な分析視角についてはいぜんとして納得できない。なお同書九九―一〇二頁におけるこの問題をめぐっての網野・戸田・大山の発言をも参照されたい。

(59)　もっとも、石井氏は③の外円部における領主支配を「地頭の職権」行使による支配だともいっている。永原氏が先行国家の枠組利用のなかにふくめている中世の職の秩序＝体系と共通する理解である。両氏の指摘はその通りにはちがいないが、究明されねばならぬ課題はこの職権による領域支配成立の歴史具体的な根拠そのものである。入間田氏の前掲論文は私見とはことなる立場ながら、この問題に関する有力な解釈の一例を与えたものとすることができよう。

(60)　石井前掲論文三五三頁

(61)　石井前掲論文三五〇頁

(62)　石井氏は前掲論文において中世史の把握をめぐる明治以来の近代史学史を本文に述べたごとき相対立する二契機をこもごも強調する二大陣営の対立として描いているが、このような学説整理はその一つ一つに日本の社会と民族のあるべき方向を模索する学問の先輩たちの真摯な試行錯誤のあとをよみとっているとしても、研究の現段階からすればこれらの二契機を総括すべき段階がすでに到来しているのではなかろうか。

(63)　網野善彦『蒙古襲来』(小学館　日本の歴史10、一九七四年)

(64)　石井前掲論文三六〇頁

あとがき

ここに過去二〇年ばかりにわたって個別に発表して来たいくつかの論文・報告・研究ノートの類を三部にとりまとめ、あらたに序説を付して『日本中世農村史の研究』と題することにした。研究の経過からいうと序説第Ⅰ論文と第一部第Ⅱ論文をのぞいて第一部領主制におさめた第Ⅲ・第Ⅳ論文がもっとも初期の仕事で、ほぼ一九五〇年代の末に執筆され、第二部中世村落の各論文はそれにつづく六〇年代前半における仕事からなっている。第三部身分制の第Ⅹ・第Ⅺ論文はしばらくの中断期間をおいた七〇年代後半、つまりごく最近の仕事である。序説は未発表のものであるが、これは一九七〇年の日本史研究会春季講演会で話した「封建制と村落共同体――鈴木・石母田論争にふれて――」の原稿に今回手を加えたものであり、第一部の最初においた第Ⅱ論文も一九七〇年に発表したものであって、いずれも第一部・第二部におさめた既発表の個別研究を基礎にしてその時点における私の中世社会像を総括的に示そうとしたものである。今からふりかえるとこのころ私は仕事の上で一つの転機をむかえていたように思う。

本書をとりまとめるにあたって、全面的に改稿した第Ⅵ論文をのぞいて、註のつけ方など一、二の形式的統一をはかり、また明らかな誤りを正したほかはほぼ原形のままで載せることにした。暗中摸索のたどたどしい歩みからなる本書の各論文が執筆された背景、それら相互の位置づけなどについては、現在の時点からみて第一部・第二部・第三部の問題の展望の部分にそれぞれとりまとめて言及し、全体としての統一をはかってある。

本書は本来ならば、もっと早くすこし別の形で出版されるはずであったが、多くの先輩・知友のあたたかいはげましにもかかわらず、私自身の逡巡から、作業は何度にもわたって中断し、全体としては、いささか時期おくれの出版になった。本書にのせたもののほかに私には室町時代から戦国時代の農村の動向をあつかったもの、治承・寿永内乱期の国地頭をあつかった二、三の論考があるが、いずれも本書の主題を展開させようとしたもので、参照していただければ幸いである。

それにしても今ようやく本書を手離すことになって、現在の私はとにかく一つの主題を一途に追いつづけて来たことだけで満足しなければならない。思いおこせばはじめて専門の学問とめぐりあった一九五五年当時、私達が目にしたのは戦後のまだ年若く英雄的でもあった国民的歴史学が深い傷をおって敗走していく姿であった。それから二〇幾年かがすぎた。戦後三三年の夏をむかえ、私の周辺にもふたたび戦後歴史学への批判や反省の声がさまざまの形で聞えて来るようになった。それらの批判や反省にももちろん聞くべき点が多いが、今、一つの仕事をおえて私自身は戦後歴史学の豊かな達成のなかに身をおくことができたことを大へん幸せであったと思っている。史料を読むことのきびしさを教えていただいた赤松俊秀先生をはじめ、学部の学生時代以来御指導いただいた小葉田淳・林屋辰三郎先生の御厚情、さらに戸田芳実・河音能平・工藤敬一氏をふくめての京都大学国史研究室や日本史研究会におけるよき時代のきびしく自由な討論を私は忘れることができない。外には冷い政治の風が吹いていたが、そこには学問世界を守ろうとする人々の善き意志がつらぬかれていた。

長い期間にわたって岩波書店の方々には多くの迷惑をおかけした。その間、中断して、ほり出してしまった作業をもふくめて、原稿の清書や校正・索引作成に多くの力をかしてくださった綾村宏・久野修義の両氏にもあつく御礼申上げたい。本書を心まちにしていた父が数年前に世を去った。専門領域を異にする父のいささか的はずれの批判を聞くことができない。今の私にはそれが最大の心残りである。

一九七八年八月二四日

大山喬平

地名・寺社名・河川名索引

人名索引

件名索引

研究者名索引

成稿一覧

日本中世農村史研究の課題	未発表		序説Ⅰ
荘園制と領主制	一九七〇年	東京大学出版会『講座日本史』2	第一部Ⅱ
国衙領における領主制の形成	一九六〇年	史林四三巻一号	第一部Ⅲ
地頭領主制と在家支配	一九五八年	日本史研究会史料研究部会編『中世社会の基本構造』御茶の水書房	第一部Ⅳ
中世社会の農民	一九六二年	日本史研究五九号	第二部Ⅴ
中世史研究の一視角	一九六五年	新しい歴史学のために一〇九号	第二部Ⅴ付論
中世における灌漑と開発の労働編成	一九六一年	日本史研究五六号、「日本中世の労働編成」を改稿	第二部Ⅵ
鎌倉時代の村落結合	一九六三年	史林四六巻六号	第二部Ⅶ
中世村落における灌漑と銭貨の流通	一九六一年	兵庫史学二七号	第二部Ⅷ
絹と綿の荘園	一九六五年	オイコノミカ創刊号、「尾張国富田庄について」を改題	第二部Ⅸ
中世の身分制と国家	一九七六年	岩波講座『日本歴史』8中世4	第三部Ⅹ
奈良坂・清水坂両宿非人抗争雑考	一九七六年	日本史研究一六九号	第三部Ⅹ付論
中世社会のイエと百姓	一九七七年	日本史研究一七六号	第三部Ⅺ

■岩波オンデマンドブックス■

日本中世農村史の研究

1978年12月15日　第1刷発行
2009年11月17日　第5刷発行
2015年10月9日　オンデマンド版発行

著　者　大山喬平《おおやまきょうへい》

発行者　岡本　厚

発行所　株式会社 岩波書店
〒101-8002 東京都千代田区一ツ橋2-5-5
電話案内 03-5210-4000
http://www.iwanami.co.jp/

印刷／製本・法令印刷

ISBN 978-4-00-730295-4　　Printed in Japan